Kurt Aram

MAGIE
und
ZAUBEREI
in der alten Welt

FOURIER VERLAG · WIESBADEN

Die Magie ist die praktische Metaphysik

Baco von Berulam

VORWORT

Seit den zwanziger Jahren unseres Jahrhunderts sind zahlreiche Menschen auf Grenzen und Irrtümer unseres abendländischen Weltbildes gestoßen. Die Überzeugung, in einer Welt der Dinge zu leben, die ausnahmslos vom Menschen manipulierbar sind, ausschließlich mit Ursachen und Wirkungen rechnen zu müssen und alles irgendwann „in den Griff zu bekommen", ist seitdem tiefen Erschütterungen ausgesetzt worden. Nicht erst die sich abzeichnenden Grenzen des Wachstums haben Zweifel an der Adäquatheit unserer oft blinden und überheblichen Fortschrittsgläubigkeit aufkommen lassen, die allzuoft alles, was ihr scheinbar im Wege stand, rücksichtslos zerstört hat und heute in wachsendem Maße u. a. durch hausgemachte „Naturkatastrophen" unsere natürlichen Lebensgrundlagen und die allen Lebens auf der Erde bedroht.

Es genügt, sich das Schicksal der Maya, der Inka, der Azteken, der nordamerikanischen Indianer und der als Sklaven verschleppten und ermordeten afrikanischen Stämme zu vergegenwärtigen, um zu erkennen, daß etwa die sogenannten „Entdecker", die ihre vermeintlich überlegene Zivilisation glaubten in alle Welt tragen zu sollen, in Wahrheit Hochkulturen vernichteten und Völkermorde anzettelten.

Andererseits lehrt der Blick zurück, daß die menschlichen Fähigkeiten keineswegs immer schon auf das rein verstandesmäßige Erfassen und Bewältigen der Wirklichkeit beschränkt waren, und der so geschärfte Blick wird darauf aufmerksam, daß auch in der jüngeren Vergangenheit und in der Gegenwart die menschliche Verstandestätigkeit niemals ganz dem von ihr selbst verkündeten Anspruch auf Alleinherrschaft genügen konnte.

„Vernunft kommt von Vernehmen", hat Herder einmal in diesem Zusammenhang gesagt. Kurt Aram richtete sein Augenmerk auf das, was im Verlauf der menschlichen Geschichte in reichem Maße an nicht ausschließlich rationalen Fähigkeiten an den Tag getreten ist. Sein faszinierende, mit zahlreichen, ausführlich erläuterten Abbildungen versehene

Darstellung der babylonischen, der ägyptischen, der griechischen und römischen Kultur macht durch ihre ungewöhnliche Perspektive deutlich, daß die uns vertraute Sichtweise allzu einseitig und dabei oft mißdeutend auf diese vergangenen Zeiten geschaut hat. Und sie weckt die Hoffnung, das vieles, was in unsere heutige Kultur nur mit Mühe und unter zahlreichen Vergewaltigungen integrierbar erscheint, nicht ganz verloren sein muß: z. B. Kunst, Religion und Magie.

ZUR EINFÜHRUNG

Die vier Weltbilder

„Die Betörung hat den Grad erreichen können, daß man ganz ernstlich vermeint, der Schlüssel zu dem Mysterium des Wesens und Daseyns dieser bewundernswerthen und geheimnisvollen Welt sei in den armseligen chemischen Verwandtschaften gefunden! – Wahrlich, der Wahn der Alchymisten, welche den Stein der Weisen suchten und bloß hofften, Gold zu machen, war Kleinigkeit, verglichen mit dem Wahn unserer physiologischen Chemiker …
Solchen Herren vom Tiegel und der Retorte muß beigebracht werden, daß bloße Chemie wohl zum Apotheker, aber nicht zum Philosophen befähigt, wie nicht wenigen gewissen anderen, ihrem Geist verwandten Naturforschern, daß man ein vollkommener Zoolog seyn und alle sechzig Affenspezies an einer Schnur haben kann, und doch, wenn man außerdem nichts, als etwan nur noch seinen Katechismus gelernt hat, im Ganzen genommen, ein unwissender, dem Volke beizuzählender Mensch ist. Da werfen sich Leute zu Welterleuchtern auf, die ihre Chemie, oder Physik, oder Mineralogie, oder Zoologie, oder Physiologie, sonst aber auf der Welt nichts gelernt haben, bringen an diese ihre einzige anderweitige Kenntnis, nämlich was ihnen von den Lehren des Katechismus noch aus den Schuljahren anklebt, und wenn ihnen nun diese beiden Stücke nicht recht zu einander passen, werden sie sofort Religionsspötter und demnächst abgeschmackte, seichte Materialisten. Entweder Katechismus oder Materialismus ist ihre Losung."

Arthur Schopenhauer:
Über den Willen in der Natur.

Solange es auch schon eine Menschheit gibt auf Erden, sie hat noch nie mehr als vier Weltbilder hervorgebracht: das magische, das mystische, das mechanische und als viertes eine Synthese (Zusammenschau) der drei genannten.

Das magische Weltbild findet sich bei allen „Natursichtigen", das mystische bei allen Religiösen und das mechanische bei allen Rationalisten. Bei den „Natursichtigen" herrscht die Beschwörung, bei den Religiösen die Versenkung (Meditation), bei den Rationalisten die Beobachtung. Der „Natursichtige" findet Namen und Formeln, der Religiöse Bilder und Gleichnisse, der Rationalist Begriffe. Der erste glaubt an Geister, der zweite an Gott, der dritte an das Gehirn.

Die „Natursichtigen" scheuen das Jenseits, die Religiösen erstreben es, die Rationalisten disputieren es aus der Welt. Den ersten ist der Tod ein schwieriger Durchgang, den zweiten ein erwünschter Übergang, den dritten der Untergang. Die ersten halten sich für Leben und Sterben an Priester, die zweiten an Propheten, die dritten an Professoren.

Magier und Mystiker forschen nach Grund und Zweck (Finalität), Rationalisten nach Ursache und Wirkung (Kausalität). Das magische Weltbild belebt den ganzen Kosmos, das mystische beseelt, das mechanische konstruiert ihn. Der Magier beruft sich auf Geister, der Mystiker auf Geschichte, der Rationalist auf Experimente. Der erste sieht überall Leben, der zweite Seele, der dritte Stoff.

Alle drei besitzen einen geographisch-geschichtlichen Ort, wo sie ihre edelsten und ihre tauben Blüten treiben. Für die Magie war es Babylonien und Ägypten, für die Mystik das mittelalterliche und für die Mechanik das moderne Europa. Das vierte Weltbild aber, das der Dreiheit von Magie, Mystik und Mechanik zu einer Einheit hilft und so Mensch und Welt (Kosmos) in Harmonie bringt, besitzt auf keinem der uns bekannten Erdteile einen geographisch-geschichtlich bestimmbaren Ort für seine höchsten Blüten. Es ist das Weltbild der „Vernunft", die stets nur bei wenigen Weisen aller Zeiten und Kontinente zu finden war. Dieser Weise lebt nicht nur in Begriffen, sondern auch in Formeln und Bildern. Er lehnt Magie und Mystik nicht ab, weil beide nicht im Gehirn zu Hause sind, wie der Rationalist es tut. Er mengt aber auch nicht Magie, Mystik und Mechanik wild durcheinander, sondern gibt in seinem

Weltbild jedem den Platz, der ihm zukommt. Er sucht nicht Grund und Zweck (Finalität), wo nur Ursache und Wirkung (Kausalität) zu finden sind. Er leugnet aber auch nicht die Finalität, weil der Verstand nur Kausalität erkennt. Das Gehirn ist nicht der Mensch und die Maschine ist das bedürftigste aller Bilder, welches der Mensch je auf den Kosmos angewandt hat. Es kann auf die Dauer nicht einmal den Materialisten von heute befriedigen, der nur noch ein Drittelmensch ist, aber kein Vollmensch mehr.

Erst seit dem Weltkrieg und dem Zusammenbruch Europas wird das weiteren Kreisen wieder einmal bewußt. Der mechanisierende Verstand hat Europa so unendlich viel erarbeitet, daß dem Europäer der vergangenen Jahrhunderte für seine übrigen zwei Drittel zum Vollmenschen fast gar nichts mehr zu tun übrigblieb. Erst seit dem europäischen Zusammenbruch genügt Tausenden das mechanische Weltbild nicht mehr. Das Sterben nahm plötzlich einen so gewaltigen Raum ein, daß es alle rationalistische Genügsamkeit wie eine Sprengbombe in Fetzen riß. Der Mensch von heute erkennt plötzlich, wie er als Rationalist zu zwei Dritteln leer geworden ist.

So können wir in der Gegenwart beobachten, daß der Bogen, lange Zeit nach einer Seite maßlos überspannt, jetzt nach der entgegengesetzten Richtung gebogen wird, um überhaupt wieder brauchbar zu werden, ein Ziel, das über dem Alltag hinausliegt, zu treffen. Der Rationalismus schlägt in Okkultismus (Spiritismus) um. Man versucht, das mechanische Weltbild von heute zu dem magischen von einst umzubiegen, denn die okkulten Phänomene der Gegenwart gehören, wenn auch in stark abgeschwächter Form, durchaus dem Erlebniskreis an, den die alte Welt Magie nannte; und ein neues Medium beschäftigt die europäische Öffentlichkeit ja schon fast so sehr wie eine neue Maschine.

Der unentwegte Rationalist, der Materialist also, wehrt sich ein wenig krampfhaft gegen alle „Magie", die er nur noch bei den sogenannten Naturvölkern zu finden glaubt, welche er die „Primitiven" nennt, eine Bezeichnung, die eine Geringschätzung enthält. Er hat nämlich keine Zeit, sich darum zu kümmern, daß nach den Ausgrabungen des letzten Jahrhunderts und nach dem heutigen Stand der Erdkunde und Vorweltkunde sowie der vergleichenden Völkerkunde und Religionswissenschaft seine „Naturvölker", die er Rousseau entlehnt hat, meist gar keine Naturvölker sind, sondern vielfach nur noch verkümmerte Reste einstiger Kulturvölker. Die heutigen Indianer sind ebensowenig Naturmenschen wie die Fellachen Ägyptens. Und wenn nicht alle Zeichen trügen, wird es mit der oberflächlichen Ansicht über den heutigen „Schwarzen" ähnlich gehen, je mehr wir durch wissenschaftliche Expeditionen aller Art über seine Vergangenheit erfahren.

Das, worüber der heutige Rationalist beim heutigen Schwarzen, Roten, Gelben als über Magie die Nase rümpft, ist meist nur noch Zauberei, eine Entartung der Magie, die uns noch beschäftigen wird. Wäre hingegen Magie nur das Kennzeichen der „Primitiven", dann müßte man die Ägypter der Pharaonenzeit unter den uns geschichtlich noch einigermaßen zugänglichen Völkern das primitivste Volk nennen, das wir überhaupt kennen, denn sie waren viel „magischer" als heutige Neger, Kulis und Indianer. Dem widerspricht aber schon die hohe Kultur der Pharaonenzeit, die nur verkennen kann, wer Technik und Kultur verwechselt, oder seelisch schon so verarmt ist, daß ihm Zivilisation als Kultur gilt. Magie und Kultur schließen sich sowenig aus wie Zivilisation und Rationalismus.

Das magische Weltbild gehört also durchaus nicht „primitiven" Völkern zu, was die meisten immer noch Naturvölker zu nennen belieben, sondern es gehört zu allen Natur- und Kulturvölkern, die noch irgendwie „natursichtig" sind. Das aber waren die großen Kulturvölker des Altertums noch in ihren Anfängen, wenn auch schon längst nicht mehr in der ganzen Fülle, die das Wort umschreibt.

Abstammungslehre und Natursichtigkeit

Geologie (Erdkunde), und Paläontologie (Vorweltkunde), Völkerkunde und vergleichende Religionswissenschaften befinden sich in einer starken Umwandlung, welche die Widerstände altgewohnter und daher liebgewordener wissenschaftlicher Anschauungen zwar hemmen, aber nicht mehr beseitigen können, denn die Macht der Tatsachen erweist sich auf die Dauer immer stärker als die schönste Hypothese, mag sie sich auch noch so zäh in ganzen Geschlechtern eingewurzelt haben. Wenn die Alten dazu neigen, liebgewordene Anschauungen (Hypothesen) für ewige Wahrheiten zu halten, so fällt eben den Jungen die Aufgabe zu, für neue Tatsachen, die sich alten Hypothesen nicht mehr ohne Vergewaltigung einordnen lassen, neue Hypothesen auszuprobieren, die so lange Geltung haben, bis eines Tages neue Tatsachen auch diese Wahrheiten wieder einschränken, erweitern oder beseitigen. Darin besteht der Kampf des Geistes im Umkreis der Wissenschaften, in dem es als im Umkreis des Verstandes ewige Wahrheiten überhaupt nicht geben kann. Für den Materialisten, der sich an seinen Professor hält wie nur je ein Religiöser an seinen Propheten, ist das eine bittere Wahrheit und eine noch viel bitterere für eine anerkannte wissenschaftliche Größe. Zumal in einer Zeit, in der ein Professor auch noch Priester und Prophet ersetzen muß. So sehen wir denn seit einem Jahrhundert Professoren so zäh um Ansehen und Macht kämpfen, wie es einst Priester und Propheten taten, als sie noch Macht und Ansehen zu verlieren hatten. Ein solcher Kampf wird um so leidenschaftlicher und erbitterter, je mehr der Professor die Sache, die er verteidigt, mit seiner Person gleichsetzt. Bei Priestern und Propheten ist es seit jeher genauso gewesen, wenn sie nicht Weise geworden sind.

Als die „Aufklärung“ von England aus über Frankreich den europäischen Kontinent zu erobern begann, wurde es – die kräftigste Anregung ging damals von Voltaire aus – ein beliebtes Verstandesspiel, das mit Trümmern und Leichen bedeckte Schlachtfeld vergangener magischer und religiöser Jahrhunderte und Jahrtausende abzuleuchten und ihm das neu heraufkommende humane Zeitalter der „Vernunft“, wie man damals noch ein wenig unsicher den Verstand nannte, triumphierend entgegenzuhalten. Seitdem ist knapp ein Jahrhundert vergangen, in dem das mechanische Weltbild in ganz Europa bald so herrschend geworden ist wie nur je das magische im alten Ägypten oder das mystische im Mittelalter. Es hat heute ein mit Trümmern und Leichen bedecktes Schlachtfeld hinter sich, wie es kein Jahrtausend magischer oder mystischer Weltanschauung je zustande brachte. Das Zeitalter der Humanität, das mit der Aufklärung anhob, die seit Anbeginn bewußt und gewollt im mechanischen Weltbild stand als Gegensatz zum magischen und mystischen, wurde zum mörderischsten, das je die Sonne beschienen hat.

Daß die rein wissenschaftlichen Hypothesen des mechanischen Weltbildes, von naiven Zeitgenossen auch ewige Wahrheiten genannt, nicht mehr feststehen, sondern bedenklich wanken, verdankt die Gegenwart zum nicht geringsten Teil zwei unscheinbaren Geräten, welche frühere Zeiten nur in der Hand von Bauern und Arbeitern sahen: der Spitzhacke und dem Spaten, die immer mehr alte Kulturen ausgraben, unter denen die europäische sich nicht ohne Schwierigkeiten behauptet, während wir sie früher gerne als allen älteren Kulturen weit überlegen ansahen. Derselben Geräte bedienen sich auch Geologie und Paläontologie, haben sich so immer tiefer in die Geschichte unserer Erde und ihre Schichtungen eingegraben und damit auch in die Geschichte des Menschen und seiner Entwicklung. Was da gefunden wurde, stimmt nicht mehr mit immer noch weitverbreiteten und angebeteten Hypothesen der Wissenschaft überein. Sie erweisen sich als nicht mehr richtig und damit als nicht mehr brauchbar. Sie müßten also den mit Hilfe von Spaten und Hacke offen zutage tretenden Tatsachen gemäß abgeändert, teilweise auch völlig aufgegeben werden. Da aber die Menschen im allgemeinen nur schwer umlernen, und auch die Gelehrten sind Menschen, geht seit Jahrzehnten ein zäher Kampf zwischen alten und neuen Hypothesen. Der Kampf ist um so erbitterter, weil der Zeitgeist noch fester am Gewohnten und Liebgewordenen festhält als der Einzelmensch, und sich auch der einzelne vom Geist seiner Zeit nur unter schmerzhaften Wehen lösen kann. Die einzig brauchbaren Geburtshelfer dabei sind heute Gelehrte, die in ihrer Wissenschaft nicht nur fleißige Spezialisten sind, sondern zu allem Wissen auch noch ein Mehr mitbringen, das man „Intuition“ (Innenschau, Ineinanderschau, Erleuchtung) nennt. Solche Gelehrte waren, um durch einige Namen sofort klar zu machen, worum es sich handelt, z. B. Galilei, Kepler, Newton mit seiner Erfassung der Schwerkraft, Goethe mit seiner Farbenlehre, Kant als Erkenntniskritiker, Robert Mayer mit seinem Satz von der Erhaltung der Energie und Darwin mit seiner Abstammungslehre. Das Wesentliche bei all diesen Männern war, daß sie im Umgang mit den Wissenschaften ihre neue Lehre (Hypothese) zunächst innerlich erschaut (intuitiv), nicht begrifflich (deduktiv) erwiesen haben, weshalb sie auch von den Durchschnittsgelehrten, denen die Intuition abgeht, aufgrund ihres Spezialwissens zunächst fast alle ignoriert und dann bekämpft wurden, bis jene schließlich doch allein als Sterne am Himmel der Wissenschaft durch Jahrzehnte, Jahrhunderte, ja für Jahrtausende (Platon) leuchten, während die Sternlein der anderen längst verblaßt und erloschen sind.

Keine unter neueren, intuitiv gefundenen Lehren (Hypothesen) ist in unserer Zeit so volkstümlich geworden wie Darwins Abstammungslehre, nachdem Häckel sie dem Zeitgeist, d. h. dem mechanischen Weltbild vollkommen angepasst hatte, mochte er die Tatsachen dabei zuweilen auch der Hypothese zulieb umbiegen, ja zerbrechen. Sie wurde geradezu das Dogma einer Zeit, die jedes andere Dogma entrüstet als ihres geistigen Fortschritts unwürdig abwies. Der Fanatismus fand so ein neues Betätigungsfeld; und wenn er die Gegner seines Weltbildes auch nicht verbrannte, quälte er sie doch, wo und wie er nur konnte. Wenn es sich gar um Wissenschaftler handelte, die dem neuen Dogma abtrünnig wurden, mißhandelte die herrschende Wissenschaft sie nicht weniger grausam wie einst fanatische Priester und Propheten ihre Abtrünnigen.

Die Darwinsche Abstammungslehre in Häckelscher Ausprägung war dem Zeitgeist wie auf den Leib gemessen und mußte das mechanische Weltbild bis in seine äußersten Winkel befriedigen. Nach ihr ist irgendwann einmal das Leben als Urform entstanden, ein mechanisch-chemischer Vorgang, dem man mit immer feineren Instrumenten eines Tages auch noch hinter die letzten Schliche kommen wird; und aus ihr hat sich dann alles weitere möglichst geräusch- und schmerzlos „entwickelt“ wie der Baum aus der Wurzel (*Stammbaumhypothe-*

se). Ein höchst simpler, dem Zeitgeist sofort einleuchtender Vorgang. Es gab danach in der Geschichte vom ersten Lebewesen bis zum Menschen weder Katastrophen noch Revolutionen, sondern nur Evolution (Entwicklung). So stellte sich der „Aufklärung" ja auch jeder „Fortschritt" dar. Das Weltbild paßte sich damit immer besser dem Ideal des Spießbürgers an, der keinerlei Verantwortung für irgendetwas übernehmen, nicht leiden und vor allem seine Ruhe haben will. Verletzte die rauhe Wirklichkeit einmal dies Ideal, so lag es an der immer noch nicht ausreichenden Aufgeklärtheit und daran, daß sich der Affe leider noch nicht ganz zum Vollmenschen „entwickelt" hat. Es gilt daher „arbeiten", was hauptsächlich im Geldverdienen besteht, und nicht verzweifeln, was jedem Spießbürger ohnehin nicht schwerfällt. Schlug der Blitz ein, gab es Wassersnot oder Feuersbrunst, so war man den „unvernünftigen" Elementen noch nicht ausreichend beigekommen. Der Fortschritt wird schon mit der Zeit die Elemente auch noch zu Spießbürgern machen. Und Krankheit und Krieg? Wissenschaft und Humanität werden ihrer immer besser Herr. Und der Tod? Davon spricht man nicht. Läßt es sich aber gar nicht vermeiden, so weiß der aufgeklärte Mensch, daß dies ebenso einfach, natürlich und schmerzlos ist, wie daß die abgebrannte Kerze erlischt.

Nun konnte schon ein Anatom wie Hermann Klaatsch („Werdegang der Menschheit") bei Untersuchung und Vergleichung der Menschenhand mit der Affenhand, des Fußes, des Gebisses und der Schädelbildung mit dem Dogma von der Stammbaumlehre nicht mehr auskommen, weshalb ihn denn auch die herrschende Wissenschaft ächtete wie nur je ein Papst einen Ketzer. Und die Funde der Geologen und Paläontologen lassen sich auch schon längst nicht mehr in das Prokrustesbett der Stammbaumlehre einzwängen, so eifrig sich auch manche Spezialisten um des heiligen Dogmas und des Ansehens der herrschenden Wissenschaft willen immer noch darum bemühen. An die Stelle der Stammbaumlehre gewinnt als Hypothese an Ansehen die sogenannte *Typenlehre*; und zwar einfach deshalb, weil sie für viele neugefundene und uralte Tatsachen brauchbarer ist als die bisherige, zum Dogma gewordene Hypothese des Wald- und Wiesendarwinismus. Diese Typenlehre, die auch Evolution (Entwicklung), aber nicht nur

Evolution kennt, sondern in der Entwicklung des Lebens den Funden entsprechend auch für Katastrophen und Revolutionen Raum hat, stammt nicht erst von heute, sondern fällt heute nur auf etwas weniger unfruchtbaren Boden als noch vor zwanzig Jahren, weil die Menschheit inzwischen trotz allem Fortschritt, aller Aufklärung und Humanität so gründlich von Katastrophen und Revolutionen heimgesucht wird, die zum Geist der Aufklärung, ihrem mechanischen Weltbild und der „Entwicklung" (Evolution) durchaus nicht passen wollen, daß ihr die Augen darüber allmählich auf- und übergehen.

Vor drei Jahren hat nun ein deutscher Professor, Paläontologe von Fach, aber zugleich ein Mann der Intuition, die Früchte seines Forschens und Schauens aufgrund der Typenlehre nach jahrzehntelanger Arbeit in einem Buch niedergelegt, das geeignet ist, den zähen Kampf zugunsten der neuen Hypothese zu entscheiden, so sehr sich auch die wissenschaftlichen Spezialisten noch sträubenund mit der neuen Sache auch die Person befehden, die sie in weitere Kreise trägt. Das Buch von EDGAR DACQUÉ, dem Paläontologen der Münchner Hochschule, *„Urwelt, Sage und Menschheit"*, muß eine Scheidung der Geister herbeiführen, und sei jedem, dem das rein mechanische Weltbild nicht mehr genügt, dringend empfohlen. Es ist ein vorzüglicher Helfer zu dem vierten Weltbild, von dem hier zu Anfang die Rede war, für jeden, der heute von den Naturwissenschaften ausgeht. Und wer täte das nicht? Wie so oft dokumentiert sich aber auch bei dieser Gelegenheit die merkwürdige „Duplizität der Fälle", denn wie Dacqué von Geologie, Paläontologie und Biologie aus dem mechanischen Weltbild der Aufklärung und einer seiner Hauptstützen in der Häckelschen Abstammungslehre zu Leibe rückt, so tat HANS HÖRBIGER dasselbe von der Astronomie her mit seiner *„Welteislehre"*. Nur daß Hörbiger, der von Beruf Techniker ist, von den Fachastronomen zumeist mit Spott und Hohn überschüttet wird, während Dacqués Zustimmung zu Hörbigers genialer Idee (Intuition) von ihnen bisher möglichst ignoriert wurde, da er, wenn auch kein astronomischer Fachmann, so doch wenigstens Hochschullehrer ist.

Für das Verständnis von Magie und Zauberei ist Dacqués Werk so wichtig, daß einige seiner Hauptgedanken kurz angeführt werden müssen. Für alle Einzelheiten und ihre naturwis-

Erdgeschichtliche Zeittafel (nach Dacque)

Känozoikum (Zeit des jungen Lebens)	Zetztzeit, Dilouvialzeit: Quartärzeit Jung-, Alt-: Tertiärzeit	Historische Menschenzeit Steinzeiten, Eiszeitmensch, Diluvialmensch Abspaltung der Menschenaffen u. Affenmenschen Zeitalter der Säugetierherrschaft	Hauptzeit der Säugetiere	Reiner Intellekt Erlöschende Natursichtigkeit	500 000 Jahre
				Zunehmende Großhirnentfaltung	4 – 7 Millionen Jahre
Mesozoikum (Zeit des mittleren Lebens)	Kreidezeit Jurazeit Triaszeit	Erste Laubbäume Erster Vogeltypus Sichere Spuren ältester Säugetiere	Hauptzeit der Reptilien	Verschwinden des Stirnauges Abnahme des Stirnauges Beginn der Großhirnentfaltung	15 – 20 Millionen Jahre
Paläozoikum (Zeit des alten Lebens)	Permzeit Steinkohlezeit Devonzeit Silurzeit	Entstehung des Säugetiertypus Erste Amphibien und Reptilien Erste Bildung von Vierfüßlern Nur Fische und niedere Tiere	Hauptzeit der Amphibien Panzerfischzeit	Stirnauge und Natursomnambulismus	Noch größere Zeitperioden

senschaftliche Begründung verweise ich auf das Werk selbst. Die erd- und menschengeschichtliche Zeittafel auf der folgenden Seite, aus zwei Tabellen Dacqués zusammengezogen, soll dem Leser die ihm ungewohnten Gedankengänge möglichst kurz und anschaulich darstellen.

Nach der alten Stammbaumlehre müßten die jüngsten Erdschichten (Quartärzeit) der Erd- und Vorweltkunde die reichste Ausbeute an Überresten organischer Lebensformen liefern; und in je ältere Erdschichten man kommt, um so spärlicher müßten die Spuren des Lebens werden. Das Gegenteil ist der Fall. Die älteren Erdschichten sind reicher an organischen Lebensformen aller Art (Meer- und Landbewohnern, Vögeln und Säugetieren, Gewürm und Molchen) als die jüngeren. Nur von Menschen fand sich bis jetzt über die Diluvialzeit (Pleistozän) hinab keine Spur. Vielleicht nur deshalb, weil sich die Forschung noch nicht auf Gegenden und Kontinente (Atlantis, Gondwanaland) erstreckte oder nicht mehr auf sie erstrecken kann, wo der Mensch vor der Diluvialzeit gelebt hat. Daß er viel älter sein müsse, als die bisherigen Spuren aufzeigen, hat zuerst Hermann Klaatsch aufgrund seiner anatomischen Arbeiten auszusprechen gewagt. Ihm folgt Dacqué und vermehrt die gewichtigen Gründe des Anatomen noch gewaltig durch die der Erdkunde und Vorweltkunde nach ihrem jetzigen Stand.

Die ganze Fülle des Lebens muß sich nach den bisherigen Funden aus Urtypen entwickelt haben, die bis in die tiefsten der bis jetzt erkundeten Erdschichten in vielen, vielfach verschlungenen, immer neuen Gestalten hinabreichen. So finden wir als Typus das Säugetier, von dem die ersten Spuren bis in die Permzeit reichen. Als einen anderen Typus das Reptil, das ebenfalls nach gemachten Funden bis mindestens in die Permzeit zurückgeht. Als einen dritten Typus das Amphibium, dessen Spuren bis in die Steinkohlenzeit reichen. In der Devonzeit gibt es erste Spuren von Vierfüßlern, in der Silurzeit fanden sich bis jetzt nur Fische und niedere Tiere. Wir haben keine Belege dafür, daß einer dieser Typen in den anderen übergehen kann. Vielmehr spricht biologisch alles dagegen. So haben z. B. alle Wirbeltiere als zentralen Nervenstrang ein Rückenmark, die niederen Formen des Lebens ein Bauchmark. Dazwischen liegt eine Kluft, die sich biologisch nicht überbrücken läßt und keine „Entwicklung" des einen Typus zum anderen glaubhaft macht.

Zu dieser Typenlehre kommt als Ergänzung die Lehre vom *Zeitcharakter.* Zu bestimmten Erdzeiten (siehe Tabelle Seite 18) gleichen sich alle Lebensformen einer in dieser Zeit vorherrschenden Gestalt, einem bestimmten äußeren Habitus möglichst an. Man hat z. B. in Südafrika den Schädel eines Reptils aus der Triaszeit gefunden mit Säugetiermerkmalen und Säugetiergebiß. Trotz dieser Säugetiermerkmale ist das Tier aber kein Säugetier (so daß man sagen könnte, hier hat sich aus einem Reptil ein Säugetier „entwickelt") sondern das Tier ist und bleibt seinem inneren Bau und Skelett nach ein Reptil. Wenn nun ein Reptil in der Triaszeit, einer Hauptzeit dieses Typus, Säugetiermerkmale zeigt, so beweist dies nur, daß das Säugetier als Lebensform damals sozusagen in der Luft lag und dem, was schon lebt, seine Form, seinen Habitus mitzuteilen suchte. So finden sich bei bestimmten Funden der Permzeit nicht nur Amphibien als Molche, sondern auch echte Reptile, die durch ihren breiten Kopf und die ganze Körperhaltung wie Molche aussehen. Die Molchgestalt war eben ein Zeitcharakter des Spätpaläozoikums, dem sich auch Reptile nicht entzogen. Wie für eine Epoche der Triaszeit die Schildkrötengestalt Zeitcharakter wird. In der Tertiärzeit wird es z. B. die Affengestalt. Die Urform, der Typus, bleibt sich also in seinem Wesen, wodurch er sich von anderen Typen unterscheidet, gleich, kann aber eine bestimmte Zeitform, einen Zeitcharakter annehmen, sodaß für den oberflächlichen Betrachter manche Reptile dann für Amphibien gehalten werden könnten oder auch für angehende Säugetiere. Viele andere Beispiele dafür bei Dacqué. Zeigt der Zeitcharakter, daß sich eine neue Form bilden will, so erkennen wir zugleich, wenn ein schon vorhandener Typus diesem Zeitcharakter sich anzugleichen sucht, daß er älter sein muß als die sich durch einen bestimmten Zeitcharakter erst ankündigende neue Lebensform. Aufgrund dieser Hypothese folgern wir, was die Vorweltkunde dann durch zahlreiche Funde belegt, daß das Amphibium ein älterer Typus ist als das Reptil und der Fisch (vergleiche die Zeittafel) älter als sie beide, daß es aber Epochen geben kann, wo solche Urtypen infolge des Zeitcharakters einander zum Verwechseln ähnlich sehen können.

Nun hat sich im Thüringer Buntsandstein aus der Triaszeit die Fährte eines Amphibiums gefunden, dessen Abdrücke größte Ähnlichkeit mit Kinderhänden, noch deutlicher mit der Menschenhand im Embryonalzustand, haben, worauf schon Klaatsch hingewiesen hat. Diese und andere Funde und Untersuchungen (vergleiche Dacqué) legen die Annahme (Hypothese) nahe, daß der Mensch als Typus mindestens schon in die Permzeit, in welche die Entstehung des Säugetiertypus fällt, hinabreicht. Er wäre also nicht, wie die alte Abstammungslehre will, ein letztes Entwicklungserzeugnis der Wirbeltiere, ein Spätzeitprodukt, sondern ein Typus, der bis in das Paläozoikum zurückreicht, dem Zeitcharakter entsprechend sich wandelnde Formen annahm, ohne sein innerstes Wesen dabei aufzugeben, also im Paläozoikum einmal fischartig, dann amphibienartig, später reptilartig, schließlich im Spättertiär affenartig wurde, bis er seinen Typus als Menschenform in der sogenannten historischen Zeit auch der Gestalt nach zur Vollendung brachte, wozu auch jeder andere Typus im Laufe von Jahrmillionen einmal gelangt ist, was wir dann seine Hauptzeit nennen. Wir leben seit dem Diluvium in der Hauptzeit des Menschen in Menschengestalt.

Dies in knappen Zügen die Hypothese von den Urtypen und dem Zeitcharakter, die nicht zum wenigsten noch dadurch biologisch stark gestützt wird, daß der menschliche Embryo von der Kiemenatmung an in neun Monaten noch einmal die Hauptstationen der verschiedenen Zeitcharaktere, die sich auf Jahrmillionen verteilen, durchläuft. Der Typus Mensch rückt durch den sich wandelnden Zeitcharakter seit dem Paläozoikum in ein ganz besonderes und enges Verhältnis zu allen Hauptformen des Lebens, soweit immer wir sie zurückverfolgen können; und es wird nun auch ohne weiteres begreiflich, wie der Wald- und Wiesendarwinismus dazu kam, weil zum Spättertiär als Zeitcharakter die Affenartigkeit gehörte, den Menschen sich aus dem Affen „entwickeln“ zu lassen. Die Typenhypothese sieht aber auch in den alten Sagen, die von Fisch- und Skorpionmenschen, von Zentauren, von Menschen mit Vogelgesichtern oder Hundeköpfen, vom hürnenen Siegfried, Zyklopen und dergleichen zu berichten wissen, nicht mehr leere Phantastereien, die sich primitive Zeiten, denen es an der nötigen „Aufklärung“ fehlte, aus den Fingern gesogen haben, sondern letzte Niederschläge einer einmal vorhanden gewesenen Naturwirklichkeit. Wie aber konnte solche Naturwirklichkeit aus dem Paläozoikum, dem Mesozoikum über die Tertiärzeit bis auf die Quartärzeit und so, wenn auch sehr verdunkelt, wenigstens erinnerungsmäßig durch Mythen, Sagen und Märchen bis in unsere historische Menschenzeit, ja bis zur Jetztzeit gelangen?

Nach Erd- und Vorweltkunde finden sich die ersten Spuren von dem, was wir Großhirn nennen, bei Lebewesen der Triaszeit. Eine starke Gehirnentwicklung ist für die Säugetiere, von einem uns aus der Tertiärzeit bekannten Säugetier an, eine wesentliche Organbildung auf den heutigen Zustand hin. Dagegen finden wir vor der Triaszeit, also im paläozoischen Zeitalter, bei ganz verschiedenen Gruppen von Lebewesen in der Schädelkapsel ein Stirnauge (Parietalorgan) neben dem, was wir heute Sehorgane nennen. Zuerst bei niederen, krebsartigen Tieren in der Devonzeit. Dann bei den ersten Amphibien in der Steinkohlenzeit und bei den Reptilien der Permzeit. Eine neuseeländische Brückenechse besitzt das Stirnauge heute noch. Nach der Typentheorie würden diese Funde anzeigen, daß das Stirnauge zum Zeitcharakter des Spätpaläozoikums gehört hat. Lebte also der Typus Mensch schon in jener Zeit, was Dacqué voraussetzt, so sah er natürlich nicht wie ein heutiger Mensch aus, sondern lebte im Kleid, in der Form der damaligen Zeiten, und würde auch, wenn das Stirnauge zum Zeitcharakter des Spätpaläozoikums gehört, an ihm teilgehabt haben. Bezeichnenderweise berichten alte Mythen, Sagen und Märchen immer wieder vom Stirnauge. So in „Tausendundeiner Nacht“, in nordischen Volksmärchen, im Märchen von der Melusine, in der Polyphemsage bei Homer. Hierher gehört wohl auch eine Stelle aus dem ägyptischen „Apophisbuch“. So genannt, weil dieser große Papyrus in der Hauptsache von dem Sieg der Götter über Apophis, das Schlangenungeheuer, handelt. Der Besitzer hat diesen ägyptischen Papyrus nach seinen eigenen Angaben im Jahre 312 – 311 v. Chr. aufgeschrieben. Er enthält aber Überlieferungen aus ältesten ägyptischen Zeiten, wozu besonders ein Monolog des Urgottes gehört. Hier heißt es (nach Roeder):

„Rede des Allherrn, nachdem er entstanden ist: Ich bin es, der als Chepa entstand. Als ich entstanden war, entstanden die Ent-

standenen. Zahlreich sind die Entstandenen, die aus meinem Munde hervorgingen, als der Himmel noch nicht entstanden war, als die Erde noch nicht entstanden war, als die Würmer und Schlangen noch nicht an diesem Orte (der Erde) entstanden waren. Ich gebot unter ihnen im Nun.“

Die Ägyptologen verdeutschen Nun mit Urozean, Chaos. Nachdem der Allherr zwei weitere Götter, Schu und Tefênet, aus sich selbst auf eine überaus realistische Weise hervorgebracht hat, heißt es weiter:

„Mein Vater Nun war es, der sie (Schu und Tefênet) wegschickte, und mein Auge verfolgte sie eine Ewigkeit lang, als sie sich von mir entfernten. Nachdem ich als einziger Gott (durch Nun) entstanden war, waren es (jetzt) drei Götter, als ich in diesem Lande entstanden war.“

Jetzt folgt in dem Papyrus eine dunkle Stelle, die den Ägyptologen immer wieder viel Kopfzerbrechen macht. Roeder verdeutschte sie so: „Schu und Tefênet jauchzten in dem Nun (Urozean), in dem sie waren, als sie mein Auge hinter sich gebracht hatten.“ (Es war ihnen ja, wie es vorher heißt, „gefolgt“.)

„Als ich meine Glieder vereinigt hatte, weinte ich über sie, und die Menschen entstanden aus den Tränen, die aus meinen Augen kamen. Das Auge (das Schu und Tefênet „gefolgt“ war) grollte mir, nachdem es (zu mir zurück) gekommen war und gefunden hatte, daß ich ein anderes an seine Stelle gesetzt hatte (mit dem der Allherr nämlich weinte, woraus die Menschen entstanden) **... da erhöhte ich seinen Platz an meine Stirn**.“

Soviel ich sehe, ist allen Ägyptologen dieser hier fettte Satz in all den Dunkelheiten, die ihn rings textlich umgeben, durchaus klar und unbezweifelt. Auf ihn aber kommt es in diesem Zusammenhang an. Hier wird also ebenfalls von einem Stirnauge gesprochen.

Aber es finden sich auch uralte Darstellungen dieses Stirnauges beim Menschen. So in Bildern der sogenannten Dresdner Mayahandschrift, deren einwandfreie Deutung noch nicht gelungen ist. Hier eins dieser Bilder nach Dacqué. Man vergleiche den Fährmann hinten im Schiff mit dem Riesenauge über dem „normalen" und die vor ihm sitzende Person. Ebenso die Hand des Fährmanns, die einer menschlichen Embryohand durchaus entspricht, mit der „normalen" Hand der anderen Person.

Auf chinesischen Vasen ist das Stirnauge sogar, wie das folgende Bild zeigt, ein beliebtes Motiv der Ornamentik.

Die jüngeren Formen der Amphibien und Reptile besitzen das Stirnauge nur noch in sich rückbildender, immer mehr verkümmernder Form, bis es als Zeitcharakter überhaupt verschwindet und anderen Zeitcharakteren Platz macht. Beim Menschen, wenn er damals schon als eigener Typus vorhanden war, wie die Typenlehre annimmt, muß es genauso gegangen sein. Aber kein einmal voll ausgebildetes Organ löst sich in der Natur in nichts auf, es wird nur, wie die Biologen sagen, rudimentär (verkümmert, rückgebildet). Entwickelte sich die Schädelkapsel mit dem ursprünglichen Stirnauge immer stärker zur Gehirnhöhle, so verdrängte das wachsende Großhirn das Stirnauge von außen immer mehr nach innen. Man könnte sagen, das Gehirn überwucherte es mit der Zeit. So blieb schließlich vom Stirnauge beim Wirbeltier, also auch beim Menschen, nur noch ein rudimentär gewordenes Organ übrig, das wir *Zirbeldrüse* nennen, die auch beim menschlichen Embryo mit seinem Wachstum immer mehr von außen nach innen rückt. Wie also der heutige Mensch am Ende der Wirbelsäule aus der Zeit seiner Affenartigkeit noch das Rudiment eines Schwanzes hat, so besäße er als Rudiment (Überrest) aus der Zeit, für welche das Stirnauge Zeitcharakter war, heute noch die Zirbeldrüse und damit in Verkümmerung noch den spärlichen Rest einer Fähigkeit, die dem Stirnauge einst in nicht mehr vorstellbarer Vollkommenheit zugehörte. Dacqué fand für die besondere Fähigkeit des Stirnauges die gute Bezeichnung „Natursichtigkeit".

Was mag solche Natursichtigkeit gewesen sein? Es waren

jedenfalls, darin stimmen Skelettfunde, Mythen, Sagen, uralte Bilder und Ornamente überein, Fähigkeiten eines augenartigen Organs, die aber nicht mit denen unserer Augen identisch gewesen sind. Lehrt die heutige Physiologie, daß unsere Augen aus Gehirnbläschen entstanden sind, so lehrt sie vielleicht eines Tages aufgrund von weiterer Erforschung der Zirbeldrüse, daß diese und damit erst recht das Stirnauge aus Sympathikusbläschen entstanden ist. Was das bedeuten könnte, werden wir später sehen. Die Zirbeldrüse gilt jedenfalls laut alter Orientweisheit heute noch als Sitz hellseherischer Fähigkeiten, die längst kein menschliches Gemeingut mehr sind und deshalb heutzutage als „unnatürlich" gelten oder wissenschaftlich überhaupt geleugnet wurden, bis die Parapsychologie ihnen wieder nachforschte. Parapsychologie will die Wissenschaft sein, die sich mit Phänomenen (Erscheinungen), die neben der Psychologie hergehen und die man bisher okkulte Phänomene nannte, befaßt. Psychologie war ursprünglich die Wissenschaft von der Seele. Da die Seele aber heute nur noch als Gehirnfunktion gilt, also jede Selbständigkeit verloren hat, so ist Psychologie sozusagen die Wissenschaft von der Seele, die es wissenschaftlich gar nicht mehr gibt. Parapsychologie wäre dann die Wissenschaft von Nebenerscheinungen der Seele, die es nicht mehr gibt. Was dabei wirklich herauskommt, solange die Wissenschaft ihre Ansicht über die Seele nicht ändert, kann man sich hiernach ungefähr vorstellen.

Fähigkeiten, wie sie heutige Parapsychologen bei manchen „Sensitiven" beobachten und durch Experimente nachzuprüfen sich mühen, könnten also einst Gemeingut des Spätpaläozoikums und damit auch der damaligen Menschheit gewesen sein. Und zwar nicht in so matten und spärlichen Ausmaßen wie bei manchen Medien von heute, sondern als allgemeine, gewaltige Kräfte jener Zeiten. Beim Tier meint der heutige Rationalist etwas Ähnliches, wenn er von Instinkt, bei genialen Menschen, wenn er von ihrer Intuition spricht. Nur daß man sich heute darunter nichts Rechtes mehr vorstellen kann. Sehen wir darin aber letzte Reste einstiger Natursichtigkeit, so bekommen auch so leer gewordene Worte wie Instinkt und Intuition plötzlich wieder Leben und Inhalt, und es geht uns wenigstens eine Ahnung davon auf, was Dacqué mit Natursichtigkeit meint. Heute dient der Traum dank Prof. Freud auch der

Wissenschaft wieder als wertvolles Beobachtungsfeld, wobei Freuds Beobachtungen wichtiger sind als alle rationalistischen Theorien, die seine psychoanalytischen (seelenzerfasernden) Schüler daraus abziehen (abstrahieren); der Traum sollte aber auch für die Parapsychologen ein immer wichtigeres Beobachtungsfeld werden, um von hier aus weitere Einblicke in den Somnambulismus zu gewinnen. Das alles wird dann auch unser Wissen über Natursichtigkeit nach und nach bereichern.

Schopenhauer, der letzte große deutsche Philosoph, der sich ernsthaft mit den Phänomenen des Somnambulismus befaßt hat, und der allen Zweiflern das bissige Wort von der „Skepsis der Ignoranz“ an den Kopf warf, bezeichnet z. B. die Bienen als „natürliche Somnambule“. Ein solcher „Natursomnambulismus“ ist der Untergrund aller Natursichtigkeit im Paläozoikum bis in das jüngste Mesozoikum, von der Permzeit bis zur Kreidezeit (vergl. die Tabelle Seite 18). Er bezeichnet einen Seelenzustand, aber nicht einen Verstandeszustand, denn die Großhirnentfaltung steckte ja noch in den ersten Anfängen. Wie aber können wir von der inneren Verfassung jener vorgeschichtlichen Menschen wenigstens eine ungefähre Vorstellung gewinnen? Von einem ganz anderen Gedankengang aus sagt das der scharfsinnige Ludwig Klages in seinem Buch „Vom Kosmogonischen Eros“ vielleicht am besten, wenn er meint, daß sich die Wachheit jener vorgeschichtlichen Menschen weit eher mit unserem Träumen als mit unserem Wachen vergleichen ließe, ohne indessen zusammenzufallen mit dem Zustand des Schlafes. Der Bewußtseinszustand des „Natursichtigen“ nährt sich noch nicht von Begriffen, die der Verstand von wahrgenommenen Dingen abzieht (abstrahiert), denn das Gehirn spielte ja noch keine maßgebende Rolle, sondern von Bildern, welche die Seele beeindrucken, von Eindrucksbildern. Der Rationalist von heute erlebt ein schwaches Abbild von diesem Bewußtseinszustand meist nur noch in Träumen. Wird er wach, spottet er darüber, denn sein Tagesbewußtsein, wie die Romantiker es nannten, sein Verstand, wie wir sagen, kann sich keine Vorstellung davon machen, versteht er doch nur noch Begriffe, und deshalb erklärt er ganz logisch seine Träume für dummes Zeug, für Hirngespinste. Ihm ist ja nur wahr (wirklich), was sich „begreifen“ läßt, begreifen läßt sich für ihn nur noch, was kausal faßbar ist. Kausal faßbar ist nur, was im Verhältnis von gegebenen Ursachen und tatsächlichen Wirkungen einen Tatbestand ergibt oder als Verhältnis von Grund und Folge eine gedankliche Notwendigkeit. Dem spottet jeder Traum, auch der Traum des nüchternsten Rationalisten, wenn er sich überhaupt noch zu der Unlogik eines Traumes herablassen kann. Alle Begriffe sind für uns heutige Menschen ohne weiteres sagbar, Eindrucksbilder sind für uns im Grunde unsagbar und überhaupt nur bild- und gleichnisweise mitteilbar. Klages spricht vom schauenden Bewußtsein des vorgeschichtlichen Menschen im Unterschied zum erkennenden Bewußtsein von heute. Stellt sich das erkennende Bewußtsein als sagbar in einem Gedankensystem, einer Scholastik, einer Dogmatik dar, so kann sich das schauende Bewußtsein als unsagbar nur in Symbolen darstellen. Dem schauenden Bewußtsein sind aber gerade die wahrgenommenen Bilder Wirklichkeit. Genau wie im Traum. Diese „Wirklichkeit der Bilder", um nochmals ein Wort von Klages zu gebrauchen, ist zugleich von größter Wandelbarkeit. Im Traum erleben wir dasselbe, ohne uns im geringsten darüber zu wundern, bis wir – wach werden. So hat das schauende Bewußtsein, der Natursomnambulismus als Grundlage der Natursichtigkeit, das Unterbewußtsein, wie die heutigen Parapsychologen es nennen würden, die Seele und ihre Äußerungen, wie wir es unwissenschaftlich, aber immer noch gemeinverständlich ausdrücken wollen, ganz und gar nichts mit Logik zu tun. Deshalb findet der Rationalist all das, was Seele, Natursichtigkeit, Magie und Mystik zu sagen haben, wenn er folgerichtig denkt, unsinnig, abstrus, krankhaft, Täuschung, Selbstbetrug, Schwindel. Hingegen erklärt ein so abgesagter Feind des mechanischen Weltbildes wie Klages alle Wirklichkeiten, wie sie der Verstand findet, für Fiktionen (Einbildungen) und läßt nur die „Wirklichkeit der Bilder" gelten. Diese scheinbare Abschweifung vom Thema wird sich bald als eine Notwendigkeit erweisen, wenn wir erst auf den tiefen Kummer vieler Rationalisten über den Mangel an Logik namentlich bei den alten Ägyptern stoßen, deren Hohepriester von Heliopolis den Titel führten: „der im *Schauen* große", während die von Memphis als „Oberste der *Künstler*" tituliert wurden.

Schließlich wäre aus der Typentheorie noch etwas zu folgern. Von dem Augenblick an, wo die Großhirnentfaltung einsetzte, mußte die rein physische Überlegenheit der Tierwelt, soweit sie nicht daran teilnahm, vor allem also vieler Amphibien und Reptile, über die Säugetiere und ganz besonders über den Menschen, bei dem das Stirnauge vom Großhirn immer mehr bedrängt und verdrängt wurde, beängstigend, ja furchtbar werden, denn mit dem Stirnauge muß auch das körperliche Wachstum eng zusammengehangen haben, wie heute noch ihr Rudiment, die Zirbeldrüse, deutlich aufzeigt. Das hier wiedergegebene Skelett eines heutigen Menschen neben dem des in Nordamerika während der Kreidezeit gefundenen „Tyrannosaurus" macht die Größenunterschiede sehr anschaulich, wenn der Mensch der Kreidezeit auch größer und kräftiger war als der heutige. Aber mit wachsendem Großhirn und

schwindendem Stirnauge verlor der Mensch ja nicht nur an Größe und Stärke, sondern auch an Natursichtigkeit und all ihren Kräften gegenüber Lebewesen, denen Schädelkapsel und Stirnauge länger erhalten blieben, wie es namentlich bei Reptilen nachweisbar ist. Das waren wahrhaft *dämonische* Zeiten, für den Menschen um so furchtbarer, als es lange gedauert haben wird, bis er im wachsenden Großhirn seine neue Waffe erkannte und sie immer besser gebrauchen lernte, um sie seit der Herrschaft des Rationalismus allem Lebendigen gegenüber furchtbar zu mißbrauchen. In den Sagen und Märchen von den Kämpfen mit den Drachen und Lindwürmern klingt das Entsetzen solcher Zeiten noch nach. Dazu kam damals noch die Überlieferung einstiger Natursichtigkeit von gewaltigen Erdkatastrophen, wie sie in den auf der ganzen Erde verbreiteten Flutsagen einen letzten Nachhall finden, Katastrophen, nach denen die heutige Geologie zu forschen gezwungen ist. Von denen noch die Griechen wissen, die von den Proselenen erzählen, den Menschen, die lebten, bevor der jetzige Mond (Selene) am Himmel stand, und die Hörbigers geniale Schau, die zur Hypothese der „Welteislehre“ führte, zum erstenmal „begreifbar“ machen.

Überschauen wir das alles zusammen nochmals für einen Augenblick, und halten wir einen Eindruck davon in uns lebendig, so werden wir in den heutigen, rationalistischen Zeiten leichter zum Verständnis dessen kommen, was Magie dem Altertum war und bedeutete: eine lebendige Kraft, aber keine lächerliche Einbildung, weder Selbstbetrug und Hysterie, noch Schwindel und Aberglaube.

BABYLONIEN

Es gibt mehr Dinge im Himmel und auf Erden
Als eure Schulweisheit sich träumt
Shakespeare

Berosus und Danes

Zwischen 350 und 340 v. Chr., als Alexander der Große Herr über Babylonien war, wurde Berosus in Babylon (Babel) geboren. Er lebte noch unter Antiochus I. (293–280 v. Chr.), dem dritten Nachfolger Alexanders, denn ihm widmete er die „Babyloniaka“, sein Hauptwerk, und schrieb es griechisch, um Babylonien und seine Geschichte den Griechen näher zu bringen. Leider sind nur einige Bruchstücke der „Babyloniaka“ auf uns gekommen, die antike Schriftsteller ausgeschrieben haben. Das Werk umfaßte (nach Schnabel) drei Bücher, von denen sich das erste mit Weltschöpfung und Astronomie abgab, das zweite mit den zehn Urvätern vor der Flut, mit der Flut, mit 86 Königen nach der Flut und schließlich mit den fünf historischen, babylonischen Dynastien (2232–732 v. Chr.). Das dritte Buch galt den Zeiten der Assyrerherrschaft 731–626 v. Chr., des neuen babylonischen Chaldäerreichs 625–539 v. Chr. und der Perserherrschaft über Babylon 538–331 v. Chr., die dann Alexander der Große vernichtete.

Berosus war Priester des Bel (Bal, Marduk) in Babylon. Seleukus I., der Vater des Antiochus I., der mit seinem Vater 14 Jahre gemeinsam und dann noch 19 Jahre allein regierte, baute zwar mancherlei babylonische Tempel wieder auf, aber sein Hauptinteresse galt doch seiner neuen Hauptstadt, die er am Tigris bauen ließ, Seleukeia. Die Einwohner Babylons mußten die neue Hauptstadt bauen helfen. So wurde das alte Babylon entvölkert. Und wenn auch die Priester mit ihren Angehörigen im Beltempel in Babylon bleiben durften und Seleukus für ihren Unterhalt sorgte, so waren die Einnahmen der Priester in der entvölkerten Stadt natürlich geringer als in früheren, für sie besseren Zeiten. So soll Berosus noch als Sechzigjähriger Babylon verlassen und sich in Kos als Leiter einer Astrologenschule niedergelassen haben, die sicher großen Zulauf hatte und gute Einnahmen brachte, denn Astrologie war die große Mode der Zeit. Fast könnte man glauben, sie sollte es heute wieder werden. Daß ein Sechzigjähriger sich noch zu solchem Umzug entschloß, nimmt den nicht weiter wunder, der weiß, daß Platon sechsundsechzig Jahre zählte, als er zum dritten Mal nach Sizilien reiste, und daß Euripides mindestens zweiundsiebzig Jahre alt war, als er an den Hof der Mazedonierkönigs Archelaus übersiedelte.

Von den äußeren Lebensdaten dieses Belpriesters und Lehrers der babylonischen Geschichte und Astrologie wissen wir bis jetzt nicht mehr als das eben Angeführte. Wohl aber wissen wir, daß der Mann um seines Hauptwerkes willen in der griechisch-hellenistischen Welt hohes Ansehen genoß, wenn es auch schon der Zeit Alexanders märchenhaft und unglaubwürdig vorkam, daß nach ihm seit dem ersten babylonischen Urkönig Aloros bis zu Alexander dem Großen 468.000 Jahre vergangen sein sollten, Zahlen, die heutige Geologen und Paläontologen durchaus nicht mehr schrecken können. Namentlich um seiner Astrologie willen stand Berosus lange in hohem Ansehen. Ein Niederschlag dessen findet sich noch bei Seneca:

„Berosus sagt, daß dieses (Erdbeben und Entstehung neuer Flüsse) durch den Lauf der Gestirne geschehe, und er behauptet es so fest, daß er für Verbrennung und Sintflut Zeitpunkte ansetzt. Er behauptet nämlich, daß die irdischen Dinge verbrennen würden, wenn alle jetzt verschieden laufenden Gestirne (Planeten) im Krebs (das Tierkreiszeichen der Sommersonnenwende) zusammenkommen, indem sie in der Weise an derselben Stelle stehen, daß eine gerade Linie durch die Kreise aller Planeten gehen kann (die Gestirne stehen also so, daß eine gerade Linie sie sämtlich schneidet). Dagegen wird die künftige Überschwemmung eintreten, wenn dieselbe Schar von Sternen im Steinbock (dem Tierkreiszeichen der Wintersonnenwende) zusammen käme. Dort nämlich findet die Sommersonnenwende, hier der Winteranfang statt; die Zeichen (die Tierkreiszeichen) sind von großer Bedeutung, weil sie Hauptpunkte in der Jahresveränderung darstellen.“ (Nach Greßmann)

Auch in der gebildeten griechischen und lateinischen Welt des ersten nachchristlichen Jahrhunderts genoß dieser Babylonier große Wertschätzung, wie Josephus bezeugt:

„Zeuge hierfür ist Berosus, von Geschlecht ein Chaldäer (Babylonier), der denen bekannt ist, die wissenschaftliche Bildung besitzen, da er die Schriften über Astronomie und Philosophie der Chaldäer unter den Griechen bekannt gemacht hat."

Die philologische Wissenschaft betrachtet, was von Berosus auf unsere Zeit gekommen ist, mit äußerstem Mißtrauen und mißt ihm im allgemeinen nicht mehr geschichtlichen und sachlichen Wert bei, als sie es trotz der Gebrüder Grimm allen Märchen, Sagen und Legenden gegenüber zu tun pflegt. Daß die alten Schriftsteller nur mit Respekt von diesem Babylonier reden, kommt für die heutige Zeit schon deshalb nicht sonderlich in Betracht, weil alte Schriftsteller überhaupt nicht so ernst genommen werden dürfen wie heutige Gelehrte, die in keinerlei Aberglauben befangen sind und eine weit höhere Bildung besitzen als jene Alten. Erst seitdem Spitzhacke und Spaten an Euphrat und Tigris so erfolgreich arbeiten, und seitdem die Keilschrift entziffert werden kann, erst seitdem merkt man wieder etwas ernsthafter auf den alten Berosus.

Zwei Bruchstücke aus dem Werk des Belpriesters, die der heutigen Wissenschaft völlig wider den Strich gehen, sind für uns besonders interessant, weshalb sie möglichst wortgetreu nach der Verdeutschung von Alfred Jeremias und Hugo Greßmann mitgeteilt seien:

„In Babylon hätten sich eine große Masse stammverschiedener Menschen, welche Chaldäa bevölkerten, zusammengefunden, die ordnungslos wie die Tiere lebten. Im ersten Jahre (nämlich des Urkönigs Aloros, 468.000 Jahre vor Alexander dem Großen) sei aus dem Erythräischen Meer, wo es an Babylonien grenzt, ein vernunftbegabtes Lebewesen (Schnabel übersetzt: furchtbares Untier) mit Namen Danes *erschienen. Es hatte einen vollständigen Fischkörper. Unter dem Fischkopf aber war ein anderer, menschlicher Kopf hervorgewachsen, sodann Menschenfüße, die aus seinem Schwanze hervorgewachsen waren, und eine menschliche Stimme. Sein Bild wird bis jetzt aufbewahrt. (Siehe Abbildung rechte Seite.) Dieses Wesen, so sagt er (Berosus), verkehrte den Tag über mit den Menschen, ohne Speise zu sich zu nehmen, und* überlieferte *ihnen die Kenntnis der Schriftzeichen und Wissen-*

Danes

schaften und mannigfache Künste, lehrte sie, wie man Städte baut und Tempel errichtet, wie man Gesetze einführt und das Land vermißt, zeigte ihnen das Säen und Einernten der Früchte, überhaupt alles, was zur Befriedigung der täglichen Lebensbedürfnisse gehört. Seit jener Zeit habe man nichts anderes, darüber Hinausgehendes erfunden. *Mit Sonnenuntergang sei die-*

ses Lebewesen Danes wieder in das Meer hinabgetaucht und habe die Nächte in der See verbracht, denn es sei ein Amphibium *gewesen. Später seien auch noch andere, dem ähnliche Wesen erschienen, über die er (Berosus) in der Geschichte der Könige berichten will. Danes aber habe über die Entstehung und Staatenbildung ein Buch (Logoi) geschrieben, das er den Menschen übergab.“*

Das andere Bruchstück lautet:

„(Berosus) *sagt, es habe eine Zeit gegeben, wo das All Finsternis und Wasser war, und darin wären merkwürdige und sonderbar gestaltete Lebewesen entstanden: nämlich zweiflügelige Menschen seien entstanden, einige auch mit vier Flügeln und zwei Gesichtern, solche, die nur einen Körper, aber zwei Köpfe hatten, einen Männer- und einen Frauenkopf mit zweifachen Geschlechtsteilen, männlichen und weiblichen (Hermaphroditen, wie es scheint); ferner Menschen mit Ziegenschenkeln und Hörnern, solche mit Pferdefüßen, solche, die hinten Pferd, vorn Mensch waren, wie Hippozentauren gestaltet. Es seien auch Stiere mit Menschenköpfen und Hunde mit vier Leibern, die hinten Fischschwänze hatten, entstanden; ferner Pferde mit Hundeköpfen sowie Menschen und andere Lebewesen mit Pferdeköpfen und Pferdeleibern einerseits und Fischschwänzen andererseits und andere Lebewesen in* mannigfachen Tiergestalten. *Dazu Fische,* Kriechtiere, Schlangen *und weitere wunderbare Lebewesen mit untereinander vertauschten Gestalten, von denen Abbildungen im Heiligtum des Bel geweiht seien.“*

Wir wissen u. a. aus einer Inschrift, daß König Agum II. (um 1650 v. Chr.) solche „Chaosungeheuer“, wie sie die Wissenschaft nennt, im Tempel des Bel-Marduk in Babylon aufstellte.

Was fängt die Wissenschaft nun mit solchen Bruchstücken aus Berosus an, wenn sie dieselben nicht ignoriert? Aus dem „vernunftbegabten Lebewesen“ Danes, aus dem Amphibium des griechischen Textes wird einfach ein „Offenbarungsbuch“. Unseren Gelehrten ist es augenscheinlich so selbstverständlich geworden, daß alle Weisheit aus Büchern stammt, daß sie sich eine anders gewonnene Art des Wissens, eventuell durch das *schauende* Bewußtsein natursichtiger Zeiten, überhaupt nicht denken können. Und die Abbildung des sogenannten Danes? Da sie sich auf vielen babylonischen Siegelzylindern und auch sonst findet, wo man annimmt, sie stelle Priester des

Ea dar, so sagt man, dieser Danes sei eben der Wassergott Ea, der bei den Babyloniern zugleich der Gott alles Wissens war und der einzige unter den großen Göttern der Babylonier, der den Menschen wohlgesinnt war. Ea als Wassergott hat hier eben wie seine Priester ebenfalls in feierlichen Augenblicken ein Fischgewand angelegt, wie der Pfarrer einen Talar anzieht, wenn er auf die Kanzel steigt.

Und wenn das Amphibium Danes ein „Offenbarungsbuch" ist, was sind dann die anderen, ihm ähnlichen Wesen, von denen Berosus spricht? Sehr einfach, es sind die „priesterlichen *Kommentare* des alten, heiligen Offenbarungsbuches". Wie sollten auch amphibienartige Wesen Menschen lehren können. Man erlaubt höchstens, daß die Menschen vom Affen abstammen und von ihm allerlei gelernt haben.

Und die geflügelten Menschen, Menschen mit Ziegenbeinen und Hörnern, Zentauren und dergleichen? Sehr einfach. Die Wissenschaft stellt überlegen fest: „Die absolut *sterile Phantasie* dieser Legende erinnert an ähnliche *Ausgeburten brahmanischer Priestergehirne*" (Selzer), wobei es der Wissenschaft vorbehalten bleiben muß, zu erklären, wie eine *sterile* Phantasie, die also überhaupt nichts gebären kann, denn sonst wäre sie nicht steril, gleichzeitig doch solche „Fabelwesen" und „Mißgeburten" zu gebären vermag.

Erinnern wir uns dagegen der Dacquéschen Typentheorie und der Lehre vom Zeitcharakter, so werden wir in dem vernunftbegabten Lebewesen, dem Amphibium Danes des Berosus gewiß kein Buch sehen, sondern eher schon einen Menschen nach dem Zeitcharakter des Altmesozoikums (siehe Zeittafel Seite 18) mit verschwindendem Stirnauge und zunehmender Großhirnentfaltung, ohne daß seine Natursichtigkeit schon erloschen wäre. Es handelte sich dann nicht um ein Märchen, sondern um eine für Griechen bestimmte Niederschrift treu überlieferten Wissens aus uralten Keilschriften, das einem in Babylon geborenen Priester des Bel-Marduk kraft seines „Geheimwissens" zur Verfügung stand und vom Vater auf den Sohn vererbt wurde, letzte Niederschläge ältester Menschheitserinnerungen, deren treueste Hüter die Priesterschaft des Orients war. So berühren sich hier plötzlich neueste Biologie mit ältester Priesterweisheit, ein Phänomen, das sich im Ablauf dieses Buches noch öfter wiederholen wird.

Der neuen Hypothese, der Klaatsch und Dacqué den Weg bereitet haben, scheint sich nämlich jetzt auch der Kustos des Pathologischen Museums in Berlin, Professor WESTENHÖFER, zu nähern, wenn über seinen sensationellen Vortrag auf dem vorjährigen Anthropologenkongreß in Salzburg (Herbst 1926) zutreffend berichtet worden ist. Er führte da aus, daß die Lagerung der Nieren und die Einkerbungen der Milz beim Menschen sich sonst fast nur bei *Wassersäugetieren* finden. Er folgert daraus, daß man für den Typus Mensch einst ein zeitweiliges *Wasserleben* annehmen müsse. Er folgerte weiter, daß der Menschentypus um deswillen älter sein müsse als der Affe, bei dem sich keine dieser Besonderheiten der Wassersäugetiere findet. Ferner kam Westenhöfer bei den Versuchen, das dem Menschen eigentümliche Kinn entwicklungsgeschichtlich zu erklären, zu der Hypothese, das menschliche Kinn habe sich in der Entwicklungsreihe der Wirbeltiere an einer gewissen Entwicklungsstelle im Anschluß an gewisse Merkmale bei *Reptilen* lokalisiert. Wir würden nach Dacqué sagen, das Kinn gehörte nach Westenhöfer noch zum Zeitcharakter der Hauptzeit der Reptilien (siehe Zeittafel Seite 18), an deren Beginn die Großhirnentfaltung einsetzt, also in das Mesozoikum. Die anatomische Entwicklung des Gebisses, die bei fast allen Säugetieren zur Schnauze führte, der die Hauptblutzufuhr galt, gelte (nach Westenhöfer) nicht für den Menschen von dem Augenblick an, wo seine Hauptblutzufuhr der Entwicklung des Großhirns gilt. Das menschliche Gebiß blieb also zugunsten der Großhirnentfaltung hinter der Gebißentwicklung der übrigen Säugetiere zur Schnauze zurück, wofür das Kinn der Beweis wäre. Rein anatomisch gesehen, stellt der Mensch hier also längst nicht den „Fortschritt" dar, sondern ein Zurückbleiben hinter der Säugetierentwicklung. Erst vom Blickpunkt des Gehirnmenschen aus kann man gerade in diesem Zurückbleiben einen „Fortschritt" erkennen. Es ließe sich sehr gut denken, daß ein Menschenaffe beim Anblick eines Menschen mit ausgebildetem Kinn seinen Jungen die Geschichte von einem häßlichen, rückständigen, reaktionären Säugetier erzählte, sodaß alles, was Affe heißt, geringschätzig auf das scheußliche Kinnwesen, das ohne fortschrittliches Gebiß herumlaufen muß, herabblickt. Schon die Anatomie zeigt also, wie vorsichtig man mit dem Worte „Fortschritt" umgehen sollte, und daß nicht einmal anatomisch alles, was stehenbleibt, geringzuschätzen ist. Wie mit dem Menschenkinn hat sich Westenhöfer in jenem Vortrag auch mit dem Menschenfuß befaßt, besonders mit dem ihm eigentümlichen Sprunggelenk, bei dem die Fußwurzelknochen noch beweglich sind, weil die Muskeln und Bänder nachgeben. An Amphibien- und Reptilskeletten zeigt er die Entstehung der Ferse und des Fußgewölbes, als Amphibien und Reptile auf dem Lande zu leben begannen, und wie dies Landleben auf die hinteren Extremitäten einwirken mußte. Bei einem Lurchreptil findet sich (nach Westenhöfer) zuerst ein Sprunggelenk, die Voraussetzung des Stand- und Gehfußes, das heißt, des Menschenfußes. Da aber diese ersten Landsäugetiere viel älter sind als alle Greiffüßler, so hat der Mensch, wie Kinn, Stand- und Gehfuß zeigen, die weitere Säugetierentwicklung nicht mitgemacht, sondern ist auch in diesem Fall anatomisch bei einem früheren Typus stehengeblieben. Sogar die Schlange könnte hiernach, wenn sie fortschrittlich gesinnt wäre, ein wenig geringschätzig auf den Menschen herabblicken, denn sie hat sich die Extremitäten, die sie einst besaß, wie anatomisch längst feststeht, nach und nach überhaupt wegentwickelt zugunsten ihrer jetzt üblichen Fortbewegungsart. Die alten Sagen besaßen zwar schwerlich unsere anatomischen und entwicklungsgeschichtlichen Kenntnisse, sie wußten aber ganz gut (aus anderen Wissensquellen), besser als die meisten heute lebenden Menschen trotz aller Bildung, sogar über die Anatomie der Schlangen Bescheid, die nach alten Mythen ursprünglich auf vier Beinen gingen und (nicht nur nach dem Alten Testament) zum Auf-dem-Bauche-kriechen erst spät verurteilt wurden. Die Schlange, die auf dem Bauche kriecht, tritt tatsächlich als eine der letzten Reptiltypen in Erscheinung. Freilich hat die Schlange ihre Hauptblutzufuhr nicht für die Gehirnentfaltung, sondern für sie wichtigere Organe verbraucht, sodaß sie nicht in der Lage ist, sich über irgendwelchen Fortschritt oder Rückschritt Gedanken zu machen. Das ist und bleibt nun einmal Vorzug und Nachteil des eigentlichen Gehirntieres unter den Säugetieren, des Menschen.

Übrigens wird das, was Berosus von Danes berichtet, im Avesta ganz ähnlich dem Urmenschen Yma zugeschrieben, bei den Ägyptern dem Anubis, beziehungsweise Thot, bei den

Phöniziern Taut und in der hellenistischen Zeit Hermes. Ein chinesischer Mythos berichtet, daß zur Zeit des Kaiser Fuk-Hi aus den Wassern des Flusses Meng-ho ein Ungeheuer mit Pferdekörper und Drachenkopf erschien, dessen Rücken eine mit Schriftzeichen versehene Tafel trug, aufgrund deren die Schrift erfunden wurde. Danes hat dann in der späthellenistischen Theologie noch eine wichtige Rolle gespielt bei der Lehre vom Gott Anthropos (Mensch), und im 4. Esrabuch ist vom „Menschen" die Rede, der vom Herzen des Meeres aufsteigt.

Und nun betrachte der Leser einige babylonische „Fabelwesen" und „Chaosungeheuer", wie sie aus einer großen Auswahl willkürlich herausgegriffen werden, einmal ganz unbefangen und ohne Vorurteile. Um eine gewisse Unbefangenheit des Auges zu erzielen, vergleiche er zunächst einmal einen rekonstruierten *Riesensaurier* vom Ende der Kreidezeit (nach

Dacqué) mit einem jetzigen *Rhinozeros* (nach Brehm). Darauf

den Schädel eines *Schrecksauriers* vom Ende der Kreidezeit mit vogelähnlichem Hornschnabel und kasuarartigem Hirnhelm, eine Art Ente, deren Skelett zehn Meter mißt (der Fund stammt aus Kanada): mit dem Drachen auf dem hier abgebildeten altbabylonischen Zylinder, der zum Siegeln benutzt wurde:

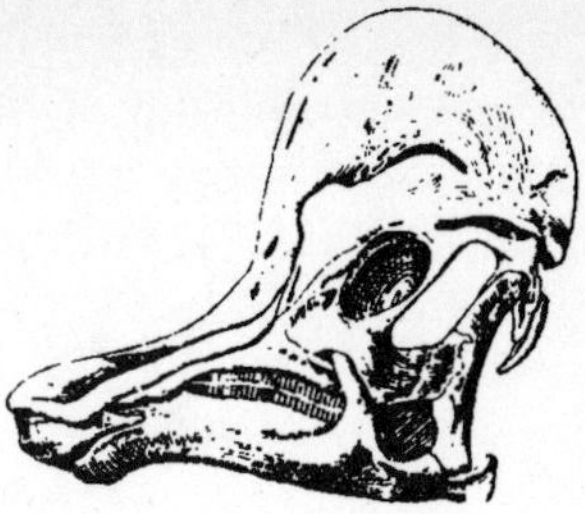

Es folgt ein Bild von einem altbabylonischen Götterschrein oder einem Grenzstein (darüber sind sich die Gelehrten nicht einig) des Gottes Ea, von dem schon die Rede war. Sein heiliges Tier war der Steinbock. Wir sehen also auf einer Stange einen Widderkopf und ihm zu Füßen den *„Ziegenfisch"*, dem wir immer wieder auf babylonischen Bildern begegnen, ein Mischwesen, wie es Berosus beschrieben hat, dessen Ziegenkörper in einen Fischschwanz ausläuft.

Es folgt ein *„Hippozentaur“* (siehe Berosus) als Schütze:

Ein Schlangengreif aus reliefierten Emailziegeln

Das heilige Tier Marduks, Körper und Schwanz mit Schuppen bekleidet, die Vorderfüße katzenartig, die Hinterfüße raubvogelartig:

Die Abbildung auf Seite 41 zeigt einen *„geflügelten Stierkoloß mit Menschenkopf“*. Er ist aus Kalkstein, hat eine Höhe von über vier Metern und wurde in Khorsabar gefunden. Ähnliche Figuren hat man auch an Palasteingängen in Nimrud gefun-

Stierkoloß mit Menschenkopf

den. Die Wissenschaft betrachtet sie als Schutzdämonen. Sie erklärt sich diese Mischgestalten aber nicht als irgendwie biologisch bedingt, sondern etwa so (nach JASTROW): „Eine solche Darstellung darf wohl in Zusammenhang gebracht werden mit der *phantastischen Vorstellung einer Urzeit*, in der angeblich solche Mischgestalten, wie sie Berosus beschreibt, vorkamen. Eine derartige Vorstellung, die offenbar auf *Mißbildungen bei Menschen- und Tiergeburten* (!) zurückgeht, bei denen man mit Hilfe einer *naiven Phantasie* allerlei Vergleiche mit tierischen und mit Menschenzügen anstellte ..."

Einem unbefangenen und unverbildeten Auge müßte, wie mir scheint, an all diesen Gebilden vor allem auffallen, wie natürlich, wie wenig konstruiert sie trotz ihrer Stilisierung aussehen. Das wird noch deutlicher, wenn man zum Vergleich etwa das auf der nächsten Seite abgebildete Relief aus späterer Zeit heranzieht, das in Persepolis gefunden wurde. Die Anlehnung an babylonisch-assyrische Vorbilder ist auch für den Laien ohne weiteres sichtbar.

An dieser Figur ist alles konstruiert und stilisiert. Nicht für einen Augenblick kann man sich dieses Wesen „lebendig“ vorstellen. Es geht nicht mehr von einer Anschauung aus, wie sie altbabylonischen Künstlern trotz aller Stilisierung noch möglich war, sei es durch Überlieferung bestimmter Formen, sei es durch geniale Innenschau, sondern es ist wirklichkeitsfremde Imitation einer herrschenden Mode zuliebe. Auch in der Geschichte der modernen Kunst stoßen wir häufiger auf allerhand Fabelwesen, mit denen es nicht anders bestellt ist als mit dem Wesen auf dem Relief von Persepolis. Da erscheint dann ganz unerwartet und ganz außerhalb jeder „Zeittradition“ ein Künstler wie ARNOLD BÖCKLIN. Seine „Fabelwesen“ haben mit denen uralter Zeit das gemein, daß sie nicht konstruiert, sondern geschaut sind, daß sie leben, trotzdem das moderne Europa sonst keine Natursichtigkeit mehr kennt. Wir sprechen dann von einem Genie, wenn wir nicht wie die meisten Zeitgenossen nur lachen und die Achsel zucken, „weil es so etwas nicht gibt“.

Jetzt ist dieser oder jener Leser hoffentlich ein wenig mißtrauisch geworden gegen die landläufige Betrachtung und Wertung von Erzählungen, Überlieferungen und Bildern aus der Antike, denen möglichst gar kein Wirklichkeitswert zugesprochen wird, und die gemeinhin nur als wirklichkeitsfremde

Gedanken- und Kunstspielereien rückständiger und abergläubischer Zeiten behandelt werden. Ein drastischeres Beispiel für die Unzulänglichkeit solcher, rein rationalistischer Betrachtungen als dies Beispiel von Berosus, seinem Danes und den „Chaosungeheuern" läßt sich nicht finden. Deshalb wurde es etwas ausführlicher behandelt. Wir müssen uns geistig ein wenig umstellen und dürfen die rationalistische Tradition des 19. Jahrhunderts nicht als der Weisheit letzten Schluß betrachten, sondern nur als eine zeitbedingte Hypothese, die sich als immer unzulänglicher erweist, wollen wir uns mit dem, was älteste Kulturen überliefert haben, wozu vor allem die *Magie* gehört, überhaupt ernsthaft beschäftigen. Und das ist die Absicht dieses Buches. Das Vertrauen zu dieser Absicht soll zunächst noch durch ein zweites Beispiel gestützt werden.

Gilgamesch

Lehnte die zeitgenössische Wissenschaft, was Berosus über Danes und die „Chaosungeheuer" berichtete, als phantastischen Unsinn oder bestenfalls als mythische Spielereien kindlicher Gemüter ab, so hat sie sich mit einem anderen Auszug aus Berosus immer wieder sehr ernsthaft befassen müssen. Dieser Auszug lautet:

„Nachdem Arbatos gestorben, habe sein Sohn Chisouthros 18 Saren (64.800 Jahre) geherrscht. Zu seiner Zeit sei eine große Flut geschehen. Diese Erzählung sei folgendermaßen aufgezeichnet worden: Kronos sei ihm (dem Chisouthros) im Schlafe erschienen *und habe ihm kundgetan, daß am 15. Tage des Monats Daisios (Mai/Juni) die Menschen durch eine Flut vernichtet werden würden. Er habe ihm deshalb befohlen, schriftlich aller Dinge Anfang, Mitte und Ende (aufzuzeichnen und diese Aufzeichnungen) in Sispara (Sippar in Nordbabylonien), der Stadt des Sonnengottes, zu vergraben, alsdann ein Schiff zu bauen, und mit seinen Verwandten und nächsten Angehörigen hineinzusteigen; er solle auch Speisen und Getränke hineinschaffen und Vögel und vierfüßige Tiere hineinbringen und nach Ausführung alles dessen abfahren. Wenn er (Chisouthros) nun gefragt werde, wohin er fahre, solle er sagen: ›Zu den Göttern, um für die Menschen gutes zu erflehen‹. Da habe er gehorsam ein Schiff gebaut, und zwar 5 Stadien lang und 2 Stadien breit; er habe alles, was ihm aufgetragen war, zusammengebracht und Weib, Kinder und nächste Angehörige einsteigen lassen.*

Nachdem nun die Flut geschehen war, habe Chisouthros gleich nach (ihrem) Ende einige von den Vögeln hinausgelassen; da diese aber keine Nahrung fanden und auch keine Stätte, wo sie sich niederlassen konnten, seien sie zu dem Fahrzeug zurückgekommen. Chisouthros habe dann nach einigen Tagen die Vögel wiederum hinausgelassen; diese seien dann aber wieder zu dem Schiff zurückgekommen, diesmal mit lehmbeschmutzten Füßen. Zum dritten Mal hinausgelassen, seien sie nicht wieder zu dem Fahrzeug gekommen. Da habe Chisouthros gefolgert, daß der Erdboden wieder sichtbar geworden sei; er habe dann ein Stück von den Fugen des Fahrzeugs auseinander genommen und gesehen, daß das Schiff auf einen Berg aufgelaufen sei; dann sei er mit seinem Weibe, seiner Tochter und dem Steuermann an Land gegangen, habe sich betend zur Erde geworfen, einen Altar errichtet und den Göttern geopfert; darnach sei er nebst denen, die das Fahrzeug verlassen hatten, (plötzlich) verschwunden. Als nun Chisouthros mit den Steinen nicht wiederkam, seien die im Fahrzeug zurückgebliebenen Leute ausgestiegen und hätten ihn gesucht, indem sie ihn beim Namen riefen. Chisouthros selbst aber sei von ihnen nicht mehr gesehen worden; wohl aber sei eine Stimme aus der Luft erklungen mit dem Befehl, gottesfürchtig zu sein, wie es sich gehöre: denn auch jener (Chisouthros) sei wegen seiner Gottesfurcht davongegangen und wohne nun bei den Göttern; derselben Ehre seien auch sein Weib, seine Tochter und der Steuermann teilhaftig geworden. (Die Stimmen) sagten ihnen ferner, sie sollten nach Babylon (Babylonien) zurückgehen, um, wie es ihnen vom Schicksal bestimmt sei, die Schriften aus Sispara zu entnehmen und den Menschen mitzuteilen; und das Land, wo sie waren, gehöre zu Armenien.

Als sie dieses vernommen, hätten sie den Göttern geopfert und seien zu Fuß nach Babylon (Babylonien) gezogen. Von dem Fahrzeug sei, nachdem es sich in Armenien niedergelassen habe (Ararat?), noch ein Teil in den zu Armenien gehörenden Bergen der Korydäer erhalten, und manche Leute holten sich Asphalt von dem Fahrzeug, indem sie ihn abschabten; diesen verwendeten sie als Schutzmittel gegen Krankheiten.

Nachdem sie nun nach Babylon (Babylonien) gekommen seien, hätten sie die Schriften in Sispara ausgegraben, viele Städte gegründet, Heiligtümer neu erbaut, und Babylon wieder besiedelt.“

Jeder Leser wird ohne weiteres bei dieser Erzählung gemerkt haben, wie nahe sie sich mit der uns allen geläufigen Sintflutfrage aus dem Alten Testament berührt. Die Wissenschaft brachte die beiden denn auch miteinander in Beziehung. Besonders tüchtige Rationalisten neigten dazu, einer habe sie vom anderen abgeschrieben, vertieften sich in das Problem, wer der Abschreiber sei, und sahen in beiden Erzählungen in der Hauptsache nur die Erinnerung an eine besonders folgenschwere Überschwemmung der Euphrat- und Tigrisgegend, die für jene primitiven Menschen gleich die Welt bedeutete. Daß die ganze Erde einmal von einer Flut so ernsthaft bedroht gewesen sei, war eine gar zu kindische Vorstellung, als daß die Wissenschaft sie allgemein hätte ernst nehmen können. Noch viel weniger aber den Gedanken, der sich in beiden Erzählungen findet, diese die ganze Erde bedrohende Flut habe irgend etwas mit menschlicher „Sünde" zu tun gehabt. Das mochte man Unmündigen der Vorzeit einreden, nicht aber modernen Gelehrten.

Aber die heutige Erd- und Vorweltkunde kann sich ebensowenig wie die heutige Völkerkunde an solcher Gelehrsamkeit genügen lassen. Funde, die gewaltige Erdkatastrophen voraussetzen, durchlöchern sie immer hoffnungsloser. Wenn es sich bei dem Ereignis, von dem Berosus und die Bibel erzählen, nur um eine etwas heftige Überschwemmung von Euphrat und Tigris gehandelt hat oder schlimmstenfalls seit EDUARD SUEß („Antlitz der Erde") um eine Meeresflut mit Zyklon, wie kommt es dann, daß sich die Sintflutsage, in allem Wesentlichen gleichlautend, auch in Amerika, Australien und Afrika findet, wo man weder Griechisch konnte, wie Berosus, noch Hebräisch, um Moses abschreiben zu können? Bei all diesen Sagen handelt es sich ferner, wenn man genauer hinsieht, nicht um *Salzwasser* (Meer), sondern um *Regenwasser* (vgl. R. ANDREE: „Flutsagen"), nicht um Meeresfluten, sondern um gewaltige Himmelsfluten, begleitet von Erdbeben, Aufbrechen der Grundwasser, Nachsinken des Landes ins Meer. Keine Lokalkatastrophe, sondern eine solche, die an ganz verschiedenen Stellen der Erde erlebt wurde und bei Babyloniern, Juden, Indianern, bei Fidschi-Insulanern, Polynesiern, Indern und Chinesen auffallend gleichartig von Geschlecht zu Geschlecht überliefert wird. Unter solchen Umständen muß es sich doch wohl um eine Art Weltereignis und eine Weltkatastrophe gehandelt haben. (Wenn man es nicht mit einem jungen Privatdozenten von heute hält, der, auf die „Religion der Primitiven" losgelassen, meint, bei der Entstehung der Sintflutsagen spiele ein Motiv mit, das die kindliche Traumphantasie Überschwemmungs- und Überflutungsbilder schauen läßt: der Urindrang.) Woher aber diese ungeheuerlichen Regengüsse? J. RIEM („Die Sündflut") versucht dafür eine Erklärung, verlegt die Flut aber an den Ausgang der Tertiärzeit, eine Datierung, die sich nach den Angaben eines ersten Paläontologen, wie Dacqué es ist, erdgeschichtlich nicht halten läßt. Auch Dacqué kommt aufgrund seiner Untersuchungen zu der Ansicht, daß es sich nicht um ein mesopotamisches

Lokalereignis gehandelt haben kann, sondern um eine Erdkatastrophe gehandelt haben muß. Zu ihrer Erklärung hält auch Dacqué Hörbigers schon in der Einführung erwähnte „Glazialkosmogonie, eine neue Entwicklungsgeschichte des Weltalls und des Sonnensystems" trotz dem Widerspruch der meisten Zunftastronomen für die heute weitaus brauchbarste Hypothese. Wer sich dafür besonders interessiert, der sei an dieser Stelle wenigstens auf zwei kleinere Schriften aufmerksam gemacht, die in Hörbigers Theorie gemeinverständlich einführen, nämlich auf H. VOIGT: „Eis, ein Weltbaustoff" und HANNS FISCHER: „Die Wunder des Welteises."

Der Wert der Sintflutsage bei Berosus wird aber noch bedeutend erhöht durch den Fund des sogenannten *„Gilgameschepos"*. Es ist ein weiterer Beleg dafür, wie fest und sicher dieser Priester des Bel auch bei seinem Bericht über die Sintflut in der tausendjährigen, babylonischen Überlieferung steht. Auch im „Gilgameschepos" ist ausführlich von der Sintflut die Rede, und zwar in weitgehender Übereinstimmung mit der Erzählung im Alten Testament und anderer Erdteile und Völker über dasselbe Ereignis, trotzdem sie nie mit Euphrat und Tigris in Berührung gekommen sein dürften. Aufmerksam machen möchte ich in diesem Zusammenhang auf eine Stelle im sogenannten „Totenbuch" der Ägypter, das uns noch sehr beschäftigen wird, die von den Forschern über die Sintflutsagen, wie mir scheint, bis jetzt übersehen wurde. Auf eine Frage des Toten antwortete Tum: „Ich will verderben, was ich gemacht habe. Diese Erde wird durch eine Flut zu Wasser werden, wie sie es zu Anbeginn war, und ich werde allein mit Osiris übrigbleiben."

Das bis jetzt älteste Epos, das aus dem Orient auf uns gekommen ist, wenn leider auch stellenweise nur verstümmelt, muß uns etwas eingehender beschäftigen. Das Epos besteht aus zwölf Tafeln, die fast alle in der Bibliothek Assurbanipals (668–626 v. Chr.) in Ninive gefunden wurden. Auf den Tafeln findet sich mehrfach die Notiz, es handle sich um die Abschrift aus einem älteren Original. Von älteren Stücken sind bis jetzt zwei bekanntgeworden, die von den Assyriologen in die Zeit der ersten Dynastie (2232–1933 v. Chr.) verlegt wurden. Das Epos geht aber sicher auf noch ältere Überlieferungen zurück, wofür es zwar nicht textkritische, wohl aber, wie sich zeigen wird, gute biologische Gründe gibt. Sein Inhalt sei zunächst (meist nach Ungnad) hier kurz nacherzählt. Nur eine Anzahl für uns besonders interessanter Stellen wird möglichst wortgetreu angeführt.

Auf der Tafel I wird Held Gilgamesch gepriesen, der die tiefsten Geheimnisse durchschaute, der Weisheit Decke, die alles verhüllt. „*Verdecktes enthüllte er, von der Sintflut Urzeit brachte er Kunde.*" Er ging einen fernen Weg und schrieb auf eine Steintafel die ganze Mühsal. Er gründete die feste Stadt Uruk (in Südbabylonien). Da die Einwohner aber unter seiner Herrschaft litten, es scheint, als wäre ihnen das Mauerbauen besonders zuwider gewesen, die bisher vielleicht Nomaden waren, schuf Aruru, die auch den Gilgamesch geschaffen, indem sie „Lehm abkniff", den Engidu, um Gilgamesch sozusagen anderweitig zu beschäftigen.

„*Bedeckt war mit Haar sein ganzer Körper,*
er trug das Hauptthaar wie ein Weib;
Das Gebilde seines Haupthaars sproßte wie Nisaba (Getreide).
Er wußte nichts von Land und Leuten,
an Kleidung gleichend dem Gott der Herden.
Mit den Gazellen ißt er Kräuter,
Mit dem Vieh geht er zur Tränke,
Mit dem Gewimmel des Wassers ist froh sein Herz."

Engidu war also, an Gilgamesch gemessen, schon ganz Nomaden- und Säugetiermensch, wie wir sagen würden. Als er einem Jäger die Fanggruben zerstört und die Netze vernichtet, um seine geliebten Tiere vor ihm zu schützen, und sich der Jäger voll Furcht vor Engidus Anblick bei seinem Vater darüber beschwert, weist dieser ihn an Gilgamesch, den Herrn von Uruk. Dieser gibt ihm eine Priesterin der Göttin Ischtar mit, Engidu zu verführen, was ihr auch gelingt.

„*Als er sich an ihren Reizen gesättigt, richtete er die Blicke auf sein Vieh. Kaum sahen sie Engidu,* da flüchten die Gazellen dahin, das Vieh des Feldes wich vor ihm zurück."

Engidu steht wie gebannt, seine Sinne sind wie gelähmt, „weil sein Vieh davonging". Er mäßigte sich, „nicht war wie früher sein Ungestüm", er zivilisierte sich, wie wir sagen würden, lauscht der Priesterin, die ihm einen langen, auf Engidu deutenden Traum erzählt, der ihn veranlaßt, mit nach Uruk zu gehen.

Auf der Tafel II ist kaum eine Zeile vollständig erhalten. Man erfährt nur, daß Engidu mit Gilgamesch kämpfte, aber unterliegt. Dann schließt Gilgamesch Freundschaft mit Engidu, um gemeinsam mit ihm gegen Humbaba, den Schützer des Zedernbergs, zu ziehen. Nach Greßmann enthält diese Tafel noch folgenden schweren Traum Engidus, den er Gilgamesch erzählt (Ungnad setzt ihn auf die Tafel VII). Ein Dämon, finster von Antlitz, und Adlerkrallen sind seine Nägel, führte Engidu in die Unterwelt, nachdem er seine Arme mit Flügeln, einem Vogel gleich, versehen hat.

„Steig mir hinab in die Behausung der Finsternis, die Wohnung Irkallas (der Totengott),
Nach der Behausung, die man betritt, ohne wieder hinauszugehn,
Nach dem Wege, dessen Lauf sich nicht wieder zurückwendet,
Nach der Behausung, deren Bewohner das Licht entbehren,
Wo Erde ihre Nahrung, Lehm ihre Speise ist;
Bekleidet sind sie wie Vögel mit Flügelkleide,
Und das Licht schauen sie nicht, in Finsternis wohnen sie.“

Engidu ist im Traum dem Dämon in die Unterwelt gefolgt und berichtet jetzt Gilgamesch, was er dort selbst gesehen hat:

„In der Erdbehausung, wohin ich hineinging,
Liegen am Boden die Szepter, sind niedergebeugt die Kronen,
Dort wohnen die Machthaber, die seit der Vorzeit Tagen das Land beherrschten.
In dem Hause des Staubes, das ich betrat,
Wohnen Priesterfürst und Klagepriester,
Wohnen Beschwörer und Verzückte,
Wohnen die Oberpriester der großen Götter,
Wohnt Etana (mythischer Held), wohnt Giva (Gott der Fluren),
Wohnt die Herrin der Erde, Ereschkigal (Gattin des Totengottes);
Belistri (Herrin der Steppe), die Schreiberin der Unterwelt, steht gebeugt vor ihr,

Auf eine Tafel blickend liest sie ihr vor.
Sie erhob ihr Haupt und sah mich,
Sie stand auf und nahm diesen Menschen (nämlich Engidu) zu sich.“

Auf der Tafel III faßten einander bei der Hand Gilgamesch und Engidu, gingen zum hohen Palaste hin vor Ninsun, die große Königin (die göttliche Mutter von Gilgamesch), die jetzt dem Sonnengott Schamasch ein Opfer bringt für das Gelingen des Krieges ihres Sohnes gegen Humbaba.

Als die Freunde zum Hain Humbabas gelangen, hat Engidu wieder Träume. Den ersten legt Gilgamesch als günstig aus. Dann bittet Gilgamesch darum, Engidu einen zweiten Traum zu senden.

„*Ein* Schlaf, *wie er sich über die Menschen ergießt, fiel auf ihn (Engidu).*
In der mittleren Nachtwache beendete er seinen Schlaf.
Er stand auf und redete zu seinem Freunde:
Mein Freund, riefst du mich nicht? Warum bin ich wach?
Rührtest du mich nicht an? Warum bin ich aufgeschreckt?
Ging nicht ein Gott vorüber? *Warum sind meine Glieder gelähmt? ...“*

Aber auch den Traum, den Engidu dann erzählt, scheint Gilgamesch günstig ausgelegt zu haben. Sie setzen jedenfalls ihren Weg fort, gelangen an ein Parktor und erschlagen seinen Wächter. „Als aber Engidu als erster das *kunstvolle Tor* berührt, wird er, wie es scheint, von einer *Zauberkraft gelähmt*; nur mit Mühe gelingt es Gilgamesch, den Freund durch Beschwörung wieder zu entzaubern. Die *unheilvolle Kraft* des Tores hat aber bereits ihre Wirkung ausgeübt, sie wird, wenn auch erst nach längerer Zeit, die Ursache des frühen Todes des Helden (Ungnad).“

Tafel V, die Helden bestaunen den Zedernberg, der Rest der Tafel, der den Sieg über Humbaba erzählt haben wird, ist zerstört.

Tafel VI, die beiden sind wieder in Uruk, und Ischtar, die Göttin, entbrennt in Liebe zu Gilgamesch:

„Wohlan, Gilgamesch, sei mein Buhle!
Deine Frucht schenke, ja schenke mir!
Du sei mein Mann, ich sei dein Weib!“

Aber Gilgamesch verschmäht ihre Liebe und hält ihr vor, wie sie noch jedem, der ihr folgte, Unglück gebracht hat. Außer sich beschwert sich Ischtar bei Anu, ihrem Vater:

„Mein Vater, einen Himmelsstier schaffe, Gilgamesch soll er vernichten,
Mit Feuer sollst du füllen seinen ganzen Leib.
Wenn du mich abweist, meine Bitte nicht hörst,
Zerschlag ich der Unterwelt Türen, zerbrech ich den Riegel.
Werde ich hinaufführen die Toten, daß sie die Lebenden essen,
Daß mehr als Lebendige der Toten es gebe!“

Der Stier tötet denn auch viele, bis es Engidu mit der Hilfe Gilgamesch' gelingt, ihn zu erschlagen.

Auf der Tafel VII flucht Engidu aufgrund unheilverkündender Träume der Priesterin, die ihn nach Uruk gelockt hat. Aber Schamasch, der Sonnengott, beruhigt ihn wieder. In der folgenden Nacht wird er wieder von Todesträumen geplagt, und bald wird Engidu schwer krank. Gilgamesch klagt: *„Mein Freund, es erfüllt sich der Traum, der Böses ahnen ließ.“* Engidu liegt auf dem Lager, einem Toten gleichend und sagt zu Gilgamesch:

„Es verwünschte mich, mein Freund, ein böser Dämon.
Wie einer, der in der Schlacht verwundet, werde ich sterben.
Ich fürchtete den Kampf, so muß ich ruhmlos enden.
Mein Freund, wer im Kampfe fällt, ist glücklich;
Ich aber muß auf dem Lager mein Leben beschließen.“

Hier bricht die Tafel ab, und auch von der Tafel VIII ist nur die ergreifende Klage des Gilgamesch über den Tod des Freundes erhalten, den er erst für schlafend hielt:

„Engidu, mein lieber Freund, du Panter des Feldes,
Nachdem wir alles erreicht, den Berg erstiegen,
Den Himmelsstier packten und dann erschlugen,

Humbaba niederwarfen, der im Zedernwald wohnte,
Was ist das nur für ein Schlaf, der dich jetzt packte?
Finster siehst du aus und hörst nicht meine Stimme."
Doch der erhebt nicht mehr sein Auge.
Er berührte sein Herz, doch es schlägt nicht mehr!
Da deckte er den Freund zu wie eine Braut.
Einem Löwen gleich brüllt er laut,
einer Löwin gleich, die ihrer Jungen beraubt ist.
Er wendet sich hin dem Toten zu,
er rauft sich die Haare ...

Tafel IX. Nun hat Gilgamesch die Furcht vor dem *eigenen Tod* ergriffen. Er macht sich auf den Weg zu seinem Ahn Utnapischti („er hat Leben gefunden"), von dem er weiß, daß er den Tod nicht geschaut hat. Die Philologen setzen ihn dem Chisouthros bei Berosus gleich. Gilgamesch gelangt zum Gebirge Maschu, dem Ende der Welt, wo zwei *Skorpionmenschen* wachen, „deren Furchtbarkeit schrecklich, deren Anblick Tod ist, entsetzlich ist ihr Schreckensglanz, die Berge bedeckend; bei der Sonne Aus- und Eingang (aus dem Gebirge nämlich) bewachen sie die Sonne." Doch die Skorpionmenschen behandeln ihn, „da zwei Drittel an ihm Gott, ein Drittel an ihm Mensch ist", wohlwollend, und der männliche Skorpionmensch fragt ihn, wie er bis an das Ende der Welt komme zu diesem Gebirge, das schwer zu überschreiten? Gilgamesch antwortet:

„Zu Ut-napischti, meinem Ahn, will ich gehen,
der da hintrat in die Versammlung der Götter und das Leben erschaute;
über Tod und Leben will ich ihn fragen."

Der Skorpionmensch antwortet:

„Nie gab es, Gilgamesch, einen Weg dorthin,
Im Gebirge hat noch niemand einen Pfad gefunden.
Zwölf Meilen weit ist das Innere des Gebirges,
Dicht ist die Finsternis, nicht gibt es Licht."

Doch da Gilgamesch darauf besteht, lassen ihn die Skorpionmenschen durch das Tor. „Den Weg der Sonne schlug er ein" (offenbar, den sie nachts zurücklegt), und nach einer Wanderung von zwölf Meilen in tiefster Finsternis erblickt er wieder Licht und einen Götterhain am Meer, wo mit Edelsteinen bewachsene Bäume prangen.

Tafel X. Auf dem Meere thront die göttliche Schenkin Siduri. Als sie ihn sieht, mit Fell bekleidet, ein Anblick zum Fürchten, „er hat Götterfleisch an seinem Leibe, es ist Weh in seinem Herzen", verschließt sie ihr Tor und öffnet es erst wieder, als Gilgamesch droht, die Tür zu zerschlagen, den Riegel zu zerbrechen. Er klagt ihr sein Leid, als sie nach seinem Kummer fragt.

„Ich bekam Angst vor dem Tode, deshalb laufe ich durch die Wüste,
Das Schicksal meines Freundes liegt schwer auf mir ...
Werde ich auch wie er mich niederlegen müssen,
ohne wieder aufzustehen in alle Ewigkeit?"

Er will von ihr den Weg nach Ut-napischti erfahren, aber sie sagt:

„Nie gab es, Gilgamesch, eine Überfahrtsstelle.
Und keiner, der seit der Vorzeit Tagen (hier) ankam, kann das Meer überschreiten.
Überschritten hat das Meer nur der Held Schamasch (der Sonnengott).
Doch wer kann außer Schamasch hinübergehn?
Schwer zugänglich ist die Überfahrtsstelle, schwierig der Weg zu ihr,
und abgründig sind die Wasser des Todes, die vor ihr liegen.
Wo willst du denn, Gilgamesch, das Meer überschreiten?
Und kommst du zu den Wassern des Todes, was willst du dann tun?

Aber eine Möglichkeit sieht Siduri schließlich doch. Ur-Schanabi, der Schiffer des Ut-napischti, ist in der Nähe, der gerade im Wald Kraut pflückt und „Steinkisten" bei sich hat. (Ihr Zweck ist trotz mancherlei Erklärungsversuchen noch nicht geklärt.)

Auch dem Ur-Schanabi klagt Gilgamesch sein Leid, und der Schiffer ist bereit, ihn mitzunehmen. Nur hat Gilgamesch die Überfahrt gehemmt, weil er die Steinkisten zerbrach. Deshalb muß er erst im Walde riesige Stangen schneiden, mit denen beide dann das Schiff besteigen. In drei Tagen erreichen sie die Wasser des Todes, und nun muß Gilgamesch eine Stange nehmen, denn *„die Wasser des Todes darf deine Hand nicht berühren"*. So verbraucht Gilgamesch zwei Schock Stangen, und dann nähern sie sich offenbar dem Strand, denn es heißt, daß Gilgamesch seine Kleidung auszog und den Mastbaum hochnahm. Da sieht Ut-napischti ihn von Ferne und spricht zu sich selbst:

„Warum sind zerbrochen des Schiffes Steinkisten,
und fährt einer im Schiffe, der nicht zu mir gehört?
Der da kommt, ist doch gar kein Mensch,
Die rechte Hand eines Mannes hat er doch nicht!
ich blicke hin, aber ich verstehe es nicht,
ich blicke hin, aber nicht durchschaue ich es."

Als das Schiff gelandet ist, fragt Ut-napischti Gilgamesch ebenfalls nach dem Grund seines Kommens und seinem Begehr. Gilgamesch antwortet, wie er schon den Skorpionmenschen und der göttlichen Schenkin Siduri geantwortet hat, und dann fragt er offenbar nach dem Rätsel von Tod und Leben, denn Ut-napischtis Antwort ist erhalten:

„Wütend ist der Tod, keine Schonung kennt er.
Bauen wir ewig ein Haus, segeln wir ewig?
Teilen Brüder ewig?
Findet ewig Zeugung statt auf Erden?
Steigt der Fluß ewig, die Hochflut dahinführend?
Seit jeher gibt es keine Dauer:
Der Schlafende und der Tote, wie gleichen sie einander!
Nicht kann man zeichnen des Todes Bild.
Es versammeln sich die Anunnaki, die großen Götter,
Mammetu, die Schicksalschaffende, bestimmt mit ihnen die Geschicke,
Sie legen hin Tod und Leben,
ohne zu bestimmen des Todes Tage."

Die Tafel XI beginnt mit den Worten Gilgameschs, die in direktem Gegensatz zu dem stehen, was Ut-napischti beim ersten Anblick Gilgameschs gesagt hat:

„Ich schaue dich an, Ut-napischti,
Deine Gestalt ist nicht anders, gerade wie ich bist du,
Ja, du bist nicht anders, gerade wie ich bist du."

Als er den Ahn weiter fragt, wie er in die Götterversammlung gekommen sei und das Leben fand, berichtet ihm Ut-napischti „eine verborgene Kunde, ein Geheimnis der Götter, nämlich in großer Ausführlichkeit die Geschichte von der großen Flut. Dann sucht Ut-napischti dem Enkel zum ewigen Leben zu verhelfen. Zunächst soll er sechs Tage und sechs Nächte nicht schlafen. Aber er besteht diese Probe nicht. „Wie er nun dasitzt in ruhender Stellung, bläst gegen ihn an der Schlaf wie ein Orkan", und er schläft ein. Dann gibt Ut-napischti dem Enkel verborgene Kunde vom „Kraut des Lebens", dessen Name ist „Als Greis wird wieder jung der Mensch". Gilgamesch holt es auch aus der Tiefe des Meeres, aber als er am Tag danach ein Bad nimmt, roch eine Schlange den Duft des Krautes und nahm es. Alle Mühe und Arbeit war vergebens, unverrichteter Sache kehrt Gilgamesch nach Uruk zurück, das ewige Leben hat er nicht gefunden.

Aus der Tafel XII erfahren wir, wie Gilgamesch seinen Freund Engidu aus der Unterwelt heraufbeschwören will. Eine Gottheit gibt ihm dazu Verhaltungsmaßregeln, aber er kann ihre strengen Vorschriften nicht halten. Da wendet er sich an „Vater Ea", den menschenfreundlichen, den wir schon kennen, und Ea hilft. Er sagt zu Nergal, dem Totengott:

„Mannhafter Held Nergal, tu, was ich dir sage!
Sogleich öffne ein Loch in der Erde,
Den Schattengeist Engidus führe aus der Unterwelt herauf,
Damit er seinem Bruder die Ordnung der Unterwelt verkünde."

Nergal führt dann auch „den Schattengeist Engidus wie einen Wind" aus der Unterwelt herauf, und das Epos schließt mit einem Zwiegespräch zwischen Gilgamesch, der fragt, und

Engidu, der antwortet, von dem die folgenden zwei Bruchstücke erhalten sind:

„Sag' an mein Freund, sag' an mein Freund,
Die Ordnung der Unterwelt, die du schautest, sag' an!"
„Ich will es dir nicht sagen, mein Freund, ich will es dir nicht sagen.
Wenn ich die Ordnung der Unterwelt, die ich schaute, dir sagte,
Müßtest du dich den ganzen Tag hinsetzen und weinen."
„So will ich mich den ganzen Tag hinsetzen und weinen."
„Siehe den Leib, den anfaßtest, daß dein Herz sich freute,
Den frißt das Gewürm wie ein altes Kleid.
Mein Leib, den du anfaßtest, daß dein Herz sich freute,
ist dahingeschwunden, ist voll von Staub!
In Staub ist er niedergekauert,
in Staub ist er niedergekauert!"

Nach einer großen Lücke schließt die Tafel mit diesem Zwiegespräch:

„Wer den Tod des Eisens starb, sahst du einen solchen?"
„Ja, ich sah: Auf einem Ruhebett ruht er, reines Wasser trinkt er."
„Wer in der Schlacht getötet ist, sahst du einen solchen?"
„Ja, ich sah: Sein Vater und seine Mutter halten sein Haupt, und sein Weib ist über ihn gebeugt."
„Dessen Leichnam aufs Feld geworfen ist, sahst du einen solchen?"
„Ja, ich sah: Sein Totengeist ruht nicht in der Erde."
„Dessen Totengeist einen Pfleger nicht hat, sahst du einen solchen?"
„Ja, ich sah: Im Topf Gebliebenes, auf die Straßen geworfene Bissen muß er essen."

Das ist der letzte Trost, der Gilgamesch blieb: der Tod in der Schlacht ist immer noch der beste Tod. Dann ist man wenigstens nicht allein. Vater und Mutter pflegen den Toten und sein Weib ist bei ihm. Der schlimmste Tod aber ist, kein Grab in der Erde zu erhalten, denn der Geist eines solchen Toten irrt friedlos auf der Erde umher, und fast ebenso schlimm ist es, in der Erde ruhen ohne Sohn oder Freund, ohne „Pfleger", der sich des Grabes und der Riten für den Verstorbenen annimmt. Ihm fehlt es in der Unterwelt an jeder guten Nahrung. Von kümmerlichen Topfresten und eklen Bissen, die auf die Straße geworfen werden, muß er sich nähren.

Drei Gestalten heben sich in dem Epos besonders heraus. Die älteste ist unzweifelhaft Ut-napischti, der Chisouthros des Berosus, der nach der Sintflut zu den Göttern versetzt wurde und den Tod nicht sah. Im Gilgameschepos verhilft ihm der menschenfreundliche Gott Ea dazu.

Viel jünger sind Gilgamesch und Engidu. Sie werden als Zeitgenossen dargestellt, so verschieden sie auch voneinander sein mögen. Die Wissenschaft sucht hinter Gilgamesch vor allem eine geschichtliche Persönlichkeit, weil er in verschiedenen anderen Texten neben geschichtlich nachweisbaren Herrschern genannt wird. Sie stützt diese Annahme vor allem durch eine babylonische Steintafel, auf der ein „Ältester" von Uruk berichtet, er habe die Mauer, das alte Werk des Gilgamesch, wieder aufgerichtet (Greßmann). Dagegen ist an sich nichts einzuwenden. Geht doch auch z. B. die Gestalt des Dietrich von Bern nachweisbar auf den Gotenkönig Theoderich zurück. Daß aus einer großen geschichtlichen Gestalt ein Sagenheld wird, kommt häufiger vor. Aber ebenso häufig auch, daß eine uralte mythische Gestalt sich nach und nach zum Helden einer einer bestimmten Zeit rationalisiert, was namentlich dann geschieht, wenn ein neuer Mythos einen alten verdrängt. Wir können eine solche Wandlung ganz deutlich bei Siegfried beobachten, wenn seine Gestalt auch im Nibelungenlied immer noch nicht den kosmischen Glanz aus dem Mythos germanischer Urzeit verloren hat. An sich können wir also Gilgamesch gerade so gut für eine mythische wie für eine geschichtliche Figur halten, sogar annehmen, daß beides der Fall ist, solange nicht triftigere Gründe, als das Weltbild eines einzelnen, sei es nun mehr rationalistisch oder magisch-mythisch abgestimmt, zu der einen oder der anderen Auffassung zwingen. Wenn man aber z. B. folgert, weil Assurbanipal, als er die elamitische Hauptstadt Susa erobert hatte (645 v. Chr.), die von den Elamitern geraubte Stadtgöttin von Uruk nach Uruk zurückführte, müsse Gilgameschs Zug gegen Humbaba deshalb auch den Zweck gehabt haben, ein von dem Elamiter

Humbaba geraubtes Götterbild der Ischtar wieder nach Uruk zurückzubringen, so gibt es dafür in dem Epos selbst keinerlei stichhaltige Gründe. Wenn die Reise des Gilgamesch zu Ut-napischti als Mittelmeerreise lokalisiert wird, das Gebirge Maschu als Libanon-Antilibanon und die „Wasser des Todes“ als Atlantischer Ozean, so stecken wir plötzlich wieder in jenem Rationalismus, der für das Wesentliche gar kein Auge mehr hat. Ganz offensichtlich reicht das Epos in seinem Kern in unvordenkliche Zeiten zurück, für die es keinerlei uns zugängliche geographisch-geschichtliche Örtlichkeiten, Zahlen und Personen mehr gibt.

Mit der dafür entscheidenden Stelle hat Dacqué sich ausführlich auseinandergesetzt, die Stelle, wo Ut-napischti, als er Gilgamesch erblickt, zu sich selbst spricht: „Es fährt einer zu mir, der nicht zu mir gehört, der da kommt, ist doch gar kein Mensch, *die rechte Hand eines Mannes hat er doch nicht.*“ Wohingegen nun später Gilgamesch sich äußert: „Ich schaue dich an, Ut-napischti, deine Gestalt ist nicht anders, gerade wie ich bist du, ja, du bist nicht anders, gerade wie ich bist du.“ Ut-napischti sieht auf die Hand des anderen und sagt, er ist gar kein Mensch, denn er hat nicht die rechte Hand eines Mannes (wie Ut-napischti sie kennt und gewohnt ist). Gilgamesch aber sieht nicht auf die Hand, sondern auf die ganze Gestalt, weshalb er sagt: „Gerade wie ich bist du.“ Dacqué bemerkt dazu: „Hier ist klar, daß Ut-napischti eine ältere Handform besaß, welche – das bleibt dahingestellt; und Gilgamesch als der Spätere besitzt eine andersartige. Jedoch scheint die Differenz nicht so groß gewesen zu sein, daß sich die Gestalten nicht als gleichen Stammes erkannt hätten ... Wir haben es also bei Ut-napischti mit einer uralten Menschengestalt zu tun, er wird also nicht der Spätmensch mit der spreizbaren Hand, sondern der ältere Typus mit embryonal verwachsenen Fingern gewesen sein ... Es mag festgestellt werden, daß wir uns damit in einem uralten Zeitkreis befinden, und daß die äußerlich verwachsene Hand dem Zeitcharakter nach in den Gestaltungskreis des Mesozoikums gehört, wo solche Verwachsungen einer vollkommen fünffingrigen primitiven Extremität zwar bei Wassertieren, aber auch in menschlich-embryonaler Form bei jenen Sandsteingefährten vorkommen.“ Es sind die auf der nächsten Seite abgebildeten Fährten in altmesozoischem

Thüringer Buntsandstein gemeint, von denen schon die Rede war.

Folgen wir der Typentheorie, so hätten wir also in den oben genannten Zeilen des Gilgameschepos eine letzte Erinnerung an menschliche Zustände, die Millionen Jahre zurückliegen. Vorläufig erschrickt der heutige Mensch, der keine Zeit für die neuesten Forschungen und Grabungen der Erd- und Vorweltkunde in ihrem Zusammenhang mit der Biologie übrig hat, vor so ungeheuerlichen Zeiträumen, aber es weist so viel auf sie hin, daß wir uns allmählich daran werden gewöhnen müssen; und die Erde gibt dazu seit einigen Jahrzehnten immer wieder und immer neue Gegenstände preis, als wollte sie unsere kurzlebige, europäische Weisheit, auf die wir so außerordentlich stolz sind, verhöhnen. Der Direktor der prähistorischen Abteilung des Wiener Naturhistorischen Museums, Professor BAYER, hat im Sommer 1926 im Löß in der Wachau, wo er schon 1908 einen bedeutsamen vorgeschichtlichen Fund machte, eine etwa 25 cm lange geschnitzte Frauengestalt aus Bein gefunden, das nicht von einem Elefantenzahn, sondern von dem Stoßzahn eines Mammut stammt; das Figürchen muß also 25.000 bis 30.000 Jahre alt sein. Was besagen 6.000 Jahre Geschichte, die jetzt dank babylonischer und ägyptischer Ausgrabungen, dank der germanischen Vorgeschichte (Dolmen, Menhir, Stonehenge) zu übersehen anfangen, im Vergleich zu den 25.000 Jahren eines solchen Figürchens? Was sind die 25.000 Jahre eines solchen Figürchens im Vergleich zu fünfzig Millionen Jahren, welche die heutige Geologie aus den Erdschichten abliest? Und wenn Vorweltkunde,

Anatomie und Biologie, miteinander arbeitend, der Annahme zuneigen, daß der Mensch als Typus seit dem Beginn der Großhirnentwicklung in der Säugetierwelt schon eine Geschichte von 20 Millionen Jahren besitzt, daß das Überwiegen der Intelligenz in der Entwicklung der Menschheit erst mit dem Diluvialmenschen einsetzt (vergleiche Tabelle Seite 18), also etwa seit 500.000 Jahren, daß aber die reine Intelligenz alle anderen menschlichen Fähigkeiten wohl erst seit dem homerischen Zeitalter, also seit knapp 3.000 Jahren, zu besiegen beginnt, was bedeutet das rein rationalistische Weltbild, das erst mit den englischen Sensualisten, und auch nur in Europa maßgebend wurde und knapp ein Jahrhundert, das 19., beherrscht hat, um schon im ersten Drittel des 20. Jahrhunderts wieder ins Wanken zu geraten, was bedeutet es innerhalb der Geschichte der Menschheit für den Menschentypus? Jedenfalls liegt kein Grund vor, das 19. Jahrhundert mit seinem rationalistisch-materialistischen Weltbild so zu überschätzen, daß alle Erfahrungen und Erkenntnisse vieler Jahrtausende vor ihm für nichts zu achten sind. Ferner lehrt die Anatomie, daß sich die Form der Schädelhöhle seit der letzten Eiszeit, wo die Natursichtigkeit zum Erlöschen kommt und die Großhirnentfaltung ihren Höhepunkt erreicht (d. h. seit rund 500.000 Jahren), kaum noch geändert hat, was also auf einen Abschluß in der Entwicklung des Schädels deutet.

Die Gehirnmasse wird sich kaum noch viel ändern, da der Schädelumfang ihr natürliche Grenzen setzt. Ändern kann sich in der Hauptsache nur noch das Bild, die Form und die Zahl der Gehirnwindungen in der oberen Gehirnschicht. Die tieferen Schichten, die früheren Jahrtausenden dienten, sind längst, wenn man sich so ausdrücken soll, stabil geworden und nicht mehr wandlungsfähig. Was wir heute Verstand nennen, bewegt, kräuselt, wandelt die Form der oberen Gehirnschicht wie ein Wind die Oberfläche eines Sees. Die tieferen Schichten werden davon nicht berührt. Der Verstand überschätzt sich, wenn er sein Oberflächenspiel für die ganze Gehirnmasse auf- und umwühlend wähnt. Der Mensch würde in diesem Fall im wörtlichsten Sinn des Wortes „verrückt". Auch könnte der Verstand sein bewegliches, krauses Spiel ja gar nicht treiben, wenn nicht unter der oberen, immer noch bildsamen Schicht eine bis auf den Grund stabile Masse läge, die sich nicht mehr aufrühren läßt, ohne eine Katastrophe des ganzen Mikrokosmos, Mensch genannt, herbeizuführen. Über dem Verstandsspiel, dessen Reiz und dessen Wert gewiß nicht unterschätzt werden soll, das aber vom 19. Jahrhundert unzweifelhaft überschätzt wurde, sollte nicht die ruhende Tiefe, die nicht mehr labile Masse des Gehirns vergessen werden, und was sie für den Mikrokosmos, Mensch genannt, einmal bedeutet hat und noch bedeutet.

Sehen wir nun in Ut-napischti mit Dacqué für einen Augenblick einen Menschen aus dem Gestaltungskreis des Mesozoikums, so wollen wir ihn uns in Ermangelung anderen Anschauungsmaterials ungefähr so vorstellen wie auf dem Bild der Majahandschrift den Fährmann (siehe Seite 23) und Gilgamesch etwa wie die Person mit der normalen Hand auf demselben Bild. Setzen wir die beiden jetzt in die ungefähr zu ihnen gehörende Landschaft, die Hauptzeit der Reptile, noch mit der Hauptzeit der Amphibien vermischt, die Zeit, wo kaum die ersten Vogeltypen auftauchten und auch noch keine Laubbäume wuchsen. Eine solche Landschaft wurde rekonstruiert von Osborn und Knight und abgeändert von Matthew 1915. Auf der folgenden Seite die Rekonstruktion nach Dacqué.

Setzen wir in diese Landschaft als dritten auch noch Engidu, den Körper mit Haaren bedeckt, sein Haupthaar lang, er ist mit Fellen bekleidet und lebt mit den Säugetieren, *nicht* mehr mit dem Reptil, so haben wir den naturgeschichtlichen Augenblick, der Jahrhunderttausende nach *unserer* Zeitrechnung umfaßt haben mag, wo der Säugetiermensch Engidu, den Dacqué auch den noachitischen Menschen nennt, in Berührung kommt mit dem noch stärker naturverbundenen, natursichtigen Gilgamesch, „der alles sah, jegliches erkannte (Greßmann), der durchschaute die tiefsten Geheimnisse, Verdecktes enthüllte und von der Sintflut Kunde brachte“ (Ungnad). Würde ein Leser jetzt noch einmal die gesperrten Zeilen aus dem Epos selbst überfliegen, so würde er wohl auch heute noch einen Hauch jener Urzeiten verspüren können, dem tiefsten Quell des Gilgameschepos.

Die Assyrologen haben längst erkannt, daß sich das Gilgameschepos aus den verschiedensten Schichten der Überlieferung zusammensetzt, die von seinem Herausgeber unter Assurbanipal (668–626 v. Chr.) glücklicherweise nicht zu einer

Einheit verarbeitet, sondern willkürlich durcheinandergeworfen wurden. Zu der ältesten Schicht scheint mir auch noch das furchtbare Erlebnis zu gehören, das Gilgamesch zu Utnapischti treibt und ihn immer wieder neu mit Verzweiflung erfüllt, der Tod Engidus, aus dem ihn plötzlich der eigene Tod anstarrt. Im Epos ist es ein Erlebnis von elementarer, niederschmetternder Wucht. Das empfindet jeder auch bei nur flüchtiger Lektüre. Engidu, der Säugetiermensch, hat schon eine Vorstellung vom individuellen Tod. Er sieht in der Begleitung eines Dämons in der Unterwelt Belistri, die Schreiberin, ihr Haupt erheben und ihn ansehen, „sie stand auf und nahm diesen Menschen (Engidu) zu sich". Seitdem verfolgen ihn Todesahnungen, die Gilgamesch, der noch stärker Natursichtige, gar nicht versteht. Er deutet die Todesahnungen des Freundes als glückverheißende Träume für den Zug gegen Humbaba. Als Engidu dann wirklich tot ist, hält Gilgamesch ihn zunächst für schlafend. Erst als er ihn untersucht hat, brüllt Gilgamesch laut wie ein Löwe, einer Löwin gleich, die ihrer Jungen beraubt ist. Nun erkennt auch er, was individueller Tod ist, und wird von Furcht vor dem eigenen Tod ergriffen, dem er durch Ut-napischtis Hilfe entrinnen will, was aber nicht gelingt. Das Entsetzen Gilgameschs vor dem Tod heult fortan durch das ganze Epos. Der Säugetiermensch Engidu weiß darüber schon Bescheid, der fast noch natursomnambule Gilgamesch wird davon völlig überrascht und überwältigt. Auch hier kann die Naturwissenschaft die wirklichkeitstreue Schilderung eines für alle Magie und Mystik entscheidenden Ereignisses aus ältester Menschheitsgeschichte, wohin nur der Mythos weist, erkennen. Solange Schädelkapsel und Stirnauge entscheidend waren, konnte es gar keine Todesfurcht geben. Sowenig wie etwa bei einer Biene, Schopenhauers „natürlicher Somnambulen". Erst ein das Stirnauge verdrängendes Großhirn wurde fähig zur Erkenntnis des Erlebnisses, das man seitdem Tod nennt. Zu ihm gehört Selbstbewußtsein. Das Bewußtsein seiner selbst aber konnte erst entstehen, als die zwei Hälften des Großhirns so weit ausgebildet waren, daß die eine Hälfte die andere zu beobachten vermochte. Bei dem Säugetiermenschen Engidu war das schon der Fall, bei Gilgamesch reichte die Großhirnentwicklung erst so weit, einen Toten als unbeweglich zu erkennen und daraus voll Schreck zu folgern, ihm könne dasselbe zustoßen. Aber er hoffte, diese Folgerung gelte nicht für ihn, er könne ihr noch entgehen. Deshalb die fluchtartige Fahrt zu Ut-napischti, die jede Gefahr auf sich nimmt und vor keiner Strapaze zurückschreckt. Und als alles vergeblich ist, er erkennt, daß auch er sterben muß, zeigt er, da er kein heutiger Rationalist ist, in der Tafel XII aus Assurbanipals Bibliothek nur noch *ein* Interesse: zu erfahren, wie es in der Unterwelt, wenn man gestorben ist, aussieht und zugeht, worüber er durch den toten Engidu Kunde erhält.

Das Bewußtsein vom individuellen Tod und damit auch alle Todesfurcht ist in der Tat ein Danaergeschenk des sich entwickelnden Verstandes. Ohne ihn gäbe es keines von beiden. Der Verstand ist bestrebt, dies ihn schwer belastende Geschenk dadurch unschädlich zu machen, daß er heute in der Glanzzeit seiner Herrschaft den individuellen Tod in eine Auflösung des Ich zu einem Nichts umdisputiert, um damit jedes Interesse und so auch alle etwaige Unruhe über das, was nach dem Tod sein wird, die „Unterwelt", und was immer damit zusammenhängt, zu beseitigen. Es gelingt ihm aber immer nur ganz vorübergehend. Wenn die oberste, wandelbare, vom Verstand bewegte Gehirnschicht sich glättet, etwa wenn der Mensch schläft, steigen aus den tieferen, stabil gewordenen Gehirnschichten immer wieder die uralten Nöte Gilgameschs auf und können auch einen Rationalisten nicht nur im Traum recht sehr beunruhigen. Oder wenn der Tod ein Stück vom Herzen wegreißt, einen besonders geliebten Menschen tötet, dann reicht das Oberflächenspiel des Verstandes auch bei einem heutigen Rationalisten meist nicht aus, um den bis ins tiefste aufgewühlten Mikrokosmos, Mensch genannt, im Handumdrehen wieder zur Ruhe zu bringen. Engidu klagt auch in ihm: „Warum bin ich aufgeschreckt? *Ging nicht ein Gott vorüber?* Warum sind meine Glieder gelähmt?" Und Gilgamesch rauft sich die Haare: „Was ist das nur für ein Schlaf, der dich jetzt packte? Finster siehst du aus und hörst nicht meine Stimme."

Der Assyrologe wird einwenden, hier werde Biologie in einen philologischen Text hineingetragen, und der Normaldarwinist, hier werde Metaphysik einem Text untergelegt, der bestenfalls naturwissenschaftlich zu werten sei. Der Philologe sucht ja auch im Mythos in erster Linie nach Philologie, was sein gutes Recht ist, und der Darwinist Naturwissenschaftliches, was ebenfalls sein gutes Recht ist. Aber der Mythos hat nicht nur diesen Wissenschaften etwas zu sagen, sonst wäre er überhaupt kein Mythos, sondern in erster Linie dem Philosophen, der nicht nur dem Verstand dienen will. Kein Mythos redet von Haus aus in der Sprache des erkennenden Bewußtseins, die erst spätere Bearbeiter hinzutun, sondern in der

Gilgamesch

Sprache des schauenden Bewußtseins, nämlich in Symbolen, in der „Wirklichkeit der Bilder“, eine Sprache, die weder der Philologe noch der exakte Naturwissenschaftler versteht, sondern nur der Metaphysiker. Es gab auch bei uns einmal Geisteswissenschaftler mit ausgesprochen metaphysischer Begabung. Zu ihnen gehörte neben den Gebrüdern Grimm vor allem der Professor J. J. Bachofen. Er wurde lange von den Fachgenossen mißachtet und ging damit fast für unser Geistesleben verloren. Erst jetzt scheint er wieder lebendig werden zu sollen, wie die Veröffentlichung seiner Hauptschriften in Reclams Universalbibliothek deutlich anzeigt. Sein „Versuch über die Gräbersymbolik der Alten“, worunter er in der Hauptsache nur Griechen und Römer verstand, ist auf diesem Gebiet der einzige, der heute noch unübertroffen dasteht, eine reife Frucht der Romantik, die im Umkreis der Wissenschaft überhaupt fruchtbarer war als in der Dichtung. Einen Naturwissenschaftler von ausgesprochen metaphysischer Begabung schenkte uns die Gegenwart in Edgar Dacqué. Er legt auch schon den Grundstein zu einer neuen Naturphilosophie, wie sie einst zur Zeit der Romantik in Schelling und C. G. Carus einen vielversprechenden Anfang nahm, um dann in der zweiten Hälfte des 19. Jahrhunderts im Meer der Technik wieder unterzugehen. So müssen wir denn erst wieder lernen, in naturphilosophischen Gedankengängen heimisch zu werden, damit wir erkennen, daß der Mythos nicht nur den Philologen und den Naturwissenschaftler angeht, sondern erst recht den Metaphysiker, ohne daß die Erkenntnisse des einen die des anderen ausschließen. In fast allem, was in Schrift und Bild aus Babylonien und Ägypten auf uns gekommen ist, steckt noch uralter Mythos. Aber schon in der Spätzeit Babyloniens und Ägyptens wurde das allegorisch verrationalisiert und das Urtümliche nach Kräften didaktisch, lehrmäßig verplattet. Das zeigt schon unsere Abbildung des Gilgamesch auf Seite 65 nach einer fast fünf Meter hohen Wandskulptur aus Alabaster, gefunden in Khorsabar. Aus der Mythengestalt ist hier einfach ein assyrischer König in assyrischer Kleidung und mit dem konventionellen assyrischen Bart geworden. Nicht weniger deutlich spricht dafür die hier abgebildete geflügelte Gestalt mit Adlerkopf, eine Alabasterskulptur aus dem Palast des Assurnasirpals III.

Sehen wir genau hin, so scheint es, als seien der Adlerkopf und die Flügel mit Schnüren befestigt. Die Kunsthistoriker und Philologen folgern daraus, der Adlerkopf sei eine aufgesetzte Maske, und die Flügel seien einem Menschen, wohl einem Priester, angebunden worden, der für irgendeine Tempel-

verrichtung sich so verkleiden mußte. Es war sozusagen seine sakrale Tracht. So kam man auch darauf, daß die Fischgestalt des Danes und dergleichen mehr nur ein übergeworfenes Gewand bedeute, das der Priester anlegte, wenn er vor Ea trat. Was die Philologen hier sagen, mag durchaus zutreffend sein, aber eine ausreichende Erklärung dafür, weshalb der eine gerade einen Adlerkopf aufsetzte oder der andere ein Fischgewand überwarf usw., liefert erst die Typentheorie mit ihren Zeitcharakteren.

Aus all diesen Gründen wurde das Gilgameschepos etwas ausführlicher behandelt, denn nur wenn man wieder Verständnis gewinnt für das Wesentliche des Mythos, der auf Natursichtigkeit beruht und sich nicht begrifflich, sondern bildmäßig ausdrückt, was uns zwar sehr poetisch, aber wenig naturwirklich vorkommt, solange wir noch im Banne des Rationalismus stehen, nur bei erwachendem Verständnis für das Wesen des Mythos und seine natursichtige Grundlage, auf der alle Metaphysik beruht im Unterschied zur aller Physik, können wir auch die Magie „begreifen" lernen, denn sie ist nichts anderes, als was schon Baco von Verulam in seiner Klassifikation der Wissenschaften über sie gesagt hat: die „praktische" Metaphysik. Und wenn Schopenhauer den animalischen Magnetismus einmal die empirische oder Experimental-Metaphysik nennt, so zeigen seine weiteren Ausführungen zu dem Gegenstand ganz deutlich, daß er die Magie überhaupt so nennen würde. Schopenhauer aber kommt von einem ganz anderen Ausgangspunkt als dem unseren, der von den heutigen Naturwissenschaften ausgeht, zu dem Resultat, die Magie durchaus ernst zu nehmen, nämlich von einem erkenntnistheoretischen Ausgangspunkt, der dem philosophisch interessierten Leser zur Unterstützung unserer eigenen Auffassung hier noch mitgeteilt sei:

„Um über alle magischen Wirkungen vorweg zu lächeln, muß man die Welt gar sehr, ja ganz und gar begreiflich finden. Das kann man aber nur, wenn man mit überaus flachem Blick in sie hineinschaut, der keine Ahnung davon zuläßt, daß wir in ein Meer von Rätseln und Unbegreiflichkeiten versenkt sind und unmittelbar weder die Dinge noch uns selbst von Grund aus kennen und verstehen. Die dieser Gesinnung entgegengesetzte ist es eben, welche macht, daß fast alle großen Männer, unabhängig von Zeit und Nation, einen gewissen Anstrich von Aberglauben verraten haben. Wenn unsere natürliche Erkenntnisweise eine solche wäre, welche uns die Dinge an sich und folglich auch die absolut wahren Verhältnisse und Beziehungen der Dinge unmittelbar überlieferte; dann wären wir allerdings berechtigt, alles Vorherwissen des Künftigen, alle Erscheinungen Abwesender

oder Sterbender oder gar Gestorbener und alle magische Einwirkung a priori und folglich unbedingt zu verwerfen. Wenn aber, wie Kant lehrt, was wir erkennen, bloße Erscheinungen sind, deren Formen und Gesetze sich nicht auf die Dinge an sich selbst erstrecken, so ist eine solche Verwerfung offenbar voreilig, *da sie sich auf Gesetze stützt, deren Apriorität sie gerade auf Erscheinungen beschränkt; hingegen die Dinge an sich, zu denen auch unser* eigenes, inneres Selbst gehören muß, *von ihnen unberührt läßt. Eben diese (die Dinge an sich) aber können Verhältnisse zu uns haben, aus denen die genannten Vorgänge (die magischen) entsprängen, über welche demnach die Entscheidung a posteriori abzuwarten, nicht ihr vorzugreifen ist.“*

Das babylonische Weltbild

Alles Wissen, das über den Alltagsbedarf hinausging, war in Babylonien wie auch in Ägypten *Geheimwissen*, das die Priesterschaft von Geschlecht zu Geschlecht weitergab. Das war damals gerade so selbstverständlich wie in der heutigen Zeit der Volksbildung das Gegenteil. Es war bei den Sumerern so, den ältesten Anwohnern von Euphrat und Tigris, so weit die Wissenschaft bisher in der Kenntnis von ihnen vorgedrungen ist, also vor rund sechs- bis siebentausend Jahren, und wurde mit der sumerischen Sprache wie selbstverständlich von den über die Sumerer siegreichen semitischen Nomaden übernommen, mögen sie nun als Babylonier oder später als Assyrer die Herren im Lande gewesen sein. Es wurde nirgends und niemals als Anmaßung empfunden, als ein bekämpfens- und beseitigungswertes Privileg einer herrschsüchtigen Klasse, sondern eben als selbstverständlich. Der heutige Rationalist wird denken, die Leute waren eben noch zu beschränkt und primitiv. Wogegen einzuwenden ist, daß ein solcher Gedanke bei Völkern, die ein so hohes Schrifttum besaßen und solche Kunst hervorbrachten, irrig sein muß, da es sich nicht um „Naturvölker" handelt, sondern um große Kulturvölker, die sonst in nichts anderen, uns bekannten Kulturvölkern nachgestanden haben. Es müssen andere Gründe vorliegen, daß gegen dies Privileg des Geheimwissens in den hohen Zeiten dieser Kulturen nie ernstlich angekämpft wurde, sondern erst in ihren Niedergangszeiten. Das ist um so auffallender, als es bei allen babylonischen Tempeln von Bedeutung Priesterschulen gab, in die nur eintreten konnte, wer „edlen Vaters und selbst an Wuchs und Körpermaßen vollkommen war". Einer, der „schieläugig, zahnlückig, verstümmelten Fingers" oder dergleichen war, konnte nicht Priester werden, mochte auch „sein Erzeuger edel sein". Dem Aufgenommenen gab man „durch Tafel und Schreibgriffel seine Unterweisung", die viele Jahre gedauert haben muß, denn schon ein einfacher Tempelmusikant hatte eine dreijährige Lehrzeit durchzumachen. Nur wenn ein solcher Student nach vieljähriger Arbeit die Schlußexamina bestand, war er geeignet, „die Erhabenheit der Seherkunst zu schauen und einen großen Namen zu erlangen". Warum revoltierten die Abgewiesenen und Durchgefallenen nicht? Wenn wir lesen, daß schon der sumerische König Gudea (2.600 v. Chr., die untenstehende Statuette wurde in Telloh gefunden) die „Zauberer" aus seiner Hauptstadt vertrieb, unter denen gewiß abgewiesene und durchgefallene Studenten zahlreich waren, warum erfahren wir nichts vom Widerspruch gegen eine solche Maßnahme?

Erinnern wir uns wieder einmal mit Hilfe der Typentheorie an jene Zeiten, auf die schon in der Einführung kurz hingedeutet wurde, da die Großhirnentwicklung einsetzte und die Natursichtigkeit zu schwinden begann, das schauende Bewußtsein langsam im Verlauf von Jahrtausenden von dem Erkennenden verdrängt wurde. Das erkennende Bewußtsein wird damals die Kräfte des schauenden, die ja erst nach und nach abnahmen, *mißbraucht* haben. Nach einem uns allen geläufigen Mythos können wir auch sagen: Der Mensch aß damit vom Baume der Erkenntnis. In allen Mythen gilt dieser Augenblick in der Entwicklung der Menschheit als ein unheilvoller und bedeutet die Vertreibung aus dem Paradies. Wenigstens bei allen noch nicht völlig rationalisierten Völkern. Man braucht nur ein wenig in dem ersten Band von O. Dähnhardts „Sagen zum Alten Testament" (Natursagen) zu blättern, um das zu erkennen. Alle Kräfte des Natursichtigen, die bewußt zu mißbrauchen der Mensch gar keine Möglichkeit hatte, weil er ja noch kein „Selbstbewußtsein" besaß, fassen wir fortan unter dem Begriff *Magie* zusammen. Suchen wir in Anlehnung an die uns geläufige Bezeichnung vom Erkenntnisvermögen und seinen Kräften (Verstand) nach einer entsprechenden Bezeichnung für das uns fremdartige Wort Magie, so könnten wir vom Schauungsvermögen und seinen Kräften reden unter der ausdrücklichen Einschränkung, daß dies Vermögen nicht das geringste mit der modernen, zünftigen Psychologie zu tun hat, für die jede seelische Kraft ja nur eine Unterabteilung in der Wis-

senschaft vom Verstand bedeutet. Was von dieser „Psychologie" zu halten sei, hat niemand deutlicher aufgezeigt als der kürzlich verstorbene Professor an der Darmstädter Technischen Hochschule *Melchior Palagyi* in seinen „Naturphilosophischen Vorlesungen", die für die „Psychologie" so niederschmetternd sind, daß es 16 Jahre bedurfte, bis das Werk es zu einer zweiten Auflage bringen konnte. Für unsere Anschauung können wir wiederum Schopenhauer anrufen, der zwar von der Typentheorie nichts wußte, aber als genialer philosophischer Kopf folgendes schreibt:

„Obgleich die Definition der Magie bei den Schriftstellern darüber verschieden ausfällt, so ist doch der Grundgedanke dabei nirgends zu verkennen. Nämlich zu allen Zeiten und in allen Ländern hat man die Meinung gehegt, daß außer der regelrechten *Art, Veränderungen in der Welt hervorzubringen, mittels des Kausalnexus der Körper, es noch eine andere, von jener ganz verschiedene Art geben müsse, die gar nicht auf dem Kausalnexus beruhe; daher dann auch ihre Mittel* absurd *erschienen, wenn man sie im Sinne jener* ersten *Art auffaßte, indem die Unangemessenheit der angewandten Ursache zur beabsichtigten Wirkung in die Augen fiel und der* Kausalnexus zwischen beiden *unmöglich war. Allein die dabei gemachte* Voraussetzung *war, daß es außer der äußeren, den nexum physicum (physikalischer Zusammenhang) begründenden Verbindung zwischen den Erscheinungen dieser Welt noch eine* andere, *durch das Wesen aller Dinge an sich gehende, geben müsse, gleichsam eine* unterirdische *Verbindung, vermöge welcher von einem Punkte der Erscheinung aus unmittelbar auf jeden anderen gewirkt werden könne, durch einen nexum metaphysicum (metaphysischen Zusammenhang); daß demnach ein Wirken der Dinge* von innen, *statt des gewöhnlichen* von außen, *ein Wirken der Erscheinung auf die Erscheinung, vermöge des Wesens an sich, welches in allen Erscheinungen eines und dasselbe ist, möglich sein müsse; daß wie wir kausal als* **natura naturata** *(*geschaffene *Natur) wirken, wir auch wohl eines Wirkens als* **natura naturans** *(*schaffende *Natur) fähig sein und für den Augenblick den Mikrokosmos (Mensch) als Makrokosmos (All) geltend machen könnten; daß die Scheidewände der Individuation (des Individuums) und Sonderung, so fest sie auch seien, doch gelegentlich eine Kommunikation, gleichsam hinter den Kulissen oder wie*

ein heimliches Spielen unterm Tisch, zulassen könnten; und daß, wie es im somnambulen Hellsehen eine Aufhebung *der individuellen Isolation der* Erkenntnis *gibt, es auch eine Aufhebung der individuellen Isolation des* Willens *geben könne."*

Der erwachende Verstand mißbrauchte die Kräfte des Schauungsvermögens, und solange diese noch stark waren, konnte der Mißbrauch zu Ungeheuerlichkeiten führen, deren Ausmaß wir uns heute gar nicht mehr vorstellen können. Er gefährdete den Bestand der Menschheit, wie er wohl nie wieder gefährdet war. Im Mythos der Ägypter, dem magischsten unter allen alten Völkern, finden wir dazu vielerlei Belege, eindeutiger als in Babylon. Hier nur ein Beispiel. In dem ägyptischen Mythos von der „Himmelskuh" oder der „Vernichtung des Menschengeschlechts", den sich Sethos I. (1300 v. Chr.) und Ramses III. (1200–1179 v. Chr.) haben in einer Kammer ihres Grabes an die Wand meißeln lassen, wird erzählt, wie die Menschen feindliche Reden gegen den Götterkönig Re hielten, „als seine Majestät alt geworden war."

Was das für Reden gewesen sein müssen, können wir uns ungefähr denken, wenn wir in einem anderen Pyramidentext lesen, wie ein Mensch mit Hilfe der Magie größer und mächtiger werden kann als die höchsten Götter:

„Der Himmel stürmt, die Sterne beben, die „Bogen" (Sternbild) zittern, die „Knochen der Akeru-Dämonen" geraten ins Wanken, denn sie haben den N.N. (den Herrn der Magie) gesehen, wie er erschien ... N.N. ist der Stier des Himmels, der von den Gestalten aller Götter lebt. Er ißt ihr Fleisch und kehrt von der „Feuerinsel" zurück, den Leib mit ihren Zauberkräften angefüllt" (nach Roeder).

Heute würden wir sagen, dieser N.N. war im Bewußtsein seines Schauungsvermögens und dessen Kräften größenwahnsinnig geworden. Solche Menschen muß es in jener Übergangszeit vom schauenden zum erkennenden Bewußtsein viele gegeben haben, die das menschliche Geschlecht fast der Vernichtung auslieferten. Re läßt (nach der „Himmelskuh") auf den Rat der anderen Götter (*„Das Auge bleibe nicht an deiner Stirn,* sondern gehe hin, um sie zu schlagen") gegen die Empörer die Göttin Hathor los, die sie in der Wüste schlachtet; und sie hätte überhaupt keinen Menschen übriggelassen, wenn Re die Hathor nicht durch eine List so betrunken gemacht hätte, daß sie die Menschen, die noch lebten, nicht mehr erkannte. Aber Re will fortan mit den Menschen nichts mehr zu tun haben, „mein Herz ist dessen müde, mit ihnen zusammen zu sein", und zieht sich vor ihnen in den höchsten Himmel zurück.

Die Vertreibung aus dem Paradies, der Schmerz über das entschwundene „goldene Zeitalter", mancherlei Mythen, die wir in den Pyramiden eingemeißelt finden, vielerlei Stellen im „Totenbuch" und anderes weist für den, der Mythen zu lesen versteht, auf jene Zeiten hin, die Zeiten der „schwarzen Magie", wie sie später genannt wurden. In Erinnerung an jene verhängnisvollen Zeiten überließ man, durch Schaden klug geworden, den gefährlichen Umgang mit der schwarzen Magie den Priestern, die dafür Gewähr boten, daß sie solche Künste nur zum Heil der Menschen, später nannte man es dann „weiße Magie", verwandten. So wurde die Magie ein „Geheimwissen", das kein weiteres Unheil anrichten konnte. Wurde es aber doch mißbraucht, wie schon zu Zeiten Gudeas, wie wir gesehen haben, ging man mit aller Energie dagegen vor. Erst immer ausschließlicher vom Verstand beherrschte Zeiten legten auf solches „Wissen" bald überhaupt keinen Wert mehr. Fast nur noch im „ungebildeten" Volk blieb eine lebendige Vorstellung davon, welche Leute, die nichts Rechtes mehr von Magie verstanden oder einfach schlaue Betrüger waren, dann gründlich mißbrauchten. In hellenistischer und in römischer Zeit gediehen sie am prächtigsten, und mit dem berühmtesten von ihnen (Alexander von Abonuteichos) werden wir uns gegen Schluß des Buches noch befassen. Manchem Herrscher in Alexandria und manchem römischen Kaiser machten sie viel zu schaffen.

Das babylonische Weltbild reicht noch in Zeiten des schauenden Bewußtseins zurück. Uns Heutigen hat das nur dann noch etwas zu sagen, wenn wir uns immer gegenwärtig halten, daß sich ein Mythos nicht in einer logischen Wortfolge ausdrückt, wie wir es gewöhnt sind, sondern in Bildern und Symbolen, denen es auf Anschaulichkeit, aber nicht auf Kausalität ankommt. Wo immer wir auf die Verständigungsmittel des Verstandes stoßen, befinden wir uns schon in späterer Zeit, die sich bemühte, Bilder zu Begriffen kleinzumahlen, weil ihr die Gabe der Intuition (schauendes Bewußtsein) immer mehr abhanden kam, die „Wirklichkeit der Bilder" ihr nichts mehr zu sagen hat, sondern das Kausalitätsgesetz das einzige Fundament aller Wirklichkeit wird; wo sie immer mehr vergißt, daß alle Worte ursprünglich Bilder waren, und daß sie leer werden wie Stroh, wenn es dem Verstand gelingt, ihren ursprünglichen Anschauungsgehalt mit Hilfe des Begriffsvermögens, das ja auch nichts mehr vom ursprünglichen Sinn des „Begreifens" (Betastens) weiß, völlig auszulöschen. Hülsen ohne Inhalt. „Mit Worten läßt sich trefflich streiten, mit Worten ein System bereiten" sagt Goethes Mephisto.

In der Bibliothek des schon wiederholt genannten Königs Assurbanipal, des Sardanapal der Griechen, fand sich ein Schöpfungsmythos, von dem unsere Gelehrten annehmen, er sei wohl schon unter Hammurabi (um 2000 v. Chr.) schriftlich festgelegt worden. In seinen Hauptbestandteilen ist er natürlich viel älter. Der Mythos beginnt in der Fassung zur Zeit Assurbanipals (nach Ungnad) so:

„Als droben der Himmel noch nicht benannt *war,*
Die Feste unten einen Namen *nicht hatte,*
Als Apsu, der Uranfängliche, Alleserzeuger,
Mummu, Tiamat, die Mutter von allen,
mit ihren Wassern in eins sich mischten,
das Festland nicht war, noch Mensch sich fand,
als von allen Göttern kein einziger lebte,
noch keiner benannt, *kein Schicksal bestimmt war,*
da wurden gebildet die Götter in ihrer (der Urmacht) Mitte;
Lachmu und Lachamu wurden ins Dasein gerufen."

Es vergehen Äonen („Zeitalter wurden groß"), und es wurden Anschar und Kischar gebildet. Wieder vergehen Äonen „es wurden lang die Tage", da enstehen Anu, Enlil und Ea, die Manifestation der jetzigen Welt, des gegenwärtigen Äon. Aber auch diese Welt kann nicht entstehen ohne Kampf um ihre Existenz gegen die alten Götter. Die Jungen empören sich gegen die Alten, und Eas Sohn Marduk, auf Seite 76 abgebildet, führt die Jungen zum Sieg nach schwerem Kampf, denn Tiamat, „die alles gebildet, gab feste Waffen, gebar *Riesenschlangen,* mit spitzen Zähnen ohne alle Schonung, füllte mit Gift statt mit Blut ihren Leib, *wütende Drachen* von schrecklichem

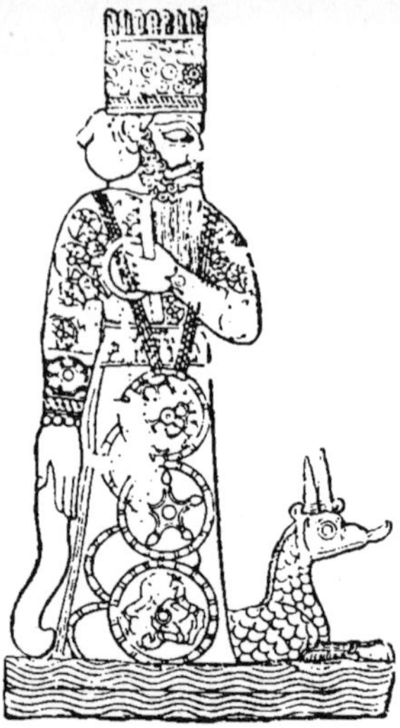

Anblick ließ sie entstehen, ins Feld führt sie *Ottern, Basilisken und Molche,* tolle Hunde, Orkane und Skorpionmenschen, gewaltige Stürme, Fischmenschen, Meerwidder.“ Es sind fast alles Wesen, denen wir in der Paläontologie als Lebewesen des Paläozoikums und der ältesten Zeit des Mesozoikums (vergl. Zeittafel Seite 18) begegnen. Es handelt sich um Erinnerungen an eine urgeschichtliche Erdkatastrophe, von der Hörbiger zu sagen weiß. Von einem Vorläufer unseres Mondes aus denselben Gründen herbeigeführt wie später die Sintflutkatastrophe.

Marduk tötet Tiamat, teilt ihren Leichnam, dessen eine Hälfte als Himmelsdach dient, und errichtet nach des „Ozeans Bauart“ Escharra (das feste Weltgebäude), erschafft den Tierkreis, die Planeten und andere Sterne. Aber die neuen Götter sind nicht zufrieden, da ihnen niemand opfert und sie infolgedessen darben müssen.

Da gibt Marduk seinem weisen Vater seines Herzens Gedanken kund:

„Blut will ich sammeln, Gebein dazufügen,
Will hinstellen den Menschen, Mensch sei sein Name,
ich will ihn erschaffen, ja ihn, den Menschen,
Zur Pflege der Götter sei er verpflichtet ...
Da entgegnet Ea, ihm also erwidernd,
einen Plan unterbreitend zur Befriedigung der Götter:
Geopfert werden soll einer: ihr (der Götter) Bruder,
er werde vernichtet zur Erschaffung der Menschen.“

Kingu wird zum Opfer ausersehen, weil er den Götterkrieg entfacht hatte. Er wird gefesselt vor Ea geführt, und man zerschneidet ihm die Adern: „Von seinem Blut erschufen sie Menschen.“

In dem wörtlich mitgeteilten Anfang dieses Schöpfungsmythos wird jedem auffallen, welche Rolle die Benennung, der Name, spielt. Das ist typisch für das magische Weltbild. Erst wenn ein Ding, eine Person einen Namen hat, existiert sie wirklich. Was namenlos ist, existiert nicht. Deshalb spielt, wie wir noch häufiger sehen werden, die Frage nach dem Namen und die Spekulation über den wahren Namen in aller Magie und Zauberei eine große und wichtige Rolle. Der wahre Name drückt das Wesen eines Dinges, einer Person aus. Kennt man ihn, gewinnt man Macht über das Wesen des Dinges oder der Person. Wer ihn kennt, hält ihn schon deshalb geheim, um nicht einen anderen an einer solchen Macht teilnehmen zu lassen. Götter halten ihren wahren Namen möglichst geheim, damit der Magier keine Macht über sie gewinnt. Ja, wir haben Beispiele in der antiken Mythologie, wo ein Gott aus demselben Grunde auch seinen wahren Namen vor den anderen Göttern verbirgt. Vielleicht kommt uns soviel Sorge um den Namen nicht nur komisch vor, wenn man darauf hinweist, daß der Name selbst heute noch seine mythische Rolle weiterspielt. Sogar in Wissenschaften, die sich über jeden Aberglauben erhaben wissen. „Nomen est omen", sagt sie mit den alten Römern und gibt z. B. dem „Okkultismus" einen neuen Namen, redet statt seiner von Parapsychologie und glaubt, durch solchen Namenstausch eine in der Wissenschaft lächerliche Angelegenheit zu einer wissenschaftlich ernsten Angelegenheit machen zu können. Namenzauber. Und daß die Ärzte auch heute noch den Krankheiten und ihren Heilmitteln mit Vorliebe lateinische Namen geben, geschieht doch nicht nur deshalb, damit der Laie nicht Bescheid weiß, sondern auch um des Geheimnisvollen und seiner Reize willen. Ein rationalistischer Grobian könnte auch hier von Hokuspokus reden. Solange unser Planetensystem existiert, gab es eine Kraft, die auch schon im Altertum viel benutzt wurde. Ich möchte annehmen, daß sie es war, durch die Engidu krank wurde, als er das Parktor Humbabas berührte. Vermutlich dieselbe Kraft, von der Livius und Plinius berichten, daß Tullus Hostilius an ihr zugrunde ging, weil er sie nach den Riten einer Handschrift Numas beschwor, ohne ihrer Herr werden zu können. Delphische Priester haben sie verwandt, als die Perser Delphi bedrohten. Bei Ovid lesen wir von ihr, wo er von Jupiter Elicius redet, das Wort stammt von elicere, heißt also Anziehung. Auch Nonnus beschreibt sie in seinen „Dionysiaka". Wir nennen sie Elektrizität, und es gibt nicht wenige Leute, die sagen würden, daß diese Kraft erst seit diesem Namen bekannt, ja wirklich ist.

Eigentümlich ist diesem uralten Mythos ferner, daß nach ihm sich alles aus Einem langsam, in Äonen *„entwickelt"*, was uns sehr modern vorkommen muß, nicht aber, wie z. B. im Alten Testament und auch in der spätägyptisch-hellenistischen Literatur, durch den Logos (das Wort) *geschaffen* wird. Auch lebt in diesem wie in vielen alten Mythen die Vorstellung, daß der Mensch Götterblut in sich hat. Ist er auch nicht wie Gilgamesch drei Viertel Gott und ein Viertel Mensch, auch nicht halb Mensch und halb Gott (Halbgott), so gehören doch immer sozusagen ein paar Tropfen Götterblut zu ihm, um ein ganzer Mensch zu sein. Mythisch und metaphysisch gesehen unterscheidet ihn das vor allem vom Tier, so nahe er ihm sonst auch anatomisch-biologisch stehen mag. In den ältesten Zeiten war sich der Weise dessen viel stärker bewußt als die Wissenschaften heute.

Dies Weltbild, wie es später aufgrund des babylonischen Mythos von den Priestern nicht mehr mythisch, sondern didaktisch, zu Lehrzwecken ausgebaut wurde, also nicht mehr Schau ist, sondern schon Theologie, hat W. Schwenzner in einer Skizze dargestellt, die Seite 79 folgt. Wenn der Leser sie sich ein wenig einprägen will, wird ihm das Verständnis für manches Folgende erleichtert werden. Er sieht da im Bilde vor allem ein Gesetz anschaulich gemacht, das in allem „Geheimwissen", auch heute noch, eine große Rolle spielt, das Gesetz von den „Entsprechungen". Er findet hier E 1, die Erde als Oberwelt in ihren sieben Stufen nach der Zahl der Planeten, E 2 und E 3, die Erde als Unterwelt, HO den himmlischen Ozean, O den irdischen Ozean, G den Unterweltsozean, drei Himmel, drei Erden, drei Ozeane und, den sieben Stufen von E 1 „entsprechend", die sieben Mauern (TR) im Totenreich.

Den sieben Stufen der Erde als Oberwelt „entsprechen" die sieben Mauern der Unterwelt und ihre sieben Tore, die sieben Stufen der babylonischen Türme, die sieben Locken des Gilgamesch, die sieben Zweige des Lebensbaumes, die sieben Himmel der Juden und vieler Gnostiker, die sieben Stufen, auf denen nach den Mithrasmysterien die Seele zum Himmel reist,

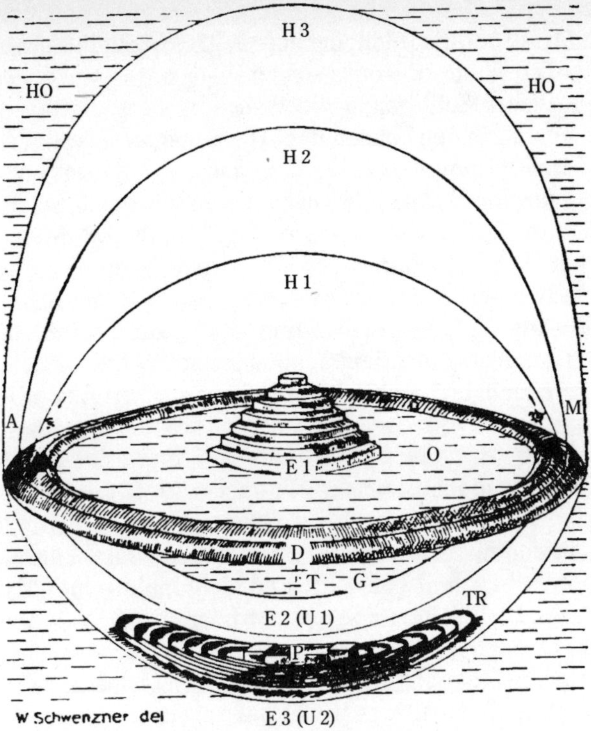

E 1:	Erde (Oberwelt)
E 2, E 3:	2. u. 3. Erde (Unterwelt)
H 1, H 2, H 3:	1., 2., 3. Himmel
HO:	Himmlischer Ozean
O:	Irdischer Ozean
T, G:	Tiefe und Grund des irdischen Ozeans
A:	Abend (Westen); die beiden Berge des Sonnenuntergangs
M:	Morgen (Osten); die beiden Berge des Sonnenaufgangs
D:	Damm des Himmels
TR:	Die 7 Mauern und der Palast (P) des Totenreiches

die sieben Farben, die sieben Metalle, am gestirnten Himmel auch die sieben Plejaden, die sieben griechischen Vokale und schließlich heute noch die sieben Tage unserer Woche. Das Urbild dieser Zahl gaben die Planeten, die sich auch heute noch bei uns in den Namen der Wochentage wiederfinden, die den Planeten „entsprechen". Die Magie der Zahlen entstand, wie an diesem Beispiel deutlich zu sehen ist, aus „Schauung" nach dem Gesetz der „Entsprechung" in ältester Menschenfrühzeit. Die „Schauung" von Mond und Sonne als „Gegenüberstehen der Götter" (babylonisch) führte zu der Zahl 2, zur Zweiteilung des Alls in Oben und Unten, zur Zweiteilung des Jahres nach Äquinoktien: Sommer und Winter. Auch dies „Entsprechungen". Der Zahl 3 des himmlischen Alls (oberster Himmel des höchsten Gottes, wohin sich der ägyptische Re zurückzieht, das himmlische Erdreich [der Tierkreis, auf dem die Götter wandeln] und der Himmelsozean) „entspricht" das irdische All: Lufthimmel, Erde, Ozean, der die Erde umfließt, und auf den man stößt, wenn man die Erde durchbohrt. Aber hier herrscht schon Theologie und nicht mehr reiner Mythos. Und wohl auch dann, wenn der allerhöchsten Trinität Anu, Enlil und Ea noch eine weitere Trinität als Herrscherin über den Tierkreis beigegeben wird: Sin (Mond), Schamasch (Sonne) und Ischtar (Venus). Erst recht haben wir es nicht mehr mit reiner „Schau", sondern schon mit Spekulation in der späteren Zahlenmagie zu tun, wie sie die Schule des Pythagoras und die Kabbala beherrschen. Hier sucht man von den Zahlen aus nach „Entsprechungen" im Kosmos, und zwar sowohl im Makrokosmos, im All, wie im Mikrokosmos, im Menschen. Es ist damit nichts gegen die Zahlenmagie an sich gesagt, sondern nur der Grund angegeben, weshalb sie uns hier nicht weiter beschäftigt, mag sie im „Geheimwissen" späterer Zeiten, namentlich im ganzen Mittelalter, auch eine noch so große Rolle gespielt haben.

Da jedem Planeten auch eine Farbe „entsprach", so finden wir bei einigen babylonischen *Stufentürmen* (den Türmen von Babel, Borsippa und Khorsabad) heute noch verschiedene Farbspuren auf den Stufen, die der Farbe ihres Planeten „entsprechen". Unter den Metallen „entsprach" Blei dem Saturn ♄, Zinn dem Jupiter ♃, Eisen dem Mars ♂, Gold der Sonne ☉, Kupfer der Venus ♀, Quecksilber dem Merkur ☿

und Silber dem Mond ☾. Als das Christentum in Gestalt der bald allmächtigen römischen Kirche alles „Geheimwissen" auszurotten trachtete, war es in erster Linie die Alchimie, die unter diesen „harmlosen" Planetenzeichen das Geheimwissen rettete und mit Hilfe des Gesetzes von den „Entsprechungen" dem Uneingeweihten immer unverständlicher und dadurch ihr „Geheimwissen" unangreifbar machte. Der Alchimist bemühte sich scheinbar nur um die Kunst des Goldmachens. Daß es sich bei dem „Stein der Weisen" aber gar nicht in erster Linie um Goldmacherei handelte, sondern um viel tiefere Dinge, wissen wir längst. Allen großen Alchimisten des Mittelalters wurden die Metalle und ihre Zeichen, weil sie von den Planeten hergenommen waren, mit Hilfe der „Entsprechung" zu tiefsinnigen, für den Laien vieldeutigen Symbolen aller magischen und mystischen Geheimnisse. Was der Natursichtige unmittelbar schaute und durch Bilder ausdrückte, suchten spätere Zeiten, soweit sie sich mit den „verhüllten" (okkulten) Wissenschaften abgaben, mit Hilfe des Gesetzes von den Entsprechungen zu *rekonstruieren* und sich so wieder lebendig zu machen. Bei Paracelsus, der jetzt sogar von den Medizinern wieder sehr ernsthaft studiert wird, erkennt man das leicht; und wie gut die Alchimisten ihre Geheimnissen zu „verhüllen" wußten, zeigt vielleicht nichts deutlicher, als des gutgläubigen Karl Christoph Schmieder (†1850) „Geschichte der Alchymie" und seine „alchymistischen Transmutationsgeschichten", welche der Insel-Verlag 1925 in seinem „Chorus Mysticus" neu herausgab. An dem ganzen Thema interessierte ihn nur das Problem von der Umwandlung unedler Metalle in hochwertige. Etwas anderes sah selbst dieser Alchimiegläubige nicht mehr hinter der Alchimie. Zog sich das Geheimwissen von aller Magie im alten Babylonien und Ägypten vor der breiten Öffentlichkeit in die Priesterschulen zurück, so verbarg es sich nicht minder sicher im Mittelalter hinter der „Goldkocherei". Daß die Alchimie dadurch nebenbei die Mutter unserer Chemie wurde, daß wir heute in einer Revolution der chemischen Grundbegriffe stehen, man erinnere sich nur der aufsehenerregenden Versuche von Geheimrat Miethe in Berlin, wollen wir ebenfalls nicht vergessen. An diesem Beispiel sollte gezeigt werden, wie trotz aller Hindernisse das „Geheimwissen" nie ganz verlorenging.

Nennen wir schließlich noch eine „Entsprechung“ zu den sieben Planeten: die Tonskala. Das bis jetzt älteste kultische Monument Babyloniens, das in Bismaya gefunden wurde, noch aus sumerischer Zeit, zeigt auf einem Vasenfragment eine Musikszene, bei welcher der vorderste Musikant ein siebensaitiges Instrument spielt, eine Art „Hackbrett“. Wir haben

neben fünf- und elf- vor allem siebensaitige Harfen. Bei Philo lesen wir: „Die Chaldäer brachten die irdischen Dinge mit den himmlischen in Verbindung und suchten dann aus den wechselseitigen Beziehungen dieser nur *räumlich,* aber nicht *wesentlich* geschiedenen Teile des Weltalls auch den harmonischen Einklang des Alls durch *Töne der Musik* nachzuweisen.“ In Lucians Werk über Astrologie heißt Apollo der „mit siebensaitiger Leier“, weil er die Harmonie der Gestirne bestimmt. Eine Musiksaite aber hilft Pythagoras zu folgender „Entsprechung“: „Eine Musiksaite gibt dieselben Töne, wie eine andere Saite von doppelter Länge, wenn die Spannung, d. h. die Kraft, mit der diese letztere (die Saite mit doppelter Länge) angezogen wird, viermal so groß ist. Und die Schwere eines Planeten ist viermal so groß, wie die eines anderen, der doppelt so weit entfernt ist. Ganz allgemein: Damit eine Musiksaite auf dieselbe Tonhöhe gebracht werden kann wie eine kürzere Saite derselben Art, muß ihre Spannung im gleichen Verhältnis gesteigert werden, wie das Quadrat ihrer Länge größer ist. Um die Schwere eines Planeten der eines anderen, sonnennäheren Planeten gleichzumachen, muß sie in dem Verhältnis vergrößert werden, als das Quadrat seines Sonnenabstandes größer ist. Wenn wir also Musiksaiten von der Sonne zu jedem Planeten gespannt annehmen, müßte man, um die Saiten auf einen Ton zu bringen, ihre Spannung in denselben Verhältnissen vergrößern oder verringern, die notwendig wäre, um die Schwere der Planeten gleichzumachen.“ Das war eine „Entsprechung“, von der wir noch heute reden, wenn wir von Sphärenmusik und Harmonie der Sphären sprechen. Wir sehen, wie mannigfach ein einst als Naturwirklichkeit Geschautes über mancherlei, oft sehr kuriose Umwege bis in unsere, ganz anders gerichtete und begabte Zeit weiterwirkt, ohne daß wir uns darüber Rechenschaft geben.

Am offensichtlichsten ist das bei der babylonischen Astrologie, der Mutter unserer Astronomie, ohne daß die undankbare Tochter sie überhaupt noch irgendwie ernst nimmt, was ja das Schicksal vieler Mütter ist. Das bleibt in diesem Fall um so verwunderlicher, als der Begründer der neuen Astronomie, JOHANNES KEPLER, der größte von Tycho Brahes Schülern, der im Kampf für des Kopernikus Lehre die drei grundlegenden Gesetze der Planetenbewegung entdeckte, trotzdem zur Astrologie stand. In einem Brief an Wallenstein, dem er dreimal das Horoskop stellte, schrieb Kepler, der Begründer der modernen Astronomie: *„Die Philosophia und also auch die wahre Astrologia ist ein Zeugnis von Gottes Werken und also ein heilig und gar nicht ein leichtfertig Ding.“*

Astrologie

„Astra inclinant, non necessitant."
(Die Sterne geben Antriebe, aber zwingen nicht)

Wir verdanken es der schon mehrfach genannten Bibliothek Assurbanipals (668–626 v. Chr.), daß wir heute reichliches Material über die Praxis der babylonischen Astrologie besitzen. Der große Sammeleifer dieses Königs zeigt aber immer wieder und vor allem für die Astrologie, daß die Zeit intuitiven (schauenden) Wissens längst vorüber ist, und daß man sich immer mehr darauf beschränken mußte, zusammenzutragen, was von solchem Wissen aus der Vergangenheit noch erreichbar war. Es wurde nicht mehr geschaut, sondern gelehrt. Für die Sternkunst heißt das, die Astrologie wandelte sich immer mehr in Astronomie, aus Urväterweisheit wird eine zeitgemäße und damit auch zeitgebundene Wissenschaft. Wir befinden uns sozusagen in der „alexandrinischen" Periode des Babyloniertums.

Nach den uns erhaltenen und bis jetzt übersetzten astrologischen Texten aus Assurbanipals Bibliothek reicht ihr ältestes Material, dessen man noch habhaft werden konnte, bis auf Sargon I. (2850 v. Chr.) zurück, also gewiß nicht in mythische Zeit. Die sogenannten Ominatexte (omen = Vorzeichen) aus Sargons Zeit wurden in der Hauptsache so genutzt, daß man sagte: Unter dieser oder jener Gestirnkonstellation glückte oder mißglückte dem großen Sargon dies oder jenes; wiederholt sich dieselbe oder eine ähnliche Gestirnkonstellation heute, so wird dem jetzigen König „dementsprechend" dies oder jenes glücken oder mißglücken. Wir befinden uns damit in der schönsten Bücher- oder Gelehrtenweisheit, wo gerechnet, nicht mehr geschaut wird. Daß es unter babylonischen Astrologen auch intuitive Menschen gab, wie noch der erste neuzeitliche Astrologe Johannes Kepler ein solcher war, ist selbstverständlich. Es liegt um so näher, als sie Priester waren. Aber auch unter ihnen nahm ebenso selbstverständlich mit der wachsenden Verstandestätigkeit die intuitive Fähigkeit ab.

Auf eine schon ältere Zeit weist es, wenn etwa der Schreiber des Sumererkönigs Gudea berichtet, seinem König sei im Traum die Göttin Nisaba erschienen, „die den Sinn öffnet und die Bedeutung der Zahlen kennt, den reinen Schreibgriffel hielt sie in der Hand, eine Tafel mit den guten Gestirnzeichen hielt sie in der Hand und sann bei sich selbst nach". Dann teilte Nisaba dem König im Traum aufgrund ihres Nachsinnens die günstige Gestirnkonstellation für den von ihm geplanten Tempelbau mit, also den besten Zeitpunkt für seine Grundsteinlegung. Hier zeigt sich noch ein Erinnerungsrest an vorgeschichtliche Zeit. Was einst unmittelbares Schauungsvermögen war, wird nur noch mittelbar im Traum wirksam oder wenigstens für den Tafelschreiber Gudeas und seine Zeit nur noch unter dem „Bild" des Traumes „begreifbar".

Etwas mehr erfahren wir schon von der vorgeschichtlichen Anschauung aus den *Namen* des siebenstufigen Tempelturmes von Borsippa, der lautet: „Tempel der sieben Befehlsübermittler des Himmels und der Erde", d. h. der Planeten. Ja, noch der Grieche Diodor weiß von der Astronomie der „Chaldäer in Babylonien" zu sagen: „Über die Gestirne haben sie seit langer Zeit Beobachtungen gemacht, und niemand hat genauer als sie die Bewegungen und *Kräfte* der einzelnen Sterne erforscht; daher wissen sie auch so vieles von der *Zukunft den Leuten* vorauszusagen. Am wichtigsten ist ihnen die Untersuchung über die *Dolmetscher*." Das sind die Planeten. In vorgeschichtliche Zeit aber läßt uns die Tafel V des früher schon erwähnten Weltschöpfungsmythos blicken, wenn philologisch auch noch vieles unklar ist. Ich gebe die Verdeutschung von Ungnad:

„Er (Marduk) erschuf Standorte den großen Göttern,
stellte auf die Lumaschi (wohl Sterne im Tierkreis), die Sterne, ihr Abbild,
er bestimmte das Jahr und steckte die Grenzen,
stellte auf je drei Sterne für alle zwölf Monate.
Nach den Zeiten des Jahres bestimmte er Bilder,
Gründete Nibirus' (Planet Jupiter oder Sonne) Standort, ihr (der Sterne) Band zu bestimmen.
Daß kein Fehler geschehe und Einer sich irre,
bestimmte er den Standort für Enlil und Ea (Enlil hat seinen Standort am Nord-, Ea am Südhimmel).

Er öffnete Tore auf beiden Seiten (des Himmels)
mit gewaltigem Türschloß zur Linken und Rechten,
grad in ihr (der Tiamat?) Inneres setzt er den Höhepunkt (Polarstern?).
Den Mond läßt er glänzen, die Nacht ihm vertrauend,
als nächtlichen Schmuck die Zeit zu bestimmen,
gab ihm monatlich die erhabene Krone.
„Am Anfang des Monats geh auf überm Lande,
mit Hörnern erglänze, sechs Tage bestimmend,
am siebenten Tag nimm fort deine Krone (das Erdlicht?),
um Mitmonat gleich' eine Hälfte der anderen!
Wenn die Sonne (Schamasch) dann am Grunde des Himmels dich einholt,
laß abnehmen die Scheibe, zurück sie nun bildend.
Am 28. nähere dich dem Wege der Sonne.
doch am Ende des Monats steh gleich ihr und schwinde."

Der Rest der Tafel V ist fast völlig zerstört.

Wir besitzen über den Mond, nach dem im alten Babylonien auch das Jahr sich richtete, es war ein Mondjahr, noch einen sumerischen Text, an dem vermutlich Priesterschüler ihre Übersetzungskunst ins Assyrische zeigen mußten: „Als Anu, Enlil und Ea, die großen Götter in ihrem unwandelbaren Ratschluß und gewaltigen Befehlen den Glanz, Sin (Mond) eingesetzt hatten, die Mondsichel erglänzen lassend und den Monat ins Leben rufend, als sie ihn (den Mond) als Wahrzeichen Himmels und der Erde eingesetzt hatten, um den Himmel in Glanz erstrahlen zu lassen, ging er am Himmel sichtbarlich hervor" (nach Greßmann).

In beiden Texten lebt noch etwas von der Urkraft des Schauens ältester Zeiten, das sich nicht in Begriffen ausspricht, sondern in Bildern, die nicht von der Wirklichkeit abgezogen (abstrahiert) sind, sondern lebendig wie die geschaute Wirklichkeit selbst. Erst später beginnt man darüber zu reflektieren, weshalb Sin ein Gott, ein Lebendiges ist und gleichzeitig doch auch der Name für den Mond. Ebenso bei Schamasch (Sonne) und Ischtar (Venus). Von allen Worten verlieren zwar die Namen im Altertum am spätesten ihre Bildkraft und damit ihre Lebendigkeit, aber es wird dem Verstand immer schwerer, sich unter Schamasch, Sin, Ischtar noch Lebendiges vorzustellen wie in der Urzeit, das auf alles Lebendige und damit selbstverständlich auch auf den Menschen wirkt, daß Sin oder Ischtar oder Schamasch nicht nur ein Planet ist, sondern vor allem ein „Befehlsübermittler", ein „Dolmetsch". Das Organ dafür nimmt ab, je mehr der Verstand zunimmt. Zwar müht sich der Verstand auch in spätbabylonischer Zeit noch redlich, den gestirnten Himmel nicht nur als ein Objekt für astronomische Beobachtungen und Berechnungen anzusehen, denn dazu war die Überlieferung noch zu stark, aber das Wissen davon, nicht mehr selbst erlebt, wird unsicher und schwankend. Am besten beweist das der Umstand, daß es in der babylonischen Spätzeit verschiedene Astrologenschulen gab, für welche einzelne Planeten direkt Entgegengesetztes bedeuteten. Wir wissen von drei solchen Schulen. Für das schauende Bewußtsein hat es immer nur *eine* Wahrheit gegeben. Erst für den sinnenden Verstand gibt es verschiedene, oft sehr mühselige und einander kreuzende Wege zur Wahrheit. Weder ein magischer noch ein mystischer Mensch hätte je Lessings berühmtes Wort gesprochen, wonach als höchstes Menschenglück das Streben nach Wahrheit an die Stelle der Wahrheit selbst treten muß, weil die Wahrheit über allen menschlichen Verstand geht, was durchaus zutrifft, wobei nur vergessen wird, daß der Mensch auch als erkennendes Wesen nicht nur Rationalist ist oder es wenigstens nicht sein muß, heute sowenig wie in der Vergangenheit oder in aller Zukunft der Zeiten.

Für den babylonischen Priester ist das göttliche Wissen sozusagen am gestirnten Himmel kodifiziert, von dem man es bei genügender Vorbildung und Begabung ablesen kann. „In den Sternen steht es geschrieben." Erinnern wir uns an den sogenannten „noachitischen" Menschen, den wir im Urbild des babylonischen Gilgamesch zu erkennen glauben, so müssen wir nach der Hypothese von den Zeitcharakteren annehmen, daß ihm die Wahrnehmung und Anwendung kosmischer Kräfte noch unmittelbar zur Verfügung stand. Er war, um philosophisch mit Spinoza und Schopenhauer zu sprechen, viel mehr als heute natura naturans (schaffende Natur), viel mehr als heute Schöpfer und viel weniger als heute nur Geschöpf. Späten Geschlechtern schon deshalb ein Gott, ein Halbgott, ein Heros. Dem erwachenden Selbstbewußtsein, das sich vieler kosmischer Kräfte noch unmittelbar bedienen konnte, war der Mensch in der Tat „der Herr der Erde" (1. Mos. 9, 2 u. 3). Wir erinnern uns, daß Noah nach der Sintflut Weinberge pflanzte, und was die Folgen der ersten Betrunkenheit waren. Ein Wissenschaftler wie Dacqué sieht im Weinstock eine Schöpfung der noachitischen Menschen als natura naturans; jedenfalls ist es auffallend, daß die Entstehung des Weinstocks rein entwicklungsgeschichtlich, morphologisch bis jetzt nicht erklärbar ist. Ebenso verhält es sich mit der Familie der Katzen, zu der auch Löwe und Tiger gehören. Auch für sie konnte die Paläontologie bisher keine morphologisch-stammesgeschichtliche Anknüpfung finden. Eine noch so unmittelbar schöpferische Menschheit, der es für eine Weile gegeben war, Gott sozusagen direkt ins Handwerk zu pfuschen als natura naturans, erklärt ohne weiteres den Hochmut, den manches Wort alter magischer Texte atmet, wovon hier schon die Rede war, den „Übermut der Titanen und ihren Sturz", den „Fall Adams", oder wie es der Mythos sonst ausdrücken mag. Es erklärt aber auch, weshalb die Menschheit immer wieder auf die Astrologie verfällt, welche die schöpferischen Urkräfte in der Sternenwelt direkt oder wenigstens abgebildet findet. Ganz besonders tut das die Menschheit, wenn große Katastrophen sie in allen Nöten der natura naturata, des wehrlosen Geschöpfes, zeigen. Dann dämmert auch in rationalistischen Zeiten die Erinnerung an andere Zeiten auf, denen kosmische Kräfte noch unmittelbar zugänglich waren. Mit Hilfe der Astrologie möchten sie ihrer dann irgendwie wieder habhaft werden. Ein Wunsch, der aus dunklen Tiefen aufsteigt, aus dem Instinkt, wie wir gerne sagen, gegen den keine noch so moderne Wissenschaft, auch nicht die fortgeschrittenste Astronomie aufkommen kann.

Die babylonische Astrologie ist das Urbild von all diesen Bestrebungen; und da ihr auch die heutige Wissenschaft nicht das Verdienst bestreitet, so ganz nebenbei auch wichtige astronomische Vorgänge richtig beobachtet und aus ihnen auch noch heute gültige Folgerungen (Gesetze) gezogen zu haben, geben wir ein paar Beispiele aus den babylonischen Texten, die in außerordentlich großer Zahl durch die verschiedenen Ausgrabungen jetzt wieder zutage gekommen sind. Wir dürfen dabei nie vergessen, daß für die „Geheimwissenschaft zwischen Himmel und Erde“, wie die babylonische Lehre schon in sumerischen Texten heißt, das früher schon angeführte Gesetz von den „Entsprechungen“ von grundlegender Bedeutung ist.

„Die Erscheinungen des Kosmos und des Kreislaufs sind Stoffwerdung der Gottheit. Im Kosmos liegt die Immanenz, im Kreislauf die Transzendenz der Gottheit. Alles irdische Sein und Geschehen entspricht einem himmlischen Sein und Geschehen. Mit den Erscheinungen des Kreislaufs am Himmel laufen die Erscheinungen des irdischen Naturlebens parallel (Samen und Ernte, Frost und Hitze, Sommer und Winter, Tag und Nacht). Alle Naturerscheinungen gewinnen demnach im letzten Grunde astralen *Charakter. Auch der Mensch als „Bild der Gottheit“ ist ein Kosmos im kleinen, der teil hat an den Geschicken des großen Kosmos und des Kreislaufs ... Die Himmelskunde ist die Quelle alles Erkennens“* (Jeremias).

Sind die Sterne die „Schrift des Himmels“, so kann man die Zukunft vorausschauen, wenn man diese Schrift richtig zu lesen versteht. So hat auch eine babylonische Urkunde nur dann Schwurkraft, wenn sie mit kosmischen Zeichen und Bildern versehen ist. Wir finden sie daher besonders auf babylonischen Grenzsteinen (Kudurru).

Ein solcher besonders gut erhaltener Grenzstein aus der Zeit Mardukpaliddins I. (1189–1176 v. Chr.), durch den der König eine Schenkung seines Vaters an seinen Beamten Mumabitu, Sohn des Tabmelu, bestätigt, sei hier abgebildet; der Stein besteht aus schwarzem Kalkstein, ist 48 cm hoch und wurde in Susa gefunden (siehe Abbildung auf der folgenden Seite).

Ähnliche Steine sind in großer Zahl gefunden worden. Sie zeigen, wie eng durch alle uns bekannten babylonischen Zeiten sowohl die Götter wie auch ihre Sterne mit allen Handlungen der Menschen verbunden waren.

Aus den außerordentlich zahlreichen babylonischen Ominatexten, Sternlisten und dergleichen erfährt man, daß die schon erwähnten Stufentürme im Lande zugleich astrologische Stationen zur Beobachtung des gestirnten Himmels waren mit festangestellten, der Astrologie kundigen Priestern, die systematisch und regelmäßig die Himmelskörper beobachteten, ihre Beobachtungen aufzeichneten, was von allgemeiner Be-

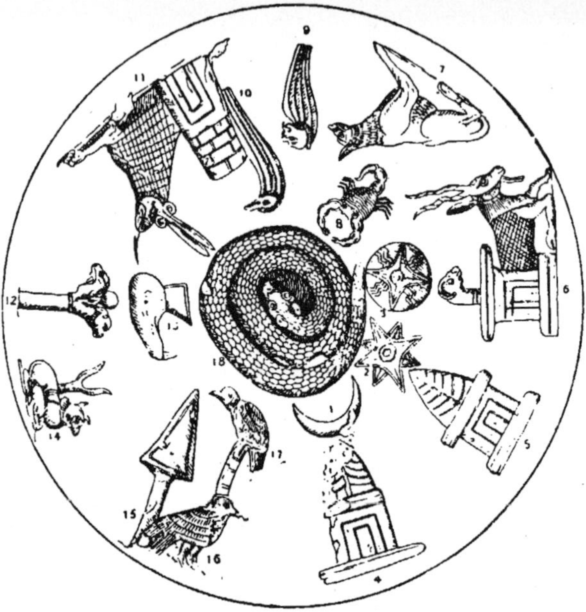

1. Mondscheibe (Sin),
2. achtstrahliger Stern (Ischtar),
3. Sonne (Schamasch),
4. und 5. Götterthrone mit Göttermützen (Anu und Enlil),
6. Götterthron mit Widderkopf und Ziegenfisch (Ea),
7. Hund (Gila),
8. Skorpion (Ischkhara),
9. Kolben mit Löwenkopf (Nergal, Mars)
10. Kolben mit Adlerkopf (Zamansa),
11. Götterthron und Ziegelaufsatz und gehörntem Drachen (Nebo, Merkur),
12. Kolben mit doppeltem Löwenkopf (Ninib, Saturn),
13. Lampe (Nisku),
14. liegender Ochse mit zweizackigem Blitz (Adad),
15. Speerspitze (Marduk, Jupiter),
16. schreitender Vogel (Baru),
17. Falke auf einer Stange (Papsukal) und
18. Schlange (Schiru).

deutung war, dem König mitteilten und ihm auf Befragen Auskunft über jede Konstellation zu geben hatten. Wie das Weltenbild dem Himmelsbild „entsprach“, so „entspricht“ ja dem König im Himmel der König auf Erden. Himmelskönig ist Anu, im obersten Himmel steht sein Thron, die höchste göttliche Würde heißt A-nu-tu. Führt der irdische König sein Regiment schlecht, steigt Anu eventuell zum Gericht auf die Erde. Aber auch Sin (Mond) heißt „König der Götter“. Samsu-iluna, ein König der ersten babylonischen Dynastie, bittet, „daß die Götter ihm Leben schenken, das sich gleich Sin jeden Monat erneuert.“ Der große Hammurabi sagt, Sin habe ihn mit den königlichen Insignien bekleidet. In einem Hymnus aus Ur, woher ja auch der biblische Abraham stammen soll, heißt es: „der König ist leuchtend wie der Neumond und sein Haupt ist mit Glanz bedeckt“ und Assurbanipal trägt als Waffe das Sichelschwert. Vielleicht hängt auch die Sitte, den Bart des Königs blau zu färben, mit dem Umstand zusammen, daß Sin einen lasurfarbenen Bart („Blaubart“) trägt. So kann denn schon König *Gudea* neben Götterbildern seine eigene Statur aufstellen:

Der „König auf Erden" ist natürlich auch Repräsentant seines Landes. Beider Wohl und Wehe „entspricht" einander. Wie der Planet Jupiter (Marduk) gilt auch das Tierkreisbild des Löwen, babylonisch auch der „große Hund" genannt, als das günstige Horoskopgestirn für den König. Deshalb wird noch das Horoskop von Antiochus I. (um 70 v. Chr.) so dargestellt:

Auf einer Belohnungsurkunde des schon erwähnten Mardukpaliddin I., auch Merodachbaladan gelesen (1189–1177 v. Chr.), steht der Löwe auf der Schlange (Hydra) (siehe Abbildung rechte Seite).

Noch deutlicher auf einer astronomischen Tafel aus der Arsacidenzeit:

Nur ganz selten kümmert sich ein babylonischer Astrologe einmal um einen Privatmann, der dann schon eine besonders hervorragende Persönlichkeit sein mußte. Ein gewöhnlicher

Sterblicher wäre im alten Babel gar nicht auf den Gedanken gekommen, einen Astrologen für sich zu bemühen. Es wäre ihm als Blasphemie erschienen, als eine Herausforderung der Götter, die für ihn nur übel ausgehen konnte. Es bedurfte einer jahrtausendlangen Entwicklung der Verstandestätigkeit und des damit verbundenen, sich immer mehr zuspitzenden Selbstbewußtseins, bis sich heute sogar Müllers Lieschen als Mittelpunkt der Welt schätzen lernt und auf sein Horoskop ausgeht, wofür es freilich keinen himmelskundigen Priester mehr nötig hat, sondern sich mit einem Astrologen aus dem Inseratenteil einer Tageszeitung begnügen kann.

In Babylonien wurde, nach den astrologischen Sammlungen zu urteilen, das Hauptgewicht auf die Beobachtung des Mondes gelegt. Wie man dabei vorging, mögen einige Beispiele zeigen.

Zu Anfang des Monats war besonders der Lichtring um den Neumond wichtig. Dieser Lichtring wird mit der Königsmütze verglichen, deutet also auf den König. Daher lautet ein Bericht an den König so:

Ist der Mond bei seinem erstmaligen Erscheinen mit einer Mütze bedeckt, so wird der König Herrschaft erlangen. Ist er am ersten Tage sichtbar und ist der erste Tag ungewöhnlich lang, lange Regierungsdauer. Die Zahl des Monats wird volle dreißig sein (also ein voller Monat und deshalb günstig). Ist der Mond am ersten Tag sichtbar, günstig mit Akkad (Babylonien), ungünstig für Elam und Amurru. Der Monat Ab ist günstig für meinen Herrn. Von Nebo-schum-ischkur (Name des Astrologen).

Ausführlicher ist ein Bericht über die Entstehung des Vollmondes und des Altmondes am Ende des Monats. Aus ihm geht hervor, daß, wenn Vollmond und Sonne („Gott mit Gott") nicht zusammen gesehen werden, es Unglück ankündigt. Die Verspätung des Termins für den Vollmond, Sichtbarkeit des Mondes am 13. Tag, Mattigkeit der Erscheinung von Sonne und Mond am 14. oder 15. Tag, Sichtbarkeit des Mondes mit der Sonne erst am 16. Tag, sind ungünstige Vorzeichen. Deshalb wird der König auch von dem befragten Astrologen aufgefordert, durch Sühne- und Reinigungsopfer den Unwillen der Götter abzulenken. Ein solcher Bericht lautet:

Ist der Mond entgegen dem (erwarteten Zeitpunkt) verspätet und nicht sichtbar, Heranzug an die Hauptstadt. Am 13. ward er gesehen. Ist der Mond (am 13. Tage) nicht sichtbar, werden die Götter dem Land mit günstigem Rat beistehen. Am 14. und am 15. Tag wurde Gott mit Gott (Mond mit Sonne) nicht gesehen. Wenn der Mond im Monat Elul am 14. oder 15. mit der Sonne nicht gesehen wird, so werden Leute (?) sterben, Wege gesperrt werden. Ist das Licht des Mondes und der Sonne matt, so wird der König gegen sein Land und seine Leute im Zorn losstürmen, Sonne und Mond werden verfinstert sein. Am 14. Tag werden Gott mit Gott nicht gesehen werden. Werden Mond und Sonne am 16. Tag zusammen gesehen, so wird König gegen König Feindseligkeiten aussenden, der König wird in seinem Palast lange eingesperrt sein, der Fuß des Feindes wird gegen sein Land gerichtet sein, der Feind wird im Lande siegreich stehen. Ferner wird der König von Subarti (feindliche Aramäer) stark und ohne Nebenbuhler sein.

An diesem Bericht sei vor allem noch hervorgehoben, daß der Astrologe nicht im geringsten davor zurückschreckt, auch bei ungünstigen Vorzeichen bei der Wahrheit zu bleiben. Sind die Vorzeichen aber günstig, besonders wenn Mond und Sonne am 14. Tage zusammen gesehen werden, also der Aufgang des Vollmondes vor Sonnenuntergang sichtbar wird, dann hört man in dem Bericht das Herz des Astrologen förmlich höher schlagen:

Wenn der Mond die Sonne erreicht und neben ihr matt beleuchtet erscheint, ein Horn nach dem anderen verdunkelnd, so wird Gerechtigkeit im Lande herrschen, und der Sohn wird seinem Vater Treue halten. Am 14. Tag wurde Gott mit Gott gesehen. Wenn Mond und Sonne matt erscheinen, wird der König weise handeln, der Thron des Königs des Landes fest gegründet sein. Am 14. Tag wurde Gott mit Gott gesehen. Werden am 14. Tag Mond und Sonne zusammen gesehen, Ordnung und Wohlbehagen im Lande. Die Götter gedenken Akkad (Babylonien) zum Heil, Herzensfreude meiner Armee, das Vieh von Akkad wird in Sicherheit auf dem Felde weiden. Ist der Mond von einem dunklen Hof umgeben, so werden Wolken sich ansammeln, aber in jenem Monat wird der Regen zurückgehalten werden. Wird ein Horn nach dem anderen verdunkelt, so wird Hochwasser eintreten. Am 14. Tag wird Gott mit Gott gesehen.

Erscheinen Mond und Sonne aber erst am 15. Tag zusammen, so ist das ungewöhnlich und ein ungünstiges Zeichen, das aber gemildert werden kann, wenn zur selben Zeit Jupiter und Venus auf gleicher Bahn wandeln:

Werden Mond und Sonne am 15. Tag zusammen gesehen, so wird ein starker Feind seine Waffen gegen das Land richten, mein Stadttor zerstören ... Wird der Mond im Monat Airu am 16. Tag mit der Sonne gesehen, und geht Jupiter mit Venus, so wird das Flehen des Landes das Herz der Götter erreichen, Marduk (Jupiter) und Sarpanitum (Venus) werden das Gebet deines Heeres hören und Gnade deinem Heere erweisen.

Aus solchen Berichten erkennen wir auch einigermaßen, wie die Astrologen sich durchaus als Priester fühlten, die ihr Geheimwissen aus den Erfahrungen uralter, sagen wir natursichtiger Zeiten schöpften, in denen es noch ein Organ für kosmische Zusammenhänge und ihre Wirkungen gab, das sie unmittelbarer wahrnahm als die beiden seitlichen Augen, mit denen auch die babylonischen Astrologen nur noch ausgestattet waren. Das gilt namentlich für die Einflüsse des Mondes auf alles Tellurische (Irdische), wofür sich das Volk ein sicheres Gefühl bis auf diesen Tag bewahrt hat, während die Wissenschaft lange Zeit nur noch den Einfluß des Mondes auf Ebbe und Flut gelten ließ, den zuerst Newton bewiesen hatte. Das Volk hingegen glaubt an den Einfluß des Mondes auf das Wetter, was die Meteorologen energisch bekämpfen. Das Volk glaubt an den Einfluß des Mondes auf physiologisch-periodische Erscheinungen im menschlichen Organismus, insbesondere beim weiblichen Geschlecht, auf epileptische Anfälle, auf den Organismus der Pflanzen und noch manches andere. Und das Volk behält damit, wie es scheint, recht, wie die allerneuesten wissenschaftlichen Forschungen ergaben. Den Mondeinfluß auf die Pflanzen, wie er im Altertum und im ganzen Mittelalter feststand, haben Berthelot, Euler und andere neu untersucht und wieder festgestellt. Daran ist kaum noch zu rütteln.

Die Physiker Eckholm und Arrhenius haben derweil auch den Zusammenhang zwischen Mondstellung und Gewitter mit Hilfe der Luftelektrizität festgestellt. Zwischen der Erde und den höheren atmosphärischen Luftschichten besteht eine Spannungsdifferenz, die als Luftelektrizität bezeichnet wird. Dies Spannungsgefälle beträgt normaliter 50 Volt pro Meter Erhebung über die Erde, das sowohl positiv als auch negativ geladen sein kann. Die Spannungsunterschiede bemerken wir, wenn wir nicht ungewöhnlich empfindlich sind, nur noch als Gewitter, Polarlichter oder Elmsfeuer. Andere Erscheinungen der Luftelektrizität „sehen“ wir heutigen Menschen im allgemeinen nur noch mit Hilfe wissenschaftlicher Apparate, weil trotz der großen Voltzahl die Stromstärken für unseren Nervenapparat und sein Wahrnehmungsvermögen zu gering sind. Sollte das nicht am Ende in Zeiten der Natursichtigkeit anders gewesen sein? Die Forschungen von Eckholm und Arrhenius zeigen nun, daß die Mondperiode, der sogenannte tropische Monat von 27,322 Tagen, in dem der Mond einmal um die Himmelskugel läuft, bedeutende Schwankungen in der Luftelektrizität hervorruft. Statistische Untersuchungen von Arrhenius an Hunderttausenden von Geburtsfällen haben zu dem Ergebnis geführt, daß die Zahl der täglichen Geburten dieselbe Periodizität aufweist wie die Luftelektrizität, die von der Mondperiode abhängt. Eine aus dem Material der Frauenkliniken entnommene, noch umfangreichere Statistik über das letzte, durchschnittlich vierzig Wochen vor der Geburt liegende normale Verhalten des weiblichen Organismus zeigt ebenfalls einen Zusammenhang mit den Maxima der Luftelektrizität. 1923 bestätigten die Untersuchungen Ammanes die Periodizität der Häufung epileptischer Anfälle im Zusammenhang mit den Mondperioden. Wie mondabhängig niedere Organismen ohne Gehirnentfaltung sein können, dafür ist das bekannteste Beispiel der Palolowurm, der bei Samoa und den Fidschiinseln im Meer lebt. Diese Würmer, die selbst auf dem Meeresgrund bleiben, stoßen im Oktober und November beim jeweiligen Maximum der Luftelektrizität in ungeheuren Mengen ihre geschlechtsreifen Hinterenden von 2 bis 20 Millimeter Länge an die Meeresoberfläche, wo die abgestoßenen Teilchen ein kurzes selbständiges Dasein führen. Ganz offensichtlich hängt dies Abstoßen mit der Mondperiode zusammen, denn sie erfolgt mit erstaunlicher „Mondpünktlichkeit“. Ist der Mensch ein ältester eigener Typus, und hat er nach der Hypothese vom Zeitcharakter einmal die Zeitformen der Lebewesen im Paläozoikum gehabt, und durchläuft der menschliche Embryo selbst heute noch die wichtigsten dieser Zeitformen, so ist seine Mondabhängigkeit sozusagen selbstverständlich, und ihr Fehlen wäre im wahrsten Sinne des Wortes „unnatürlich“. Wenn die Wissenschaft aber dabei beharrt, diese Abhängigkeit sei keine direkte, sondern nur eine indirekte, wobei die Luftelektrizität den Vermittler spielt, so kommt das im Effekt auf dasselbe hinaus, zumal die Wissenschaft auch noch nicht rationalistisch einwandfrei angeben kann, wie diese Beeinflussung der Luftelektrizität nun eigentlich vor sich geht. Uns interessiert bei dem allen in erster Linie, wie neueste Wissenschaft nach unendlichen Umwegen und unter einem ungeheuren Aufwand von Scharfsinn und Apparaten schließlich doch nicht selten zu einem Ergebnis gelangt, das für den natürlichen Volksinstinkt ohne weiteres längst zu Recht bestand, und das der natursichtige Mensch vermutlich ohne besondere

Apparate einmal ohne weiteres wahrgenommen hat. Diese Wahrnehmungsfähigkeit der Natursichtigen ist auch die Mutter aller Astrologie, aus der im Verhältnis zur wachsenden Verstandestätigkeit immer mehr Astronomie wurde. Erkenntnis durch Intuition geht der verstandesmäßigen Erkenntnis stets voraus. Erstere geht auf unmittelbare Wahrnehmung zurück, letztere auf mittelbare über den Umweg von Verstandesschlüssen und Experimenten. Führen diese schließlich nicht zum „Wissen" jener, so ist damit, wie die Geschichte der Wissenschaft immer wieder zeigt, durchaus noch nicht jene als falsch erwiesen.

Bis jetzt besitzen wir über die babylonische Astrologie hauptsächlich solche Dokumente, die sie in einem Übergangsstadium zur Astronomie zeigen. Von einem früheren Zustand können wir uns höchstens mit Hilfe des schon erwähnten Schöpfungsmythos eine, wenn auch nur unsichere und ungefähre Vorstellung machen. Wie aber aus dem Priester, der sich nur den Göttern verantwortlich wußte, namentlich in assyrischer Zeit allmählich ein Hofbeamter wurde, der dem König möglichst zu Gefallen redete, das läßt sich aus den Ominawerken sehr deutlich erkennen; und aus diesem menschlich begreiflichen, aber höchst unpriesterlichen Verhalten sowie dem Mangel an Natursichtigkeit läßt es sich immer noch am besten verstehen, weshalb die Himmelsschaukunde (Astrologie) schon bei den Babyloniern im Laufe der Zeiten immer komplizierter wurde. Die Deutungen mußten damit ja auch vieldeutiger und unverbindlicher werden. Die Gefahr für den Astrologen, den König durch seine Wahrsagekunst zu erzürnen und bei ihm in Ungnade zu fallen, verringerte sich, denn die vieldeutige Auslegung ließ immer ein Hintertürchen offen, der drohenden Ungnade wieder zu entschlüpfen. Aus einem hohen Amt wurde ein einflußreicher Beruf, der seine Gefahren wegdeutelte und seinen Mann nährte.

So teilte man schon in alten babylonischen Zeiten jedem Monat ein bestimmtes Land zu, dem ersten Monat das Land Akkad (Babylonien), dem zweiten Elam, dem dritten Amurru (feindliche Staaten) usw. Dann wurden die Tage des Monats an bestimmte Länder verteilt. So galt z. B. der 14. Tag Elam, der 13., 15. und 18. Akkad, der 16. Subarti, der 19. Amurru. Dann galt die rechte Seite des Mondes Akkad, die linke Elam, der obere Teil Amurru, der untere Samuri. Ebenso verfuhr man bei den Sternen. Saturn bekam Akkad, den Unglücksplaneten Mars aber Amurru und wohl auch Elam. Den Planeten Jupiter, Marduk, bezog man besonders auf den König und z. B. Merkur, Nebo (Nebo ist der Sohn Marduks), auf den Kronprinzen. Die Bahn der Ekliptik teilte man in drei Teile, von denen der eine als der Weg des Enlil Akkad zugehörte, ein anderer als Bahn des Ea Amurru und die Bahn Anus Elam. Bei den Himmelsrichtungen bezog sich der Süden auf Elam, Norden auf Akkad, Osten auf Subarti und Guti; der Westen auf Amurru. Kamen nun, wie meist, mehrere von diesen Faktoren gleichzeitig bei einer Konstellation in Betracht, so konnte man das Omen je nach Bedarf drehen und wenden, und auch bewußte Betrügereien waren damit nicht mehr ausgeschlossen. Aus einer hohen Kunst des priesterlichen Sehers wurde ein Gewerbe. Wir lassen ein einziges Beispiel dafür folgen. Der assyrische Hofastrologe Mumabitu hat aus Anlaß einer Mondfinsternis dem König einen Bericht vorgelegt, der diesen offensichtlich nicht befriedigte, weshalb er weiteren Aufschluß verlangt. Der Hofastrologe Mumabitu antwortete (nach Jastrow):

Eine Erklärung über die Mondfinsternis aus meinem eigenen Mund hat der König, mein Herr, noch nicht vernommen, indem ich dir bis jetzt nicht darüber geschrieben habe. Nunmehr melde ich dem König, daß das Ungünstige bei einer Finsternis auf den Monat, auf den Tag, auf die Woche, auf den Lichtpunkt (Einsetzen des Schattens), wo er beginnt, und auf die Richtung, in der die Mondfinsternis steigt und abzieht, ankommt. Der ungünstige Charakter in diesem Fall ergibt sich daraus, daß der Monat Sivan sich auf Amurru bezieht und daß das Omen für Ur gilt, während der ungünstige Charakter des 14. Tages gemäß der Aussage erfolgt, daß der 14. Tag sich auf Elam bezieht. Wo der Lichtpunkt begann, wissen wir nicht. Der Gang der betreffenden Finsternis war von Süden und Westen aufsteigend ungünstig für Elam und Amurru; im Osten und Norden abziehend günstig für Subari (Assyrien) und Akkad (Babylonien) gemäß dem Ausspruch, daß man (den genannten Ländern) Gnade erweisen wird. Ein Omen nimmt Bezug auf alle Länder, in dem die rechte Seite des Mondes Akkad darstellt, die linke Seite Elam, die obere Seite des Mondes Amurru, die untere Subari. Da nun zur Zeit der (ersten) Woche die Verdunkelung anfing, so erklärte man, daß „man Gnade erweisen wird". Wenn nun jemand befürchtet, daß das Ganze sich auf das Land Scharrapu bezieht und daß die Leute des Landes nicht Gehorsam leisten werden, warum soll der Oberwahrsager und der Befrager sich um die Könige und Großen des Landes Kaldu und Aribu (Arabien) kümmern? ... So möge das Herz des Königs, meines Herrn, sich beruhigen. In der Finsternis stand Jupiter. Für den König bedeutet das Frieden, seine Sippe wird geachtet sein, einzig in seiner Art. Deswegen sei der König fürwahr sehr vertraulich mit jedem, wer es auch sei, der dem König Gruß entbietet. Gesetzt, der König verhält sich demütig, so wird der König der Götter des Himmels und der Erde dem König, meinem Herrn, Heil senden. Sollte nun der König, mein Herr, entgegnen: Sendet der König der Götter wirklich Frieden, warum meldest du über Scharrapu und die Araber, so erwidere ich darauf, es möge der König, mein Herr, vorwärtsschreiten zu seinem Kultakt. Auf ihn sei er bedacht, und das Herz des Königs kann sich beruhigen. Mögen Bel und Nebo alle Länder unter den Befehl des Königs, meines Herrn, bringen.

Der König hat mir den Befehl erteilt: Halte Wache, und was vorfällt, berichte. Nunmehr, was in meiner Gegenwart geschah und was zum Heil des Königs, meines Herrn, gut ist, sende ich dem König, zum zweiten und zum dritten Male sende ich es dem König. Er möge lesen, und der König möge in die Erklärung eindringen, so wird der König einsehen, daß die Erklärung richtig ist, die ich dem König, meinem Herrn, sende. Von Mumabitu.

Ich hoffe der Leser ist von der Mitteilung solcher konkreten Berichte babylonischer Astrologen enttäuscht, je enttäuschter, um so besser. Ich nehme an, er hat sich davon mehr und Geheimnisvolleres versprochen, während er in der Hauptsache nur auf verstandesmäßige Erwägungen stößt, die dem heute um Jahrtausende weiterentwickelten Verstand recht kindlich erscheinen müssen, denn an Verstandesentwicklung und Verstandeskräften sind wir Zeitgenossen eines zugespitzt rationalistischen Weltbildes den Babyloniern, der antiken wie der mittelalterlichen Astrologie unzweifelhaft weit überlegen. Die babylonische Astrologie hat kaum noch etwas mit Magie zu tun, sosehr der Laie auch dazu neigt, gerade bei ihr nach Magie zu suchen. Mit der babylonischen Astrologie, soweit wir sie bis heute erkennen können, erobert sich zum ersten

Mal in der alten Welt die Wissenschaft ein weiteres Feld der Betätigung, und der entwickelte Verstand von heute muß sagen, daß es dabei nicht ohne viel Aberwitz und Aberglauben abging; und zwar nicht zum wenigsten deshalb, weil alle natursichtigen Kräfte erloschen waren und das erste wissenschaftliche Denken sich mit allem Ungestüm jugendlicher Kraft und allem Optimismus der Jugend auf dies Betätigungsfeld stürzte, ohne der Intuition noch irgendein Recht einzuräumen. Ihr begegnen wir erst wieder in viel späterer Zeit, als der menschliche Verstand aus seinem jugendlichen Sturm und Drang, wenn man sich einmal so ausdrücken darf, in die Reife seines Mannesalters eintrat. Da kam ihm die Einsicht, die Sterne zwingen nicht, aber sie geben Antriebe, da konnte dann Kepler die Astrologie „ein heilig und gar nicht ein leichtfertig Ding" nennen, wobei es ihm nicht auf die abstrusen mittelalterlichen Lehren über die Wahrsagung ankam, sondern auf die Lehre von den Wirkungen. „Wenn etwas Seltsames entweder von starken Konstellationen oder von neuen Bartsternen (Kometen) im Himmel entstehet, so empfindet solches und entsetzet sich gleichsam derart die ganze Natur und alle lebhaften (belebten) Kräfte aller natürlichen Dinge ... Weil aber das fürnehmste Stück ist aus allen Eigenschaften (der Kreaturen), daß ein instinctus geometriae in ihnen allen ist und sie mit ihren formis oder animalibus facultatibus (animalischen Fähigkeiten) dem Licht verwandt – also folgt, daß, unangesehen eine jede Sache dasjenige, was sich mit ihr begibt, selbst tut: das Kraut selbst wächst, das Tier selbst schläft oder wachet, der Mensch selber krieget oder Fried hält – dennoch all sein Tun und Lassen durch diese hinnieden auf Erden anwesenden und von den Kreaturen vermerkten Lichtstrahlen und durch die Geometriam oder Harmoniam, so sich zwischen ihnen durch Mittel ihrer Bewegung zuträgt, ihren Schick empfange und unterschiedlich formiert und verleitet werde (etwas zu tun)." So wird meines Erachtens die Astrologie nicht von Babylon aus ihren tiefen Sinn wiederfinden, sondern von Kepler aus und seinem „Mysterium Cosmographicum" und den „Harmoniae Mundi", womit er seinerseits wieder auf Pythagoras weiterbaut und dessen Harmonielehre, aus der eine Kostprobe auf Seite 82 gegeben wurde, was alles uns aber im Zusammenhang dieses Buches nicht ausführlicher beschäftigen kann.

An der babylonischen Astrologie interessiert uns nur noch das auch in ihr angewandte *Gesetz von den Entsprechungen*, von dem ja schon wiederholt die Rede war, auf das aber bisher absichtlich nicht weiter eingegangen wurde, weil wir uns bei dem folgenden Kapitel, dem für uns merkwürdigsten Teil der babylonischen Wahrsagetätigkeit, damit befassen müssen, der *Leberschaukunde,* die mit der Himmelsschaukunde Hand in Hand ging.

Leberschaukunde

Die schon so oft genannte Bibliothek Assurbanipals hat uns auch eine Anzahl sehr ausführlicher Rituale für den Baru-Priester (Baru-Seher, Wahrsager) überliefert. Er hat sie genau zu befolgen, wenn es gilt, z. B. eine Leberschau vorzunehmen. Ein solches Ritual hier ganz wiederzugeben verbietet der Raum. So sei versucht, dem Leser an Hand dieser Rituale und der zugehörigen Gebete wenigstens ein ungefähres Bild von einer solchen, oft sehr umständlichen Zeremonie zu geben, denn ohne das hat uns die „Leberschau" gar nichts mehr zu sagen.

Vor allem mußte der Priester vor der Zeremonie Waschungen vornehmen, sich salben und reine Kleider anlegen. Seine Lippen, durch die der Wille des Gottes sich gegebenenfalls kundtat, mußte er mit heiligem Zedernholz und Gerste einreiben. Am Altar waren Gefäße mit geweihtem Wasser, Feinmehl, kleine Krüge mit Bier und Räucherbecken aufzustellen. Auch Wahrsageschalen mit Öl und Wasser durften nicht fehlen. Die Handlung begann mit einem Gebet des Priesters an Schamasch und andere große Götter.

Ein solches lautet z. B.:

Schamasch, Herr des Gerichts, Adad, Herr der Weissagung! Tritt ein Schamasch, Herr des Gerichts, tritt ein Adad, Herr der Weissagung, tritt ein, Sin, Herr der Kopfbinde, tritt ein, Nergal, Herr des Kampfes, tritt ein, Ischtar, Herrin der Schlacht, tritt ein, Ischkara, Herrin des Gerichts und der Weissagung, tritt ein, Geliebte des Anu! Tretet ein, große Götter! In meinem Anruf, in meiner Händeerhebung, in allem was ich tue, sei Richtigkeit!

Nach dem Gebet wird das fehlerlose Lamm, oder mehrere derartiger Lämmer an den Opfertisch geführt, und der Priester betet:

Durch dieses Lamm gewähre, daß ich eine zuverlässige Zustimmung, heilvolle Gestaltungen der auskunftgebenden Körperteile und heilvolle Gnadenerweise gemäß dem Ausspruch deiner großen Gottheit erschaue. *Deiner großen Gottheit, o Schamasch, großer Herr! möge es gefallen, ein Orakel als Antwort zu geben.*

Jetzt wiederholt der Priester mehrmals kurz das Anliegen, um das es sich handelt. Etwa das des Königs Asarhaddon:

Ich frage dich, Schamasch, großer Herr, ob vom dritten Tage dieses Monats Ijar bis zum elften Tage dieses Monats Ab dieses Jahres Kaschtarti nebst seinen Kriegern oder irgendein Feind, wer es auch sei, jene Stadt Kischassu erobern, in jene Stadt Kischassu eindringen, jene Stadt Kischassu mit seinen Händen ergreifen, sie in seine Gewalt bringen wird?

Oder etwa:

Ich frage dich, Schamasch, großer Herr, ob der Mann, dessen Name auf dieser Tafel geschrieben steht und vor deiner großen Gottheit niedergelegt ist, den Asarhaddon, den König von Assyrien, zu dem Amt, das auf dieser Tafel geschrieben steht, ernannt hat, Empörung gegen Asarhaddon, den König von Assyrien, und den mitregierenden Königssohn stiften wird? Wird er seine Hand gegen sie zum Bösen erheben?

Oder:

Ich frage dich, Schamasch, großer Herr, ob Assurbanipal, der König von Assyrien, von dieser Krankheit, die ihn befallen, lebend davonkommen und wiedergefunden, gerettet herauskommen wird?

Nach mancherlei genau vorgeschriebenen umständlichen Räucherungen, Streuen von Zypressenharz, Zedernholz und Gerste, Bierspenden u. a., wurde das Opfertier geöffnet und die Leberschau vorgenommen.

Eventuell noch eine zweite und dritte Schlachtung und Öffnung eines Lammes „von fehlerlosem Fleisch und fehlerlosen Formen“, nachdem vorher noch ausdrücklich gebetet worden war:

Verhüte, daß irgend etwas Unreines den Ort der Wahrsagung berühre und verunreinige.

Verhüte, daß das Lamm deiner Gottheit, das zu beschwören ist, mangelhaft und untauglich sei.

Verhüte, daß bei der Umstürzung des Lammes (zum Schlachten) es durch das Opfergewand oder das Obergewand ungültig gemacht werde, durch etwas, das man gegessen, getrunken oder berührt hat.

Verhüte, daß aus dem Munde des Baru-Priesters, deines Knechtes, die Antwort voreilig entschlüpfe.

Dann setzt sich der Wahrsagepriester vor Schamasch auf den Richtstuhl, um ein wahres und gerechtes Urteil (aus den verschiedenen Teilen der Leber) zu geben.

„Dann werden die großen Götter, Schamasch und Adad, die Herren der Opferschau, die Herren der Entscheidung zu ihm treten, eine Entscheidung für ihn fällen und eine wahre Antwort geben."

Es folgen weitere Opferungen von Brot, Honigmus, Bier, Streuen von Salz, Räucherungen, Gebete usw.

Es war uralte babylonische Anschauung, daß Schamasch, der Sonnengott, „den richtigen Zustand der Eingeweide im Leibe des Schafes hervorbrachte". Er „schrieb selbst im Leibe des Opferlammes das Orakel auf". Er „ließ in den Eingeweiden vertrauenswürdige Vorzeichen aufschreiben". Noch der Prophet Ezechiel (21, 26) schildert in einer Vision, wie der König von Babel, um sich Orakel zu beschaffen, „die Leber beschaut". Solche Leberschau finden wir ferner bei den Hethitern und den Etruskern, Eingeweideschau bei den Griechen und Römern, kurz, in der ganzen alten Welt, außer in Ägypten. Die Eingeweide galten als der Sitz der Empfindungen, und bei den Babyloniern war die Leber ein Hauptstück der Eingeweide, die mit dem Herzen zu den Hauptorganen des Lebens gehört. Bei den Israeliten sind die Eingeweide der Sitz des Lebens. Im ähnlichen Sinne *ventre* heute noch bei den Franzosen, und das japanische Harakiri will sagen: Lies in meinen Eingeweiden, ich bin unschuldig. Oder: Sieh du, ich bin schuldig, ich richte mich mit eigner Hand. Nach dem Gesetz der Entsprechung ist die Schafsleber ein Mikrokosmos, in dem sich der Wille Gottes ebenso kundtut wie im Makrokosmos. Man liest ihn in den Sternen, man liest ihn in der Schafsleber, die nach dem Urteil der heute dafür allein noch sachverständigen Tierärzte in ihrem ganzen Bau besonders kompliziert ist und die größten Verschiedenheiten aufweist.

Aus den erhaltenen Ritualen ersehen wir jedenfalls, daß oft ein gewaltiger kultischer Apparat in Bewegung gesetzt wurde mit Reinigungen, Gebeten, Opfern, Räucherungen, neuen Gebeten, neuen Opfern, neuen Räucherungen, Spenden verschiedenster Art, Kniebeugen, Aufstehen, Hymnen, Sich-auf-den-Boden-werfen, Sich-wieder-erheben usw., bis es endlich zur Schlachtung und Leberschau kam. Offenbar sollte der Wahrsagepriester und der das Orakel Begehrende durch das alles allmählich in eine bestimmte seelische Verfassung gebracht werden (worauf auch der letzte, hier kursiv wiedergegebene

Satz in dem Ritual hinweist), der wir später bei den Mysterien wieder begegnen, was wir heute als eine Art somnambulen Zustand bezeichnen würden, als Ersatz für den Natursomnambulismus, den es nicht mehr gab, einen Zustand, der noch heutigen Sensitiven möglich ist. Menschen vor vier bis sechs oder noch mehr Jahrtausenden konnten im Durchschnitt selbstverständlich leichter als heutige rationalistisch-materialistisch bestimmte Menschen einen solchen somnambulen Zustand erreichen und damit Fähigkeiten frei machen, die ernsthaft zu studieren erst heutige Naturwissenschaftler wieder versuchen. Beachtenswert und auffallend ist dabei auch, daß fast alle brauchbaren und nicht gewerbsmäßigen Sensitiven von heute ausgesprochen religiöse, also nicht rein rationalistische Naturen sind. Jedenfalls stimmt es sogar einen so durchaus modern-rationalistisch gerichteten Gelehrten und Spezialisten für die Religion Babyloniens wie Morris Jastrow nachdenklich, daß die Leberschaukunde als Wissenschaft in Babylonien unwidersprochen durch Jahrtausende in höchstem Ansehen stand, was ein in der Geschichte der Menschheit jedenfalls außerordentlich seltenes Phänomen darstellt, so daß am Ende, wie Jastrow meint, doch etwas dran gewesen sein müsse. Was, wissen wir heute allerdings nicht oder nicht mehr. Es zu erfahren, ist für uns Heutige schon deshalb nicht mehr möglich, weil die Leberschaukunde ähnlich wie die babylonische Astrologie sich bald ausgesprochen „wissenschaftlich" gebärdete und damit für unsere wissenschaftlichen Ansprüche ungenießbar wird.

Die Fülle der Leberschautexte wuchs im Laufe der Jahrtausende ins Ungemessene. Ihre Sammlungen in der Bibliothek Assurbanipals und aus noch jüngeren Zeiten sind so umfangreich und zahlreich, daß man die Einzeltexte aus ihnen nur noch mit Hilfe besonderer Kataloge auffinden konnte. Und wegen der Verschiedenheit der Schafslebern gehört der Unterricht über die Leberschau in den Priesterschulen offenbar zu den schwierigsten Lehrfächern. Deshalb hat man schon früh Modelle der Leber aus Ton zu Lehrzwecken hergestellt, um den Unterricht zu erleichtern. Rechts ist ein solches Tonmodell einer Schafsleber zu Unterrichtszwecken abgebildet. Es stammt aus einem babylonischen Tempel, und die Schriftzüge weisen auf die Hammurabizeit (2000 v. Chr.). Es wurde

1889 in Bagdad für das Britische Museum durch Kauf erworben. Die Oberfläche ist durch Kreuze und Querlinien in etwa fünfzig Teile eingeteilt, von denen jeder sich auf eine die Vorzeichen angehende Inschrift bezieht. Da wir leider den Text zu diesen Inschriften nicht kennen, sind sie bis jetzt noch nicht völlig erklärt. Auch die auffallenden Löcher an bestimmten Stellen weisen wohl auf bestimmte, uns unbekannte Textstellen hin. Die Leberlappen, die Gallenblase, die zwei Ansätze am oberen Lappen, der *processus pyramidalis*, wie er heute noch an Kosmisches anklingend in der Medizin heißt, und der *processus papillaris*, sind deutlich zu erkennen.

Der Zögling mußte nach solchem Modell also zunächst die Leberschaukunde theoretisch studieren. Nach Meißner sah der Leberschauer von der Schwanzseite in die geöffnete Bauchhöhle und beschaute zuerst die Leber, Galle und die dazu gehörenden Eingeweide im Tier und nahm sie dann heraus, um sie genauer zu studieren. Dann wurde die Eingeweidefläche so herumgedreht, daß die Teile, die in der Bauchhöhle nach hinten lagen, jetzt nach vorn kamen. Dann wurden die Kennzeichen der Leber notiert und die günstigen mit den ungünstigen in ihrer Bedeutung abgewogen. Überwogen die günstigen, war das Orakel günstig, überwogen die ungünstigen, war es natürlich ungünstig, hielten sie einander die Waage, „soll man auf das Glück des Orakels nicht vertrauen".

Wonach aber beurteilte man das Günstig oder Ungünstig beim Studium der Leber? Ein Beispiel mag hier genügen. Wir wählen auszugsweise ein solches, das den Pyramidalfortsatz (processus pyramidalis) behandelt, wie er auf der abgebildeten Tonleber deutlich sichtbar ist.

Ist der Pyramidalfortsatz wie ein Löwenkopf, so werden die Diener des Herrschers ihn bedrängen.
Ist der Pyramidalfortsatz wie ein Löwenohr, so wird der Herrscher ohne Nebenbuhler sein.
Ist der Pyramidalfortsatz wie ein Löwenohr und dessen Kopf gespalten, so werden die Götter dein Heer an der Grenze verlassen.
Ist der Pyramidalfortsatz wie ein Löwenohr und darüber eine Vertiefung, so werden die Götter dein Heer an der Grenze verlassen.
Ist der Pyramidalfortsatz wie ein Löwenohr und dessen Rückseite rechts zerstört, so wird das Feindesheer ohne Nebenbuhler sein.
Ist der Pyramidalfortsatz wie ein Löwenohr und dessen Rückseite links zerstört, so wird das Heer des Herrschers ohne Nebenbuhler sein.
Ist der Pyramidalfortsatz wie eine Ochsenzunge, so werden die Generäle des Herrschers abtrünnig werden.
Ist der Pyramidalfortsatz wie ein Schafskopf, so wird der Herrscher Macht ausüben.
Ist der Pyramidalfortsatz zur Hälfte wie ein Ziegenhorn gebildet, so wird der Herrscher über sein Land ergrimmt sein usw.

Dieses eine Beispiel zeigt schon zur Genüge, daß die „Leberschau" (wie die Astrologie) eine Wissenschaft, ja eine Scholastik geworden ist, nicht weniger knifflig und spitzfindig als die unseres Mittelalters, und man kann an jedem Text beobachten, wie sich diese Wissenschaft auf dem Gesetz von den Entsprechungen aufbaut. „Entspricht" der Makrokosmos (die große Welt) dem Mikrokosmos (der kleinen Welt) und umgekehrt (so daß der Makrokosmos auch als der große Mensch bezeichnet werden kann), was in den ältesten Zeiten der alten Welt eine Überlieferung aus natursichtigen Zeiten gewesen sein mag, so entspricht jetzt bei der Leberschau schon die Form des Pyramidalfortsatzes als Löwenkopf einer Palastrevolution und dergleichen.

Aber die Assyriologen sagen uns nicht, was dies Gesetz von den Entsprechungen eigentlich zu bedeuten hat. Vielleicht, weil es ihnen bei ihren Spezialstudien nicht aufgefallen ist, daß dasselbe von dem Augenblick an, wo es keine Natursichtigkeit mehr gibt, in aller Magie und Mystik, nicht nur des Orients, sondern auch des Abendlandes, auch im Mittelalter und in der Neuzeit seine Rolle spielt. Es ist sozusagen zu einem Axiom aller Geheimwissenschaften geworden. Wenden wir uns deshalb zu unserer Belehrung an einen der besten und hellsten Köpfe unter den Geheimwissenschaftlern der Gegenwart, der Medizin studiert hat, ein fanatischer Materialist war, um dann sein Damaskus zu finden, den Pariser Arzt Dr. Gérard Encausse, der unter dem Namen *Papus* alle weiten Gebiete der „verhüllten" (okkulten) Wissenschaften mit riesigem Wissen und großem Scharfsinn beackert hat, wobei noch zu bemerken wäre, daß er sich zu den „Martinisten" rechnet, die sich nach Claude de Saint-Martin (1743 – 1801) nennen, einer religiös-mystischen Bewegung innerhalb der französischen katholischen Kirche, die zu ihren Vätern Paracelsus, Agrippa, Tauler, Eckart, Swedenborg und vor allem auch Jakob Böhme zählt und bis zu den Gnostikern, namentlich Valentinus, zurückgreift. Wo immer Papus auf das Gesetz von den Entsprechungen zu sprechen kommt, kämpft er vor allem gegen die Anschauung, als habe Entsprechung irgend-etwas mit Ähnlichkeit zu tun. Dieser Kampf ist für ihn um so wichtiger, als ihm nicht der deutsche Ausdruck Entsprechung, sondern nur der französische, Analogie, zur Verfügung steht, der schon rein sprachlich viel mehr an Ähnlichkeit anknüpft als der deutsche, Entsprechung.

Papus geht vom Unterschied zwischen Geheimwissenschaft und moderner Wissenschaft aus. Für erstere ist alles Sichtbare eine Manifestation des Unsichtbaren, sie beschäftigt sich also mit dem Sichtbaren, um das Unsichtbare aufzudecken. Die moderne Wissenschaft hingegen befaßt sich nur mit dem

Sichtbaren, mit den Erscheinungen (Phänomenen), den Tatsachen (Fakten) als solchen, ohne sich um die metaphysischen Beziehungen, um das Unsichtbare, zu kümmern. Die Methode der modernen Wissenschaft, um das Sichtbare, die Erscheinungen, die Phänomene zu erkennen und zu erklären, beruht auf Beschreibung, Vergleichung und Beobachtung. Die Methode der Geheimwissenschaften, die ja aus dem Sichtbaren das Unsichtbare aufdecken will, beruht auf der „Entsprechung". Sie beobachtet, vergleicht und beschreibt wie die moderne Wissenschaft, aber nicht um des Beobachtens und Beschreibens willen, sondern um vom Sichtbaren aus „Entsprechungen" zum Unsichtbaren zu gewinnen. Die moderne Wissenschaft hat es mit dem riesigen Reich der Fakten zu tun und gelangt durch ihren Vergleich zu Gesetzen, welche diese Tatsachen regieren. Die Geheimwissenschaft aber dringt von den Gesetzen durch „Entsprechungen" zu den Prinzipien vor. Wir haben also das unendliche Reich der Tatsachen, das begrenztere Reich der aus ihnen abgeleiteten Gesetze (sekundäre Ursachen), zwei Welten, die die moderne Wissenschaft bearbeitet, und eine dritte Welt, das noch viel begrenztere Reich der Prinzipien (primäre Ursachen), welche die Geheimwissenschaften nach dem Gesetz der Entsprechungen zu gewinnen suchen. *Drei* Welten: Fakten, Gesetze, Prinzipien. Als so ein Prinzip, durch Entsprechung gewonnen, gilt das „Gesetz der 3", nachdem aus dem Gegensatz von 1 zu 2 die 3 wird. Einige Beispiele: Aus Licht und Finstermis (Gegensatz) wird das Halbdunkel, die Dämmerung, die von beiden etwas hat. Aus Mann und Weib (Gegensatz) wird das Kind, das von beiden etwas hat. Aus Säure und Base das Salz, aus Positiv und Negativ das Neutrale, aus dem gasförmigen Zustand und dem festen Zustand der flüssige, aus Anziehen und Abstoßen das Gleichgewicht, aus Wärme und Kälte das Laue.

Ordnen wir diese Beispiele einmal unter den Rubriken aktiv, passiv und neutral (s. Tabelle rechts).

Dann würde alles, was senkrecht unter aktiv, passiv und neutral steht, einander „entsprechen", was, wie deutlich erkennbar, nichts mit Ähnlichkeit zu tun hat, denn 1 „entspricht" zwar dem Licht, der Säure, dem Männlichen und 2 zwar der Kälte, Base, Dunkelheit usw., aber ähnlich ist das einander nicht.

aktiv	**passiv**	**neutral**
1	2	3
+	–	∞
Wärme	*Kälte*	*Lau*
Positiv	*Negativ*	*Neutral*
Säure	*Base*	*Salz*
Anziehung	*Abstoßung*	*Gleichgewicht*
Licht	*Dunkelheit*	*Dämmerung*
Männlich	*Weiblich*	*Kind*
Gasförmig	*Fest*	*Flüssig*

Der christliche Theosoph ordnete der Tabelle dann noch ein:

Vater	*Sohn*	*Heiliger Geist*
Osiris	*Isis*	*Horus*

Der Astrologe:

Sonne ☉	*Mond* ☾	*Merkur* ☿

Der Alchimist:

Gold	*Silber*	*Quecksilber usw.*

Es ist aber ohne weiteres klar, daß zwischen den drei Rubriken nicht nur senkrecht (von oben nach unten und unten nach oben) „Entsprechungen" bestehen, sondern auch von links nach rechts und rechts nach links (waagerecht) mancherlei „Beziehungen". Ein Kind benötigt einen Vater und eine Mutter, das Gleichgewicht Anziehung und Abstoßung. Den ersten Satz versteht jedermann, den zweiten jeder Gebildete. Wenn aber ein Geheimwissenschaftler dies Gesetz so ausdrückt: ∞ benötigt ein + und ein –, oder gar so: (+) + (–) = ∞, so wird ihn nur noch der Okkultist verstehen. Schreibt dieser 1 + 2 = 3, so hat auch der Volksschüler nichts dagegen einzuwenden, denn er weiß nicht, daß das bei ihm einen anderen Sinn hat als beim Geheimwissenschaftler. Schreibt der Astrologe aber: ☉ + ☾ = ☿ oder sagt der Alchimist: Unser Zwitter (Neutrum) ist das Kind des Goldes und des Silbers, so hält ihn jeder Rationalist für verrückt, was, wie wir sehen, so ohne weiteres denn doch nicht zutrifft.

Wenn der Zahlenmagier oder die Kabbala sagt: die 4 führt 1, 2 und 3 in die Einheit zurück, so versteht das kein gewöhnlicher Sterblicher und hält es deshalb für Unsinn. Blicken wir aber auf die Tabelle der vorigen Seite und fragen z. B., welches die Einheit sein könnte, die Vater, Mutter und Kind umschließt, also „in die Einheit führt“, so antwortet jedermann: die Familie.

1 2 3 4

Die Familie (4) ist in der höheren Reihe also wieder eine 1 (männlich, aktiv, positiv), die in Bezug gebracht zu einer neuen 2 (also 5), die weiblich, passiv, negativ ist, zu einer neuen 3 (also 6) wird, eine neue 3 (6) zustande bringt, einen Stand, eine Klasse, die zu einer neuen Einheit, einer neuen 4 (7) führt: die Gesellschaft usw.

Zahlenmäßig drückt das Magie und Kabbala so aus: 1 + 2 + 3 + 4 = 10, was jeder Schüler billigt, aber für die Magie ist 10 = 1 + 0 = 1, was magische Addition heißt, die der einfache ABC-Schütze nicht versteht, weil er sie nicht lernt. Dazu käme dann noch die magische Reduktion, die alle mehrziffrigen Zahlen durch Addition auf eine einziffrige Zahl zurückführt. Bei der Zahl 666 geschieht das z. B. so: 6 + 6 + 6 = 18. 18 = 1 + 8 = 9. Also ist die Zahl 666 = 9. – 7 ist in der späten Theosophie gleich 1 + 2 + 3 + 4 + 5 + 6 + 7 = 28 = 2 + 8 = 10 = 1 + 0 = 1, also wieder die 1 einer höheren Reihe.

Die Magie sagt ferner: Da 4 = 10 und 7 = 10, so ist auch 4 = 7. Da aber 10 = 1 + 0 = 1 ist, so „entsprechen“ 4 und 7 einander, und 4 und 7 sind auf zwei höheren Reihen = 1. Wie die Familie (4) und die Gesellschaft (7) auf zwei höheren Stufen dem Männlichen (1) entsprechen. Dies wenige wird genügen, um dem Leser verständlich zu machen, weshalb die Zahlen nicht nur auf den Mathematiker, sondern auch auf den Theosophen von Urzeiten an bis in unsere Gegenwart einen so ungeheuren Reiz ausgeübt haben und noch ausüben.

Nachdem aber erst einmal durch senkrechte Tabellen „Entsprechungen“ aufgefunden waren und sich unter ihnen, auch waagerecht gelesen, Beziehungen ergeben hatten, studierte die Geheimwissenschaft nach dem Gesetz der „3“ („Die Dreizahl glänzt überall im Universum, und die Monade ist ihr Prinzip“, *Zoroaster)* die „Drei Welten“ auf solche Entsprechungen und Beziehungen hin. So entstanden neue und immer neue Entsprechungstabellen für das Studium der Zugelassenen (Initiierten). Claude de Saint-Martin z. B. zeichnete eine Tabelle zum Studium und zur Meditation für seine Schüler so auf:

	Gott	*Mensch*	*Universum*
Gott	*Gott in Gott selbst*	*Der Mensch in Gott*	*Das Universum in Gott*
Mensch	*Gott im Menschen*	*Der Mensch in sich selber*	*Der Mensch im Universum*
Universum	*Gott im Universum*	*Das Universum im Menschen*	*Das Universum in sich selber*

Seit dem Kampf der römischen Kirche gegen die Gnosis und die Gnostiker war alles, was sich mit derlei Sachen befaßte, im Abendland so verpönt und die Beschäftigung damit so gefährlich, daß sich namentlich die Alchimisten, wie schon erwähnt, mit Hilfe der Entsprechungstafeln für jeden, der diese nicht kannte, ganz unverständlich ausdrückten und so als harmlose Narren zumeist der Verfolgung entgingen. Z. B. so (mit Hilfe des „Pythagoräischen Dreiecks"):

Osiris — *Isis* — *Horus*
Licht — *Dunkel* — *Halbdunkel*
Feuer — *Wasser* — *Luft*

Osiris ist das Feuer des Horus.

Oder so:

Osiris — *Isis* — *Horus*
Licht — *Dunkel* — *Halbdunkel*

Horus ist das Halbdunkel der Osiris usw.

Da die Zahlen das Gesetz von den Entsprechungen am reinsten enthüllten, so war man namentlich seit Pythagoras in den Geheimwissenschaften sicher, gerade mit ihrer Hilfe die Prinzipien des Unsichtbaren erkennen zu können (Kabbala). Jedenfalls hat der Leser jetzt hoffentlich eine Ahnung davon bekommen, daß ein guter Verstand nicht nur zur Ausübung jeder rationalistischen Wissenschaft, sondern auch zur Zahlenmagie wie zum Studium aller Geheimwissenschaften gehört.

Wir gingen von der babylonischen „Leberschau" aus und sahen, wie sie, aller Natursichtigkeit bar, in einer dunklen Erinnerung an einstiges Wissen versuchte, mit dem aufglimmenden Licht des Verstandes uralte Erleuchtung wiederzugewinnen. Es war ein erster, unsicher tastender Versuch der Wissenschaft, die noch in den Kinderschuhen steckte und immer wieder danebengriff, indem sie Entsprechungen mit Ähnlichkeiten verwechselte, und wo die Erscheinungen solche nicht freiwillig zeigten, die Ähnlichkeiten in sie um jeden Preis hineingeheimniste. Wir sahen dann, wie im Laufe vieler Jahrhunderte nicht nur das, was wir heute Wissenschaft nennen, sondern auch alle Geheimwissenschaft vom wachsenden Verstand immer mehr profitiert hat. Es spricht nicht gerade für den erleuchteten Geist der Gegenwart, wenn sie um jener ersten, gewiß recht kindlichen Versuche der Wissenschaft im alten Babel willen heute auch noch alles ignoriert, was die „Geheimwissenschaft" seitdem, vom Wachstum des Verstandes nicht weniger profitierend als jedermann, an Einsichten gewonnen hat.

Das Reich der Dämonen

Wollte man alles, was über die Dämonen und ihre Beschwörung seit den ältesten sumerischen Zeiten bis zum Ende der Assyrerherrschaft auf uns gekommen ist, wiedergeben, würde es ein dickes Buch füllen, so reich ist das Material, das wir den verschiedenen Ausgrabungen verdanken. Man sieht daraus, welche außerordentliche Rolle die Dämonen und ihre Bekämpfung im babylonischen Weltbild gespielt haben, und man erfährt auch aus Briefen von Fürsten anderer altorientalischer Reiche, z. B. hethitischen, in denen sie sich babylonische Beschwörungspriester ausbaten, wie die „Chaldäer" nicht erst in Alexandrien und Rom, sondern von jeher als Meister auf diesem Gebiet gegolten haben. Wir tun hier einen Blick in älteste Überlieferung, die niemals völlig ausgerottet werden konnte. Für ihr hohes Alter spricht schon der Umstand, daß der größere Teil der Texte in sumerischer Sprache vorliegt, und für ihre Bedeutung, daß ihnen fast immer semitische Übersetzungen beigegeben sind. Keine Anschauung und keine Lehre saß im Herzen der Babylonier so fest wie die von den Dämonen, und keine hat der Europäer seit den Tagen der Aufklärung so rückständig und lächerlich gefunden wie diese. Das soll uns aber nicht hindern, sie uns trotzdem etwas genauer anzusehen, schon weil wir nur in die-

sem Reich der Dämonen die babylonische Magie ganz unverhüllt und ohne „wissenschaftliche" Gehversuche kennenlernen können.

Daß unter der höchsten Göttertrias Anu, Enlil und Ea die zwei ersten und namentlich Anu durchaus nicht menschenfreundlich gesinnt waren, haben wir schon erfahren. Deshalb gibt es böse Dämonen, die Kinder Anus sind, also Götter. Unter ihnen ist uns die Dämonin *Labartu* am besten bekannt. Hier ist die Vorder- und die Rückseite eines sogenannten

Hadesreliefs, eine Bronzetafel, jetzt in Paris, über deren Erklärung sich die Gelehrten noch nicht in allen Einzelheiten einig sind.

Die Rückseite zeigt eine geflügelte Gestalt mit löwenähnlichem Kopf, der über die Rückseite hinausragt und seine Vorderpranken in die Vorderseite einschlägt. Die Hinterbeine laufen in Vogelfüße mit vier starken Krallen aus und der Schwanz in einen Schlangenkopf. Das ganze Wesen erinnert an die „Chaosungeheuer". Die Vorderseite zeigt deutlich fünf Abteilungen. In der obersten uns schon bekannte Göttersymbole

(von links nach rechts); Götterthron und Göttermütze (Anu), Kolben mit Widderkopf (Ea), Blitzbündel (Adad), Speerspitze (Marduk), Doppelgriffel (Nebo), achtstrahliger Stern (Ischtar), geflügelte Sonnenscheibe (Schamasch), Mondscheibe (Sin) und sieben Sterne (Sibitti). In der zweiten Abteilung 7 Dämonen mit Tierköpfen. Die dritte Abteilung zeigt ein Bett mit einem Kranken (andere sagen ein Lager mit einem Toten). Am Kopf- und Fußende zwei Priester in „Fischgewändern" (man denke an Oanes), um die Krankheitsdämonen auszutreiben, also eine Beschwörungsszene. Hinter dem Priester am Kopfende eine Art Kandelaber, den einige für das Symbol des Feuergottes Nusku halten. Rechts ein Dämon, der zwei andere forttreibt oder abwehrt, also ein Schutzdämon. In der vierten Reihe im Mittelpunkt Labartu, auf einem Esel kniend, zwei Schlangen in der Hand und zwei Schweinchen an der Brust. Der Esel steht in einem Schiff, das, wie die Fische darunter beweisen, auf einem Fluß (dem Totenfluß?) treibt. Links von Labartu ein Dämon, rechts vermutlich Opfergaben für Labartu oder dergleichen. So Jastrow. Andere haben andere Erklärungen, die sich nicht auf Labartu, sondern auf einen „Totengeist" oder auf die Totengöttin Erischkigal beziehen, was aber für unsere Betrachtung nicht wesentlich ist.

Außer solchen Dämonen, die Kinder Anus oder auch Enlils sind, kennt der Babylonier solche, die der Unterwelt entstammen, und drittens die Totengeister, das sind Geister Abgeschiedener, die nicht in die Unterwelt gelangen können, weil sie kein Grab gefunden haben, oder weil niemand für sie auf dem Grab regelmäßig einmal im Jahr an ihrem Todestag eine Wasserspende darbringt oder dergleichen. Sie irren ruhelos über die Erde und plagen die Lebendigen. Hier das Amulett gegen einen solchen Totengeist. Aus der Inschrift auf der Rückseite geht hervor, daß es sich um ein Amulett handelt, durch das ein Totengeist, der jemanden in Träumen plagt, un-

ter Zuhilferufung von Ninib, dem Arzt, und Marduk (von Esagel in Babylon) Nedu, dem Oberpförtner der Unterwelt, übergeben werden soll. Natürlich, damit er ihn in die Unterwelt verschließt und nicht wieder auf die Erde läßt.

Das löwenköpfige Wesen, das Schlangen hält oder würgt, an dessen Brüsten ein Schwein und ein Hund saugten, mit vogelkralligen Füßen, die wieder auf einem Esel oder einem Pferd stehen, hat große Ähnlichkeit mit der Labartu auf dem Unterweltrelief, oder wie man es sonst nennen will (siehe Seite 117).

Vergleichen wir nun babylonische Dämonengestalten, zu welchem Zweck auf der folgenden Seite noch eine ganze Anzahl solcher abgebildet wird, etwa mit dämonischen Wesen, wie sie das Mittelalter darstellt. Zum Vergleich seien aus der Fülle hier ganz willkürlich zwei Abbildungen aus dem „Hortus sanitatis" (Garten der Gesundheit) von Peter Schöffer 1445 gegeben. Zuerst eine „Harpyie" (Bild oben). Ferner sehen wir einen Schlangendämon (Bild rechts).

Wir können den grundlegenden Unterschied sozusagen mit den Augen greifen. Das Mittelalter konstruiert aufgrund seiner naturwissenschaftlichen Bildung, wobei der Untergrund der Theologie nicht verleugnet wird, solche dämonischen Wesen. Die Bilder werden aus theoretischen Erwä-

Babylonische Dämonen

gungen gewonnen und kommen uns Heutigen aufgrund unserer naturwissenschaftlichen Bildung und ohne theologischen Untergrund nur noch sehr naiv und komisch vor.

Mir scheint, von den hier abgebildeten altbabylonischen Dämonen kann man das nicht sagen. Auch nicht von dem Dämon Pazuzu (Seite 115), ja nicht einmal von der Lubartu (Seite 116) und dem „Totengeist" (Seite 118), trotzdem auch hier offensichtlich babylonische Theologie hineinspielt. Die Anschauung war selbst hier noch stärker als die Lehre, die Theorie, die Theologie. Ich möchte sagen, die babylonischen Dämonen könnten einem auch heute noch im Traum erscheinen, wenn der Alp drückt, was bei den Bildern von Schöffer nicht wahrscheinlich ist. Jene sind gebildet aufgrund einer *Wahrnehmung.* Einerlei, ob diese Wahrnehmung noch von den babylonischen Kunsthandwerkern selbst gemacht wurde, oder ob die Bilder nach älteren Schablonen aus natursichtigen Zeiten hergestellt wurden. Die mittelalterlichen Bilder sind entstanden aufgrund von *Vorstellungen,* die aus Volkserzählungen abgezogen wurden oder aus theologischen Begriffen. Auf ähnliche Weise, wie noch heute etwa Illustrationen zu Grimms Märchen entstehen. Nur daß heute die Phantasie (Intuition) des Künstlers unabhängiger von der gerade herrschenden theologischen Weltanschauung ist als im Mittelalter, sofern eine solche überhaupt noch „herrscht". Auch ein Blinder kann sich noch durch sein Tastvermögen und aufgrund von Beschreibungen anderer die Vorstellung von einem Tisch machen und damit auch einen Begriff von ihm, trotzdem er den Tisch nicht sieht. Aber wenn er dann einen Tisch zeichnet, so wird diese Zeichnung hinter der des Sehenden an Anschaulichkeit und Glaubwürdigkeit für den, der selbst sieht und wahrnimmt, weit zurückstehen. Einen ähnlichen Unterschied empfindet man zwischen altbabylonischen und beispielsweise mittelalterlichen Dämonenbildern.

Daß mit dem Tod alles aus sei, der Gedanke ist dem antiken Menschen nie gekommen. Er tauchte erst bei einzelnen *griechischen* Denkern auf, ohne Einfluß auf das antike Gemeindenken zu gewinnen. Der Gedanke ist durch und durch modern und von allgemeiner Bedeutung erst im Bereich eines rein rationalistischen Weltbildes geworden, wie es im 19. Jahrhundert vorherrschte. Seit mit dem wachsenden Verstand das Ichbewußtsein erwachte, geht die furchtbare Gewißheit durch die Welt: „Von Urzeit her besteht die Abmachung: Du mußt sicherlich sterben“ (Sirach), oder wie der Babylonier sagt: „Der Tod ist das unentrinnbare, nächtliche Geschick“. Beim Gilgameschepos haben wir beobachten können, wie fürchterlich diese Gewißheit bei ihrem ersten Auftreten wirkte. Aber auf den Ausweg, daß mit dem Tod eben alles aus sei, ist die Alte Welt nie gekommen; und auch in der Gegenwart, der der Rationalismus diese Rettungsplanke zuwarf, zeigt es sich, daß sie meist nicht trägt, wenn es mit dem Sterben ernst wird. Nebukadnezar bittet, „dauerhaft wie die Backsteine von Ibarra mache meine Jahre, dehne sie aus in Ewigkeit“, aber er weiß, wie jeder Babylonier, daß „der Tag hereinbricht, der nicht freigibt, gleich einem Schilfrohr wird das Leben abgeschnitten“. Und vom Selbstmörder heißt es: „Der Schrecken warf ihn nieder, und er ging in den Tod seiner, nicht der Götter Bestimmung.“ Seit dem Erwachen des Ichbewußtseins hat kein Gedanke die Menschheit so beschäftigt wie der an den Tod.

Nach altbabylonischer Anschauung verwest der Leib im Grabe, er heißt *schalamtu,* der, mit dem es aus ist; aber die Seele lebt in der Unterwelt, dem „Land ohne Heimkehr“, dem „fernen Land“, der „finsteren Wohnung“, und führt ein wesenloses Schattendasein, also dieselbe Anschauung, die wir auch bei den Hebräern und Griechen finden. Der Tote mußte *begraben* werden, damit die Seele in die Unterwelt kam. Die alten Babylonier kannten keine Verbrennung. Fand der Tote kein Begräbnis, so blieben der Seele die Tore der Unterwelt verschlossen, und der „Totengeist“ irrte ruhelos auf der Erde umher. Die fürchterlichste Vorstellung für den Babylonier. Um so fürchterlicher, als diese ruhelosen Geister Kräfte besaßen, welche die Lebenden mit bösen Träumen und Krankheiten plagten, wie wir dieses heute den Bazillen und Bakterien nachsagen. Es gab daher für den Hinterbliebenen keine Pflicht, die sie ernster nahmen als die, den Toten feierlich zu begraben, wobei die Pietät durch die Angst vor „Totengeistern“ wirksam unterstützt wurde, und ihm Wasser zu spenden, damit er nicht verdurste. Wir haben vielfach bei babylonischen Grabstätten künstliche Brunnenanlagen gefunden. Es gab keine größere Sorge, als die um ein sicheres Grab; und wollte man einem besiegten Feind eine besondere Schmach antun, so zerstörte man seine Gräber, um die Toten in ihrer Ruhe zu stören. Assurbanipal rühmt sich nach der Unterwerfung Susas: „Die Grabstätten ihrer Könige zerstörte ich, ihre Gebeine nahm ich mit nach Assyrien, ihren Totengeistern legte ich Ruhelosigkeit auf und schloß sie von der Totenfeier der Libation (Wasserspende) aus." Als König scheint es ihn dabei nicht gestört zu haben, daß er seinem Volk damit neue Dämonen auf den Hals hetzte. Kein Wunder, daß die Totengeister von Ausländern in der babylonischen Dämonologie eine große Rolle spielen.

In der babylonischen Vorstellungswelt wimmelt es von Dämonen (die „bösen Sieben", die Trias Labartu, Labaschu und Axaxu, eine andere Trias: Lilu, Lilitu und die Magd des Lilu usw.). Ihnen stand eine „gute Sieben" gegenüber und jedem Menschen „sein und seine Göttin" (Schutzgottheiten), aber das genügte dem Babylonier nicht. Sicherer als all dies war ihm die „Beschwörung", hinter welcher der menschenfreundliche Ea, der „Obermagier" stand und als Vermittler zwischen ihm und den Menschen sein Sohn Marduk. Die Beschwörung handhabte der Beschwörungspriester, der „Maschmaschu", ein sumerisches Wort, wie auch die Dämonennamen meist sumerisch sind, was wieder für das hohe Alter der ganzen Anschauung spricht. Es gab sogar einen „Rab-Maschmaschu", einen „Oberbeschwörer". Ähnlich dem Ritual, wie wir es schon bei der „Leberschau" angeführt haben, gibt es auch ein fast völlig erhaltenes, sehr ausführliches Ritual über das ganze Beschwörungszeremoniell, das bei einem erkrankten König verwendet wurde. Nur seines Umfangs wegen kann es hier nicht abgedruckt werden. Zwischen Reinigungen, Opfern, Gebeten aller Art stehen die eigentlichen Beschwörungsformeln. Ihnen geht eine Schilderung des Dämons und seines Treibens meist voraus, der aber zuweilen schon direkt die Formelsprache der eigentlichen Beschwörung zeigt. So heißt es in einem Beschwörungstext von den *„bösen Sieben"*:

Sieben sind sie, sieben sind sie! In der Tiefe des Ozeans, sieben sind sie! Lagernd im Himmel, sieben sind sie. In der Tiefe des Ozeans, in einer Behausung wachsen sie heran. Nicht männlich sind sie, nicht weiblich sind sie. Sie, vernichtende Wirbelwinde sind sie. Ein Weib haben sie nicht genommen, Kinder haben sie nicht gezeugt. Schonung und Mitleid kennen sie nicht, Gebet und Flehen hören sie nicht, Rosse, die im Gebirge aufgewachsen sind,

sind sie. Sie sind die feindlichen Gewalten des Ea, die Thronträger der Götter sind sie. Den Steig zu zerstören, treten sie auf die Straße. Böse sind sie, böse sind sie! Sieben sind sie, sieben sind sie, zweimal sieben sind sie!

Zuweilen weitet sich die Beschwörung zu einem Hymnus auf den angerufenen Gott, um ihn dadurch besonders willig zu machen. Etwa so, wenn Nusku, der Feuergott, angerufen wird:

Nusku, großer Gott, Fürst der großen Götter,
Hüter der Opferspenden aller Igigi (himmlische Geister),
Begründer der Städte, Erneuerer der Heiligtümer,
Glänzender Tag, dessen Befehl erhaben ist;
Bote Anus, der du Bels Befehle ausführst,
Der du dem Bel (Marduk) gehorchst, Fürst, Berg der Igigi,
Mächtig im Kampf, dessen Angriff gewaltig ist,
Nusku, Verbrenner, Bezwinger der Feinde,
Ohne dich wird kein Festmahl im Tempel gehalten,
Ohne dich weihen die Götter kein Rauchopfer,
Ohne dich richtet Schamasch, der Herr, kein Gericht,
Ich, dein Diener N. N., der Sohn des N. N.,
Dessen Gott X und dessen Göttin Y ist (Schutzgötter),
Ich wende mich zu dir, ich suche dich auf, ich erhebe meine Hände zu dir, ich werfe mich vor dir nieder.
Verbrenne den Zauberer und die Zauberin,
Das Leben meines Zauberers und meiner Zauberin möge vernichtet werden!
Laß mich leben, daß ich dich preise und dir in Ergebenheit huldige!

Die eigentlichen Beschwörungsformeln aber sind meist knapp und in einem straffen Rhythmus gehalten:

Erde, Erde, ja Erde,
Gilgamesch ist der Gebieter eurer Zauberei!
Was ihr getan, das weiß ich,
Was ich tue, das wisset ihr nicht,
Alles Unheil meiner Zauberei ist gebrochen, gelöst, ist fort.

Oder:

O du, die du mich gebannt hast,
O du, die du mich behext hast,
O du, die du mich bezaubert hast usw.

Oder:

Das Drangsal, ja das Drangsal,
Das gewaltige Drangsal der Menschheit,
Das wie der Löwe den Menschen packt,
Das wie das Netz den Helden bedeckt usw.

Oder:

Koche, koche, brenne, brenne!
Schlechter und Böser, gehe hinein (ins Feuer) mache dich fort!
Wer bist du: Wessen Sohn? Wer bist du: Wessen Tochter? usw.

Wer je auf dem Lande gelebt hat, den werden solche Formeln an „Besprechungen“ erinnern, wie sie heute noch, namentlich in katholischen Ländern, bei kranken Menschen und krankem Vieh geübt werden.

Babylonisch lautet ein Zauberspruch z. B. so:

ki
rischti, libiki,
rischti la libiki
la libi
pisch
pischti scha anzischti
scha anzisch
schu anzisch
anzisch

Der Gelehrte sagt dazu, die Kraft eines solchen Zauberspruchs liege offenbar in der Aufzählung gewisser geheimnisvoller, aber *unverständlicher Worte*. Ob sie dem babylonischen Priester wirklich so unverständlich waren wie einem heutigen Assyriologen, mag dahingestellt bleiben, uns fällt dabei unwillkürlich der Couéismus ein. Coués Zauberformel heißt bekanntlich *ça passe*, es geht vorüber. Coué sagt, die *ça passe* soll schnell „heruntergebetet“ werden wie ein katholischer Rosenkranz. Es gäbe dann einen „insektenartigen Ton“. Seit den Erfolgen Coués bemüht sich jedes europäische Volk, das *ça passe* in seine Sprache zu übersetzen.

Der Deutsche z. B. übersetzt: „Es geht vorüber, es geht immer besser und besser.“

Ein „insektenartiger Ton“ läßt sich so jedenfalls nicht erzeugen. Es ist eben ein französischer „Zauberspruch“, der sich nicht ohne weiteres übersetzen läßt. Aber selbst wenn jemand Französisch beherrscht, kann er nicht dieselbe Wirkung haben, denn was für jeden geborenen Franzosen bei dem *ça passe* mitklingt, z. B. passion als Leid und Leidenschaft, klingt bei einem anderen eben nicht mit.

Um einen babylonischen Zauberspruch voll zu werten, müßte man Sumerisch sprechen können, wie ein Altbabylonier aus dem 3. Jahrtausend vor Christus. Das kann aber auch der gelehrteste Assyriologe von heute nicht. Die Wissenschaft kombiniert zwar die Aussprache nach der Art anderer Völker des Altertums, babylonische Namen auszusprechen, aber das ist keine sehr zuverlässige Grundlage. Gerade die Aussprache ist bei einer magischen Formel von besonderer Bedeutung. Ferner müßten all die sprachlichen Assoziationen mitklingen, die dem Babylonier dabei so selbstverständlich waren, wie dem Franzosen sein *ça passe*. Ferner müßte man den Rhythmus, die Lautstärke, die Körperhaltung, die dazu gehörenden Gesten kennen und schließlich auch die dazugehörige Musik. Wir haben Beschwörungstafeln für den „Sänger“; und das „starke Kupfer“, vermutlich eine Pauke, spielt dabei ebenfalls seine Rolle. Die aufgeschriebenen Vokabeln sind also gewiß nicht das allein Entscheidende. Deshalb trug die babylonische Priesterschaft auch keinerlei Bedenken, solche Rituale und Zaubersprüche aufzuschreiben. Es kam ja nicht nur auf den Wortlaut, sondern auf mancherlei Begleitumstände an. So mußten z. B: manche Worte „nachts bei Fackelbeleuchtung aufgezählt“, rhythmisch hergesagt oder „mit flüsternden Stimmen“ ins Ohr geraunt oder auf den erkrankten Körperteil hingesprochen werden. Aber in welchem Rhythmus, in welcher Tonstärke, unter welcher Musikbegleitung, das wurde verschwiegen. Es wird auch gesagt, daß der eine Spruch dreimal, ein anderer siebenmal „aufgezählt“ werden muß, um wirksam zu sein. Aber in welchem Rhythmus und ob bei jeder Wiederholung in demselben oder einem anderen Rhythmus und dergleichen, das bleibt das Geheimnis des Beschwörungspriesters, das offenbar nur mündlich vom Lehrer an den Schüler weitergegeben wird, aber nicht schriftlich. Wenigstens besitzen wir darüber klare und eindeutige schriftliche Mitteilungen bis jetzt nicht. Auf solchen Nebenumständen aber lag bei aller Magie stets ein Hauptgewicht, auf ihnen beruhte, wie wir heute sagen würden, die suggestive Kraft des Zauberspruchs. Wie Hans Blüher, von Beruf Nervenarzt, in seinem ausgezeichneten „Traktat über die Heilkunde“ sagt, als er auf Coué zu sprechen kommt: „Zaubersprüche sind allogisch gebaut, das heißt, sie haben nur im Nebenberuf einen rationalen Sinn, wirken aber durch ihre eigentümliche Wort- und Silbenstellung sowie durch ihren musikalischen Gehalt ... Solche Formeln wollen *gefunden* sein, und man kann sie nicht *erdenken*. Coué, der Glückspilz, hat eine solche Formel gefunden, die ein Heilungszauberspruch ist.“

In diesen Zusammenhang gehört meines Erachtens auch ein medizinisches Buch von Dr. Eduard Weiß, Arzt in Pistyan, dem kein geringerer als Geheimrat Krauß in Berlin das Vorwort geschrieben hat. Es heißt „Diagnostik mit freiem Auge“ und handelt in der Hauptsache von einer, wie wir sonst sagen würden, durchaus sinnlosen Silbe, nämlich von der Silbe „Kit“. Spricht man diese sinnlose Silbe einige Male langsam hintereinander, so wölbt sich beim Sprechansatz die Lunge zwischen den Rippen ein wenig vor, die Brustwand hebt sich und senkt sich, und die Weichteile in den Zwischenrippenwänden flattern für ein gut beobachtendes Auge auf und nieder. Diese Erscheinung hört natürlich da auf, wo die Lunge aufhört. So kann man mit bloßem Auge „sehen“, wie weit die Lungen reichen und die Organe über und unter dem Zwerchfell abgrenzen. Aber auch Veränderungen an der Lunge kann man dabei „sehen“, weil Eiteransammlungen die Bewegung mitmachen, feste Schwarten aber nicht. Man vermag also mit Hilfe der Silbe „Kit“ die Größe und Konsistenz eines Exsudats festzustellen, sein Wachstum und die Stelle, an der sich Eiter befindet. Aber auch am Bauch und am Rücken gibt es beim Sprechen des „Kit“ Rumpfmuskelbewegungen, durch die sich manche

Erkrankungen der Bauchhöhle früh erkennen und lokalisieren lassen. Dem Arzt in Pistyan ist das 1902 einmal aufgefallen. Seitdem hat er mit unendlicher Geduld ein Vierteljahrhundert lang Tausende von Menschen die Silbe „Kit" sprechen lassen, sie dabei genau beobachtet und dann die Resultate dieser Beobachtung in seinem Buch zusammengestellt. Dr. Weiß erzählt z. B. aus der Praxis mit dem „Kit" von einer jungen Dame, die erfolglos von Arzt zu Arzt und Klinik zu Klinik rannte. „Ich lasse die Dame in nicht zu raschem Nacheinander das Wort „Kit" sprechen, nachdem die Untersuchung an einer Stelle zwischen Wirbelsäule und Schulterblatt eine kleine Dämpfung ergeben hat. Die Dämpfung wird bei der Silbe „Kit" nicht bewegt, rührt sich nicht. Endlich merke ich, wie sich mitten im ruhenden Felde eine Stelle, nicht ganz so groß wie ein Fingernagel, beim Sprechen kaum merklich bewegt. An dieser Stelle wird eingestochen, durch die Nadel entleert sich Eiter. Jetzt ist die Diagnose klar: eine Wirbelkaries mit Senkungsabszeß. Die Patientin bekommt einen Gipsverband und wird gesund." Lesen wir die Silbe „Kit" irgendwo sonst, so wird der eine dazu sagen: sinnlos, ein anderer mit überlegenem Achselzucken: vielleicht eine Zaubersilbe, also ein Humbug. Jetzt aber ist gerade ein Arzt hinter den diagnostischen Wert dieser Silbe gekommen, mag sie sonst auch sinnlos erscheinen, oder in einem alten Text als Zauberhumbug gedeutet werden. Am Ende hatte aber manche Silbe in Zaubersprüchen alter Zeiten, an denen wir achtlos vorübergehen, für die Priestermedizin ebenfalls diagnostischen Wert? Der Arzt war ja damals sicherlich noch nicht so stumpf durch allzu reichliche Buchweisheit geworden wie heute, wo auch der Ungebildete unendlich naturfern ist. Weshalb bedeutet dem Inder sein *„mantram"* etwas? Nur deshalb, weil er noch nicht hinreichend „aufgeklärt" ist? Weshalb waren für die alten Germanen die Runen so etwas Geheimnisvolles? Nur deshalb, weil sie noch nicht das Glück kannten, unsere Schulbänke drücken zu dürfen? Nach der Couéschen Methode wird heute übrigens in der Hydrotherapeutischen Anstalt der Berliner Universität mit Erfolg *geheilt.*

Ein altbabylonischer Zauberspruch bleibt uns also in seinem Wesentlichsten verschlossen. Ihn sinnlos oder unverständlich zu finden, ist das gute Recht jedes Rationalisten. Ein moderner

Nervenarzt sieht vielleicht das Wesentlichste in der suggestiven Kraft und Wirkung einer solchen Formel und der Begleitumstände, die mit ihr verbunden sind. Dabei ist zu bemerken, daß hier wieder einmal ein lateinischer *Name* für eine *nicht erklärte Sache* als scheinbare Erklärung steht nach dem humoristischen Musterbeispiel von Fritz Reuter, daß die Armut von der Pauvreté kommt. Was Suggestion ist, hat noch niemand definiert. Ebensowenig, was Hysterie ist. Aber es gibt nicht viele Menschen von heute, die sich nicht trotz allem Rationalismus an fremdsprachigem Namenszauber vollauf genügen lassen.

Was ich wahrnehme, kann ich beschreiben und umschreiben, aber nicht definieren. Erst wenn ich aus vielen Wahrnehmungen eine Vorstellung gewonnen habe, ziehe ich von ihr einen Begriff ab, abstrahiere, und erst diesen Begriff vermag ich zu definieren nach den Gesetzen der Logik. Nicht einmal einen Tisch, der vor mir steht, kann ich ohne weiteres definieren. Ich kann ihn zunächst nur beschreiben. Erst wenn ich viele Wahrnehmungen von Tischen gemacht habe, gewinne ich eine Vorstellung von dem, was Tisch ist, und so einen Begriff von ihm, den ich jetzt endlich definieren kann. Unter diesen Begriff muß alles fallen, was irgend Tisch genannt werden darf. Nehme ich einen Tisch wahr, der sich nicht unter dem abgezogenen, abstrahierten Begriff von allen Tischen, die je wahrgenommen wurden, einordnen läßt, so ist entweder der Begriff falsch, oder das, was ich wahrnehme, ist nur scheinbar ein Tisch und in Wirklichkeit etwas anderes. Definiere ich jetzt einmal einen Tisch, der gerade vor mir steht, nach dem Begriff vom Tisch, wie ich ihn aufgrund vieler Wahrnehmungen oder, was meist der Fall sein wird, aus der Vorstellung vieler Bücher über ihn gewonnen habe, so wird jeder beobachten können, wieviel bei diesem Verstandesprozeß für den Tisch, der vor mir steht, verlorengeht, was doch unbedingt zu ihm gehört, z. B. seine braune Farbe, seine besondere Politur, seine geschwungenen Beine, das Holz, aus dem er gemacht ist, die Beleuchtung, in der er gerade steht, kurz alles das, was mir diesen Tisch, wie er gerade vor mir steht, erst so recht anschaulich, wirklich, ich möchte fast sagen: lebendig macht. Gilt das von einem unbelebten Ding wie einem Tisch, so gilt es natürlich erst recht von allem, was lebt. Die Logik tötet das

Leben. Das ist eine so selbstverständliche Nebenwirkung ihrer Tätigkeit, daß wir es gar nicht mehr merken. Ein rationalistisches Zeitalter konnte diese vergessen, weil es sich an Vorstellungen genügen läßt, die zu Buche gebracht sind; und so kann es geschehen, daß eine Zeit Vorstellungen auf Kosten der Wahrnehmung für Wirklichkeit hält, die doch nur Abstraktionen von Vorstellungen sind, und daß der geniale Schopenhauer mit seiner „Welt als Vorstellung" direkt ins Nichts hineinspringt, das es auch nur für den Verstand gibt. Sollte der Rationalist von heute wirklich einmal etwas wahrnehmen, was nicht zu seinen Vorstellungen und Begriffen paßt, so wird er nicht seine Vorstellungen und Begriffe an der Wahrnehmung berichtigen, sondern er wird die Wahrnehmungen so lange in das Prokrustesbett seiner Vorstellungen und Begriffe pressen, bis daraus z. B. eine Halluzination, eine Vision, eine Nervenüberreizung, eine Autosuggestion oder dergleichen geworden ist und er wieder getrost in seinem Prokrustesbett neben ihr weiterschlafen kann, denn Halluzinationen, Visionen, Suggestionen, Nervenüberreizungen sind keine Wirklichkeiten wie Vorstellungen und Begriffe, sagt der echte Rationalist, sondern „Einbildungen", krankhafte Zustände, Verdauungserscheinungen oder dergleichen. Es soll damit beileibe nicht behauptet werden, daß sie das nicht auch sein können. Es soll nur darauf hingewiesen werden, daß eine Wahrnehmung nicht unter allen Umständen damit „erklärt", definiert ist, daß man ihr ein fremdsprachiges Etikett aufklebt. Wir müssen gerade heute mehr denn je von altgewohnten, rationalistischen Vorstellungen und Begriffen wieder zu den Wahrnehmungen selbst zurückfinden, und zwar möglichst mit Hilfe der Naturwissenschaften. Deshalb wird in diesem Buch viel beschrieben und wenig definiert.

Jahrtausende babylonischer Geschichte sind voll von Dämonen, bösen Geistern, Krankheiten, die ihnen zugeschrieben werden, und gegen welche Zaubersprüche mannigfachster Art vom Maschmaschupriester als Medizin angewendet werden. Daß der heutige Mensch mehr von chemischen Präparaten hält, kann auch nur ein Aberglaube sein, der jedenfalls industriell nicht weniger hervorragend ausgebeutet wird, als in alexandrinischer Zeit z. B. der Orakelglaube durch Alexander von Abonuteichos ausgebeutet wurde, der damit römische

Kaiser in blutige Kriege trieb, reichen, aber dummen Senatoren das Gold aus der Tasche zog und schließlich das ganze Orakelwesen im Imperium zu einem Trust vereinte, der ihm tributpflichtig war, wenn wir dem Lucian, der dem Mann eine eigene Monographie gewidmet hat, glauben dürfen. Aber weil jener Alexander von Abonuteichos eine Art recht schwindelhafter Cagliostro der alexandrinischen Zeit war, deshalb muß doch nicht alles, was altbabylonische Priester trieben, auch Schwindel gewesen sein. Das *ça passe* von Coué läßt uns das ahnen. Was das Wesentliche dabei ist, kann bei Blüher nachgelesen werden.

Fiel bei der Betrachtung babylonischer Dämonengestalten auf, wie anschaulich sie im Vergleich zu mittelalterlichen wirken, als seien sie einmal wirklich wahrgenommen und nicht erst nachträglich aus einer babylonischen Theologie konstruiert worden, so wird auch diese Möglichkeit durch neueste wissenschaftliche Experimente gestützt. Ein Hochschullehrer für experimentelle Chemie hat jahrelang mit sich selbst experimentiert, um hinter das Wesen magischer (parapsychologischer) Phänomene zu kommen. Medien traute er nicht, auf sich selbst aber glaubte er sich als experimenteller Naturwissenschaftler verlassen zu können. Der Entschluß war um so heroischer, als er ohne besondere Schulung und Anleitung sich zu den Experimenten mit sich selbst entschloß und mit äußerster Zähigkeit auch dabeiblieb, als er in schwerste Nervenstörungen geriet und dem Irrsinn nahekam. Er hat darüber ein wertvolles Buch veröffentlicht, das alle an ihm von sich selbst erlebten magischen Phänomene rein rationalistisch zu erklären versucht. Weil das Buch zahlreiche Anleitungen zu solchen Experimenten gibt, sei es hier nicht genannt, um unerfahrene Leser nicht zu für sie gefährlichen Versuchen zu ermuntern. Dieser Chemieprofessor berichtet in seinem Buch unter anderem folgendes:

„Wenn ich mit dem Gewehr auf dem Rücken herumstreifte, kam ich nur allzuhäufig wieder ins Grübeln und Studieren über meine Geister, Teufel und magische Phänomene überhaupt, besonders, wenn sich keine Jagdbeute zeigen wollte, so daß die Erholung oft nur eine sehr zweifelhafte war und sich immer wieder Illusionen und Halluzinationen einstellten. Statt der Elstern (auf die er jagte) sah ich häufig da und dort auf

Bäumen und Sträuchern in schattenhaften, aber ganz deutlichen Umrissen Spottgestalten sitzen, dickbäuchige Kerle mit dünnen, krummen Beinen, langen, dicken Nasen, oder langrüsselige Elefanten, die mich anglotzten. Auf dem Boden schien es manchmal von Eidechsen, Fröschen und Kröten zu wimmeln. Bisweilen waren sie phantastisch groß. Alle möglichen Tierformen und Teufelsgestalten umgaben mich. Jeder Strauch, jeder Zweig nahm abenteuerliche, mich ärgernde Formen an. Ein andermal schien auf jedem Baum, auf jedem Strauch eine Mädchengestalt zu sitzen, jedes Schilfrohr sich mit einer solchen umgeben zu wollen ... Sehr häufig entstand bei der Elsternjagd eine eigenartige Mischwirkung. Ich sah vielfach auf den Bäumen Phantasieelstern sitzen, am hellen Tag, *selbst wenn ich mit dem Fernglas scharf zusah*, besonders aber am Abend. Namentlich abends *schoß* ich öfters auf dieselben, und wenn dann natürlich nur ein paar dürre Blätter herunterfielen, wurde ich innerlich aufs ärgste verspottet. Hatte ich tatsächlich eine Elster geschossen, dann sah ich zeitweilig im Gebüsch bald da, bald dort eine Phantasieelster, so daß mir das Auffinden der *wirklichen* abends bedeutend erschwert wurde."

Das erlebte ein moderner Chemiker, der für sein Fach auf Wilhelm Ostwald schwört, der nicht nur ein bedeutender Gelehrter, sondern seit Haeckels Tod bekanntlich auch der Führer der Monistenbewegung ist. Wenn ein solcher Mann „Illusionen und Halluzinationen" hatte, die sogar auf der Jagd seinem Fernrohr standhielten, wenn ein solcher Mann aufgrund magischer Experimente mit sich selbst in der Natur „Spottgestalten, dickbäuchige Kerle, Elefanten usw." sieht, ein Mann mit dem geschärften, zugespitzten Verstand eines experimentellen Naturwissenschaftlers von heute, weshalb sollte ein Babylonier von vor fünftausend Jahren, dem die magischen Kräfte noch nicht so sehr vom Verstand eingeengt oder unterdrückt waren wie einem heutigen Gelehrten, nicht dasselbe und noch einiges mehr haben wahrnehmen können? Wenn wir ein Mikroskop nötig haben, um im menschlichen Mund oder im Wassertropfen tausend lebendige Wesen wahrzunehmen, weshalb soll der natursichtige Mensch nicht ein natürliches Makroskop im Stirnauge besessen haben, um im Weltraum mehr wahrzunehmen als wir, die wir nur noch eine durch das Gehirn zurückgedrängte Zirbeldrüse besitzen? Da aber der Verstand noch nicht bei dem Babylonier vorherrscht, konnte er sich darüber auch nicht in der Begriffssprache verständigen, sondern nur in der Symbolsprache der Mythen. Aber unser Chemieprofessor bezeichnet derlei als Sinnestäuschung, unfreiwillige Sinnesempfindung oder, gelehrt ausgedrückt, als „Halluzination“ und beruhigt sich dabei, weil er das Erlebnis damit in das Prokrustesbett seines modernen Weltbildes glücklich hineingepreßt hat. Das ist um so merkwürdiger, als er daneben von Erlebnissen aufgrund magischer Experimente erzählt, die auch nach seiner Beobachtung nicht durch besagtes Fremdwort erklärt sind. So nahm z. B. seine Mutter, ohne von dem magischen Experiment ihres Sohnes zu wissen, als sie ganz unbefangen in sein Zimmer trat, in bestimmten Fällen dasselbe wahr, wie der mit sich selbst experimentierende Sohn, was bei ihr weder eine subjektive Sinnestäuschung noch eine unfreiwillige Sinnesempfindung sein konnte. Ja, unser Experimentator berichtet sogar, daß es ihm nach besonderem Training gelang, aus sich heraus in einer Dunkelkammer einen Lichtschein zu erzeugen, den auch ein anderer sah, was ihm beweist, daß es sich hier nicht mehr um eine „Halluzination“ gehandelt haben kann, sondern um eine Wirklichkeit, da sie auch eine zweite, gänzlich unbeteiligte Person wahrnahm. Die natürlich rein rationalistische Erklärung solcher „Tatsachen“ interessiert uns hier weniger als die Tatsache selbst, denn wir haben uns noch kein alleinseligmachendes Prokrustesbett zurechtgelegt, bei dem unser Wissensdrang jederzeit mit einem lateinischen Wort auf den Lippen zur Ruhe kommen kann. Aber selbst wenn dieser Professor einen Kollegen von der naturwissenschaftlichen Fakultät mit auf die Elsternjagd genommen und auch dieser plötzlich dickbäuchige Kerle oder Mädchengestalten in den Bäumen wahrgenommen hätte, würde ein heutiger Rationalist von reinstem Wasser schon wieder ein lateinisches Wort zur Beruhigung des Verstandes bei der Hand haben: *Suggestion*, was von einreden herkommt. Aber selbst, wenn ein Dutzend wissenschaftlicher Zeugen dafür einträte, daß dem Kollegen nichts „eingeredet“ worden sei, käme der eingefleischte Rationalist immer noch keinen Augenblick aus der überlegenen Ruhe seines Verstandes, der für diesen Fall wieder ein Wort zur Verfügung hat, diesmal ein deutsches, das ein besonders glückliches wissenschaftliches Schlafpulver darstellt und *Unterbewußtsein* heißt, womit jedermann machen kann, was jedermann will. Wir halten uns, wie gesagt, lieber an die Wahrnehmungen, die noch heute durch magische Experimente hervorgerufen werden können, und vergleichen sie mit dem Dämonenglauben der Babylonier, der sich um dieselben Wahrnehmungen gruppiert, wobei uns die babylonischen Erklärungsversuche für den Augenblick nicht mehr interessieren als die allermodernsten von heute. Ist uns doch, wie schon das Motto dieses Buches sagt, Magie zunächst einmal „praktische" Metaphysik, nicht theoretische.

War das Reich der Dämonen dem Babylonier eine Wirklichkeit und sein Hauptmittel im Kampf gegen die bösen Dämonen die Beschwörung, sei es durch ein langes Zeremoniell, sei es durch eine knappe Formel, die schon zu Gudeas Zeiten durch Schüler, die den Priestern aus der Schule liefen, schwer mißbraucht wurden, oder durch andere Leute, die magische Formeln und Riten zum eigenen Vorteil und zum Schaden Dritter anwandten, so steht ganz folgerichtig neben dem offiziellen Beschwörungspriester, dem guten Helfer gegen die Dämonen, als sein erbitterster Feind der Zauberer, der Hexer und die Hexe. Wo es weiße Magie gibt, ist die schwarze niemals fern. Der mittelalterliche Mensch würde sagen: Wo Gott wahrgenommen wird, ist auch der Teufel in der Nähe. Freilich werden in rationalistischen Zeiten beide geringgeachtet, und sicherlich sind beide noch nie so wenig sichtbar geworden wie im 19. Jahrhundert. Aber was beweist ein Jahrhundert unter Jahrtausenden, wenn man nicht dem äußerst primitiven Gedanken huldigt, daß das 19. Jahrhundert als das bis jetzt späteste schon deshalb das wertvollste sein müsse.

Nach altbabylonischer Anschauung waren die bösen Dämonen die Urheber aller Krankheiten wie nach der Anschauung des 19. Jahrhunderts Bazillen und Bakterien. Der Babylonier sprach von Besessenen wie wir von Infizierten; und wie man heute desinfiziert, so exorzierte man damals. Nur daß der Maschmaschu beim Exorzismus auch noch desinfizierte, wie die Ritualtafeln zeigen (Waschen, Räuchern), während wir nur noch desinfizieren, ohne auch magische Formeln anzuwenden. Kein Wunder, daß damals der Maschmaschu ein ebenso wichtiger Mann war, wie heute der Arzt. Sowenig man aber heute den guten Arzt verachtet, weil sich die Pfuscher noch breiter machen, sowenig sollte man den Maschmaschu und seine Medizin schon deshalb geringschätzen, weil sich Zauberer und Betrüger auch im alten Babel breitmachten. So kodifiziert schon Hammurabi in seinem berühmten Gesetzbuch einen Brauch gegen die Zauberer, der genau der mittelalterlichen „Wasserprobe" entspricht. Wer nämlich der Zauberei bezichtigt wurde, „soll in den Strom eingetaucht werden". Geht er dabei zugrunde, „so wird der, der ihn bezichtigt hat, sein Haus davontragen. Bleibt er aber unversehrt, so wird der, der ihn in den Verdacht der Zauberei gebracht hat, getötet, und der, der in den Strom eingetaucht ist, wird das Haus dessen, der ihn bezichtigt hat, davontragen".

Aus der riesigen babylonischen Beschwörungsliteratur erfahren wir ferner ganz genau, vor allem durch die sogenannte Maklu-sammlung (Maklu heißt Verbrennung), die Praktiken der Zauberer und Hexen, hören von ihrem „bösen Blick", ihrem „bösen Wort", und von der geknoteten Schnur, die „den Mund des Menschen füllt". In ihrem Innern wird das unheilvolle Wort ersonnen, auf ihrer Zunge ist Zauber, auf ihren Lippen Hexerei, auf ihrer Fußspur tritt der Tod einher. In so undämonischen Zeiten wie heute können wir uns allerdings kaum noch eine Vorstellung von jenen dämonischen Jahrtausenden und ihren Nöten und Schrecken machen. Eines ist für uns besonders interessant und besitzt am Ende doch nicht nur den Kuriositätswert, den es auch für heutige Gelehrte noch haben mag, nämlich die magischen Manipulationen, die sowohl von den Beschwörungspriestern wie von ihren Feinden, den Zauberern und Hexen, mit Bildern vorgenommen wurden, der sogenannte *Bildzauber.* Das bis jetzt älteste Beispiel dafür, das bekannt wurde und in die älteste Dynastie von Babel datiert wird, ist eine Beschwörung der Labartu, die besonders erpicht auf das Blut von Menschen, Tieren und vor allem kleiner Kinder ist. Bei dieser ältesten Labartubeschwörung wird eine Terrakottafigur der Labartu gemacht, in die man die Unholdin aus dem Körper des Kranken in das Bild hinüberlockt. Zu diesem Zweck setzt man neben die Figur Brot, Wasser, Speisen und Salbbüchsen und zieht ihr jeden Tag ein neues Kleid an. Vor allen Dingen aber steckt man der Figur das Herz eines Ferkels in den Mund, ein Leckerbissen, dem die

Dämonin nicht widerstehen kann. Drei Tage dauert es, bis Labartu aus dem Kranken in das Bild hinübergelockt ist. Dann wird die Figur mit dem Schwert getötet und bei der Mauer vergraben oder in die Wüste gebracht und an Dornen und Disteln aufgehängt oder aber zusammen mit zwei weißen und zwei schwarzen Hunden (entsprechende Figürchen) in ein Schiffchen gesetzt, das mit Hilfe eines Zaubers übers Meer fortfährt. So ungefähr erzählt ein bekannter Assyriologe mit einem etwas ironischen Unterton den auf der Tafel geschilderten Vorgang. Um ihn noch etwas mehr ins Kindlich-Kindische zu ziehen und damit seinen Lesern verständlicher zu machen, spricht er nicht von einer Figur, sondern von einer Puppe. So wird das Ganze für den klugen Erwachsenen von heute zu einem kindlichen babylonischen Puppenspiel, womit es zwar echt rationalistisch gedeutet, aber auf einen ganz falschen Ton gestimmt wird, der zwar lachen macht, aber das Wesentliche mehr verdunkelt als erhellt. Mit diesem Ton könnte man nicht nur die Welt babylonischer Dämonen, sondern die ganze babylonische Weltanschauung zu einer Puppenkomödie machen, womit es nicht mehr allzuweit ist bis zu jenem jungen Gelehrten, der die Sintflut aus dem Urindrang schlafender Kinder erklärt. Unser Assyriologe weiß natürlich, daß nicht nur die böse Dämonin Labartu, sondern auch die höchsten Götter nach babylonischem Ritus regelmäßig Speis und Trank, eben Opfer erhalten, und daß ihre Figuren ebenso wie die Labartu-„Puppe" bei allen möglichen festlichen Gelegenheiten mit neuen Gewändern gekleidet werden, worüber er an anderen Stellen so tiefsinnig zu reden weiß wie andere Assyriologen auch. Da ihm aber der Bildhauer ganz wider den Strich geht, muß er das im Falle der Labartu, einer Art Vampir, wenigstens durch Ironie und eine ungewöhnliche Ausdeutung des Opferritus bekanntgeben. Das Besondere ist in diesem Fall natürlich die Zauberhandlung, durch welche der böse Dämon in ein Bild gebannt und durch Vernichtung des Bildes unschädlich gemacht wird. Dabei kommt es in erster Linie selbstverständlich weder auf Speis und Trank noch auf neue Puppenkleider an, sondern wie immer auf die magische Formel und auf ihre eigenartige Anwendung. Diese Verwendung von Formel und Bild findet sich aber nicht nur bei Labartu und vielen anderen bösen Dämonen, sondern auch bei großen Göttern. Aus einem Sühneritual für den König geht hervor, daß man im Hause des Priesters ein Götterbild herstellte, ihm opferte, räucherte, die Zeremonie der „Mundöffnung" und „Mundwaschung" an ihm vornahm wie bei jeder Weihung von Götterbildern, es in geweihtem Wasser wusch und dann die Formel zu dem Bild sprach: „Von dieser Stunde an sollst du zu Ea, deinem Vater, gehn (als Fürsprecher für den kranken Menschen), dein Herz sei fröhlich, dein Sinn sei freudig, Ea, dein Vater, sei angesichts deiner voll Jauchzens!" Dreimal hat der Beschwörungspriester das zu sprechen, woran sich dann eine ganze Anzahl weiterer Zeremonien anschließt.

Aus einem anderen Beschwörungstext erfahren wir, daß Götterbilder auch an Krankenbetten zu Häupten, rechts und links, zu Füßen, am Hauseingang aufgestellt werden, „damit nichts Böses naht", ja daß z. B. ein Mardukbild selbst als Beschwörer funktioniert. Aus wieder einem anderen Text scheint hervorzugehen, daß ein vornehmer Kranker sich auch durch sein Bild bei der Zeremonie vertreten lassen konnte. Nach dem leider unvollständig erhaltenen Text sind in der Nähe der Bilder von Ea, Schamasch und Marduk im Tempel noch das Bild eines Mannes und eines Weibes aufgestellt worden. Der Beschwörer sagt zu den ihm unbekannten Dämonen, die den Kranken peinigen: „Ihr da, alles Böse, alles Ungute, das den N. N., Sohn des N. N., ergreift und verfolgt: wenn du männlich bist, so sei dies dein Weib, wenn du weiblich bist, so sei dies dein Mann." Der Dämon soll also offenbar je nach seinem Geschlecht durch die magische Formel in eines der beiden Bilder gebannt werden, die man dann vernichtet. Wir erinnern uns dabei an die Teufelsaustreibung Jesu, Markus 4, wo die Teufel (Dämonen) aus den Kranken in eine Herde Säue (unreine Tiere) fuhren.

Aus der schon erwähnten Maklu-Sammlung erfahren wir nun auch, daß sich der Zauberer und die Hexe für ihre unheilvollen Zwecke ebenfalls der Bilder bedienen. Die Hexe sitzt im Schatten der Mauer und fertigt ein Bild dessen an, den sie behexen will. Als Material benutzt sie Wachs, Honig, Ton, Asphalt, Sesam, Mehl, Binu- und Zedernholz, Bronze, kurz lauter Stoffe, die auch von Priestern für Götter- und Dämonenbilder verwendet werden. Verwendet der Priester sie zum Heil, so der Zauberer, die Hexe zum Verderben der Menschen. Material, das nicht auch der Priester verwendet, kommt nicht in Betracht, da es offenbar unwirksam oder weniger wirksam zum bösen Zweck ist. Hier stoßen wir auf den Gedanken, der überall und jederzeit aller schwarzen Magie wesentlich ist. Zur heidnischen Zeit besonders deutlich bei den Etruskern, zur christlichen Zeit bei allen „Satanisten", die z. B. ohne geweihte Hostie nicht auskommen können. Hat die babylonische Hexe das Bild gefertigt und ihm durch ihre Formeln magische Kraft verliehen, so begräbt sie das Bild bei den Toten, versteckt es in Särgen, legt es auf die Türschwelle, in Torwege oder auf Brücken, damit es die Leute zertreten und so den, welchen das Bild darstellt, dasselbe Schicksal ereilt wie sein Bild. Gegen die Hexen bedient sich dann wieder der Maschmaschu auch der Bilder, die verbrannt wurden, auf daß die Hexe dasselbe Schicksal erreiche wie ihr Bild.

Derselbe Bildzauber führt zu den schützenden Amuletten, die namentlich Kindern gegen die böse Labartu umgehängt wurden. So wurde der Mensch, um es ein wenig moderner und verständlicher auszudrücken, durch geweihte Amulette und Bilder gegen die bösen Einflüsse der Dämonen gefeit. Die Könige stellten vor ihre Paläste und die Priester vor ihre Tempel

geflügelte Stier- und Löwenkolosse, die als Schutzgötter des Hauses Wache hielten (s. S. 41). Wir haben in ihnen wahrscheinlich Vorläufer der Sphinxe zu sehen. Wer sich das nicht leisten konnte, begnügte sich zum Schutz des Hauses mit sogenannten „Papsukkalmännchen", wie links eins abgebildet wird, und anderen „Bildern" aus Ton und anderem Material. Sehr beliebt für diese Zwecke müssen auch Tonmodelle von Hunden gewesen sein. Von alters her war bei den Babyloniern der Hund, der Begleiter der Göttin Gula, als Schutztier (besonders der Jagd) hoch angesehen. Noch aus altbabylonischer Zeit haben wir einen ausgezeichnet modellierten Hund aus schwarzbläulichem Steatit, der laut Inschrift ein Weihgeschenk des Königs von Ur, Sumu-ilu (um 2050 v. Chr.) an die Göttin Nin-Isin (Herrin von Isin) darstellte (oben).

Im Palast Assurbanipals (668 – 626 v. Chr.) wurden fünf solche Tonhunde gefunden, von denen jeder eine Aufschrift trägt, die ihre feindliche Dämonen vertreibende Bedeutung deutlich ausspricht. Bei dem hier abgebildeten heißt die Aufschrift: Besieger des Feindes (Seite 140).

Die anderen vier tragen die Inschrift: „Heraustreiber der Bösen", „den Weg absperrend, Befehle ausführend", „der seinen Feind beißt" und „sein Helfer richtet".

Mit dem „Bildzauber", der sich nicht nur bei Babyloniern, Ägyptern, Griechen, Römern, bei allen „Naturvölkern", sondern auch noch hier und da unter naturnahen Schichten heuti-

ger „Kulturvölker“ findet, begeben wir uns nach Ansicht der Gegenwart auf ein Gebiet allerfinstersten Aberglaubens. Betreten wir es trotzdem möglichst ohne zeitgebundene Vorurteile, so müssen wir zunächst feststellen, daß alle antiken Völker, wie auch alle „Naturvölker“, an den Bildzauber fest geglaubt haben, wie auch weite Bevölkerungsschichten im ganzen europäischen Mittelalter, und daß ein solcher Glaube nicht Jahrtausende überdauern konnte, wenn er nicht auf Wahrnehmungen beruhte, die bestimmte Vorstellungen zur Folge hatten, woraus sich dann ein entsprechendes Weltbild mit der dazugehörigen Weltanschauung ergab. Erst die Aufklärung schuf den Grundsatz, daß „Glauben“ unter keinen Umständen mehr auf Wahrnehmung beruhe, sondern nur noch auf einem Für-wahr-halten dessen, was der Aufgeklärte nicht wahrnimmt, also auf Selbsttäuschung oder bewußtem Schwindel. Erst seitdem wird dem Glauben im Gegensatz zum Wissen auch noch der Stempel des geistig und moralisch Minderwertigen aufgedrückt. Im Taumel der jung heraufkommenden Naturwissenschaften degradierte die Aufklärung alles, was die Naturwissenschaften nicht wahrnehmen, weil sie es nicht experimentell wiederholen kann, zu einem bloßen Fürwahr-halten, zum Aberglauben, im Gegensatz zu dem einzig zulässigen Wissen, welches nur das Experiment sichern kann. Alles Wissen aus anderen Quellen (Wahrnehmungen, Beobachtungen, Erfahrungen) verstößt gegen die Naturgesetze, welche die Aufklärung in Erbpacht genommen hat. Diese Anschauung beherrscht auch heute noch so tyrannisch alle Wissenschaft und Bildung, daß niemand, der ein wissenschaftliches Renomme zu verlieren hat, es ungestraft wagen darf, Wahrnehmungen aus Beobachtungen bekanntzugeben oder solche gar öffentlich zu vertreten, die den alleinseligmachenden, vom Rationalismus dekretierten „Naturgesetzen“ zuwider sind oder ihnen auch nur zu widerstreben scheinen. Stände die Parapsychologie nicht, vor allem in Deutschland, ständig unter dieser Fuchtel, brauchte sie nicht all ihre Geisteskräfte nur darauf zu verwenden, ihre Wahrnehmungen und Beobachtungen an Sensitiven in Einklang zu bringen mit den „Naturgesetzen“ des tyrannisch herrschenden Rationalismus, sondern behielte auch noch einige Geisteskräfte für die Sache selbst übrig, was nichts schaden könnte, weil sie damit zur Überwindung des herrschenden Rationalismus mehr leisten könnte, als sie tut.

Kehren wir nach diesem Versuch, wenigstens für den Leser dieses Buches die stickige Luft ein wenig zu reinigen, zum „Bildzauber“ zurück, so beruht der antike „Glaube“ an seine Wirksamkeit offenbar auf Wahrnehmungen des Einbildungsvermögens und seiner Kräfte, was Paracelsus Imagination nannte, was von Imago = Bild herkommt. Das Wort Einbildung hat der Rationalist um seinen ursprünglichen Sinn gebracht. So denken wir zunächst nur an das Sich-etwas-einbilden, also sich täuschen. So wird einer ein eingebildeter Mensch, und wenn wir Einbildung als gebildete Menschen, die von der „Wirklichkeit der Bilder“ längst nichts mehr wissen, mit Phantasie wiedergeben, so steckt auch darin der Gedanke an Täuschung, schönen Trug oder dergleichen. Das ist aber nicht der eigentliche Sinn des Wortes Einbildung. Wie wir auch den ursprünglichen Sinn des Wortes „Bildung“ nicht mehr beachten. Ein-bildung ist, um einen Ausdruck Goethes zu verwenden, geprägte Form.

„So mußt du sein, dir kannst du nicht entfliehen,
So sagten schon Sibyllen und Propheten;
Und keine Zeit und keine Macht zerstückelt
Geprägte Form, *die lebend sich entwickelt.“*

Diese Einbildung, diese „geprägte Form“ ist ein Werk der Natur, der ursprüngliche Charakter eines Menschen. Die *natura naturans* (Schöpfung) drückt der *natura naturata* (dem Geschöpf) eine Form ein. Aber wir sagten schon früher mit Schopenhauer, daß dies Geschöpf, Mensch genannt, sich dadurch von allen anderen Geschöpfen unterscheidet, daß es zugleich auch *natura naturans*, Schöpfer ist. Als solcher kann es seit dem Erwachen des Selbstbewußtseins seine „Einbildungskraft“ zum Guten wie zum Bösen schöpferisch gebrauchen. Wie es letzteres in naturnahen Zeiten getan hat, beobachteten wir schon an dem Übermut, der „Hybris“ mancher alten magischen Texte. Hier sehen wir Zauberer und Hexen bei demselben Werk, zu dessen besserem Gelingen die schöpferische Einbildungskraft noch ein Bild formt, denn dadurch wird das Vorstellungsvermögen stärker, ausschließlicher, angespannter auf ein sichtbar gemachtes Ziel gerichtet. Der heutige Verstandesmensch unterschätzt die Einbildungskraft in ihrem Gestaltungsvermögen (als prägende Form), wie schon Coués Methode zeigt. Was sie auch heute noch vermag, wenn der Verstand durch Erschütterungen in seiner Alleinherrschaft gehemmt wird, davon wüßten gerade Ärzte viel zu erzählen, wenn sie aus der Schule plaudern wollten, was sie nur selten tun.

Hierzu seien zwei Beispiele wiedergegeben, die der bekannte Berliner Chirurg Professor Schleich berichtet. Das erste aus seinen Lazaretterfahrungen im Weltkrieg: „Ein Unteroffizier, schwarz wie ein Italiener, mit dunklen brennenden Augen und schwer zähmbarem, wildem Temperament, kam zu uns mit beiderseits durchschossenen Oberarmkugeln und schweren Gelenkeiterungen rechts und links. Es gelang, ihn der Heilung nahezuführen, d. h., das Fieber war fort, an den Oberarmknochenstümpfen schon so weit Beweglichkeit, daß er wieder Mundharmonika spielen konnte. Da wurde ein Soldat ihm gegenüber ins Bett gebracht, mit Hirnschuß, fiebernd, halb bewußtlos, mit zeitweisen Krämpfen. Bei der Besprechung der Indikation zur Operation fiel in demselben Saal das unvorsichtige Wort: „Vielleicht ist es auch Tetanus!“ Nun, es war nicht Tetanus, ein Stück Schädelknochen wurde entfernt, und der Patient genas, aber inzwischen, am dritten Tag nach Einlieferung des Kopfschusses, bekam unser Unteroffizier mit den fast verheilten Oberarmschüssen den ersten tetanischen Anfall. Und das vier Monate nach seiner Einlieferung! Alle Symptome waren vorhanden, nur Fieber fehlte. Wir spritzten ihm Antitoxin ins Rückenmark, ohne Erfolg. Mich machte der Anblick des Patienten stutzig. Wir machten die übliche, absolut zuverlässige Probe am Kaninchen mit dem Blutwasser des Rückenmarkkanals. Die Probe verlief negativ. Es waren auch keine Tetanusbazillen zu finden. Nach einigen Tagen dann Heilung durch kategorische Erklärung: „Es ist ja gar kein Wundstarrkrampf! *Also:* Der Fall war ein *hysterischer* Tetanus."

Ein zweites Beispiel berichtet Professor Schleich aus seiner Assistentenzeit: „Bei einem mir bekannten Gynäkologen wurde während meiner Abwesenheit ein siebzehnjähriges Mädchen in die Anstalt gebracht, welches behauptete, guter Hoffnung zu sein, von wem, wollte sie nicht sagen. Obwohl das unentwickelte Kind *virgo intacta* (unberührte Jungfrau) war, sollte eine Möglichkeit der Schwängerung wegen des schweren seelischen Leids der Kleinen nicht ganz von der Hand gewiesen werden. Und siehe da! Im dritten Monat war wirklich Gravidität zu konstatieren. Im fünften fühlten wir unter wachsender Gebärmuttervergrößerung kleine Teile, hörten die Herztöne des Kindes, wie stets in der Schwangerschaft abweichend vom Puls der jungen Mutter. Im sechsten Monat subjektive Bewegungsstöße des Kindes, im neunten normaler Stand der Gebärmutter. Wir glaubten Schädellage feststellen zu können. Im zehnten, im elften Monat Stillstand, aber keine Geburt! Im zwölften Erklärung des Professors: „Meine Herren, wir müssen uns geirrt haben, es ist keine Schwangerschaft, sondern eine Geschwulst. Operieren wir also." Der Leib wurde geöffnet, und es ergab sich – nichts. „Normale Gebärmutter, normale Eingeweide, keine Geschwulst im Leibe. *Also Hysterie!"* sagte kopfschüttelnd der Professor."

Ein Unteroffizier produziert plötzlich alle Symptome (das Bild) des Tetanus so vollständig und richtig, daß die Ärzte darauf hineinfallen. Nur weil das Wort Tetanus in einem Augenblick gefallen ist, wo der Unteroffizier, der das Wort vielleicht gar nicht kannte, besonders „angegriffen" und sein Einbildungsvermögen besonders rege war. Im anderen Fall eines jungen Mädchens in den Pubertätsjahren, wo viele junge Mädchen besonders „sensibel" (einbildungsfähig) sind, sogar medial werden, was später wieder vergeht. In beiden Fällen erklärt der Arzt: *Also Hysterie.*

In einer Berliner Tageszeitung, also gewiß an keiner Stelle, die zur Magie neigt, erzählte im Herbst 1926 ein bekannter Schriftsteller von seinem Besuch bei der italienischen Nonne Elena Aielle. Sie reicht ihm die Hand. „Da sehe ich in der Mitte der Fläche ein rotes Wundmal, das durchzugehen scheint, denn auf dem Handrücken findet es sich noch einmal." Die Nonne erzählt dem Schriftsteller ihre Geschichte, wie sie sich „intensiv mit dem Neuen Testament befaßte", so daß sie Visionen bekam und an einem Karfreitag in tiefe Ohnmacht fiel. Am Ostersonntag erwachte sie „und an ihrem Körper fand sie frisch getrocknete Wunden, zwei an den Füßen, groß, wie von einem durchgeschlagenen Nagel herrührend, und zwei ähnliche an den Händen, die ich wohl sähe (o ja, ich sah sie genügsam und erschauerte davor) und einen Stich in der Brust und um die Stirn die Spuren einer Dornenkrone. (Sie verschiebt den Nonnenschleier ein wenig. Auch das sehe ich mit meinen Augen und muß verstummen.)" *Hysterie!* sagt natürlich auch der bekannte Schriftsteller und glaubt damit mehr als ein aus dem Griechischen stammendes Wort zur Sache gesagt zu haben. Bezeichnenderweise stieß er übrigens in Montalto bei der Nonne auf noch einen interessanten Mann, einem amerikanischen Filmoperateur, der auf neue „Wunder" wartete, um sie kurbeln zu können!

Die Geschichte der Heiligen aller Völker und Zeiten ist voll von solchen „Wundern". In ihrer Jugend Maienblüte lachte die „Aufklärung" darüber, erklärte alles für Humbug und sah in den Heiligen bestenfalls betrogene Betrüger. Seitdem die Wissenschaft den „Wundern" aber einen fremdklingenden Namen zur Erklärung mit auf den Weg gegeben hat, ist auch der Rationalist vollauf befriedigt. Mit diesem Namen ist die Sache plötzlich aus dem Reich der Dämonen in das Reich der Wissenschaft versetzt, zwischen zwei Buchdeckel gepreßt wie eine Pflanze in ein Herbarium, und die Naturgesetze sind gerettet. Als ob es außerhalb rationalistischer Wahrnehmungsmöglichkeiten keine Naturgesetze gäbe!

In unserem Zusammenhang handelt es sich bei diesen Beispielen aus jüngster Zeit, einerlei, ob uns der Name Hysterie zur Erklärung genügt oder nicht, vor allem darum, daß wir auch an ihnen deutlich wahrnehmen können, welche schöpferische Macht selbst heute noch unter für sie günstigen Umständen die Einbildungskraft haben kann. Weshalb soll sie nicht leichter und stärker wirksam gewesen sein in Zeiten, wo der Mensch noch nicht ausschließlich unter der Tyrannei des Verstandes lebte und wahrnahm? Daß der Durchschnittsrationalist das unnormal und krankhaft findet, soll uns nicht anfechten, denn unnormal und krankhaft ist für ihn mehr oder weniger alles, was über Essen, Trinken, Zeugen, Schlafen, Geldverdienen, Geborenwerden, Sterben und Verwesen hinausgeht, also ungefähr alles, was den Menschen vom Tier und von der Maschine zu seinem Vorteil oder Nachteil unterscheidet. Auf die hierhergehörenden Experimente zweier französischer Naturwissenschaftler mit in Tiefschlaf versetzten Somnambulen können wir aus Raumgründen leider nicht eingehen.

ÄGYPTEN

„Eine Zeit wird kommen, wo es scheinen wird, als hätten die Ägypter vergebens fromm und eifrig der Gottheit gedient, denn die Gottheit wird von der Erde in den Himmel zurückkehren und Ägypten wird verlassen dastehen, und das Land, das der Sitz der Religion war, wird die Götter nicht mehr beherbergen ... O Ägypten, Ägypten! Von deinem Glauben werden nur Fabeln übrigbleiben, die den späteren Geschlechtern unglaublich dünken, und nur Worte werden übrigbleiben auf den Steinen, die von deinen frommen Taten erzählen."

Pseudoapulejus

Tierkult und Bildsichtigkeit

Glaubten wir in den Berosus-Fragmenten und im Gilgameschepos noch letzte Spuren längst vergangener natursichtiger Zeiten finden zu können und in ihrer Erhaltung bis in die geschichtlich greifbaren Zeiten der Babylonier- und Assyrerherrschaft einen Beleg für den inneren Zusammenhang einer vorgeschichtlichen und einer historischen Menschheitsperiode, bestätigt durch mancherlei altbabylonisch-sumerische Mythen, so sei jetzt der Versuch unternommen, den ägyptischen Tierkult in dieselbe Beleuchtung zu rücken. Das soll uns, wie Berosus und Gilgamesch das Verständnis für babylonische Magie erleichterten, das Verständnis für ägyptische Magie erleichtern helfen. Wir stoßen auf einen ausgebildeten Tierkult in den ältesten uns noch erkennbaren Zeiten ägyptischen Lebens und finden ihn wieder neu in einem letzten, gewaltigen Aufflammen am Ende der ägyptischen Geschichte, wo er namentlich bei den Griechen immer neue Verwunderung und bei den Rationalisten unter ihnen wilden Hohn hervorrief. Seitdem es bei den Griechen und später auch bei den Römern zum guten Ton gehörte, Ägypten kennenzulernen, weil seine Einwohner für besonders fromm galten (das heutige Europa erlebte eine ähnliche Mode dem Buddhismus gegenüber), hat sich jeder schriftstellernde Reisende auch mit dem ägyptischen Tierkult abgegeben. Von Herodot, dem ersten griechischen Besucher des Niltals, von dem wir wissen (450 v. Chr.), bis zu Diodor (57 v. Chr.). Um 120 v. Chr. befaßt sich auch Plutarch ausführlich damit. Jeder suchte eine andere Erklärung für den Tierkult, denn sie alle hatten vergessen, daß es derlei auch einst in Griechenland und in Rom gegeben hatte, wenn der Adler auch längst zu einem bloßen Diener und Begleiter des Zeus geworden war, Pfau oder Rind für Hera oder die Eule für Athene längst ebenfalls nicht mehr bedeuteten. Am heftigsten spottete Lucian, und Dio Cassius berichtet von Kaiser Augustus, daß er den Apis nicht sehen wollte, denn er sei gewohnt, Götter anzubeten, nicht Stiere.

Seitdem der geniale Champollion dank einem Raub Napoleons die Hieroglyphen entziffert hat, beschäftigte der Tierkult die Ägyptologen erst recht, und die Erklärungsversuche der Griechen und Römer wurden noch um verschiedene jungeuropäische vermehrt oder miteinander kombiniert. Erst seit dem Neuaufleben der Religionswissenschaften in Verbindung mit der Völkerkunde kommt man der Wahrheit nach und nach ein wenig näher. Namentlich bei den französischen Ägyptologen nutzte man den sogenannten Totemismus zur Erklärung des ägyptischen Tierkults. Das Wort Totemismus kam von Amerika her in den wissenschaftlichen Sprachgebrauch. Es stammt aus einem Indianerdialekt. Die Sache selbst findet sich heute noch bei vielen „Naturvölkern“ oder letzten Resten früherer Kulturvölker, will man in all diesen „Naturvölkern“ oder Überbleibseln von alten Kulturvölkern nicht mit manchen Rasseforschern von heute einfach eine besondere Rasse finden, die sogenannte ostische, der die Rassekunde überhaupt die Fähigkeit zu einer höheren Kultur abspricht, eine Hypothese, die mir aber noch nicht auf sehr festen Füßen zu stehen scheint.

Jener amerikanische Indianerstamm z. B. nannte den Wolf seinen „Totem“. Daher der Name Totemismus. Der Wolf war der Urahn seines Stammes, der in grauer Vorzeit wie alles Lebendige seinen Ausgang aus der Sonne nahm. Mit der Zeit wuchsen diesem Urwolf menschliche Glieder, er beseitigte seine Körperbehaarung und wurde so ein Wolfsmensch. Als Wolfsmensch ist jedes Mitglied des betreffenden Stammes der nächste Verwandte des Wolftieres. Jeder Wolf ist deshalb für den Stamm „tabu“ und darf als Totem weder gejagt, noch getötet, noch gegessen werden: „Bruder Wolf.“ Alles Leben und alle Kraft des Stammes kommt von jenem Urwolf, seinem Vater und Wohltäter. Deshalb trägt jedes Stammesmitglied das Bild des Wolfes an seinem Körper. Bei den Pubertätsweihen wird es ihm aufgemalt. Man unterzeichnet mit dem Wolfsbild jede Urkunde, malt es auf Waffen, Häuser und Geräte, schnitzt es auf einen Pfahl am Eingang zum Dorf und zur Hütte. Man schreibt es auch jedem aufs Grab, der im Tod zu seinem Totem zurückkehrt, aus dem immer wieder neue Wölfe und Wolfsmenschen geboren werden. Als Einzelperson hat das Mitglied eines Totem keinerlei auszeichnende Bedeutung. Nur als Angehöriger seines Totem kommt er für Leben und Sterben in Betracht. Auch bei der Befruchtung der Frauen des Stammes wirkt der Totem mit. Droht dem Stamm Erschöpfung oder Entartung, so hat sich die Häuptlingsfrau mit dem Totem zur Auffrischung des Blutes zu vereinigen. Ist der Totem etwas Unlebendiges, geht die Vereinigung symbolisch vor sich. Ist der Totem aber ein Tier, etwa ein Wolf, so hat sich die Häuptlingsfrau mit einem Wolf als Totemtier zu vereinigen. Sonst dürfen die zu demselben Totem Gehörenden nicht untereinander heiraten. Männer und Frauen müssen aus den Stämmen mit einem anderen Totem genommen werden. Die Kinder gehören stets dem Totem der Mutter und ihrem Stamme zu. Nach späteren Anschauungen kann sich der Totem, der Schutzpatron des Stammes, um es einmal so auszudrükken, überhaupt von der Erde zurückziehen und wird dann ein Gott.

Von diesem ganzen Vorstellungskreis und den zu ihm gehörenden Riten, wie man sie heute noch bei manchen von keiner Kultur beleckten Volksstämmen antrifft und beobachtet hat (J. Frazer, Dürckheim und van Gennep z. B.) findet sich manches, nicht alles, in der antiken Kulturwelt wieder, namentlich in Ägypten, das in seinen 42 Gauen einst den verschiedensten Tieren göttliche Ehren erwies wie nur je ein heutiger Indianerstamm seinem Totem. Selbst von dem, was uns bei diesem Kult heute am meisten abstößt, die Vereinigung des Totemtieres als Stammesgott, als Schutzpatron mit der Häuptlingsfrau, finden sich in Ägypten noch deutlich erkennbare Spuren. Nur daß der Totem bald die Gestalt des Pharao annimmt. Ist in Theben in Oberägypten der „Stier zu Heliopolis“ dem Gotte Amon gleichgesetzt, so vollzieht er in der Gestalt des Pharao die Hochzeit mit der Königin, die dadurch zum Gottesweib wird und zur irdischen Verkörperung der „Hathor“ (Seite 155):

„Dieser herrliche Gott Amon, der Herr der 'Throne der beiden Länder', kam, nachdem er die Gestalt der Majestät ihres Gatten angenommen hatte, nämlich des Königs N. N. von Ober- und Unterägypten. Sie (die Vereinigung von Amon und Pharao) fanden sie (die Königin), als sie in der Schönheit ihres Palastes schlief. Sie erwachte von dem Wohlgeruch des Gottes, und sie lachte in der Gegenwart seiner Majestät. Er kam zu ihr geradewegs. Er entbrannte für sie. Er schenkte ihr sein Herz. Er ließ sie ihn schauen in seiner Göttergestalt, als er vor sie getreten war. Sie freute sich, als sie seine Schönheit erblickte, Liebe zu ihm durchströmte ihren Körper. Der Palast war durchflutet von Geruch des Gottes, alle seine Düfte waren wie von Punt (woher alle Wohlgerüche kamen). Dann tat die Majestät des Gottes mit ihr alles, was er wünschte. Sie ließ ihn sich an ihr erfreuen. Sie küßte ihn ... “

Jeder fühlt aus der Schilderung dieses Beilagers noch das tief Kultisch-Religiöse durch, wie es das Wesentliche jedes Totembrauches ist, und wie es dann von Ägypten aus als Hiëros Gamos (heilige Hochzeit) über Alexandrien in die spätgriechischen Mysterien eindrang und natürlich in entarteten Zeiten Anlaß zu scheußlichen Mißbräuchen gab, weshalb der ganze Brauch von den ersten Kirchenvätern der jungen Christenheit auf das heftigste bekämpft wurde. Aber noch Mederech, Alemannenfürst am Rhein, rühmte sich, in die „griechischen Mysterien“ (es waren die der ägyptischen Isis) eingeweiht zu sein. In der St.-Ursula-Kirche in Köln befindet sich eine kleine Statue der „unbesiegten Isis“ (Isidi invictae) als Säulenkapitell, und unweit der Kirche fand man das Grab des Ägypters Horus, Sohn des Pabek, der vermutlich Priester der Göttin war. Wir können in diesem Fall also den Weg ägyptischer Anschauungen vom Nil bis zum Rhein deutlich und unwiderlegbar verfolgen. Professor Jostes in Münster, ein gewiegter Kenner gallischer und germanischer Mythologie, bringt sogar den Namen Ursula, die Koseform für Ursa, mit dem Namen Isis in Zusammenhang.

Erinnern wir uns wieder der Typentheorie und der zu ihr gehörigen Lehre von den Zeitcharakteren, wonach der Mensch seit seinen ersten Anfängen an den jeweils in einer geologisch-biologischen Epoche gerade vorherrschenden Erscheinungsformen des Lebens teilhatte.

Wenn wir sagen, daß sich einer wohl fühle wie ein Fisch im Wasser, giftig sei wie eine Natter, mutig wie ein Löwe, blutgierig wie ein Tiger, starrköpfig wie ein Esel, beschwingt wie ein Vogel, neugierig wie eine Elster, geschwind wie ein Affe, anhänglich wie ein Hund und dergleichen mehr, liegt dem am Ende auch noch etwas mehr zugrunde als ein rein äußerlicher Vergleich. Ebenso, wenn Malern und Dichtern, also noch intuitiv begabten Menschen, ganz plötzlich Menschengesichter auf der Straße wie Tiergesichter aussehen. Hat der Mensch nicht nur alle Formen organischen Lebens durchwandert auf seinem unendlich weiten Weg zum „apollonischen" Menschen der griechischen Klassik, dem dionysischen Menschen der griechischen Orphik und dem reinen Gehirnmenschen der Gegenwart, sondern seit dem Alttertiär, wo die Hauptzeit der Säugetiere beginnt, auch die verschiedensten Zeitcharaktere des ganzen Känozoikums (Zeittafel Seite 18), so ist seine Formverbundenheit mit der Tierwelt eine viel engere, als man heute noch gemeinhin annimmt. Erlischt erst mit dem Diluvium die Natursichtigkeit, und befinden wir uns in der glücklichen Lage, heute gerade in Ägypten aufgrund von Funden bei Negada in Oberägypten (Negadazeit) in das ägyptische Diluvium hineinsehen zu können, so brauchen wir uns gar nicht zu wundern, wenn statt der späteren Götterbilder im Innersten der bescheidenen Tempel damals lebende Tiere verehrt wurden. Daß gerade die Ägypter, als ausgesprochenes Bauernvolk, das zu allen Zeiten und überall naturnah bleibt und stets „konservativ" ist, was die Ägypter bis zum Ende ihrer Geschichte in ungewöhnlich hohem Maße blieben, das uralte, naturbedingte Verhältnis zu den Tieren ihres Landes: Falke, Wolf (Schakal), Kuh, Krokodil, Affe, Schlange, Nilpferd, nie ganz verloren, ist so selbstverständlich, daß das Gegenteil unverständlich wäre.

Die philologische Wissenschaft, die beim Zählen immer noch sehr ängstlich ist, übersieht heute nach ihren vorsichtigsten Angaben rund dreieinhalbtausend Jahre ägyptischer Geschichte. Platon spricht von 10.000 Jahren. „Wo immer du nachforschest, wirst du vor 10.000 Jahren, und das nicht, wie man so zu sagen pflegt, summarisch, sondern wirklich vor 10.000 abgezählten Jahren, Malereien und Bildhauereien dort finden, die durch die Kunsterzeugnisse heutigen Tages an Schönheit weder übertroffen sind noch ihnen nachstehen, sondern die aus ganz derselben gleichen Größe der Kultur entstanden sind." Der heutigen Ägyptologie sind die drei großen Abschnitte der ägyptischen Geschichte recht genau bekannt: das sogenannte Alte Reich, unter dessen Pharaonen Cheops und Chefren uns die vertrautesten sind, mit On (Heliopolis) als wichtigster Stadt; das Mittlere Reich der Amenemhets und Sesostrisse (Memphis) und das Neue Reich mit seinen verschiedenen Amenophis (Amenhotep), Ramses und Thutmosis als Herrschern (Theben). Nur über die unruhevollen Jahrhunderte zwischen diesen Hauptabschnitten der ägyptischen Geschichte sind wir recht ungenügend unterrichtet. Aber die magische Grundauffassung der ägyptischen Weltanschauung ändert sich nirgends. Unter den zwanzig Dynastien dieser drei großen Geschichtsperioden und ihren unzähligen Pharaonen hat nur ein einziger eine Umwälzung versucht, ein junger Epileptiker von stark syrisch-semitischer Blutmischung: Amenophis IV. (Echnaton, 1375 – 1358 v. Chr.). Sie überdauerte aber nicht seinen frühen Tod und ist selbst seiner Mumie noch schlecht bekommen. Man spricht da gern von einer Priesterrache, würde aber am Ende doch besser von einer Volksrache sprechen, denn ohne das ägyptische Volk, das gerade damals auf der Höhe eines bis dahin nie gekannten Reichtums und äußerer Machtmittel stand, hätte die Vernichtung aller Erinnerungen an diesen für Weltfrieden und Menschenbeglückung schwärmenden pharaonischen Sonderling unmöglich gelingen können. Es ist wohl nie ein Volk, das wir in seinem Gang durch die Geschichte so gut durch Jahrtausende verfolgen können, in seiner durchaus magischen Weltanschauung so stabil geblieben, um es zeitgemäß auszudrücken, wie das ägyptische. Und wenn seine Gaufürsten sich auch zwischen dem Alten und dem Mittleren Reich zerfleischten oder fremde, semitische Nomaden zwischen dem Mittleren und dem Neuen Reich für Jahrhunderte die eigentlichen Herren wurden, die Nation fand sich immer wieder zu ihrem eigentlichen Wesen zurück, ja die Fremden assimilierten sich ihm über kurz oder lang in auffallender Weise. So stark war Ägypten über Jahrtausende in seiner eigensten Art. Auch wenn es wiederholt Zeiten gab, von denen der weise Ipuwer schreibt, und die uns zuweilen ganz modern anmuten:

„Die Leute sitzen hinter den Büschen, bis der harmlose Reisende kommt, um seine Habe zu rauben. Was er bei sich trägt, wird fortgenommen. Er wird mit Stockschlägen traktiert und unrechtmäßig geschlagen. Kein Handwerker arbeitet, die Feinde des Landes haben seine Kunstwerke zerstört. Das Land dreht sich wie das Rad eines Töpfers. Die Zungen aller Sklavinnen sind frei. Wenn die Herrin speist, ist es den Dienerinnen lästig. Gute Dinge gibt es im Lande, doch sagen die Herrinnen vornehmer Häuser: Hätten wir doch etwas zu essen. Vornehme Damen, die vorher einen großen Besitz hatten, geben ihre Kinder im Tausch gegen Betten hin. Die Kinder der Fürsten werden gegen die Wand geschlagen. *Die erbetene Nachkommenschaft wird auf dem Hochland ausgesetzt.* Der arme Mann ist voller Freude. *Jede Stadt sagt: Laßt uns die Mächtigen unter uns unterdrücken. Wer einst kein Eigentum besaß, ist jetzt ein reicher Mann. Die Armen des Landes sind jetzt reich geworden. Jemand, von dem niemand abhängig war, ist ein Herr von Leibeigenen geworden. Wer niemals ein Boot für sich baute, ist jetzt Schiffsbesitzer. Der sie einst besaß, schaut auf sie, aber sie sind nicht mehr sein Eigentum. Die Provinzen sind vernichtet. Die Wüstenstämme haben die Ägypter überall ersetzt. Nirgends gibt es Ägypter. Siehe, das Delta ist in den Händen derer, die es nicht kennen wie die, welche es einst kannten. Die Asiaten sind jetzt erfahren in der Lebensweise des Flußlandes. Wo sollen wir Zedern herbekommen für unsere Mumien, woher die Erzeugnisse, mit denen die Priester beigesetzt werden, und woher sollen wir das Öl nehmen, um alle Fürsten bis nach Kreta hin zu balsamieren? Sie kommen nicht mehr zu uns. An Gold ist Mangel. Alles Handwerk ist am Ende."*

Trotzdem kommt Ägypten immer wieder zu sich selbst.

Als Reaktion auf die schwere Zeit der Fremdherrschaft, der sogenannten Hyksos, läßt sich eine Dame (eine Neureiche?) in ihrer Grabkammer des frühen Neuen Reiches über den

Kopf schreiben: „Gib mir achtzehn Becher Wein. Siehe, ich wünsche zu trinken bis zur Trunkenheit. Mein Inneres ist so trocken wie Stroh." In thebanischen Grabkammern findet sich nicht selten das Bild einer betrunkenen Dame, der eine Dienerin zu spät mit dem gewünschten Gefäß zu Hilfe kommt, wie dies Bild zeigt:

Der weise Ani muß seinen Sohn warnen:

„Rühme dich nicht, daß du einen Krug Bier trinken kannst. Du sprichst, und ein unverständliches Stottern kommt aus deinem Munde. Wenn du hinfällst und deine Glieder brichst, wird dir niemand eine Hand reichen. Deine Zechgenossen stehen auf und sagen: Hinweg mit diesem Dummkopf. Wenn jemand kommt und dich aufsucht, um dich etwas zu fragen, findet er dich am Boden liegen, und du bist hilflos wie ein kleines Kind."

Ein Lehrer schreibt besorgt und vorwurfsvoll einem Schüler diesen Brief:

„Man erzählt mir, daß du die Arbeit verlassen hast und den Vergnügungen nachjagst. Du gehst von Straße zu Straße, wo es nach Bier riecht, bis du zugrunde gehst. Bier scheucht die Menschen von dir weg, es bringt deine Seele zum Verderben. Du bist wie ein zerbrochenes Steuerruder in einem Schiff, das nach keiner Seite gehorcht. Du bist wie eine Kapelle ohne ihren Gott, ein Haus ohne Brot. Du sitzt mit den Dirnen und hast ihren Geruch angenommen. Der Blumenkranz hängt dir im Nacken, und du trommelst auf deinem Bauch. Du stolperst, und dann fällst du auf dein Gesicht und bist mit Schmutz befleckt."

Die Ägypter waren ja durchaus keine schwerblütigen Kopfhänger, sie liebten Bier, Gänsebraten, Musik, lebhafte Farben, Tanz und namentlich Blumen über alles. Nie hat ein Volk das Innere seiner Gräber mit soviel Innigkeit und hellen Sinnen ausgestattet. Sie waren in ihren besten Zeiten gewiß kein Volk von Melancholikern, wie wir manchmal annehmen möchten, weil das meiste, was wir von ihnen wissen, aus Gräbern stammt. Aber von ihrem Trieb zur Magie und allem, was damit zusammenhängt, ließen sie so wenig wie von dem uralten Tierkult, dessen Volkstümlichkeit wir erst so recht erkennen, als es mit der Selbständigkeit des Volkes endgültig aus ist.

Noch aus dem Ende des Neuen Reiches ist der Brief eines hohen Offiziers auf uns gekommen, der den ägyptischen Geist auch in der Spätzeit noch unverändert zeigt. Der Offizier war Witwer geworden und erkrankte bald darauf. Die Krankheit schrieb er dem Zorn seiner verstorbenen Frau zu, richtete deshalb an ihren „vortrefflichen Geist" einen ausführlichen Brief, den er bei der nächsten Totenfeier in der Grabkammer seiner Frau erst vorgelesen und dann ihrer Statue angeheftet hat, wo der Brief sie nach ägyptischer Anschauung erreichen mußte. Aus seinem Inhalt sei das Wesentliche hier mitgeteilt:

„Was habe ich dir Böses getan, daß ich in diesem bösen Zustand bleiben soll, in dem ich jetzt bin? Was habe ich gegen dich getan, daß deine Hand gegen mich erhoben werden soll, obwohl ich dir doch nichts Böses getan habe? Von der Zeit an, in der ich als Gatte mit dir zusammen war, was habe ich gegen dich getan, das ich verbergen müßte? Ich will durch die Worte meines Mundes bestehen vor dir und den neuen Göttern des Westens (des Totenreichs), und man wird ein Urteil fällen über dich und diesen Brief, der mit dir spricht, *nämlich diese Klage. Was habe ich gegen dich getan? Du warst meine Gattin, als ich ein Bürschchen war, und ich war immer mit dir. Wenn ich irgendeinen Dienst ausübte, ich war mit dir. Ich verließ dich niemals, noch machte ich dein Herz traurig. Aber siehe, du machst mein Herz nicht froh, deshalb will ich ein Urteil über dich herbeiführen, und man soll Recht und Unrecht unterscheiden. Siehe, als ich Lehrer der Offiziere des Heeres und der Wagentruppe des Pharaos war, ließ ich sie kommen und sie sich vor dir niederwerfen, und ich ließ sie alle guten Dinge bringen, um sie vor dir niederzulegen … Wahrlich, du kennst nicht das Gute, das ich dir getan habe. Ich*

sandte (als er mit dem Pharao abwesend war), um zu erkunden, wie du dich befändest, und wenn du krank warst, schickte ich dir einen Oberarzt, und er verordnete dir etwas, und er tat, was du getan haben wolltest ... Als ich nach Memphis zurückkehrte, bat ich den Pharao, und ich begab mich da hin, wo du warst (zu ihrem Grab), und ich betrauerte dich sehr mit meinen Angestellten vor meinem Wohnhaus. Ich gab ein Gewand von oberägyptischem Leinen, um dich hineinzuwickeln, und ich ließ viele andere Gewänder für dich anfertigen und ließ nichts Gutes für dich ungetan. Jetzt habe ich wahrlich drei Jahre bis jetzt verbracht, indem ich blieb, wie ich bin (nämlich Witwer) und nicht in ein Haus eintrat (um wieder zu heiraten), obwohl es nicht Sitte ist, daß jemand wie ich genötigt wird, so zu handeln. Wahrlich, du unterscheidest nicht Gut von Böse! Aber man soll zwischen dir und mir entscheiden." (nach Erman).

Also immer noch zähestes Festhalten an typisch ägyptischen magischen Vorstellungen, die, aus Urzeiten stammend, beim Ägypter durch Jahrtausende unverändert in Brauch bleiben, genau wie der Tierkult, mochte das urtümliche Organ für beides auch der Allgemeinheit längst entschwunden sein und seine Wirkungen nur noch von einzelnen Priestergruppen in ihrem tieferen Sinn verstanden werden.

So wußte z. B. dank sicherer, unzerstörbarer Tradition auch der Ägypter, der unter Perser-, Griechen-, oder Römerherrschaft stand, noch ohne weiteres, was obenstehendes Bild darstellte.

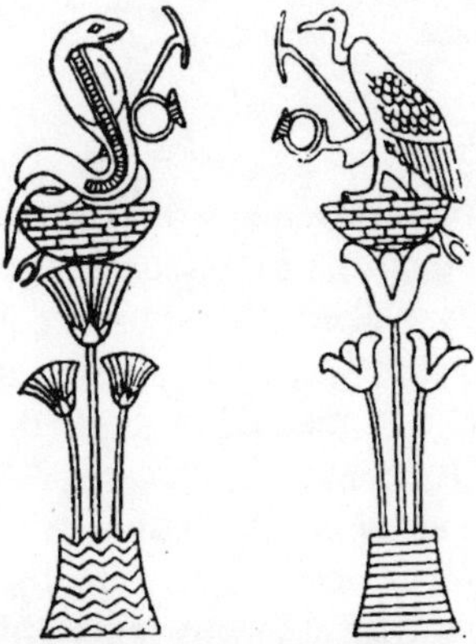

Dies Tier, „das auf seinem Traggestell stand", die Griechen bezeichnen es als Wolf, war Gott *Wep-wawet*. Die hier abgebildete Schlange und der Geier waren die Göttinnen *Buto* und *Nechbet* (Abbildung links).

Die Katze mit der Sistrumklapper der Tänzerinnen in der rechten Hand und dem Korb am linken Arm ist die Göttin *Bastet*. Wie eine ägyptische Frau aus dem Volk macht sie sich auf den Weg, ihr Reich zu durchstreifen. Die Hand mit dem Körbchen am Arm hält einen kleinen Schild mit Löwenkopf, eine magische Schutzwaffe gegen die Dämonen, ein Amulett (links). Hier finden wir die Katze auch als Mumie (rechts).

Und der abgebildete *Holzsarg eines Ibis* zeigt auch den Mann, der ihn hat begraben lassen und ihm räuchert.

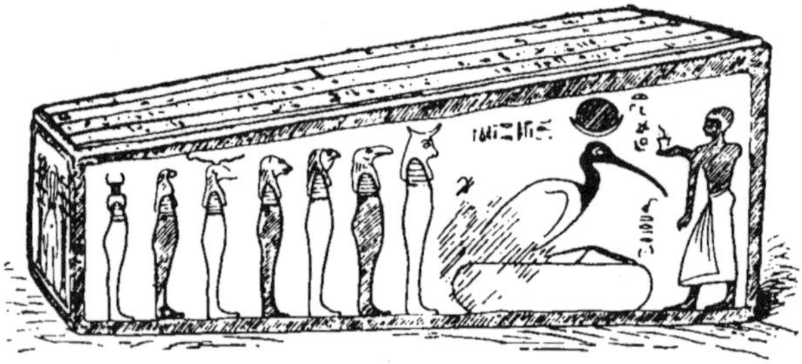

Unter allen Tiergöttern aber ist der verbreitetste der *Falke*. Man umschnürt ihn sogar mit Mumienbinden.

Die Vorliebe für den Falken ging im Neuen Reich so weit, daß man zuweilen allen Göttern einen Falkenleib gab, auf den man dann den Kopf des Tieres setzte, das man ursprünglich als den betreffenden Gott oder als sein Abbild auf Erden verehrt hatte. So finden wir den Falken mit Schakalkopf, der den Wep-wawet darstellt, oder mit

dem Katzenkopf als Bastet oder den hier abgebildeten Gott *Chnum,* der auf einem Falkenleib den Widderkopf trägt.

Über dem Widderkopf sehen wir noch die dem Chnum zugehörige Krone. So hat der Ägypter in dem kleinen Bild mit einem Blick übersehbar eine ganze Mythologie *plastisch* vor Augen. Das plastische Volk der Erde (Pyramiden, Tempelsäulen, Obelisken, Sphinxe, Götterstatuen) ist auch imstande, seiner oft sehr komplizierten Mythologie in wenigen Strichen einen plastischen, jedem Ägypter sofort verständlichen Ausdruck zu geben. Das folgende Bild vergegenwärtigt den Ägyptern mit einem Blick einen ganzen Schöpfungsmythos:

Die Enkel des Sonnengottes Re waren der Gott Keb (Erde) und die Göttin Nut (Himmel), die zuerst noch nicht getrennt waren, sondern aufeinanderlagen. Da schob sich Res Sohn Schu (Luft) zwischen seine beiden Kinder (Keb und Nut), hob Nut in die Höhe, so daß Keb unten blieb. Mit Nut aber hob Schu alle bis dahin geschaffenen Götter, auch die Sonne (Re) selbst, in die Höhe, die Nut zählte und zu Sternen machte. So fahren sie denn jetzt in ihren Schiffen auf dem Leibe der Nut. Auch ein anderer Mythos findet hier seinen bildlichen Ausdruck, indem erzählt wird, wie Re klagt, sein Herz sei müde, noch länger mit den Menschen zu sein. Da rief Res Vater Nun (Urozean) die Nut. Auf ihren Rücken setzt sich Re und hob ihn in die Höhe, so daß der Himmel entstand. Als Nut nun hinunterblickte, zitterte sie vor der Höhe. Da rief Re den Schu: „Mein Sohn Schu, stelle dich unter meine Tochter Nut, nimm sie auf deinen Kopf.“ Seitdem stützt er Nut, an deren Leib die Sterne glänzen. Den ägyptischen Bauern ältester Zeit war der

Himmel auch eine gewaltige Kuh, deren Beine auf der Erde stehen. Von Schu und anderen Göttern wird sie gehalten. Diesen Mythos finden wir im Grabe Sethos I. so dargestellt:

Wie lebendig dem Ägypter sein Verhältnis zum Tierkult blieb, zeigt nichts deutlicher als der Umstand, daß seine Götter immer wieder Tierköpfe bekamen, als im Innersten der Tempel längst nicht mehr Tiere gehalten, sondern Götterstatuen verehrt wurden. *Re,* der Sonnengott, sah dann z. B. so aus (Bild rechts):

Anubis, der alte Totengott von Abydos, den dann Osiris verdrängte, hatte einen Wolfs- oder Schakalkopf, denn das Land der Toten lag im Westen, wo auch die Wüste lag, wo die Schakale lebten (Bild links).

In Memphis war der ursprüngliche Herrscher der Toten der falkenköpfige *Sokaris* mit seinem berühmten Heiligtum Rosetau (das Tor der Gänge, das heißt Pforte der Unterwelt) (links).

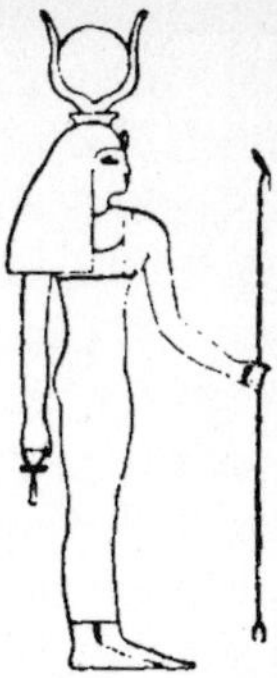

Und wenn man *Hathor,* der Himmelskuh, menschliche Gestalt gab, setzte man ihr wenigstens Kuhhörner auf (oben rechts).

Sie war die Hauptgöttin der Frauen, und ihr Tempel in Dendera steht noch heute. Schon in sehr alter Zeit gibt man ihr einen menschlichen Kopf, an dem aber nicht nur die Ohren an die Kuh erinnern.

Das Bild des Re (S. 158) hat aber nicht nur einen Falkenkopf, sondern über ihm auch noch die Sonnenscheibe, wie sie auch Hathor zwischen ihren Kuhhörnern trägt. Wir Verstandesmenschen von heute finden das ein wenig kindisch, denn wir denken ja nur noch und *sehen* nicht mehr. Auch der ungelehrteste Ägypter hatte in so einem Bild auf einen Blick einen ganzen Religionsmythos und seine Entwicklung beisammen. Das war um so wichtiger, als alle 42 Gaue seines Landes ihre Lokalgötter besaßen, von denen bald dieser, bald jener, je nachdem, ob der betreffende Gaufürst und seine Priesterschaft über andere Gaue Macht gewann oder gar über ganz Ober- und Unterägypten Herr wurde, an die Spitze der ägyptischen Götterversammlung trat. Der Tierkopf, das Zeichen darüber, die Sonne oder die Krone von Unter- und Oberägypten, zeigten jedem sofort die mythische Bedeutung des Gottes an und zugleich sein Werden und Wachsen aus der ägyptischen

Geschichte. Es ist auch klar, daß der Ägypter trotz seiner vielen Lokalgötter ein Auge, einen Blick für ihre innere Verwandtschaft, ja Einheitlichkeit bekam, wenn gleicherweise Re die Sonnenscheibe zeigt wie Hathor und etwa auch die hier abgebildete löwenförmige *Sechmet* von Memphis. Sozusagen ein *sichtbarer* Weg vom Polytheismus weg zu einer Verfassung auf einen gewissen Monotheismus (Theopantismus) hin, um es so vorsichtig wie möglich auszudrücken.

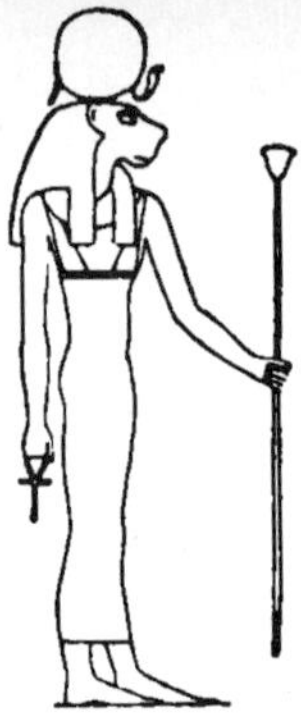

Erst die berühmteste und vermenschlichste aller ägyptischen Gottheiten, die *Isis,* kommt ohne Tierkopf, Tier- oder sonstige Abzeichen aus, trägt dann aber, damit der Ägypter sie sofort erkennt, wenigstens das Schriftzeichen ihres Namens auf dem Kopf, wie auf dem folgenden Bild.

Aber man gab einem Gott je nach der Gestalt, in der man ihn verehrte, auch verschiedene Namen, ohne zu vergessen, daß es im Grunde immer ein und derselbe Gott ist. Dachte man bei dem obersten Gott an das Tagesgestirn, so hieß er Re (Sonne). Dachte man ihn sich als Falke mit leuchtenden Augen (der „Milan" ist heute noch überall in Ägypten zu Hause), so hieß er Horus oder Hor-achte (der Horus vom Horizont). Aber da der Mistkäfer (Skarabäus) eine Kugel vor sich herschiebt, aus der seine Brut sich selbst erzeugt, nahm man ihn auch als Bild des höchsten Gottes. Er hieß dann Chepre. Verkörperte man ihn hingegen in der menschlichen Gestalt des Pharao, hieß er Atum. Da für die Bewohner des Niltals das Hauptbeförderungsmittel das Schiff war, so fuhr auch Re im Schiff über den Himmelsozean. Aber zuweilen sehen wir ihn als Chepre (Käfer) oder als Falke (Horus) in seinem Schiff oder widderköpfig wie bei seiner nächtlichen Fahrt durch die Unterwelt. Das folgende Bild zeigt ihn so. Er thront in seiner Kapelle wie im Tempel. Vor ihm steht der ibisköpfige Thoth, der Erfinder der Schriftzeichen und Schreiben der Götter, und hält dem Weltregenten als sein Großwesir Vortrag:

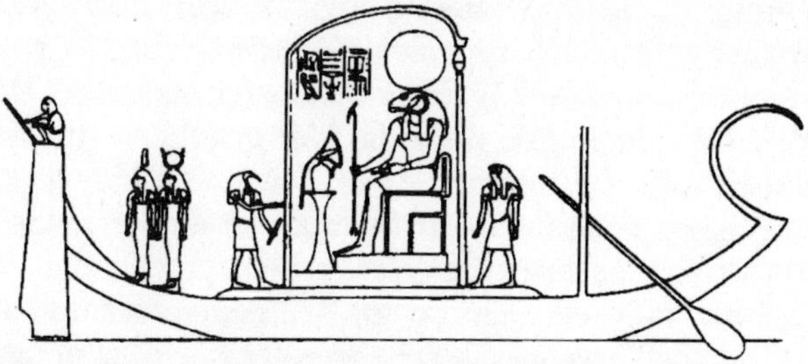

Re kann auch weder tierische noch menschliche Form haben. Dann sehen wir ihn etwa wie im folgenden Bild nur als Sonnenscheibe, die mit einem Vogelgefieder über den Himmel fliegt. Das ist dann „Der von Edfu" (in Oberägypten, dessen Tempel heute noch vollkommen erhalten ist). In dieser Form wurde „Der Horus von Edfu" gern an den Tempeltüren angebracht.

An dieser Abbildung interessiert uns nun noch besonders die Schlange, die rechts und links (der Ägypter zeichnet nicht perspektivisch) von der Sonnenscheibe angebracht ist. Wir finden diese Schlange auch an der Sonne auf dem Bild der Sechmet (S. 160) und noch deutlicher auf dem Gestell von Wep-wawet (S. 155). Es ist die Brillenschlange, die in gereiztem Zustand den Hals schildartig ausbreiten kann, den Vorderkörper aufrichtet und gegen den Feind anspringt. Es ist dieselbe Schlange, die jeder Pharao an der *Stirn* trägt. Von ihr ist auch in dem schon erwähnten und nach Roeder angeführten alten Mythos die Rede. Folgen wir bei der Verdeutschung der dunklen Stelle nicht nur Roeder, sondern auch Erman, so erklärt dieser: „Da nahm der Gott das Auge und setzte es als *Schlange vorn an seine Stirn*, und das Sonnenauge beherrscht nun die ganze Welt, denn die Schlange, die Re an der Stirn trägt, ist ja das Zeichen seiner Macht." Das ist die viel begrübelte und gedeutete „Uräusschlange". Warum sitzt sie gerade an der Stirn? Weshalb trägt sie der Pharao nicht z. B. am Hals, am Arm oder sonstwo? Weniger gekünstelt als andere Deutungen scheint mir immer noch die hier gegebene zu sein, daß sich darin eine Erinnerung an jene Zeit ausspricht, wo die Natursichtigkeit noch der beste Schutz war, da der Mensch mit ihrem Verlust, bevor er den Verstand entsprechend geübt hatte, auf das äußerste allen Lebewesen gegenüber im Nachteil war, die das Stirnauge als Zeitcharakter noch bis in die erste Quartärzeit behielten. Der bild- und symbolkräftige Ägypter konnte dafür in seinem Land gar keinen besseren Ausdruck finden als in der jedem, den sie anspringt, so gefährlichen Brillenschlange. Jedem, der hinter ihr steht, mußte sie also ein großer Schutz sein, fast so groß wie jener andere, von dem der Mensch der Steinzeit noch durch Hörensagen wußte. Kein Wunder, daß die Uräusschlange dann, als die Göttlichkeit des Pharao sozusagen demokratisiert wurde und, wie erst jedem vornehmen Mann, später auch jedem anderen Ägypter mit Hilfe der Magie zuteil werden konnte, bald zu den beliebtesten Amuletten gehörte, wie das Halsband (links) zeigt.

Ebenso stammt noch aus den ältesten Zeiten, da der Tierkult in seiner ersten Blüte stand und aus der gefährlichen Brillenschlange der wirksamste Schutz der Pharaonen werden konnte, die älteste Tracht des Pharao, deren wesentlichstes Stück wir auch bei Götterbildern wiederfinden. Er trug nämlich hinten am Hüftband einen lang herabhängenden Tierschwanz, den die Ägyptologen als Schakalschwanz bezeichnen. Man betrachte das Bild auf der folgenden Seite.

Das Relief stammt aus der 5. Dynastie (2750 – 2625 v. Chr.). Es stellt links den König Sahura mit der Krone von Unter- und mit der Krone von Oberägypten dar. Rechts tötet er, die Krone von Oberägypten auf dem Haupt, einen Feind. Bei allen drei

Figuren sieht man den Tierschwanz vom Rücken herabhängen. (Ob der Teufel im christlichen Mittelalter wohl aus ähnlichen Erinnerungen und Erwägungen ebenfalls einen Tierschwanz erhielt?)

Das Verhältnis der ägyptischen Gaufürsten zueinander können wir uns für ältere Zeiten immer noch am leichtesten in einer „Entsprechung" zu den Häuptlingen innerhalb ihrer Stämme vorstellen, wie wir es heute noch bei den erwähnten Indianern und anderen „Naturvölkern" finden. Jeder Stamm besaß sein Totemtier. Dem Häuptling, dem Gaufürsten stand es besonders nah. Wurde ein Gaufürst durch kriegerische oder durch andere Tüchtigkeit zum Herrn vieler oder gar aller unterägyptischen und oberägyptischen Gaue, so wurde natürlich sein Totem auch der angesehenste unter allen, ohne daß deshalb der Totem des Einzelgaues verschwand. Er trat nur hinter dem anderen zurück, bis die geschichtliche Lage sich wieder änderte und ein neuer Totem (es waren nicht immer Tiere) mit seinem Gaufürsten andere überragte. Mit dem Pharao (deutsch: Großes Haus, ähnlich wie wir von der „Hohen Pforte" sprechen) herrschte auch sein Totem, ohne daß die anderen bei diesem konservativen Bauernvolk deshalb verschwunden wären. Sie verblaßten nur für mehr oder weniger lange Zeit, starben aber nicht. Es scheint uns dann zuweilen so, als nähere sich die Vielgötterei (Polytheismus) immer mehr dem Monotheismus. Die Priesterschaft ist auch offensichtlich immer mehr diesen Weg gegangen, ihr wurden die vielen Götter immer mehr zu verschiedenen Aspekten ein und desselben Gottes. Aber die Landbevölkerung hat diese Entwicklung in den Hauptstädten bewußt und gewollt schwerlich mitgemacht. (Städte wie Memphis und Theben waren übrigens in ihren Glanzzeiten nicht weniger bevölkert als heutige Großstädte. Theben scheint in der Blütezeit des Neuen Reiches vier Millionen Einwohner gehabt zu haben, stand also darin nicht hinter dem jetzigen Berlin zurück.) Schon sehr früh reduziert sich in der Priesterschaft die Unzahl Götter der 42 ägyptischen Gaue zur Neunzahl, der „Neunheit von Heliopolis“:

Sonnengott (Re)
Schu – Tefnet
Keb – Nut
Osiris – Isis – Seth – Nephthys

Im Volk hat sich dieses System aber schwerlich durchgesetzt. Im Volksbewußtsein waren schließlich Osiris und Isis die Götter, die es beherrschten. Und wenn diese Götter in der ägyptischen Theologie auch zeitweise stark vergeistigt, d. h. rationalisiert wurden, der ägyptischen Wesensart entsprach das nicht. War der Ägypter in den paar Tausend Jahren seiner Geschichte, die wir heute noch übersehen können, nicht mehr „natursichtig“, so hat er sich doch bis zum Ende seiner Geschichte stärker als jedes andere uns bekannte Volk im Umkreis des Mittelmeeres die Fähigkeit bewahrt, die man *bildsichtig* nennen könnte, die Gabe der Anschauung, die seitdem innerhalb der europäischen Völker immer mehr auf einen Einzelkreis von Menschen beschränkt wurde, die wir Künstler nennen, die zur Zeit in Europa immer mehr verschwinden. Deshalb vermißt der heutige Gelehrte an der ägyptischen Art nichts so schmerzlich wie den Mangel an Logik, weil er vergessen hat, daß die Logik als Verständigungs- und Erkenntnismittel für die Menschheit überhaupt erst eine entscheidende Bedeutung seit der Herrschaft des Rationalismus gewinnt, wie sie mit der griechischen Philosophie seit dem sechsten Jahrhundert v. Chr. einsetzt. Seitdem gebietet die Logik über den „apollinischen“, den rationalen Menschen, aber bis auf den heutigen Tag noch nicht über den magischen, („dionysischen“) Menschen, von dem ein Teil auch jetzt noch in jedem religiösen, künstlerischen, philosophischen Menschen und in allen Kindern lebt. Es gibt glücklicherweise ja auch heute noch außer bei den „Primitiven“ ein *„vorlogisches Denken“*.

Wirklich ist dem magischen Menschen, was er sieht und was er erlebt, was ihm seine scharfen Sinne von der Welt mitteilen, während dem apollinischen (rationalen) Menschen und erst recht dem rationalistischen Europäer von heute nur wirklich ist, was er in Ursache und Wirkung zerlegen und durch Experiment kausal wiederherstellen kann. So ist ihm nach und nach alle Wirklichkeit ihres Seins entkleidet und zur Vorstellung geworden. Der Verstand ist dahintergekommen, daß ihm die Sinne keine Welt zeigen, die er nach Ursache und Wirkung zerlegen und durch Experimente kausal wiederherstellen kann. Die menschlichen Sinne sind unvollkommen, werden mit wachsendem Großhirn zum Teil immer unvollkommener und damit auch die Wirklichkeit, welche sie aufnehmen können. Wenn der Verstand aber daraus folgert, wie es alle rationalistische Philosophie tut, daß schon deshalb als wirklich nur zu gelten habe, was kausal erkennbar ist, weil das Sein der Unvollkommenheit der Sinne unzugänglich sei, so betrügt er sich selbst. Wenn Kant das Gebiet der Erkenntnistheorie innerhalb der Grenzen der Vernunft absteckte, so hat er damit nie behaupten wollen, daß jenseits dieser Grenzen keine Wirklichkeit mehr sei, sondern nur, daß sie mit den Mitteln der Vernunft, d. h. hier des Verstandes, nicht erreichbar wäre. Für den natursichtigen wie für den magischen Menschen war sie stets erreichbar, weil erlebbar; und er ist nie auf den Verstandestrug verfallen, daß die Welt jenseits der Verstandesgrenze nicht wirklich sei, weil sie nicht mit den Verständigungs- und Erkenntnismitteln des Verstandes erklärt werden kann. Jede Wahrnehmung der Sinne, sowenig vollkommen sie auch sein mag, steht der Wirklichkeit immer noch näher als jede nur durch den Verstand von ihr abgezogene Vorstellung. Die Verständigung des magischen Menschen durch Namen und Formeln, des mystischen Menschen durch Bilder und Gleichnisse kommt der Wirklichkeit, dem Seienden, immer noch näher als das Verständigungsmittel des Verstandes, die Logik. Der Verstand ist ja selbst etwas Gewordenes, Werdendes, nicht etwas Seiendes, um es philosophisch, etwas „Wesendes", um es mystisch auszudrücken. Deshalb ist er an die Kategorien von Raum und Zeit gebunden, innerhalb deren es überhaupt kein Sein, sondern nur Werden, also auch Vergehen gibt. So bleibt er durchaus in den Grenzen der Physik; und es könnte überhaupt keine Fragen und Probleme der Metaphysik geben, wenn nicht etwas in uns wäre, das von Raum und Zeit unabhängig ist. Jede Wahrnehmung wirkt ja nicht nur auf das Gehirn, wo sie zur Vorstellung wird, sondern auch auf die Seele, den einzigen Berührungspunkt des Menschen mit dem Sein, seinen „kosmischen Punkt". Was dem Verstand nur als Werden kund wird, kann sich der Seele als Sein offenbaren. Im Traum zeigt sich das deutlich. Jedes Experiment mit Somnambulen, die sich in einem Zustand befinden, den nicht mehr der Verstand regiert, bestätigt es heute. Jede Magie weiß das. Kein Rationalist kann es zugeben.

Der Kampf zwischen natursichtiger, magischer, mystischer Erkenntnis aufgrund von Wahrnehmungen und rationaler Erkenntnis aufgrund der von Vorstellungen abgezogenen Begriffe wird im Abendland zum ersten Mal deutlich erkennbar, als die Griechen über die Wirklichkeit oder Nichtwirklichkeit der Erscheinungswelt, die Welt des Seins und der Welt des Scheins zu philosophieren anhoben. Erst im 19. Jahrhundert schien der Kampf endgültig zugunsten des Verstandes ausgekämpft zu sein. Heute setzt er von neuem ein.

In demselben Augenblick, wo dieser Kampf in der griechischen Philosophie begann (im 5. Jahrhundert v. Chr.), erscheint in der bildenden Kunst der Kampf um die *Perspektive*, die erst zur Zeit der Renaissance auf der ganzen Linie siegte. Erst im Expressionismus von heute wankte ihre Alleinherrschaft zum ersten Mal wieder. Die Kunst der Ägypter kennt ebensowenig wie die der „Naturvölker" oder unverbildeter Kinder die Perspektive. Bei „Naturvölkern" und Kindern könnte man annehmen, es beruhe auf ihrem technischen Unvermögen. Bei der auch technisch so außerordentlich hochstehenden ägyptischen Kunst ist das unmöglich. Ihre „Bildsichtigkeit" verbot das, was wir Perspektive nennen, weil diese keine Wirklichkeit gibt, sondern nur vortäuscht. Es ist außerordentlich bezeichnend, daß Platon, der die ägyptische Kunst so hochstellt, in seinem „Staat" von der griechischen Kunst und besonders von der perspektivischen Malerei seiner Landsleute durchaus nichts wissen will. Nennt Platon Gott den Wesenbildner, den Handwerker, den Werkbildner, so die griechischen Künstler und besonders die Maler seiner Zeit die Nachbildner der *Erscheinung* und nicht der *Wahrheit*, Nachbildner von Schattenbildern des Wesenbildners (Gottes). „So ist dies insgesamt eine große *Verwirrung in unserer Seele*, auf welche Beschaffenheit unserer Natur dann die *Schattierkunst* (die perspektivische Malerei) lauert und keine *Täuschung* ungebraucht läßt, so auch die *Kunst der Gaukler* und viele andere dergleichen Handgriffe ... So sage ich, daß die Malerei, wie sie in *großer Ferne von der Wahrheit* ihr Werk zustande bringt, so auch mit dem der Vernunft (was bei Platon *nicht* gleich Verstand ist) Fernen in uns Verkehr hat und sich mit diesem zu nichts Gesundem und Wahrem befreundet." Selbst der viel rationaler eingestellte Aristoteles gebraucht das griechische Wort für perspektivische Malerei, wenn er von Täuschung oder Blendwerk spricht. So ignorierte die ägyptische Kunst bis zu ihrem Untergang die Perspektive in dem bei uns gebräuchlichen Sinn des Wortes. Nicht, weil sie dazu nicht fähig gewesen, sondern weil es ihr als Betrug an der Wirklichkeit erschienen wäre. An dieser Auffassung hielt sie auch zur griechisch-hellenistischen Zeit noch fest, als von den Griechen aus die perspektivische Malerei ihren Siegeszug durch die ganze damals bekannte Welt antrat. Die Welt wurde dem Ägypter nie zum Schein, nie bloße Erscheinungswelt, sondern blieb ihm stets eine Wirklichkeit, die ihr Sein kundtut, nicht nur Werden und Vergehen. Die Gegenwart findet das bei wohlwollender Stimmung für die ägyptische Kunst naiv. In Wahrheit ist es echt magisch. Und wenn die Gegenwart es kindlich oder gar kindisch findet, so hat sie sachlich, von dem Entwertungsurteil, das darin liegen soll, abgesehen, durchaus recht damit. Auch das Kind ist noch magisch und die Welt ihm unmittelbar lebendig und wirklich, Sein nicht Schein. Wir wissen davon nur nichts mehr, weil wir heute ganz allgemein mit der rationalistischen „Psychologie" des Erwachsenen an das Kind herantreten, weshalb uns auch ein Wort wie das „Wenn ihr nicht werdet wie die Kinder" kaum noch etwas zu sagen hat. Nach dem Verschwinden der Natursichtigkeit war der magische Mensch stets wenigstens noch bildsichtig. Auch der mystische Mensch besitzt den Blick dafür. Er spricht gern vom „inneren Auge". Erst der rationalistische Mensch verlor die Bildsichtigkeit immer mehr. Aber wie der menschliche Embryo im Mutterleib die Menschwerdung in den verschiedensten Stadien ihrer biologischen Zeitcharaktere repetiert, so auch der zur

Welt geborene Mensch die Stadien der verschiedenen Weltbilder, die seinem Organismus seit dem Schwinden des Stirnauges und dem wachsen des Großhirns möglich waren. Und nur weil in der Natur nichts völlig verlorengeht, und weil auch des Menschen physische, seelische, geistige Organe nur wachsen oder rückgebildet, aber niemals völlig vernichtet werden, sind wir als heutige Menschen mit überentwickeltem Großhirn und der damit zusammenhängenden, alles beherrschenden Verstandestätigkeit immer noch imstande, von anderen Weltbildern als dem uns jetzt geläufigen, rein rationalistischen zu reden. Sonst wäre es einfach unmöglich, weil wir gar nichts mehr von ihnen „wüßten". Erst recht aber hätte es keinen Sinn, uns mit Magie zu befassen und uns ihr Wesen an Babyloniern, Ägyptern und Griechen deutlich zu machen, wenn keinerlei Möglichkeit bestände, uns dadurch wieder den Sinn dafür zu öffnen und rückgebildete Organe von neuem anzuregen. Daß dies heute fast nur auf dem Umweg über den Verstand möglich ist, liegt am „Zeitcharakter" des europäischen Menschen der Gegenwart, der sich aber ändern kann und, wie es scheint, auch ändern wird, weil diese Änderung in der Entelechie des Menschen liegt, um mit Aristoteles zu sprechen, was man zwar häßlich, aber gemeinverständlich mit Zielstrebigkeit verdeutschen kann. Um kantisch zu reden: Das „Ding an sich" hat teil an jedem Ding in der Erscheinung, und das Ding als Erscheinung strebt dem „Ding an sich" zu. Das geschieht für den Verstand innerhalb seiner Grenzen, nämlich in Raum und Zeit. Deshalb ist es ihm ein Vorgang, an dem er nur das Werden bemerkt. Deshalb sagt der Verstand, wenn die Erscheinung innerhalb von Raum und Zeit nicht mehr bemerkbar ist, sie sei vergangen, was aber nur für den Verstand und sein Urteil zutrifft. Die Seele hingegen nimmt auch an dem Ding als Erscheinung das „Ding an sich" wahr, das Sein, weil ihr die Grenzen nicht durch Raum und Zeit gesteckt sind, weshalb sie auch niemals sagen wird, ein Ding sei vergangen, weil es vom Verstand innerhalb von Raum und Zeit nicht mehr bemerkt wird. In dem Augenblick, wo der Verstand ein wenig blamiert neben seinen Leistungen steht, etwa neben denen des Weltkrieges, ihm um seine Gottesähnlichkeit bange wird, so daß die Seele wieder gehört wird, erwacht im Menschen, soweit er seelisch nicht völlig abgestorben oder verkalkt ist, diese Einsicht in den wirklichen Sachverhalt, der dem magischen Menschen selbstverständlich ist und von dem jeder große Mystiker in immer neuen Bilder und Gleichnissen immer wieder spricht als von seinem größten Erlebnis. Er wird wieder bildsichtig. Deshalb wirkt die große ägyptische Kunst gerade heute wieder stark.

Vielleicht spricht nichts so sehr für die Bildsichtigkeit des Ägypters wie seine Schrift. Auch die sumerische Schrift war einst eine Bilderschrift, die hier abgebildete älteste uns bekannte sumerische Inschrift aus Südbabylonien zeigt:

Dann aber verschwand sie und wurde als Lautschrift zur Keilschrift. Dafür auch ein Beispiel, damit man mit Augen sieht, daß von einer Bilderschrift nichts mehr übriggeblieben ist:

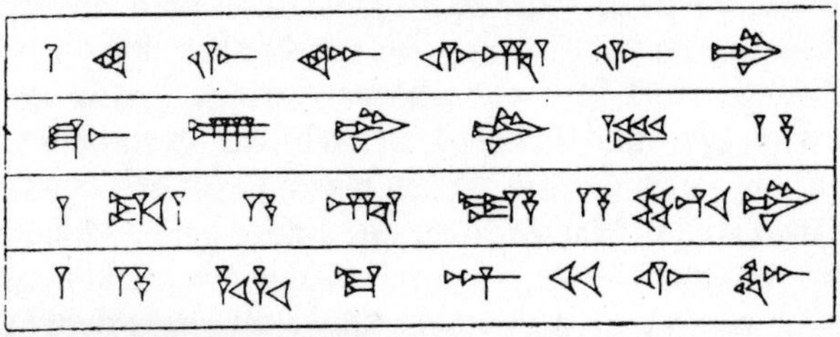

Den Ägyptern hingegen entschwand in Tausenden von Jahren ihrer Geschichte nie die Bilderschrift. Das bis jetzt älteste auf uns gekommene Dokument dieser Schrift befindet sich auf einem Elfenbeintäfelchen aus der Zeit des Menes (um 3500 v. Chr.), das hier wiedergegeben wird:

Ursprünglich setzte man für den Gegenstand sein Bild. Wollte man von einem Hafen schriftlich sprechen, zeichnete man einen Hafen usw. Die Sonne zeichnete man ☉, den Mond ☾ usw. Das Zeitwort „schlagen“ zeichnete man als Männchen mit einem Stock, „fliegen“ durch eine Gans mit ausgebreiteten Flügeln. Wollte man schreiben „Die Gans fliegt“, so zeichnete man eine Gans mit ausgebreiteten Flügeln und dazu eine gewöhnliche Gans mit angelegten Flügeln. Bald wurde das in bestimmten Fällen zu umständlich. Wollte man das Zeitwort „kommen“ schreiben, so zeichnete man ursprünglich einen ausschreitenden Mann, dann aber nur noch die Unterschenkel und Füße als Träger der Bewegung. Das hieß dann „kommen“. Aber wie sollte man z. B. ein so abstraktes Wort wie „sein“ schreiben? Sehr einfach. Da Ägyptisch „sein“ gesprochen wird: „wu“ und da der Hase auch „wu“ gesprochen wird, so zeichnete man den Hasen, auch wenn man das Wort „sein“ schreiben wollte. Man benutzte die Bilder ähnlich klingender Worte, um auch Abstrakta durch Bilder ausdrücken zu können. Von hier war es nicht mehr allzu weit bis zu dem Schritt,

Bilder für bestimmte Buchstaben zu setzen, zumal der Ägypter die Vokale nicht schrieb, was z. B. auch im Hebräischen der Fall ist. So wird der Buchstabe „r“ etwa durch das Bild für die Sonne ⊙ geschrieben, die ja „Re“ gesprochen wurde, oder durch das Bild , (Mund, von vorne gesehen), das „r“ gesprochen wird. So gewann man durch Bilder Buchstaben. Wollte man nun etwa das Wort „Bein“ schreiben, was ägyptisch „rd“ heißt, so schrieb man die Bilder für die Buchstaben. Da das ägyptische Alphabet aber etwa 500 Bilder hatte, die teils als Bildzeichen, teils als Lautzeichen dienten, so gab man dem rd gleich noch das Bild als Deutzeichen mit, damit ja keine Verwechselung möglich wäre. Das Wort für Bein sah dann in Hieroglyphenschrift so aus:

 *rd* „Bein“, wo man lautlich  *r* +  *d* schreibt und mit dem Bein  determiniert, oder  *msh* „Krokodil“, wo das Tier über die Bedeutung der Konsonanten  = *m*, = *s*,  = *h* keinen Zweifel läßt, ebensowenig in dem durch vier Striche determinierten Zahlwort  *fdw* „vier“.

Oder die Determinative geben nur allgemein den Sinn des Wortes an, so wenn man  *'rp* „Wein“ durch einen Krug  oder  *ghs* „Gazelle“ durch ein Tierfell  determiniert. Der Mann, der die Hand an den Mund legt , bezeichnet das Sprechen und weiter alle geistigen Vorgänge, der schlagende Mann  deutet auf gewaltsame Handlungen, die versiegelte Papyrusrolle bezeichnet Abstrakta.

R‘ - mś - mśw = Ramses.

⊙ Wortzeichen.  Silbenzeichen *ms* mit auslautendem 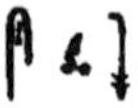, *św* mit auslautendem  *w* geschrieben.

Da Manetho ’Ραμεσσης überliefert, so wird der Königsname etwa *Ra‘-mes-s‘* zu vokalisieren sein, doch hat er sich bei uns in der taciteischen Form Ramses eingebürgert.

Psmtk = Psammetich,

ein Name, den man mit Hilfe der alphabetischen Tafel leicht lesen kann.

Diese reine Bilderschrift wurde aber nicht nur für das Eingraben in Stein benutzt, sondern blieb auch im Gebrauch für die Schreibschrift auf dem Papyrus, wenn man für das Schreiben daneben auch längst eine abgekürzte, für den Pinsel bequemere Schreibschrift (die sogenannte hieratische) gefunden hatte, und wenn sich auch die noch spätere, sogenannte demotische Schrift noch weiter von der Bilderschrift der Hieroglyphen entfernte. Wie man mit Hieroglyphen noch im Neuen Reich schrieb, dafür ist ein besonders schönes Beispiel der Abschnitt aus einem Totenbuch, der auf der folgenden Seite wiedergegeben ist.

Welche Kunst der Ägypter in seiner Bilderschrift auch in Stein entfaltete, dafür ein Beleg unter tausenden: Abbildung Seite 175. Diese Inschrift bedeckt eine Kalksteinplatte von über 2 m Länge und 1 m Breite und befindet sich im Berliner Ägyptischen Museum. Sie stammt aus einem Tempel des Gottes Suchos in Krokodilgestalt im „Seeland“, heute Faijum, was dasselbe bedeutet. Amenemhet III. (1850 – 1800 v. Chr.) er-

Seite aus dem ägyptischen Totenbuch

baute den Tempel. Sehen wir uns die Kalksteinplatte etwas genauer an. Rechts und links und in der Mitte, also dreimal, finden wir Namen und Titel des Königs im Königsring (Seite 175). Die Bilder links und rechts im Königsring sind der Mitte zugewandt, denn diese Mitte ist das Wichtigste und gibt die Hauptsache. Da sehen wir an seinem Traggestell, auf dem die Götterbilder bei Umzügen getragen wurden und das wir schon von Wep-wawet (Seite 155) her kennen, rechts und links von dem Königsring Gott Suchos als Krokodil mit seinem Kopfschmuck und der Sonnenscheibe. Auf dem Rücken steht nochmals der Name Suchos in Lautzeichen. Auch er wendet sich dem Königsring mit dem Namen zu. Erinnern wir uns dabei, daß der Name nach magischer Anschauung ja das Wesen ausdrückt. Aus dem Traggestell wachsen außerdem noch zwei Arme, der rechte streckt die Hieroglyphe „Glück“, der linke die Hieroglyphe „Leben“ dem Namen des Pharao zu. Rechts und links vom Traggestell unter den Armen steht je eine Mauer mit einem daraufgespießten Antilopenkopf. So schrieb man den Namen von Krokodilopolis (Krokodilstadt). Wir finden das Zeichen nochmals rechts und links in der zweiten Zeile von oben. So wird Suchos noch besonders als der von Krokodilopolis bezeichnet. Alle drei Königsringe stehen auf einer Hieroglyphe, ein Halsband, besonders deutlich links, das den Namen der Stadt Ombos bedeutet, deren Stadtgott Seth ist, der Mörder des Osiris. Wie nun Horus, der Sohn des Osiris, Seth überwältigte und siegreich auf seinem Rücken stand, so steht auch der Name des lebenden Pharao, eben Amenemhets, als Horus der Pharao gewordene Gott, siegreich auf dem Rücken des Sethnamens. Auch hier bewundern wir die Plastik weniger Hieroglyphen, die durch ihre Bildkraft mit einem Blick zugleich eine ganze Mythologie, eben die von Osiris, Seth und Horus, auf die wir noch zu sprechen kommen, jedem ägyptischen Beobachter sofort sinnfällig machten. Nun ist aber die ganze Inschrift oben vom Himmel  abgegrenzt und unten durch eine Linie, die immer den Erdboden darstellt, rechts und links (rechts besonders deutlich) umrahmt von den Stützen des Himmels. Damit wird das Ganze zugleich schon rein bildlich aus dem Irdischen in die kosmische Ebene gehoben. Nun war die ganze Inschrift aber auch noch wie stets solche Werke bis in die kleinste Einzelheit farbig. Der Himmel oben blau mit gelben Sternen, der Grund vermutlich blaugrau und alle Bildzeichen (Löwe, Falke, Gans, Eule) in ihren Naturfarben bis in alle Einzelheiten des Vogelgefieders. Man stelle sich das Ganze einen Augenblick möglichst lebhaft in all seiner Farbigkeit vor, und dazu lese man jetzt die Zeilen: „Der König von Oberägypten, der König von Unterägypten, der Herr beider Länder, Amenemhet der dritte, der Überwinder Seths (Inhalt des mittleren Königsringes), der Sohn des Sonnengottes, von ihm geliebt, geliebt von Horus, wie er hier in Krokodilopolis verehrt wird, dem Herrn des Seelandes (Inhalt der beiden anderen Königsringe), geliebt von Suchos,

Ägyptische Steininschrift

dem Krokodilopler, Rede: Ich gebe dir alles Leben und alles Glück, wie es der Sonnengott hat (Schäfer)." Vielleicht erhält man jetzt wenigstens eine blasse Vorstellung von der ungeheuren Bildkraft und damit Bildsichtigkeit, die selbst eine ägyptische Inschrift (ganz anders als eine babylonische oder gar eine griechische oder lateinische) für jeden Ägypter besaß, und wie schon eine einfache Inschrift seine Bildkraft und Bildsichtigkeit immer neu anregte und nie erlöschen ließ. Zugleich vergegenständlichte jede derartige Inschrift dem Ägypter seine magische Mythologie so bildmäßig wie es heutzutage etwa noch dem Katholiken mit der Passionsgeschichte geschieht, wozu es aber schon eines ganzen Kalvarienbergs mit all seinen Stationen bedarf. Ja, diese magische Bildsichtigkeit war für den Ägypter noch bei jeder Hieroglyphe so stark, daß er bestimmte Hieroglyphen in den Texten für seine Toten nur andeutungsweise schrieb oder gar zerstückelte, damit so ein Buchstabe durch magische Formeln belebt, wenigstens so verstümmelt war, daß er dem Toten keinen Schaden tun konnte. So finden wir z. B. die Hieroglyphe für den Buchstaben f, der einer Waldschnecke ohne Haus gleicht, weshalb man diese Hieroglyphe meist für eine Schnecke hielt, die ich aber lieber mit einigen Gelehrten für das Bild der zweiten in Ägypten häufigen giftigen Schlangenart, nämlich der Hornviper, halten möchte, in Gräbern häufiger folgendermaßen verstümmelt und damit unschädlich gemacht:

Auch bei anderen Hieroglyphen, die schädliche Tiere darstellen, trennt man auf Särgen und Grabwänden den Kopf vom Rumpf. Bei nützlichen Tieren, die dem Toten an den Sarg oder die Grabwand gezeichnet werden, damit er sie mit Hilfe der magischen Formeln lebendig machen kann, wenn er ihrer irgend bedarf, läßt man die Beine weg, damit sie dann nicht fortlaufen können; und König Sethos, dessen Name mit dem bösen Seth zusammenhängt, vermeidet in dem Osiris besonders heiligen Bezirk von Abydos das Seth-Zeichen in seinem Namen und ersetzt es durch das Osiris-Zeichen.

So sieht der magische Mensch überall Leben, wo der rationalistische Mensch bestenfalls Begriffe findet. Selbstverständlich wird das magische Weltbild damit bis zum äußersten überspitzt, wie wir das auch beim mechanischen Weltbild von heute finden, dem das Leben völlig entschwindet und durch Mechanik (Technik) ersetzt wird. Beides können wir bei den Gebildeten beider Kulturkreise am deutlichsten beobachten; und es wäre ebenso falsch, daraus, daß wir solch überspitzte Magie überall bei den vornehmen Ägyptern finden, zu folgern, daß das ägyptische Volk im ganzen daran teilhatte, wie es falsch wäre, aus dem überspitzten Intellektualismus der heutigen Gebildeten zu folgern, daß das Volk von heute insgesamt so dächte. Es wird im Weltbild von seinen Gebildeten beeinflußt, einzelne Schichten in ihm können es vorübergehend sogar noch übersteigern, wie wir es mit dem mechanischen Weltbild heute bei rein sozialistisch eingestellten Volkskreisen beobachten, aber das Volk als Ganzes wird dauernd solche Übersteigerungen nicht mitmachen. Da uns für Ägypten fast nur Dokumente aus den gebildeten Schichten erhalten sind, wenigstens soweit sie ohne weiteres deutbar sind, so können wir uns kein zuverlässiges Urteil darüber bilden, inwieweit in dieser Weise überspitzte Magie ägyptischer Allgemeinbesitz war. Nur die überaus zahlreichen Amulette, die auch in ägyptischen Massengräbern geringer Leute gefunden wurden, lassen den Schluß zu, daß eine überspitzte Magie vorübergehend die weitesten Volkskreise ergriffen hatte. In der vieltausendjährigen ägyptischen Geschichte aber nimmt diese einseitig zugespitzte Geistesverfassung wohl kaum einen breiteren Raum ein als ihn etwa die marxistische Geistesverfassung von gestern und heute in der europäischen Geschichte einnehmen wird, wenn diese es überhaupt auf drei- bis viertausend Jahre kulturellen Lebens bringen sollte.

Verwandten die Ägypter ihre Amulette im Leben ähnlich wie die Babylonier, weshalb wir hier davon nicht mehr besonders zu handeln brauchen, so spielten sie für den toten Ägypter eine viel größere Rolle als für den toten Babylonier. Selbst für den gebildeten babylonischen Durchschnitt gab es nach dem Tod ja nur noch ein unerfreuliches Schattendasein, für den gebildeten Ägypter und bald für jeden Ägypter fing aber mit dem Tod sozusagen das Leben erst an. Daher nennt der Ägypter den Sarg den „Lebenskasten“, das Grab seine „ewige Wohnung“ und wandte ihm weit mehr Sorgfalt zu als seiner irdischen Wohnung. Daher auch die außerordentlich große Zahl ägyptischer Amulette in ägyptischen Gräbern. Sie waren für die ewige Wohnung und ihren Inhaber ja noch viel wichtiger als für den irdischen Wohnraum und seinen Inhaber, die nur kurze Dauer hatten. „Die Zeit dessen, was auf Erden getan wird, ist ein Traumbild; denn (beim Tod) sagt man: Willkommen unversehrt und heil! zu dem, der den Westen (das Totenreich) erreicht hat (Erman)." Da dem Ägypter aber die Bilderschrift nie verlorenging, sondern neben der Schreibschrift, der hieratischen und demotischen, immer vor Augen blieb, so wurde jeder Bildbuchstabe ihm ein Amulett, das mit Hilfe der magischen Formel auch nach dem Tod jederzeit seine Wirkung tat, ja sich mit Hilfe der betreffenden Formel ohne weiteres lebendig machen ließ. Legte man dem Toten erst einen Skarabäus an die Stelle des Herzens oder auf die Brust in der Herzgegend, so genügte häufiger auch das bloße Bild des Skarabäus. Dieser Käfer heißt ägyptisch Cheper. Cheper hieß aber auch „werden, bestehen, sein, schaffen" und deutete somit auf die Auferstehung. Dazu stimmte auch die Beobachtung des Ägypters, daß dieser Käfer eine Mistkugel vor sich herschob, aus der die Jungen wie von selbst zu entstehen schienen. Ganz ähnlich verhielt es sich mit dem Frosch als Amulett. Nach den antiken Naturwissenschaften bedurfte der Frosch keiner Eltern, sondern er entstand von selbst aus dem Schlamm, aus toter Materie wurde dies Lebendige. Wir wissen, daß das ein Irrtum ist; aber wer weiß, daß man sich heute noch allen Ernstes darum bemüht, auf sythetischem Weg Eiweiß herzustellen, dem vergeht das Bedürfnis, die alten Ägypter um ihres Irrtums willen auszulachen. So zeichnete man solche Hieroglyphen, wie wir heute noch Schmetterlinge auf Grabsteinen aufgezeichnet finden. Nur daß diese Schmetterlinge heute nur noch allegorische Bedeutung haben, während jene Hieroglyphen mit Hilfe der magischen Formeln jederzeit lebendig gemacht werden konnten, für den Ägypter also mehr waren als Allegorien. Daß solche Amulette in Ägypten bald sozusagen fabrikmäßig hergestellt wurden, spricht ebensowenig gegen ihre für den einzelnen im konkreten Fall tiefere, echt magische Bedeutung, wie etwa der Umstand, daß bei uns Grabkreuze auch auf Vorrat und fabrikmäßig hergestellt werden. Dem einzelnen, der es auf dem Grab eines geliebten Toten stehen hat, gehen dann ab und zu doch die „Augen" auf für die tiefere Bedeutung solcher „Bilder", soweit er überhaupt noch ein Organ zum Verständnis dessen besitzt, was über Raum und Zeit und Kausalität hinausreicht, nämlich Seele.

Für die unsicher werdende Bildsichtigkeit der Ägypter im Neuen Reich ein bezeichnendes Beispiel vom Sarkophag Setis I. (siehe die Abbildung auf Seite 179).

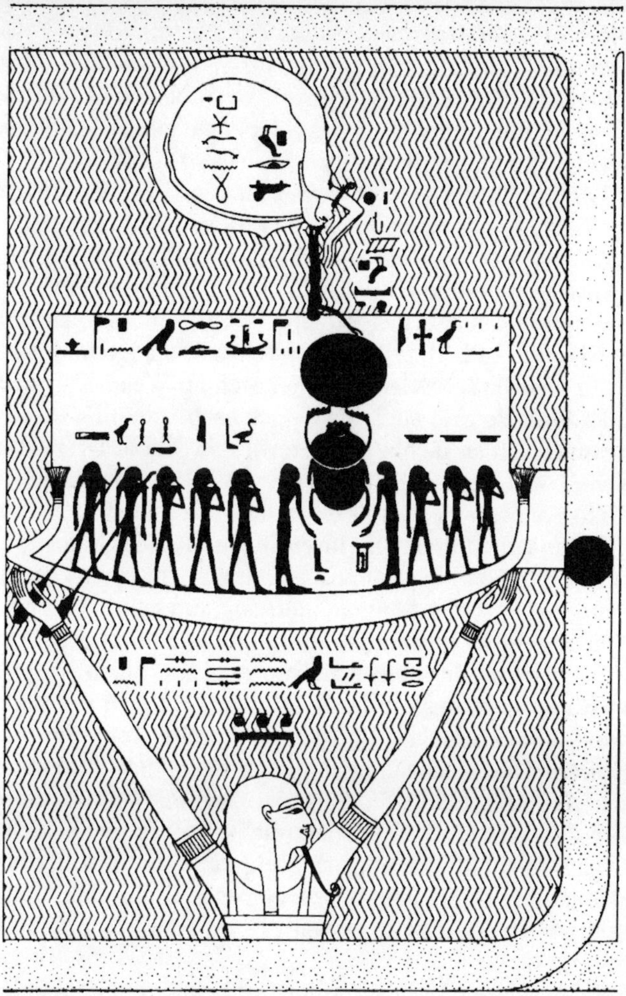

Aus den Gewässern des Nun taucht Nun selbst auf (sein Name steht über seinem Kopf). Auf den Fingerspitzen trägt er mit ausgebreiteten Armen eine Barke. Die Inschrift unter der Barke lautet: „Es kommen zum Vorschein die Hände hier aus dem Gewässer und tragen den Gott da.“ Der „Gott da“ ist Re. Hier abgebildet als Sonnenscheibe, die der Skarabäus vor sich herschiebt. Sonnenscheibe und Skarabäus wie auch die Figuren in der Barke sind schwarz, die Barke selbst weiß. Der Ägypter erkennt daran sofort, daß der Augenblick dargestellt ist, wo Re die Nachtbarke, die ihn durch das Totenreich getragen hat, verläßt, um die Morgenbarke zu besteigen. Wir würden sagen: der Augenblick des Sonnenaufgangs. Rechts vom Skarabäus steht Isis, links ihre Schwester Nephthys. Rechts von Isis im Vorderteil der Barke stehen drei Gestalten mit dem Zeichen des Türflügels über dem Kopf. Es sind die Toröffner des Totenreichs. Links von Nephthys fünf Gestalten. Die Hieroglyphe über den Köpfen bezeichnet den ersten hinter Nephthys als den Erdgott Keb. Es folgen Schu, Hek, was der „Magier" bedeutet, ihm die zwei Ruderer Hu und Sa. Hu ist Gott Überfluß, Sa der Gott, der sich an Weisheit gesättigt hat. Es fehlt Re also auch auf seiner nächtlichen Fahrt durch das Totenreich an nichts. Kehren wir das Bild S. 179 jetzt um, so sehen wir eine weibliche Gestalt von Wasser umgeben, welche die Sonnenscheibe mit ihren ausgestreckten Armen wieder in Empfang nimmt. Die Inschrift lautet: „Die Göttin Nut ist dies. Sie empfängt die Sonne." Sahen wir vorher den Sonnenaufgang, so jetzt den Sonnenuntergang, um es modern auszudrücken; oder ägyptisch: „Re besteigt die Abendbarke." Deshalb ist Nut wieder schwarz. Nut steht auf einem Kopf mit dem Königsbart, dessen dazugehöriger Leib sich kreisförmig windet, so daß seine Fußspitzen wieder den Hinterkopf berühren. Die Inschrift in dem kreisförmigen Raum heißt: „Das ist Osiris. Seine Windung ist die Tiefe." Osiris ist der „Herr des Westens", des Totenreichs. Sein Leib ist nicht in Schwarz gehalten. Offenbar aus rein künstlerischen Gründen als Gegenbild zu Nun auf der Gegenseite. Dafür aber sind die Hieroglyphen im Kreis, soweit sie es ermöglichen, betont schwarz.

Sethi I. war der Vorgänger des uns bekannten Pharao Ramses II., der 67 Jahre regierte und von dem fast die Hälfte aller auf uns gekommenen Tempelbauten und Ruinen stammen. Beide Könige gehören zum Neuen Reich, zur 19. Dynastie, 1315 – 1200 v. Chr. Der Vorgang des Sonnenauf- und Sonnenuntergangs wird auf dem Sarkophag Sethis zwar noch bildlich dargestellt, aber das Bild ist schon die Frucht einer mehr verstandesmäßigen (theologischen) Tätigkeit. Die beiden Götter mit den Rudern, Hu und Sa, sind sogar schon reine Abstraktionen. In die magische Sphäre dringt der Verstand ein und zersetzt sie. Der tiefe sachliche Ernst der Bildsichtigkeit und ihrer künstlerischen Erzeugnisse läßt nach. Der Verstand fängt an, mit ihren Bildern zu spielen. Damit werden sie zu Allegorien im heutigen Sinne des Wortes. Man „denkt“ sich nur noch allerlei dabei, „schaut“ sie aber nicht mehr. Selbst in der Ptolemäerzeit und später noch arbeitet man gewohnheitsmäßig weiter mit Bildern, aber es kommen plötzlich allerhand Mißgeburten heraus, wie etwa der hier abgebildete Horus in der Uniform eines römischen Kriegers.

Das magische Weltbild stirbt ab. Von der ganzen Magie bleibt nur noch die Zauberei übrig, die nötigenfalls auch zu Taschenspielerkunststücken greift. Wurde einst, entsprechend dem Zeitcharakter des menschlichen Organismus, aus der Natursichtigkeit die Bildsichtigkeit des magischen Weltbildes, so kündigt sich jetzt ein neues Weltbild an. Es ging da dem Ägypter mit seinen Bildern, wie es uns heute mit unseren Begriffen geht. Sie stehen auch jedermann zur Verfügung, ohne daß man sich noch viel dabei zu denken braucht; sie sind leer geworden. Sichtbar wird dieser Zustand am deutlichsten in der Kunst, die dann satirisch, sentimental, zynisch wird. Vom ägyptischen Tierkult ist dann nur noch die Satire übrig, wie das folgende Bild nach einem Turiner Papyrus zeigt:

Außer den Kultbauten der 5. Dynastie (2750 – 2625 v. Chr.) im Alten Reich mit ihren Sonnentempeln, die einen großen offenen Hof zeigen, in dessen Hintergrund sich auf einem pyramidenartigen Unterbau, vor dem der große, flache Altar des Gottes stand, ein gewaltiger Obelisk erhob als Sitz des Re, haben die ägyptischen Tempel immer dieselbe Grundform. Der ägyptische Tempel lag in alter Zeit mitten in der Stadt, er schloß sich vor ihr durch eine hohe Ziegelmauer ab. Zu ihm führte ein breiter Weg, der „Gottesweg" für die Festzüge. Er war oft auf beiden Seiten mit Statuen von heiligen Tieren besetzt. Unsere Abbildung (Seite 184) zeigt einen solchen Weg mit Widderstatuen, wie er sich bis heute erhalten hat. Er führt vom Nil zum Amon-Tempel von Karnak. Der „Gottesweg" stößt an der Ziegelmauer auf den Pylon, ein großes Tor, das von zwei Türmen flankiert wird. Dahinter hohe Masten, von deren Spitzen bunte Wimpel flattern:

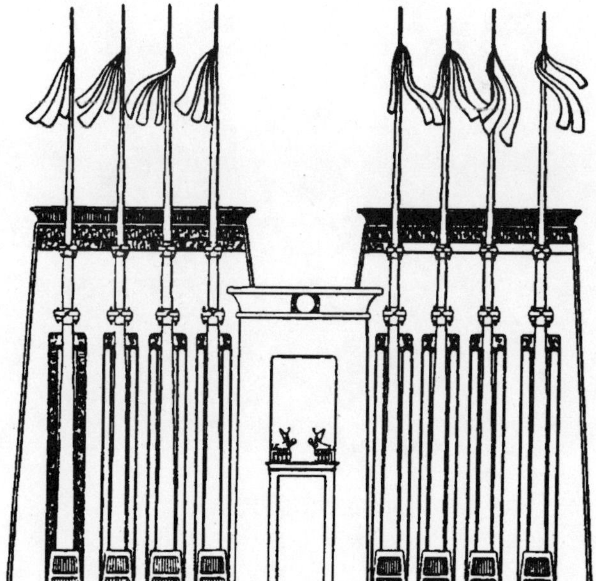

Ägyptischer „Gottesweg"

Hinter dem Pylon liegt der erste Hauptraum des Tempels, ein offener Hof, von Säulengängen umschlossen, für die Tempelfeierlichkeiten, an denen jeder Ägypter ohne weiteres teilnehmen kann. Auf diesen Hof folgt ein von Säulen getragener Saal für Feierlichkeiten in kleinerem Kreis. Strahlt auf den Hof ungehindert die ägyptische Sonne, so wird das Licht im Saal schon durch die Decke und die Säulen gemildert. Hinter dem Saal liegt völlig dunkel die Kammer mit dem Götterbild. Und wie das Licht vom Hof aus immer mehr abnimmt, bis es in der Kammer, wo der Gott wohnt, ganz erlischt, so nehmen die Tempelteile auch vom Hof bis zur Kammer mit dem Gott an Höhe immer mehr ab. Der Tempel von Edfu, der in griechischer Zeit nach altägyptischem Vorbild gebaut wurde, sieht in der Seitenansicht dann so aus:

Die Wände und Säulen sind mit bunten Reliefs und Inschriften bedeckt, die auf den Außenmauern die Taten des Pharao darstellen, der den Tempel erbaut hat, im Tempelinnern aber dem Gott und seinem Kult dienen. Später lag auch noch ein „heiliger“ Teich bei dem Tempel, auf dem die Barken mit ihren Göttern, wie es der Ritus verlangte, fuhren und die Kulthandlung veranschaulichen halfen. Zu dem Teich gesellten sich zuweilen noch schöne gärtnerische Anlagen. Die Hauptsache aber waren stets jene drei oben genannten Räume. Dazu gehörten eventuell noch Kammern für andere Götterbilder, die zu hohen Festtagen auf Besuch kamen, und je nach dem Reichtum der Tempelstiftungen und den Einnahmen die verschiedensten Kammern für Kultgeräte und Vorräte aller Art. Vor dem Tor oder im Hof stehen meist noch Kolossalstatuen des Pharao, der den Tempel erbaut hat. Die Abbildung auf Seite 188 gibt eine Vorstellung davon. Sie zeigt den Hof des Tempels von Luxor mit den Statuen Ramses II., wie sie heute noch, wenn auch leider sehr mitgenommen, dastehen.

Es ist immer dasselbe Standbild, wie auch auf der vorhergehenden Abbildung (Abbildung Seite 184) immer wieder derselbe Widder den „Gottesweg" flankiert. Wenn sich ein Leser von Phantasie auf diesen „Gottesweg" und zwischen die Standbilder Ramses II. (Abbildung Seite 188) für einen Augenblick wandelnd versetzen kann, so vermag er plötzlich eine ganz plastische Vorstellung von dem Wesen magischer Kunst zu gewinnen, wie sie kein Volk reiner und großartiger der Welt geschenkt hat als das ägyptische. Sie veranschaulicht hier besonders stark das „Sein" im Unterschied vom „Werden", Ewigkeit im Gegensatz zur Vergänglichkeit. Man erinnere sich nur für einen Augenblick dabei an die Ausführungen auf Seite 164 und 165. Diese Standbilder wandeln sich nicht, sie bleiben immer dieselben. Nur die Sonne gibt ihnen je nach ihrem Stand am Himmel durch Licht und Schatten den *Schein* einer Änderung. Das „Sein" aber bleibt immer und in Ewigkeit das Wesentliche. Umgekehrt wie bei aller Kunst nachmagischer Zeiten.

Der große Altar für die Opfer stand im Säulenhof. Zu ihm schritt der Opfernde mit seinen Gaben, etwa wie wir es auf dem folgenden Bild sehen, wo einer je eine gebratene Ente auf zwei Kohlenbecken zum Opfer darbringt:

Zutritt zu der Kammer, wo der Gott wohnt, hatte nur der Pharao als der Sohn seines Gottes und der Priester als sein Beauftragter. Das folgende Bild zeigt uns den Pharao, wie er die Tür zur Kapelle mit dem Götterbild öffnet.

Die Anzahl der Berufspriester war in alter Zeit auch bei größeren Tempeln klein. An ihrer Spitze stand der Hohepriester. Das folgende Bild zeigt uns den Hohenpriester von Memphis, der auch den Titel „der oberste der *Künstler*" führte, denn der Gott seines Tempels war Ptah, der Gott der Künstler.

Hof des Tempels von Luxor mit Statuen Ramses II.

Der Hohepriester von Heliopolis hieß z. B. auch, wie früher schon erwähnt: „Der im *Schauen* Große". An dem auf Seite 187 abgebildeten Hohenpriester von Memphis fällt neben dem Brustschmuck eine stilisierte Seitenlocke am Kopf auf. Durch diese Seitenlocke charakterisierte der ägyptische Künstler allgemein die dargestellte Person als Kind. Wenn er dem Hohenpriester diese Locke gibt, so wird er dadurch als „Kind seines Gottes" gekennzeichnet.

Neben dem Hohenpriester gab es den Cherheb, auch einen Obercherheb, der bei allen Zeremonien die alten Sprüche zu lesen hatte. Im Nebentitel hieß er auch „Schreiber des Gottesbuches" und erweist sich dadurch als Kenner der magischen Literatur. Zugleich hatte er auch ärztliche Funktionen, denn der Arzt war im Altertum ursprünglich auch Priester, schon weil er sich auf Magie verstand, die für alle Priestermedizin wesentlich war. Die völlige Loslösung des medizinischen vom priesterlichen Beruf nahm erst mit Hippokrates, dem „Vater der modernen Medizin", ihren Anfang. Neben diesem Cherheb die Webpriester, die, wie das Wort besagt, zu beurteilen hatten, ob der Opferer und sein Opfer im kultischen Sinne „rein" waren. Schon die Webpriester waren aber zum Teil nur im Nebenberuf Priester, im Hauptberuf Laien von Ansehen, aus denen sich bei jedem Tempel die „Stundenpriesterschaft" bildete, die in vier Klassen geteilt war und einander nach einem bestimmten Turnus in ihren priesterlichen Funktionen ablöste. Das Laienelement spielt also beim ägyptischen Kult eine große Rolle. Dadurch war die Stellung der Bevölkerung zu ihrem Tempel und seinem Kult eine besonders innige und persönliche, was wir immer im Auge behalten müssen. Und da auch die Frauen bei den Göttinnen das Amt der Stundenpriesterinnen hatten, fühlte sich auch das weibliche Geschlecht seinem Tempel eng verbunden. Das war der Weg, auf dem die ägyptische Magie tief in die Familien eindrang und sie beherrschte. Da der vornehme Laie beiderlei Geschlechts immer wieder turnusmäßig zeitweise Priester war, wurden ihm die Kultvorschriften sozusagen zur zweiten Natur. Da die kultischen Reinheitsvorschriften auch Reinlichkeitsvorschriften umfaßten, pflegte sich der vornehme Ägypter auch körperlich und hielt ganz anders auf „reine Wäsche", als es sonst üblich war und auch heute noch üblich ist, wenn man den Erfahrungen heutiger Ärzte trauen darf. Der vornehme Laie wurde so auch mit den magischen Formeln vertraut, und da die Kultvorschrift verlangte, daß jeder, der als Priester solche Formeln zu sagen hat, sich nicht nur waschen muß und kein Weib berühren darf, sondern sich auch bestimmter Speisen zu enthalten hat, so wird dem Ägypter eine gewisse Askese, wenn es sich um Magie handelt, selbstverständlich, und das ist für alle Wirkungen jeder Magie von Bedeutung. Und noch eins, was die Ägyptologen, soweit ich ihre Literatur übersehe, vielleicht doch nicht hoch genug einschätzen: Diese „Stundenpriesterschaft" der Laien gibt erst das Verständnis der Entwicklung, die im „Totenbuch" seinen stärksten und ganz eindeutigen Ausdruck gefunden hat (worauf wir noch zu sprechen kommen), daß nämlich der Tote ohne weiteres mit Osiris gleichgesetzt werden konnte. Stand zuerst der Pharao als Sohn Gottes diesem besonders nah, weil unmittelbar göttlicher Herkunft, so übertrug er seine priesterlichen Funktionen dem Hohenpriester, „weil Seine Majestät ihm besonders vertraute", wie die Formel heißt, denn mit der Größe des Reichs wuchs für den Pharao natürlich auch die Unmöglichkeit, regelmäßig oder zugleich an verschiedenen Tempeln seine priesterliche Funktion auszuüben. Der Priester wurde so ein Kind seines Gottes. Wenn aber ein Laie als Stundenpriester die Funktionen des Cherheb, des Web usw. ausüben konnte, so nahm er damit naturgemäß an der priesterlichen Eigenschaft als Kind seines Gottes teil, er wurde vergöttlicht. Auf ganz anderem Wege wurde dem Ägypter etwas von dem Bewußtsein zuteil, das Paulus dem Christen zuspricht, wenn er sagt: Wir sind göttlichen Geschlechts.

Die Götterbilder selbst, die in einer Kapelle aus Stein, wenn möglich Granit, untergebracht waren, welche vorn durch einen ehernen Einsatz mit einer zweiflügeligen Tür verschlossen wurde, waren klein, einen halben Meter hoch, und meist aus bemaltem Holz mit eingelegten Augen. Sie durften ja auch nicht schwer sein, weil sie bei den Festen herumgetragen wurden. Wir kennen sie nur aus Beschreibungen und Abbildungen. Im Original ist bis jetzt keines auf uns gekommen, soviel ich weiß. Auf das Bild läßt sich die Seele des Gottes als auf ihrem Leib nieder, wenn sie aus dem Himmel kommt; und zwar geschah das durch magische Formeln des Priesters, durch die der Gott sogar dazu gezwungen werden konnte. Das Götterbild trug den Pharaonenbart, eine geflochtene Strähne mit gekrümmter Spitze, wie wir es bei Osiris auf der Abbildung Seite 179 sehen, und als Kleid ein kurzes Gewand, das an Tragbändern über die Schulter hing. Je nach der Kunstfertigkeit und dem Reichtum der Zeit, wurden die Götterbilder wie auch die Tempel reich mit Gold und Edelsteinen geschmückt. Das geschah mit den Götterbildern in den „Goldhäusern", und die Goldschmiede, die in ihnen arbeiteten, durften sich rühmen, „das Geheime in den Goldhäusern (die Götterbilder) kennengelernt zu haben". Von der außerordentlichen Pracht eines ägyptischen Tempels zu der Zeit, da Ägypten Weltmacht war, können wir uns nach einer Inschrift Amenhoteps III. (1411 – 1375 v. Chr.), des *„roi soleil*" am Nil, eine Vorstellung machen. Danach waren z. B. die Türflügel eines Pylon mit Gold überzogen und mit Lapislazuli und anderen kostbaren Steinen ausgelegt. Der Fußboden war mit Silber belegt und die Flaggenstangen mit Gold beschlagen, so daß sie „mehr als der Himmel leuchteten". Vor dem Pylon stand eine zehn Meter hohe Kolossalstatue des Pharao. Der „Gottesweg" war zweieinhalb Kilometer lang, von Sphinxen flankiert.

Die Kammer mit der Kapelle, die das Bild des Gottes enthielt, die „große Stätte" genannt, war der wichtigste Ort für den täglichen Gottesdienst. Anhand der auf uns gekommenen Rituale können wir diesen ganz genau verfolgen. Hier lassen sich aus Raumgründen nur einzelne, für unsere Zwecke wichtige Punkte angeben. In der Frühe beginnt der Priester seine Kulthandlungen mit Räucherung der Kammer, so daß das „Allerheiligste" vom Duft des Weihrauchs ganz erfüllt ist. Dann tritt er in die Kapelle, die das Bild des Gottes enthält, löst die Siegelschnur und spricht: „Die Schnur wird zerbrochen und das Siegel gelöst. Ich komme und bringe dir das Auge des Horus, dein Auge gehört dir, Horus." Er zerbricht den Ton des Siegels und spricht: „Der Ton wird gelöst, das Himmelswasser wird geöffnet … Ich komme nicht, um den Gott von seinem Thron zu vertreiben, ich komme, um den Gott auf seinen Thron zu setzen. Du bleibst auf deinem großen Thron, Gott N. N., ich habe Zutritt zu den Göttern … ich bin rein." Dann löst der Priester den Türriegel der Kapelle und spricht: „Der Finger des Seth wird aus dem Auge des Horus gezogen, das ist schön (wie der Pflock aus dem Riegelschloß). Der Finger des Seth wird aus dem Auge des Horus gelöst, das ist schön. Ich löse das Leder ab hinter dem Gott ... Dir gebührt deine Schönheit, o Gott N. N., du Nackter, bekleide dich ... Ich bin ein Priester, der König selbst sendet mich, um den Gott zu schauen." Nun öffnet der Priester die Tür der Kapelle und spricht in dem Augenblick, wo das Götterbild in ihr sichtbar wird: „Die Tore des Himmels werden geöffnet, und die neun Götter zeigen sich strahlend. Gott N. N. ist erhaben auf seinem großen Thron, und die große Neunheit ist erhaben auf ihrem großen Thron. Deine Schönheit gehört dir, o Gott N. N., du Nackter, bekleide dich." (Nach Erman.) Der Priester verneigt sich wiederholt, singt oder sagt seine Litanei auf, nimmt die nötigen Geräte aus dem Kasten, den er mitführt, und beginnt die tägliche Toilette des Gottes. Er besprengt sein Bild aus zweimal vier Krügen mit Wasser, er bekleidet das Bild mit Leinenbinden, die weiß, grün, rot und rötlich sind, er salbt es mit Öl, legt ihm grüne und schwarze Schminke auf, und nach der Zeremonie des „Mundöffnens" schließlich speist er ihn, indem er Brote, Gänse, Rinderschenkel, Wein und Wasser vor ihn setzt. Auch mit Blumen wird der Opfertisch reich geschmückt. Das war das tägliche, das sogenannte „dauernde" Opfer. An den großen Festtagen, dem Neujahrstag oder an Tagen, die im Mythos für den Gott eine besondere Rolle spielen, wird das Götterbild aus seiner Kapelle herausgenommen, in einen mit Vorhängen verschlossenen oder mit einem Schleier bedeckten Schrein gestellt und auf einer Trage, meist in der Form eines Schiffes, umgeben von Priestern mit heiligen Zeichen auf ihren Stäben, durch die Halle getragen oder auch durch die Stadt und an bestimmten Stellen niedergesetzt. Bei solchen Prozessionen darf auch eine Harfe nicht fehlen, „um die Schönheit des Gottes in allen seinen Namen zu preisen". In Theben wurde bei hohen Festen die „heilige Barke" von 24 Priestern getragen. Vor und hinter der Barke schritt ein Wedelträger mit einem kostbaren Wedel (auch heute noch schreitet ein solcher bei hohen Festen neben dem Papst in Rom). Neben jedem Priester zwei Begleiter in Leopardenfellen. Vor dem Wedelträger ein Räucherer mit seinem Gefäß mit brennendem Weihrauch. Vor ihm ein Trompeter und ein Trommler. Der Schrein auf seiner Barke sah etwa so aus:

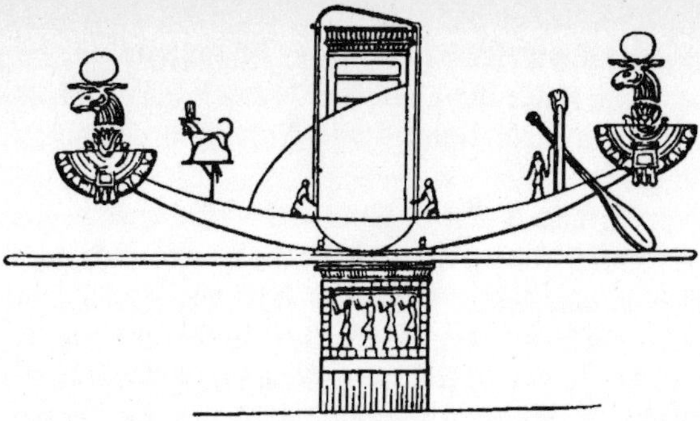

Die Priester ziehen die Vorhänge zurück, und das Volk darf nun an solchem Festtag „die Schönheit seines Herrn" schauen. Das Volk jauchzt, betet, opfert. An solchen Festtagen ist das Ritual natürlich reicher, die Tempel werden besonders geschmückt und auch illuminiert, was der Ägypter das „Lampenanzünden" nennt.

Wir sehen, wie der ganze Kult mit magischen Formeln durchsetzt ist, die auf uralte Mythen zurückgreifen, deren Sinn uns nur noch teilweise zugänglich ist. Aber wie bei allen magischen Formeln kommt es auch hier, wie schon bei den babylonischen Zaubersprüchen gezeigt wurde, nicht nur auf den uns etwa noch verständlichen Sinn an, sondern mindestens ebenso auf den Rhythmus, die Vokalisation, die begleitenden Gesten, von denen wir so gut wie nichts wissen, das absolut zuverlässig wäre. Es ist mit unserem Verständnis für solche Formeln und ihre Wirkungen noch viel schlechter bestellt als etwa mit unserem Verständnis für heute noch im Volk, namentlich in katholischen Kreisen, gebräuchliche Formeln aus demselben Weltanschauungskreis.

Bestenfalls wird einer dazu sagen: „Suggestion!" Daß er damit nur einen „Namenszauber" an die Stelle eines anderen setzt, dessen wird er sich schwerlich bewußt sein. Von dem plastischen Vermögen der Seele, von ihrer prägenden Formkraft haben wir in der heutigen, rationalistischen Zeit eben keine Vorstellung mehr, weil die meisten Menschen nichts davon wahrnehmen. Eine Verständigung darüber wird so lange unmöglich sein, als die „Psychologie" des 19. Jahrhunderts noch als exakte Wissenschaft und deshalb als Wahrheit gilt und nicht als eine durch viele Erfahrungen längst zweifelhaft gewordene, abbaubedürftige Hypothese. Solange in der Wissenschaft die Seele unter die Gehirnfunktionen fällt, gibt es wohl eine wissenschaftliche Gehirn- und Nervenkunde, aber keine Seelenkunde.

Professor Erman meint in einer Anmerkung seiner „Ägyptischen Religion“ ein wenig ärgerlich: „Es ist heute Mode, in den Sprüchen und Gebräuchen der ägyptischen Rituale ‚Zauber‘ zu sehen. Dazu berechtigt uns nichts. Sonst müßte man auch in unserer eigenen Religion die bei heiligen Handlungen gesprochenen Bibel- und Gesangbuchverse ‚Zaubersprüche‘ nennen ... Natürlich kann jedes viel benutzte Gebet und jeder religiöse Gebrauch mit der Zeit für die Menge seine Bedeutung verlieren und dann auch einmal zum Zauber benutzt oder als Zauber aufgefaßt werden. Aber das ist doch erst etwas Sekundäres.“ Mir scheint eher das Umgekehrte richtig zu sein. Wollen wir bis auf weiteres das seit langem gar zu anrüchig gewordene Wort „Zauberei“ vermeiden, weil ihm ein Werturteil anhängt, und dafür lieber noch eine Weile von Magie reden, so ist die ursprüngliche Bedeutung all solcher Sprüche und Formeln, also ihre primäre Bedeutung, durchaus eine magische. Wie in allen Religionen, so auch in der christlichen. Das ist nichts „Minderwertiges“, sondern eben das Ursprüngliche; und je mehr solche Formeln und Sprüche von ihrer ursprünglichen Bedeutung verlieren, um so bedeutungsloser werden sie. Nur der Verstand redet sich das Gegenteil ein, weil das wachsende Großhirn die ursprünglichen Fähigkeiten des menschlichen Gesamtorganismus immer mehr einschränkt und behindert. Er macht damit aus einer Not eine Tugend. Die Typentheorie belehrt uns doch darüber recht deutlich. Nun darf man selbstverständlich magische Formeln nicht mit „Bibel- und Gesangbuchversen“ in denselben Topf werfen. Auch der Ägypter rechnet seine Mythen und Hymnen nicht zur Magie. Daß sie uns häufiger nur im Zusammenhang mit magischen Formeln erhalten wurden, spricht nur für ihren gemeinsamen Gebrauch im Kult, aber nicht für ihre Gleichsetzung. Das ist doch bei jedem uns erhaltenen Ritual jeder Religion nicht anders. Man sollte zum Vergleich also nicht Bibel- oder Gesangbuchverse (Mythen und Hymnen) heranziehen, wohl aber z. B. die christlichen Sakramentsformeln. Das sind magische Formeln, oder sie sind überhaupt nichts. Es entspricht durchaus der Genialität, der intuitiven Begabung Luthers, oder wie immer man in rationalistischen Zeiten das Irrationale bezeichnen will, wenn er im sogenannten „Abendmahlsstreit" bis zum äußersten gegen Zwinglis rein rationale Auslegung stand. Es entspricht durchaus der rationalistischen „Entwicklung", wenn dieser Streit heute überhaupt keine Rolle mehr spielt oder wenn gar die Theologen von heute glauben, das religiöse Genie Luthers mit der Rückständigkeit seines Zeitalters entschuldigen zu müssen. Daß magische Formeln heute zumeist keinerlei Wirkung und deshalb auch keine Bedeutung mehr haben, liegt in erster Linie an uns, weil dem Gehirnmenschen die Organe dafür verkümmert sind. Unter besonders günstigen Umständen, die selbstverständlich für die gewohnte Gehirntätigkeit ungünstig sein müssen, unter Umständen, wo das Gehirn gehemmt und die Seele enthemmt wurde, bei bestimmten Krankheiten z. B., die wir gern „seelisch" nennen, obwohl es Gehirn- und Nervenkrankheiten sind, erlebt und beobachtet man auch heute noch Vorgänge magischer Natur. Dafür wurden früher schon zwei Beispiele aus der Praxis von Professor Schleich angeführt. In jeder Nervenpathologie, in jeder Kasuistik der Psychoanalyse finden sich Beispiele dafür, wobei wir nicht vergessen wollen, daß nicht nur der Mediziner, sondern jeder Rationalist dazu neigt, alles pathologisch zu nennen, was nicht „normal" ist. Normal aber ist nur das, was sich in das Verstandesschema des Rationalisten fügt. In dem, was lebendig ist, gibt es überhaupt nichts, was in diesem Sinne „normal" wäre. Das ist eine Fiktion, eine Abstraktion. Wer trotzdem daran glaubt, ist nicht weniger „abergläubisch" als ein anderer, der von irgendeinem Hokuspokus sich alles Heil verspricht. Aber nicht nur bei bestimmten Krankheiten stoßen wir auch heute noch auf magische Phänomene, sondern auch bei organisch durchaus gesunden Menschen unter dem Einfluß aufwühlender, erschütternder Ereignisse. Wie etwa beim Tod besonders nahestehender Personen. Oder z. B. als Begleiterscheinungen im Krieg. Man hat alle möglichen Erfahrungen und Beobachtungen aus dem Krieg gesammelt. Aber man hat sich leider bis jetzt geniert, auch Erfahrungen und Beobachtungen auf diesem Gebiet zu sammeln. Man fürchtet sich davor, für nicht

„geistig normal“ angesehen zu werden, das einzige, was eine rationalistische Zeit nur dann verzeiht oder wenigstens mit Milde beurteilt, wenn es sich um kriminelle Vorgänge handelt. Man war damals, wie das Volk sagt, „aus dem Häuschen“ und ist froh, es nicht mehr zu sein und daran nicht mehr denken zu müssen als ein wieder in jedem Betracht brauchbarer und „normaler“ Staatsbürger. Auch an den früher schon erwähnten Couéismus sei erinnert. Und schließlich braucht man heute nur irgendein Werk der neuesten Wissenschaft, der Parapsychologie, zur Hand zu nehmen, um bei den Experimenten mit Sensitiven auf magische Phänomene zu stoßen, oder das Werk eines Wissenschaftlers über Somnambulismus. Der Froschmäusekrieg geht dabei nur darum, daß die Parapsychologen sich abmühen, die Phänomene möglichst rationalistisch zu erklären, um sich dadurch das Recht auf Wissenschaftlichkeit zu erhalten oder wieder zu erwerben, während die strenge Wissenschaft so lange auf die Parapsychologie herabsieht, als sich ihre Phänomene noch nicht voll und ganz in das Prokrustesbett des plattesten Rationalismus hineinzwängen lassen.

Wenn der Hohepriester von Heliopolis den Nebentitel „der im Schauen Große“ führt, so wird man sich das aufgrund der Kenntnisse ägyptischer Kultmagie sehr einfach dadurch erklären, daß eben der Hohepriester der Mann war, der jeden Tag das Götterbild im Allerheiligsten erblickte. Wenn der Hohepriester von Memphis den Nebentitel „der oberste der Künstler“ führte, so fällt es nicht schwer, zur Erklärung darauf hinzuweisen, daß er im Alten Reich aller Bidhauerarbeiten Leiter war. Man vergißt dabei nur, daß vor fünf- bis sechstausend Jahren *schauen* nicht dasselbe war wie heute *sehen* und daß der Künstler, namentlich der Baumeister, im alten Ägypten doch etwas mehr war, als was wir heute durchschnittlich darunter verstehen, schließlich, daß es ihm dabei auf etwas ganz anderes ankam als den meisten Künstlern von heute. „Nicht die Ähnlichkeit fällt schwer, aber der Berg hat Gefühle und der Stein ein Gesicht. Die wahre Schwierigkeit ist, das wiederzugeben“ heißt es bei einem Künstler Altchinas. Dabei dürfen wir ferner nicht vergessen, daß die uns bekannte ägyptische Geschichte nicht den Höhepunkt einer magischen Weltanschauung bedeutet, sondern ihren Endpunkt. Die höchsten Zeiten des magischen Weltbildes sind für uns überhaupt nicht mehr geschichtlich greifbar. So deuten auch solche Nebentitel auf magische Zeiten und Fähigkeiten, für die uns jeder Vergleich fehlt. Wenn wir aber erst anfangen, uns mit dem Seelenkult der Ägypter zu befassen, so tappen wir erst recht im Dunkeln und können dabei nur zu dem Schluß kommen, daß der ägyptisch-magische Mensch offensichtlich von der Seele mehr wußte als wir rationalistischen Menschen von heute.

Als Amon, der Stier zu Heliopolis, der Königin beigewohnt hat (vergleiche Seite 149), bittet er den Töpfergott Chnum, den Körper des neuen Pharao zu bilden. Chnum bildet nun das Kind und seinen Ka auf der Töpferscheibe so:

Die Geburt des Kindes wird so dargestellt:

In der oberen Reihe sitzt in der Mitte die Königin auf ihrem Lager, während ihr Göttinnen als Hebammen Beistand leisten. In den beiden unteren Reihen knien freundliche Dämonen und Götter verschiedenster Art und halten in der Hand das „Lebenszeichen“ nach oben, der Königin zu. Rechts unten die nilpferdgestaltige Göttin der Schwangerschaft Toëris, neben ihr der im Volk besonders beliebte Bes. Rechts oben aber sehen wir auf der Hand einer knienden Göttin, die Füße von einer anderen gestützt, ein Kind, das Zeichen darüber charakterisiert es als Ka. Der Ka ist schon vorhanden. Der neue Pharao aber ist *noch nicht* geboren.

Aus dem Tempel von Luxor noch das Bild des Königs Amenophis III. als Kind. Hinter ihm dasselbe Kind, aber wieder mit demselben Zeichen über dem Kopf (hier deutlicher als auf dem vorhergehenden Bild), das besagt, daß es der Ka von Amenophis als Kind (die stilisierte Seitenlocke) ist.

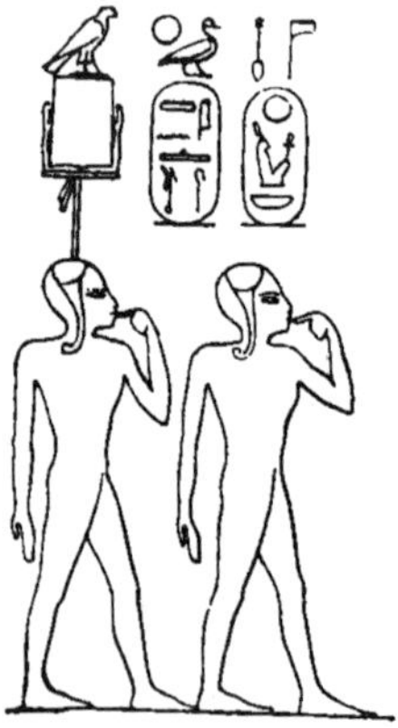

Dieser „Ka“ verursacht den Ägyptologen immer neues Kopfzerbrechen. Bildlich findet er sich nur in Verbindung mit den Pharaonen in der auf den letzten Bildern gezeigten Weise dargestellt. Schriftlich ist viel von dem Ka die Rede. Man verdeutscht den „Ka“ gern mit „Doppelgänger“. Das liegt besonders nahe, wenn man die bildliche Darstellung betrachtet. Wenn man da den Pharao erblickt und neben ihm seinen Ka, darf man aber nicht vergessen, daß der Ägypter nicht perspektivisch zeichnet, daß er die beiden Figuren am Ende nur deshalb nebeneinander stellte, um dadurch die Wichtigkeit des Ka zu betonen. Bei perspektivischem Zeichnen hätte er sie vielleicht ineinander dargestellt, und dann gewönnen wir am Ende die Anschauung, welche die Theosophen dem Ka geben, indem sie ihn als den Astralkörper bezeichnen. Das Zeichen für den Ka, die zwei nach oben gestreckten Arme, die auch das „umfassen, umschließen" bezeichnen (übrigens auch typisch als magische Geste), würde nicht schlecht dazu passen. Aber für die magischen Texte, bei denen wir von den späteren absehen, weil sie selbst schon auf theologischen Spekulationen beruhen, reicht die Verdeutschung Doppelgänger oder Astralkörper nicht aus. In einem alten Pyramidentext, wo von der Schöpfung der beiden ersten Götter Schu und Tefenet die Rede ist, heißt es, daß Atum nach ihrer Schöpfung die Arme um sie legte, die den Ka enthielten, wodurch sie seinen Ka bekamen. In einem anderen alten Text heißt es von dem Erdgott Keb: „Du bist der Ka aller Götter." Auch finden wir im Alten Reich Personennamen, die besagen „Re ist mein Ka" oder „Ptah ist mein Ka". Der Totenpriester heißt auch „Diener des Ka" und das Grab „Haus des Ka". Die Totengebete gelten vom Mittleren Reich an nicht mehr einfach für den verstorbenen N. N., sondern „für den Ka des N. N.". Zuweilen sind die Herren der Kas gleich die Lebenden, und „alle Kas" kann dann auch „alle Menschen" heißen. Solange der Mensch der Herr eines Ka ist und mit seinem Ka geht, so lange lebt er. Nur dürfen wir hier bei Leben nicht naturwissenschaftlich nur an die Möglichkeit des Stoffwechsels denken, wozu man heute neigt. Hier kommt der „Ka" eher dem göttlichen Odem gleich oder bedeutet unvergängliches Leben, ewige Göttlichkeit.

Neben dem Ka begegnen wir vor allem noch dem Bai und dem Ach. Bai verdeutschen die Ägyptologen meist mit „Seele", Ach mit „Verklärter". „Den Ach zum Himmel, den Leib zur Erde", heißt es in einem alten Königstext. Wenn der Pharao stirbt, „geht er zu seinem Ach". Das Mumifizieren der Leiche nennt man sogar „zu einem Ach machen". Dargestellt werden Ach und Bai in Vogelgestalt. Wir sprechen dann vom „Seelenvogel". Ach hängt mit dem ägyptischen Wort für leuchten zusammen. Der berühmt-berüchtigte Freiherr von Reichenbach, im Grunde ein viel nüchternerer Naturforscher als seine Gegner behaupten, würde dabei sicherlich an sein „Od" denken. In den ältesten Zeiten wird der Bai als Falke mit Menschenkopf und Götter- (Pharaonen-) Bart dargestellt:

In späteren Zeiten kann ein „Seelenvogel", von oben betrachtet, so aussehen:

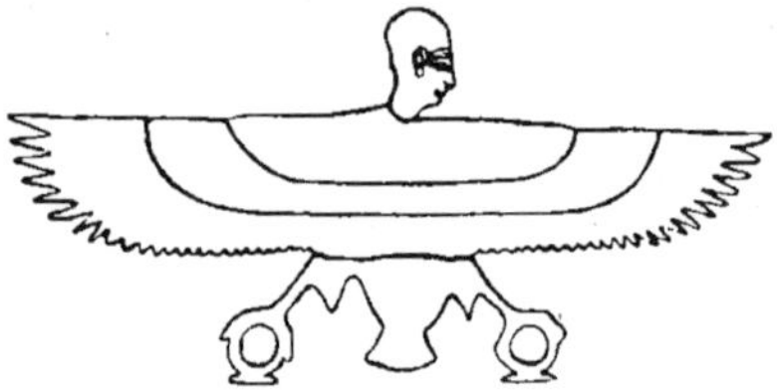

In der Kopfhöhlung eines Sargkastens aus dem Neuen Reich sitzt der Bai so, daß seine Flügel den Kopf des Toten umspannen. Hier ist er von unten gesehen abgebildet:

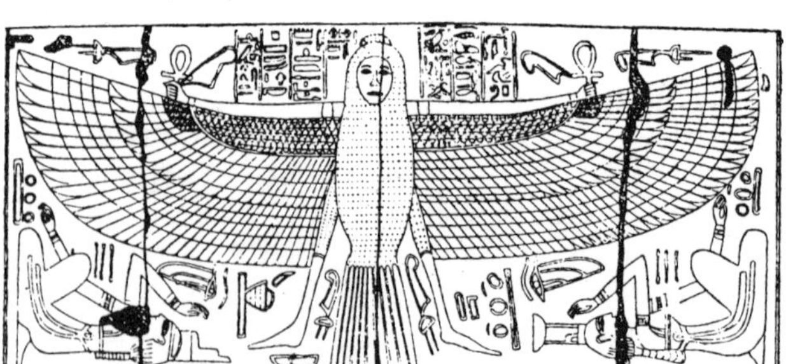

Die Seele flattert eben vom Toten fort in den Himmel. Aber sie kann auch jederzeit wieder zur Mumie zurückfliegen, ja „ein- und ausgehen im Grab", und, wie es sich der Speichervorsteher Nachtmin in seiner Grabschrift aus dem Neuen Reich wünscht: „daß ich mich ergehe an dem Ufer meines Teiches, täglich ohne Aufhören, daß meine Seele flattere auf den Zweige der Bäume, die ich gepflanzt habe, daß ich mich kühle unter meinen Sykomoren ..."

Der Ägypter besitzt noch eine ganze Anzahl von Bezeichnungen für den „kosmischen Punkt", seine Wirkungen und Erscheinungen, während wir uns mit dem einen Wort Seele begnügen müssen. Wir gehen darauf nicht weiter ein, weil für uns nicht viel dabei herauskommt, denn kaum auf einem anderen Gebiet ist die heutige Ägyptologie so unsicher und ungeklärt wie auf diesem. Das ist bei unserer heutigen „Psychologie" auch kein Wunder. Wo nur noch der Verstand die Mittel zur Verständigung bietet, ist für ihn auf dem Wirkungsfeld von Ka, Ach, Bai, Baru, Sechem, Achom usw. nicht viel anzufangen, die sich dem Verstand entziehen, die man nur höchst unsicher umschreiben, aber durchaus nicht definieren kann. Um so unsicherer, je weniger man aus eigenen Erlebnissen davon weiß. Die Ägyptologen seufzen da besonders schmerzlich über den ägyptischen Mangel an Logik, ohne zu bedenken, daß hier geradesowenig ein Feld für die Logik ist wie sonst, wo Leben regiert und nicht Mechanik. Gewiß strengt sich der Verstand gewaltig an, alles Leben zu mechanisieren, um daraus Begriffe zu gewinnen, seine einzigen Verständigungsmittel, aber vom Leben bleibt dabei geradesowenig übrig wie von der Seele bei der herrschenden Psychologie. Ich weise dazu nochmals besonders auf das schon erwähnte Werk von Palagyi hin: „Naturphilosophische Vorlesungen." Der bildsichtige Ägypter mit seinem magischen Weltbild hatte zur Verständigung die Logik noch nicht nötig. Sowenig wie ein Mensch von heute sie für seine Träume nötig hat, weshalb sie sich auch nicht im geringsten um die Logik kümmern. Sowenig wie Professor Schleich gegen den „eingebildeten" Tetanus des erwähnten Unteroffiziers mit Logik hätte aufkommen können oder gegen die „eingebildete" Schwangerschaft jenes jungen Mädchens. Vielmehr betrog die Logik jene Ärzte in einer Weise, deren für Verstand und Wissenschaft recht schmerzhafte

Komik Schleich sehr deutlich empfand. Nicht besser geht es der Logik beim Somnambulismus, bei medialen Phänomenen, ja sogar Coué gegenüber, kurz, in allen Fällen, wo es dem Verstand noch nicht gelungen ist, Lebenserscheinungen (Phänomene) zur Einfalt seines Kausalgesetzes abzuziehen (abstrahieren), zu mechanisieren und damit in seinem Wesentlichsten zu töten.

War für den Babylonier alter Zeit mit dem Tod das Beste vorbei und die Seele zu einem wesenlosen Schattendasein herabgesunken, so konnte ihn diese auch nicht mehr beschäftigen als für das Leben unbedingt nötig war. Daher galten auch seine magischen Künste vor allem den Lebenden und ihren Bedürfnissen. Für den Ägypter aber fing mit dem Tod recht eigentlich das Leben erst an. Also mußte ihn auch die Seele in weit höherem Maße beschäftigen als den Babylonier. Kein antikes Volk hat darüber so viel zu sagen und darzustellen gewußt wie das ägyptische. Es war auch nur folgerichtig, daß die ägyptische Magie vor allem den Toten zu Hilfe kam. Das geht so weit, daß wir von ägyptischer Magie recht wenig wüßten, wenn uns nicht Pyramiden, Totenstädte, Totentempel, die Sargkammern und so viele Särge mit ihren Mumien erhalten wären. Aber weil der Ägypter sich das Leben nach dem Tod so plastisch nach dem Leben auf der Erde veranschaulichte, können wir getrost von der Magie für die Toten auf die Magie der Lebendigen schließen.

Totenkult und Totenbuch

Die Ägypter haben ihre Toten stets begraben und nie verbrannt. Bei den antiken Völkern im Umkreis des Mittelmeeres können wir überall beobachten, wie der Wechsel vom Begraben zum Verbrennen anzeigt, daß auch ein Wechsel in der Auffassung von Seele und Leib eingetreten ist. Tritt das Verbrennen an die Stelle des Begrabens, so kommt darin auch die Macht eines neuen Weltbildes zum Ausdruck, das vorübergehend oder dauernd die Herrschaft über ein älteres antritt. Unter der Herrschaft des magischen Weltbildes wird begraben, unter der des rationalistischen kommt das Verbrennen auf. Nur bei den Indogermanen war es vermutlich anders. Aber unter der Herrschaft der katholischen Kirche, deren Bräuche häufiger als man ahnt aus dem alten Orient kommen und damit aus magischer Tradition, begruben auch die christianisierten Germanen ihre Toten. Auch die Reformation änderte daran nichts. Erst im 19. Jahrhundert wurde das anders. Seit der Alleinherrschaft des Rationalismus gehört es für Kreise, die auf zeitgemäße Bildung halten, und erst recht für bewußt antikirchliche Kreise zum guten Ton, sich verbrennen zu lassen, und dieser Brauch würde noch viel allgemeiner sein, wäre er nicht kostspieliger als das Begraben. Das Verbrennen ging in der antiken Welt auf recht unvollkommene Weise vor sich. Es war meist mehr ein Anbrennen als ein Verbrennen. Heute hingegen hat man es in der Kunst des Verbrennens zu so hoher Meisterschaft gebracht, daß in wenigen Minuten von dem Toten nicht mehr als eine Handvoll Asche übrigbleibt. Zugleich ein äußerst sinnfälliges Symbol für die Anschauung, daß mit dem Tod alles aus ist. Bezeichnenderweise hat in Berlin nicht ein altmodischer Theologe, sondern ein sehr moderner Arzt, ein Chirurg, in heftigster Opposition zu den modernen Krematorien gestanden, nämlich der schon wiederholt genannte Prof. Schleich. Nicht aus religiösen, sondern aus naturwissenschaftlichen Gründen, seitdem er sich die Entdeckung des großen Biologen Weismann von der Unsterblichkeit der Einzeller zu eigen gemacht hat, eine Entdeckung, welche die rationalistische Durchschnittswissenschaft möglichst umgeht. Er hält die radikale Krematoriumsverbrennung direkt für ein Verbrechen an den Entwicklungsmöglichkeiten der Menschheit, weil der Einzeller, also auch der Kern der menschlichen Zelle, nur durch Feuer wieder in das Reich des Unorganischen rückgebildet werden kann, während kein Verwesungsprozeß ihn zerstört, sondern nur seine Form wandelt, die irgendwann einmal doch wieder zum menschlichen Organismus zurückfindet.

Schon in Gräbern ältester ägyptischer Zeit finden sich neben dem Toten Näpfe für Speis und Trank, Harpune und Steinmesser, ein Brettspiel, um sich die Zeit zu vertreiben, Haarpfeile zum Frisieren und Steine zum Verreiben der grünen Farbe, damit sich der Tote schminken und bemalen kann. Auch ein kleines Tonschiff, um den Himmelsozean zu durchfahren, ein tönernes Rind zum Schlachten, eine tönerne Dienerin zum Mehl machen oder Gerstenteig kneten, damit es am Bier, dem Lieblingsgetränk, nicht fehlt, und durch eine andere Frauenfigur ist auch für die Liebe gesorgt. Gräber mit solchen Beigaben waren ganz primitive Gruben aus vorhistorischer Zeit, wie man sagt; und von den Toten war bei der Ausgrabung häufig nur noch das Skelett übrig, was allerdings nicht beweist, daß der Tote in dem regenlosen Ägypten und im trockenen Sand der Grube nicht jahrhundertelang als natürliche Mumie lag, zumal auch noch erhaltene, nicht einbalsamierte Leichen aus ältester Zeit auf uns gekommen sind. Jedenfalls sprechen die zahlreichen Gräberbeigaben schon in „prähistorischen" Gräbern dafür, daß die Anschauungen der Ägypter über ihre Toten im großen und ganzen durch die Jahrtausende dieselben geblieben sind: Der Tote lebt. Im Alten Reich heißt er ein „versehener Verklärter", im Mittleren ein „Gerechtfertigter". Erreicht wurde das durch eine Beerdigung nach dem immer umfangreicher werdenden Ritus und durch die Kraft magischer Formeln, deren Zahl bis zum Neuen Reich ungeheuer wächst.

Die Toten wurden am Rande der Wüste begraben, die im Westen lag, sie „wandern zum Westen", wo auch die Sonne untergeht, sie heißen die „Westlichen". In den ältesten Zeiten lagen sie auf der linken Seite in Hockerstellung, wie man auch schlief, mit dem Blick nach Westen. Für den Hinterbliebenen war der Tote damals ein Schlafender, den man durch eine Formel weckt. Wenn der Sohn und Erbe zum Grab trat, um zu opfern, sagte er nach einem alten Pyramidentext: „Mein Vater, erhebe dich von deiner linken Seite und lege dich auf deine rechte Seite hin zu diesem frischen Wasser, das ich dir gebracht habe. Mein Vater, erhebe dich von deiner linken Seite und lege dich auf deine rechte Seite hin zu diesem frischen Brot, das ich dir verschafft habe." Oder auch: „Stehe auf und setzte dich zu diesem deinem Brot." Zweifeln, ob der Tote wirklich lebt, begegnen wir in den Texten der ältesten Zeit nicht. In den Endzeiten des Alten Reiches, in den revolutionären Zwischenzeiten bis zum Mittleren Reich, stoßen wir öfter auf solche Zweifel, denn man hatte ja erlebt, wie die ewigen Wohnungen, die Gräber, zerstört und ausgeraubt wurden. Aber solche Zweifel wurden, wie wir überall im Mittleren Reich sehen, vor allem dadurch wieder beseitigt, daß der Totenkult immer reicher mit magischen Formeln und Gebräuchen ausgestattet wurde. Schon im Alten Reich hat Osiris, dem unser nächstes Kapitel gilt, die anderen Totengötter immer mehr in den Hintergrund gedrängt. Konnte man sich einst in einem Pyramidentext noch mit der einfachen „Entsprechung" in der Formel für einen Toten begnügen: „So wahr Osiris lebt, wird auch er leben, so wahr Osiris nicht gestorben ist, wird auch er nicht sterben, so wahr Osiris nicht vernichtet ist, wird auch er nicht vernichtet werden", so wurde der rituell-magische Apparat für diese „Entsprechung" immer reicher und komplizierter, um jeden etwa noch aufsteigenden Zweifel zu vernichten.

Von einem Schattendasein der Seele im Sinne der alten Babylonier und der Griechen Homers hat der Ägypter nie etwas gewußt. Zur Seele gehört ihm jederzeit eine sichtbare Form, wenn sie wirklich lebendig sein soll. Die für den bildsichtigen Ägypter nächstliegende Form ist der irdische Körper. Aber wie sich in der Tempelkammer des Gottes seine Seele auf dem Götterbild in der Kapelle „als auf seinem Leib" niederließ, so konnte dasselbe auch bei dem „versehenen Verklärten", bei dem „Gerechtfertigten" mit einer Statue von ihm mit Hilfe magischer Formeln geschehen. Darauf beruht die Sorge um den Körper des Toten und seine Mumifizierung wie auch der Umstand, daß man vielfach dem Toten für alle Fälle auch noch einen Kopf aus Stein mitgab, außer für die Mumie auch noch für Statuen des Toten sorgte oder den Sarg möglichst nach den Umrissen des toten Körpers mit besonderer Rücksicht auf den

Kopf herstellte. Über das Gesicht legte man dann eine Maske aus Leinen und Stuck, daß es möglichst natürlich aussah. Etwa wie bei dieser Abbildung einer Mumie aus dem Mittleren Reich:

Wenn man mit Hilfe magischer Formeln den Gott zwingen konnte, seine Seele auf sein Bild als auf seinem Leibe niederzulassen, weshalb sollte der Tote seine Seele mit Hilfe der Magie nicht auf seine Mumie oder seine Statue „als auf seinem Leib" niederlassen können? Es wurde schon im vorigen Kapitel vermerkt, daß, je mehr die einst aus lebendiger Anschauung kommenden Formeln erstarrten, sie um so mehr natürlich auch rein spielerisch gehandhabt werden konnten und so jeden tieferen Sinn für die Allgemeinheit verloren. Mit den Worten, die einst ebenfalls aus lebendiger Anschauung kamen, geht es heute ja nicht anders, wie die ganze landläufige Phraseologie, bei der sich niemand mehr viel denkt, beweist. Im gewöhnlichen Leben fällt das nur noch intuitiven Menschen auf die Nerven. Die meisten werden sich dessen für einen Augenblick noch am ehesten peinlich bewußt, wenn sie etwa eine Kondolenzvisite machen müssen. Sie können dabei aber häufiger nicht ohne Verwunderung die Beobachtung machen, daß selbst die gangbarsten Phrasen bei dem Leidtragenden nicht ohne Wirkung bleiben. Es kommt eben bei all diesen Sachen auf die Seelenverfassung an. So ist es denn für uns heutige Menschen, auch für die größten Ägyptologen, unmöglich, mit einiger Bestimmtheit zu sagen, wo und wann eine magische Formel für den Ägypter älterer Zeiten nichts mehr war als eine bedeutungslose Phrase und eine Hieroglyphe nur noch eine Spielerei mit Meißel oder Pinsel.

Aus den primitiven Gruben in der Negadazeit wurden schon in den Zeiten der ersten uns bekannten Dynastien Kastensärge, in die man die Toten auf die linke Seite oder auf den Rücken legt. Am Kopfende malt man außen ein paar große Augen. Dann sieht der Tote mit ihnen „den Herrn des Horizonts, wie er über den Himmel fährt" (Re, die Sonne). Innen auf die Sargwand malt man eine Tür, durch die der Tote den Sarg verlassen kann. Er ist also durchaus nicht tot in unserem Sinn. Opferten und beteten die Angehörigen einst an dem primitiven Grab, wo über dem Toten Steine und ein Sandhügel aufgeschichtet wurden, so wurden aus den Steinen Blöcke und bald ein massiver Bau, welcher nicht nur den Sarg, sondern auch die Angehörigen für ihre Opfer und Gebete aufnehmen konnte. Aus den Gruben wurden sogenannte Mastabas, gemauerte Gebäude mit schrägen Wänden, in die ein Schacht zu einer kleinen Seitenkammer für den Sarg getrieben wurde. Durch den Schacht wurde der Sarg zur Kammer hinabgelassen, dann die Kammer zugemauert und der Schacht mit Blöcken und Schutt ausgefüllt. Solche Mastabas (Bänke) sahen etwa so aus:

Alles ist nach Westen orientiert. Vor der Ostwand wird geopfert und gebetet, damit sich Priester wie Angehörige dabei nach Westen wenden. An dieser Wand befindet sich auch die „Scheintür", aus welcher der Tote heraustritt, um die Opfer entgegenzunehmen. Man baute die Ostwand bald zu einer Nische aus und verlegte die Scheintür an ihre Rückwand. Diese Nische genügte zwei Totenpriestern für ihre rituellen Handlungen. Auch konnte der Opfernde seine Gaben für den Toten rechts und links aus der Hand stellen. Die Wände der Nische wurden mit Bildern versehen, die sich auf Leben, Sterben und

„Verklärung“ des Toten beziehen. Aus der Nische wird dann eine geräumigere Kammer, aus der kleinen Mastaba ein geräumiges Haus als „ewige Wohnung“. Das Grab des Mereruka, des Wesirs des Königs Pepi, hat 31 Zimmer! 21 für den Toten, 6 für seine Frau und 4 für seine Söhne. Alles ist prächtig bemalt und möglichst heiter. Bilder von Ackerbau, Viehzucht, Jagd, Vogelfang, Schiffer, die sich prügeln, Sänftenträger mit ihrem Gesang, die Sprünge der Tänzerinnen usw. Was dem Toten in dem kurzen Erdenleben Freude machte, sollte er in seiner „ewigen Wohnung“ erst recht nicht entbehren. In Oberägypten, wo Felsen den Nil eng umgrenzten, trieb man das Grab in den Felsen, ja baute es zu einem großen Haus mit reichstem Schmuck an Bildern und Inschriften aus. Vorn gab es einen breiten Empfangsraum, dahinter einen Saal, und wo im Tempel das Allerheiligste sich befand, befindet sich hier die Nische mit der Statue des Toten.

Neben den Mastabas die gewaltigen Pyramidengräber der alten Pharaonen. Die berühmteste Pyramide ist die von Gizeh für Cheops. Denken wir sie uns nach Berlin versetzt, so würde ihre Grundfläche ein Quadrat füllen, das wir vom Zeughaus zum Opernhaus über die Akademie zur Dorotheenstraße ziehen könnten, und seine Höhe käme der des Straßburger Münsters gleich! Das alles nur zum Schutz der Mumie, die, durch vielerlei Schächte geführt, in ihrer Sargkammer ruhte. Wir sehen daraus, welch ungeheure Wichtigkeit der Erhaltung der Mumie beigelegt wurde, weil an ihr das Leben nach dem Tod hing. Da die Schächte nach der Beisetzung verschüttet, der Eingang auf das sorgfältigste vermauert wurde, konnten alle Kulthandlungen für den Toten nur außerhalb der Pyramide abgehalten werden. So entstanden die Totentempel bei den Pyramiden. Im Mittleren Reich herrscht dann in den Provinzstädten die kleine Ziegelpyramide vor, die sich auch bescheidene Leute leisten konnten. Eine Grube in felsigem Boden als Sargkammer, überdeckt von einem Gewölbe, das auf niedrigem Unterbau eine kleine Pyramide aus getünchten Ziegeln trägt.

An der Ostseite steht der Grabstein, wo geopfert wird. Auf dem Grabstein sehen wir etwa das begrabene Ehepaar, wie es sich zum Mahl niedergelassen hat, an den Seiten die Kinder:

Vor dem Grabstein liegt der Opferstein, auf den man die Speisen legt und das Wasser gießt. Seit man nicht mehr wirklich Dinge zu opfern brauchte, sondern der Tote sich mit Hilfe der Magie aus ihren Bildern wirkliche Speise und Trank „zaubern“ konnte, malte man derlei auf den Opferstein. Ein solcher Opferstein aus dem Neuen Reich ist unten abgebildet.

Da finden wir Brote, Wasserkrüge, Fruchtkörbe und rechts oben auch die vom Ägypter so geliebte gebratene Gans.

Die Beerdigungsriten gleichen sich immer mehr den Riten im Allerheiligsten vor dem Götterbild an. Die Einbalsamierung geschieht durch die „Mumienmacher“, und der Tote wird durch die Riten und magischen Formeln zu einem Gott gemacht. Das große Vorbild ist der tote Osiris, zu dem Anubis auf Befehl des Re vom Himmel herabstieg, um die Leiche entsprechend für die Auferstehung herzurichten. Die Mumienmacher entfernten Eingeweide und Herz, die in besonderen Krügen den Toten mitgegeben wurden. Sie standen unter dem Schutz der vier Horussöhne. Die Eingeweidekrüge aus Alabaster waren daher vier an der Zahl, und jeder trug den Kopf eines der vier Horussöhne in Gestalt eines Menschen-, eines Affen-, eines Schakal- und eines Falkenkopfes:

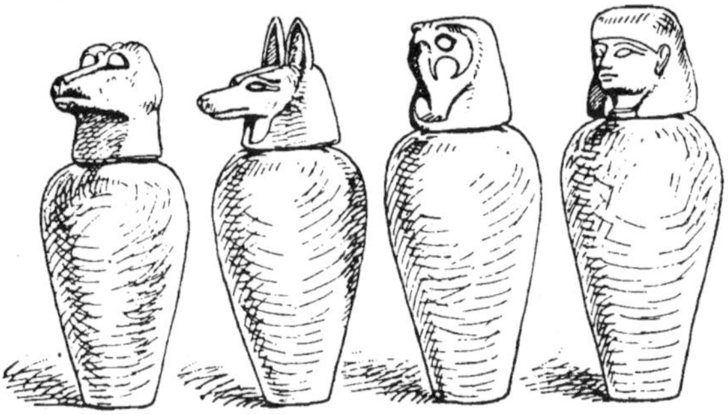

Der Tote wird dann in eine Salz- und Natronlösung gelegt, mit Öl getränkt, mit Salben und Spezereien bestrichen und gefüllt und mit Leinenbinden umwickelt, in die man Amulette legt und magische Sprüche, auch Götterbilder webt oder auf sie malt. Bei solcher Einbalsamierung durch die Mumienmacher durfte die Weihe durch Priester nicht fehlen, welchen meist dieselben Funktionen oblagen, wie dem Anubis bei der Leiche des Osiris. Natürlich sah ein so einbalsamierter Toter nicht aus wie die Mumien in unseren Museen, die ja schon tausende von Jahren in der Erde gelegen haben und, aus ihrem Grab entfernt, der Luft ausgesetzt, völlig zusammengeschrumpft und entstellt sind. Wir besitzen in zwei Exemplaren aus der Spätzeit das ausführliche Ritual für die Balsamierung. Zuerst wird die Anweisung für die Behandlung jedes einzelnen Körperteils mit bestimmten Salben, Ölen und Harzen gegeben. Ihre Namen sind leider meist noch nicht mit uns bekannten Pflanzen und Mineralen identifiziert.

Auf diese Anweisung für die Behandlung des Kopfes, des Leibes, der Eingeweide, des Rückgrats, der Finger- und Fußnägel, der Hände und Beine folgt immer der Spruch, die magische Formel, die der Priester dabei zu rezitieren hat. Schon jetzt aber wird die Leiche, an welcher der Priester arbeitet und rezitiert, von ihm bezeichnenderweise „dieser Gott" genannt. Durch all diese Maßnahmen soll der Mumifizierte fähig werden, all seine Glieder wieder wie im Leben auf der Erde zu gebrauchen.

Ist das alles geschehen, wird die Mumie in den Sarg gelegt, dieser auf einen Schlitten gestellt, der durch den Sand zum Grab in die Gräberstadt gezogen wird. Oft wird der Sarg auch auf ein Boot, dies wichtigste Verkehrsmittel, das deshalb auch für das Jenseits von Bedeutung ist, gestellt und dann erst auf den Schlitten. Auf einem Papyrus aus Theben ist das so dargestellt:

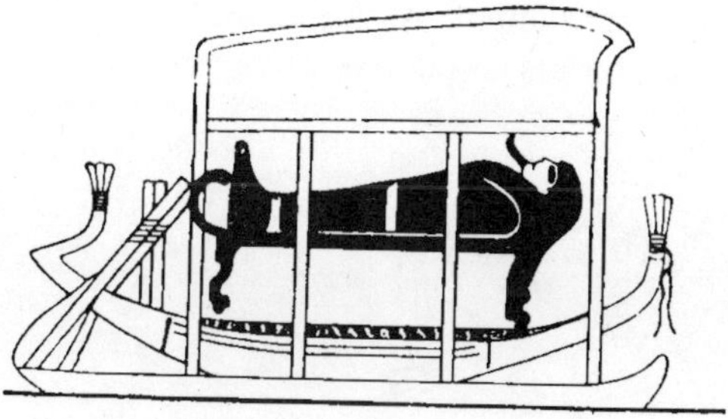

Der Sarg steht hier noch unter einem Baldachin.

Doch es dauerte bei der Umständlichkeit der Einbalsamierung lange Wochen, bis es soweit war. Herodot gibt 70 Tage an. Je nach der Sorgfalt der Balsamierung und der zur Verfügung stehenden Mittel dürfte die Zeit zuweilen noch etwas länger gewesen sein und bei weniger Sorgfalt natürlich auch beträchtlich kürzer. Die Leidtragenden entblößten zum Zeichen den Trauer den Oberkörper, streuten sich Staub aufs Haupt und schlugen sich gleichzeitig Brust und Kopf. Eine Abbildung aus der 18. Dynastie (1545 – 1315 v. Chr.) im Neuen Reich zeigt eine so klagende Frau:

Wie überall in der Antike gab es auch berufsmäßige Klageweiber. Sie schlugen sich den Kopf, umsprangen den Sarg, schlugen mit Zweigen in die Luft, die bösen Dämonen von der noch wehrlosen Leiche fernzuhalten, und stießen helle, schrille Schreie aus, was wir daraus entnehmen können, daß so ein Klageweib bei den Ägyptern „Weihe“ (nach dem bekannten Vogel) genannt wird. So selten nun auch die Darstellungen des Schmerzes der Angehörigen über den Sterbenden oder in den ersten Tagen nach dem Tod sind (der Ägypter vermied diese Darstellung offenbar), so zahlreich sind die Darstellungen der eigentlichen Beisetzung, wo der Sarg zum Grab gezogen wird. In späteren Zeiten nicht nur auf einem Schlitten, sondern auch auf einem vierrädrigen Karren, der wie der Schlitten von Rindern gezogen wird. Auf dem folgenden Bild steht der Sarg ebenfalls in einem Boot und dieses erst auf dem Wagen:

Auch das Ritual für die Kulthandlungen am Grab kennen wir genau. Hier nur einiges besonders Bedeutungsvolles. Der wichtigste Priester dabei ist der Sem, der sich, bevor der Tote naht, in Binden gehüllt im Grab niedergelegt hat. Der Zug hält, der Tote wird mit Wasser besprengt (kultische Reinheit) und umräuchert. Dann tritt der Cherheb mit zwei weiteren Priestern zum Grab und weckt den Sem. Langsam, in genau vorgeschriebenen Bewegungen erhebt sich der Sem und tritt zu den dreien. Zu viert übernehmen sie jetzt die Rolle der schon erwähnten Horussöhne, die einst ihren toten Großvater Osiris wuschen, beweinten und ihm dann mit ihren ehernen Fingern den Mund öffneten, damit er wieder essen und sprechen konnte.

Später stellt der Sempriester Horus, den Sohn des Osiris und der Isis, vor. Zwei von den vieren rufen: „O Isis, Horus ist gekommen, daß er seinen Vater umarme." Der Cherheb ruft: „Eile, daß du deinen Vater schaust." Nun legt der Sem ein Pantherfell an, während die anderen Priester das Opfertier zerlegen, und spricht zu dem Toten: „Ich habe dies mein Auge aus seinem Munde befreit (wie Horus einst Osiris das Auge zurückbrachte, das sein böser Bruder Seth ihm ausgerissen hatte), ich habe seinen (des Opfertieres) Schenkel abgeschnitten (als Opferspeise für den Toten)." Und nun vollzieht sich die wichtigste aller magischen Zeremonien, die auch im Allerheiligsten des Tempels eine entscheidende Rolle spielt, von der mit Absicht erst jetzt und bei dieser Gelegenheit gesprochen wird: „Das Öffnen des Mundes und der Augen." Zunächst ein Bild davon nach dem Papyrus Ani aus Theben:

Da sehen wir den Priester im Pantherfell. Vor ihm der Kasten, der die Gerätschaften für seine verschiedenen Zeremonien enthält. Der Maler hat sie einzeln über den Kasten gemalt, darunter zwei hakenförmig umgebogene Beile, über deren Gebrauch keine Klarheit herrscht. Das wichtigste Instrument ist der „Schlangenstab" in der Hand des Priesters. Mit ihm berührt er mehrere Male Gesicht, Mund und Augen der Mumie, während der Cherheb dazu die genau vorgeschriebenen Anweisungen gibt und die dazugehörigen magischen Formeln aus der Papyrusrolle vorliest. Dieser Stab hat sein natürliches Vorbild in der Brillenschlange. Ein bestimmter Griff hinter den Kopf lähmt die Schlange und macht sie für eine Weile regungslos wie einen Stock. Möglicherweise hat man zuerst eine auf diese Weise regungslos gemachte lebendige Schlange zu der Zeremonie benutzt, die gleicherweise bei Götterbildern wie bei Toten und ihren Statuen Anwendung findet. Die regungslose, also scheinbar tote Schlange wird später ja wieder höchst lebendig. Dann nahm man einen Stab mit Schlangenkopf. Für den Magier bedeutete das indes nicht weniger als eine lebendige Schlange. Nach dem Vollzug der Zeremonie zum „Öffnen des Mundes und der Augen" überweist der Sem mit erhobenem Stab dem Toten seine Nahrung. Ist der Tote dann, mit allen magischen Sicherheiten versehen, beigesetzt, gab es einen Leichenschmaus, wie es auch heute noch überall auf dem Lande Brauch ist. Je reicher Ägypten wurde, um so üppiger ging es dabei zu. Sogar Tänzerinnen treten auf, und ein Harfner singt: „Wie ruhig liegt dieser gerechtfertigte Fürst, das schöne Geschick ist eingetreten. Die Leiber gehen dahin, seit der Zeit der Götter, und der Nachwuchs tritt an ihre Stelle. Solange Re sich am Morgen zeigt und Atum am Westberg untergeht, solange zeugen die Männer und empfangen die Weiber, und alle Nasen atmen Luft. Aber alles, was sie gebären, in der Frühe geht es an die Stätte, die ihm bestimmt ist (Erman)."

Es gab eine Fülle solcher Totenbräuche, mit einer Fülle magischer Formeln, die aus einer Fülle reicher Mythen gewonnen waren, von denen viele Einzelheiten uns verlorengingen oder nicht mehr verständlich sind. Diese Mythen und die aus ihnen gewonnenen Formeln und Bilder werden in Ägypten aber nicht von den Priestern nach den Gesetzen der Logik zu einem einheitlichen, möglichst reibungslosen Ganzen zusammengearbeitet, wie es für Zeiten der Ratio selbstverständlich wäre, sondern sie stehen unverbunden nebeneinander und durcheinander, wie wir es heute nur noch in Träumen erleben. In ihnen wirkt auch heute noch alles unmittelbar, so unlogisch es auch nachher für den nachprüfenden Verstand durcheinander gehen mag und dann – nicht mehr wirkt. Nicht vom Verstand her, nur von Traumerlebnissen aus können wir noch eine ungefähre Vorstellung von den Wirkungen solcher Zeremonien, Formeln und Bilder gewinnen, von der „Wirklichkeit der Bilder“ und ihrem Einfluß auf die Seele eines Volkes, das von jeher als das unlogischste unter allen Kulturvölkern gegolten hat und dennoch schon bei einem Philosophen wie Platon als vorbildlich an Weisheit und Frömmigkeit.

Ebenso liefen auch die verschiedensten Vorstellungen von dem, was der „versehene Verklärte“, der „Gerechtfertigte“ anfing, wenn das Grab verschlossen war, nebeneinander her und durcheinander, ohne daß der Ägypter bis zum Neuen Reich das Bedürfnis des Verstandes empfand, in all diese Vorstellungen eine gewisse Ordnung oder gar ein System zu bringen. Das erste Vorbild für all solche Vorstellungen war der Pharao, die Inkarnation seines Gottes, weshalb schon bei seiner Erzeugung irgendwie sein Gott mitwirkte. Er wurde natürlich, nachdem sein Erdenlauf vollendet war, wieder ein Gott. „O Re Atum, dein Sohn kommt zu dir, er kommt zu dir; du läßt ihn bei dir wohnen, du schließt ihn in deine Arme, ihn, deinen leiblichen Sohn, ewiglich.“ In die allerfernsten Zeiten aber weist wohl ein Pyramidentext, der von dem Verstorbenen sagt: „Der Himmel regnet, die Sterne kämpfen, die Knochen des Akeru (Erdgott) zittern, wenn sie ihn gesehen haben, wie er aufgeht und eine Seele hat als Gott, der von seinen Vätern lebt, und von seinen Müttern ißt ... Seine Herrlichkeit ist am Himmel, seine Kraft ist im Horizont, wie die des Atum, seines Vaters, der ihn erzeugte; er erzeugte ihn als einen, der stärker ist als er selbst ...“ (Erman). Auch hier sehe ich, wie nochmals wiederholt sei, noch eine letzte Spur jenes selbstherrlichen, urmagischen Überschwangs, der den Menschen erfaßt und auch verdorben haben mag in jener Zeit, von der schon einmal gesprochen wurde, da letzte Natursichtigkeit mit dem wachsenden Verstand sich paarte, eine wahrhaft dämonische Übergangszeit, in der sich ein Übermenschentum, dem nichts unmöglich schien, titanisch austobte. Ein letzter Abglanz solcher magischen Selbstherrlichkeit schienen mir immer auch die großen Pyramiden zu sein. Etwa die des Cheops, an der zwanzig Jahre lang 100.000 Menschen bauten, und die sich aus 2.300.000 Steinblöcken zusammensetzt, jeder im Gewicht von 2 1/2 Tonnen. Wenn die heutige Wissenschaft auf derlei wilde, größenwahnsinnige Pyramidentexte zu sprechen kommt, verweist sie gern auf den Kannibalismus und seine Exzesse, will solche Texte also in Vergleich bringen zu den Gedanken und Taumelzuständen menschenfressender Wilder. Angesichts der Pyramiden und solcher Texte in ihnen scheint mir das nicht recht begreiflich, denn wo sind je Kannibalen zu solchen Werken fähig gewesen? Mir will scheinen, als ob es sich bei solchen Texten um einen ganz anderen Geisteszustand handelt als bei Kannibalen. Ich möchte daher zum Vergleich lieber bestimmte Äußerungen großer Mystiker heranziehen. Wenn etwa Meister Eckart schreibt: „Wäre ich nicht, so wäre Gott nicht ... Ehe die Kreaturen waren, da war Gott nicht Gott." Oder seine Ausführungen in „Vom Zorn der Seele". Aber selbst eine soviel weichere Natur wie Johann Scheffler (Angelus Silesius) kann schreiben: „Ich weiß, daß ohne mich Gott nicht ein Nu kann leben, werd' ich zunicht, er muß von Not den Geist aufgeben." Oder: „Ich bin so groß als Gott, er ist als ich so klein; er kann nicht über mich, ich unter ihm nicht sein" usw. Steckt in jedem Rationalisten ein Nihilist, so eben in jedem Magier und Mystiker ein Stück Rebell vom Schlage Luzifers.

Neben den Vorstellungen vom Leben nach dem Tod, die von der Göttlichkeit des Pharaos ausgehen und sie für immer weitere Kreise demokratisieren, finden sie noch zahlreiche andere. Vor allem solche, welche das Leben nach dem Tod dem Leben auf Erden möglichst angleichen und nachbilden:

„Du gehest ein und aus indem dein Herz froh ist in der Gunst des Herrn der Götter; du hast ein schönes Begräbnis nach dem Alter der Ehrwürdigkeit; du nimmst deinen Platz im Sarge ein; du wirst bestattet im Felsgrab des Westens, um zur lebenden Seele *zu werden. Sie erlange Brot, Wasser und Luft. Sie verwandele sich in einen Phönix, eine Schwalbe, einen Falken oder einen Reiher,* wie du willst. *Du setzest über in der Fähre, du wirst nicht zurückgewiesen, du befährst die Flut des Stromes (nämlich den himmlischen Nil), und du wirst zum zweiten Male leben. Deine Seele ist göttlich mit den Geistern der Toten. Es reden zu dir die vortrefflichen Seelen. Du gesellst dich unter sie und empfängst die Opfer, die auf Erden gegeben werden. Du besitzest Wasser, du atmest Luft, du hast alles, was dein Herz wünscht. Gegeben werden dir wieder deine beiden Augen, um zu sehen,*

deine Ohren, um zu hören, dein Mund redet, deine Beine gehen, deine Oberarme und deine Unterarme bewegen sich, dein Fleisch ist kräftig, *du erfreust dich all deiner Glieder. Du zählst deine Körperteile und sie sind vollzählig und gesund. Es gibt nichts Schlechtes an dir. Dein Herz hast du, wie es früher war. Du steigst auf zum Himmel, du erkundest die Unterwelt in allen Gestalten, die du wünschest.“*

Thront der Pharao im Jenseits neben Re, so gleicht sich auch die Stellung der höchsten Beamten im Jenseits der auf Erden an. Wie ihre Gräber sich um die Pyramide scharen, so umscharen sie auch den Pharao zur Seite des Re, und wem der Pharao auf Erden Gunst erwies, der findet sich auch nach seinem Tod bei ihm. Und wer auf Erden zahlreiche Dienerschaft besaß, der rechnet auch nach dem Tod mit ihr. So nahm er denn gleich mumienartige Dienerfiguren, die sogenannten Uschebtis, mit ins Grab, die sich zu Tausenden in ägyptischen Gräbern gefunden haben. Hier eine solche Figur aus der Spätzeit:

Sie trugen Aufschriften, aus denen man ihren Zweck ohne weiteres erkennt, z. B. diese:

„O du Uschebti! Wenn ich gerufen werde, und wenn ich abgezählt werde, um allerhand Arbeit zu verrichten, die in der Unterwelt verrichtet wird; und ich werde abgezählt zu irgendeiner Zeit, um die Felder wachsen zu lassen, um die Ufer zu bewässern, um das Land des Ostens nach Westen zu fahren, so sage du denen: hier bin ich!“

Sehr naiv und kindlich, wird man sagen, von einem Tiefstand der Moral reden und den Hochstand der unseren danebenhalten. Aber die große Masse der kleinen Leute, der Bauern und Sklaven war natürlich auch in Ägypten nicht so unbescheiden. Ihren Jenseitsvorstellungen genügte es vollständig, wenn sie auch drüben ihr Äckerchen bebauen durften wie hier, nur daß es drüben keine Mißernten gab wie hier, sondern immer Riesenernten. Hat man aber trotz des Hochstandes unserer Moral nicht schon irgendwann einmal den

Eindruck gewonnen, als ob sich heute im Unterschied zum alten Ägypten mancher recht kleine Mann schon im Diesseits für eine Art Halbgott hält? Ob er sich im Jenseits für weniger hielte, wenn er daran noch glaubte?

Der Ägypter, der das Leben nach dem Tod möglichst seinem Erdenleben anglich, übertrug aber auch alle ihm bekannten und geläufigen Gefahren des Diesseits auf das Jenseits, und dadurch machte er sich das Jenseits weniger leicht, als der Leser bisher wohl annahm. Wir erfahren das sehr genau aus dem sogenannten *„Totenbuch“*, eine etwas irreführende, aber nun einmal allgemein gebräuchliche Bezeichnung. Man bezeichnet so die Papyrusrollen, die man, namentlich im Neuen Reich, dem Toten mitgab. Ihr Inhalt setzt sich zusammen aus den alten Pyramidentexten, aus Sargsprüchen und aus neuen Texten, die sich immer weiter vermehren. Eine solche Papyrusseite ist auf Seite 173 reproduziert. Die Papyrusblätter wurden zu Rollen zusammengeklebt, so daß „Totenbücher“ von über 100 Metern Länge auf uns gekommen sind. Auch diese Texte sind nicht nach irgendwelchen Gesetzen der Logik in ein System gebracht, sondern stehen meist recht unvermittelt neben- und durcheinander. Ihr Inhalt bezieht sich auf die magischen Formeln, die dem Toten jederzeit zur Hand sein sollten bei allen Gefahren, die ihn im Leben nach dem Tod und vorher im Leben auf der Erde bedrohten, als da sind Schlangen, Krokodile, Dämonen und dergleichen, ferner auf Mythen, Hymnen und Gebete sowie auf die verschiedensten Kulthandlungen von der ältesten bis zur neusten Zeit. Besonders interessant sind in den Texten die ersten, rein verstandesmäßigen Anstrengungen, ihnen einen zeitgemäßen, d. h. für den Verstand faßbaren Sinn zu geben. Ein Beispiel: Im Text heißt es:

Ich bin jener große Bennu von Heliopolis. Dazu bemerkt ein erster priesterlicher Kommentator: „Das ist: die Erfüllung dessen, was ist.“ Darunter schreibt ein zweiter Kommentator: „Was ist das? Osiris ist es von Heliopolis; und das, was ist, ist das Immer und das Ewig.“ Und ein dritter darunter sagt: „Der Bennu ist der Osiris von Heliopolis, und die Erfüllung dessen, was ist, ist sein Leib, oder auch: ist das Immer und das Ewig; es ist aber das Immer der Tag und das Ewig die Nacht.“

Die magischen Kräfte schwinden, die bildsichtige Ausdrucksform befremdet, zumal die alten Mythen, denen sie entstammten, nicht mehr allen geläufig sind. Der Verstand bemüht sich um einen ihm faßbaren Sinn. An die Stelle der Magie und ihrer Kräfte schiebt sich die Theologie, am magischen Weltbild setzt sich das rationale an und beginnt es zu zersetzen. Ein weiteres Zeichen dafür bietet der Umstand, daß immer wieder versucht wird, das riesige Material durch Überschriften in übersichtliche Kapitel ein- und abzuteilen, wenn diese Versuche für unsere heutigen, rein intellektuellen Ansprüche auch recht ungenügend und unbeholfen erscheinen. Diese Versuche, das Material nach Überschriften zu ordnen und wenigstens äußerlich in Kapitel einzuteilen, gaben seit Lepsius den Ägyptologen wohl den äußeren Anlaß, von einem „Totenbuch" zu reden, das sie in 186 Kapitel eingeteilt haben. Wenn schon die Ägypter ihre Theologie zu Hilfe rufen mußten, um sich viele Texte des Totenbuches verständlicher zu machen, so kann man sich denken, daß es für uns heute ganz unmöglich ist, das meiste, was im „Totenbuch" steht, überhaupt zu verstehen. Jeder kann also hineingeheimnissen oder aus ihm herauslesen, was gerade zu seiner persönlichen Anschauung paßt, oder auch alles in Bausch und Bogen als kindisch und unserer aufgeklärten Zeit unwürdig verwerfen.

Neben dem Eindringen der Theologie in die Magie, wir können statt dessen auch von einer Scholastik reden, beobachten wir im „Totenbuch" ein Wachsen und Wuchern aller möglichen Gefahren für den Toten, der nun nicht mehr in dem Augenblick, wo die Sargkammer hinter ihm verschlossen wird, kraft der Kultmagie ein versehener Verklärter ist, dem keine Macht des Himmels und der Erde noch etwas anhaben kann, sondern der auf dem Gang zur Unterwelt von allen möglichen Gefahren und Dämonen bedroht wird, denen der Tote erst dann endgültig entgangen ist, wenn er in der „Halle der beiden Wahrheiten" gerechtfertigt wurde. Der Gedanke taucht schon im Alten Reich auf, erhält aber erst im Mittleren Reich Gewicht und findet sich im Neuen Reich mit immer neuen Einzelheiten ausgestaltet. Den 42 Gauen Ägyptens entsprechend, hat es der Tote in dieser Halle mit 42 Totenrichtern zu tun, denen er versichern muß, daß er 42 Sünden nicht getan hat, die einzeln aufgezählt werden. Sie stimmen recht gut zu dem, was man auch heute noch in solchen Fällen aufzählen könnte, denn diese Negativa verurteilt im großen und ganzen auch noch die jetzige Moral. Ein Verbot aber sei besonders genannt, das Verbot des „Herzessens", der fruchtlosen Reue. „Ich habe mein Herz nicht aufgezehrt", bekennt der Tote. Auf einer Waage aber wird das Herz des Toten gewogen. In die andere Waagschale wird die Hieroglyphe der Wahrheit, eine Straußenfeder, gelegt. Thoth führt darüber Buch. Erst wenn sich beide das Gleichgewicht halten, ist der Tote „gerechtfertigt", wozu sonst die Kultmagie ausreichte. Dem Leser veranschaulicht dies Totenbuch sehr gut die hier abgebildete Vignette aus dem Totenpapyrus einer Frau.

Die Magie genügt nicht mehr. An den Toten werden auch moralische Ansprüche gestellt. Entspricht er ihnen nicht, wird er vernichtet, „gefressen". Eine Vorstellung, die dem Ägypter so grausig ist, daß er jeder Ausmalung des Vorgangs durch Wort oder Bild möglichst aus dem Wege geht.

Die Vorgänge in der „Halle der beiden Wahrheiten" hängen wie so vieles andere, das schon im Zusammenhang mit dem Totenkult erwähnt wurde, mit dem Mythos von Isis und Osiris zusammen, dem wir uns jetzt zuwenden.

Osiris und Isis

Keb und Nut hatten zwei Söhne miteinander, Osiris und Seth, und zwei Töchter, Isis und Nephthys. Isis ward das Weib des Osiris, Nephthys das Weib des Seth. Keb übergab Osiris das Königtum von Ober- und Unterägypten. „Er gab dieses Land in seine Hand. Sein Wasser, seine Luft, seine Kräuter, all seine Herden, alles, was fliegt, und alles, was schwebt, seine Würmer und sein Wild wurden dem Sohne der Nut gegeben, und die beiden Länder waren zufrieden damit. Er befestigte die Wahrheit in Ägypten, war ruhmreich, wenn er den Feind fällte, und kräftig, wenn er seinen Gegner tötete, die Furcht vor ihm war seinen Feinden eingeflößt, und er erweiterte die Grenzen." Er herrschte aber nicht nur über die Menschen, sondern auch über die Götter. „Die große Neunheit der Götter lobte ihn, und die kleine liebte ihn." Seth aber war seinem Bruder feindlich gesinnt und trachtete ihm nach dem Leben. Lange Zeit vermochte Seth nichts gegen seinen Bruder, denn Isis „war sein Schutz und wehrte die Feinde ab. Sie war klug mit trefflicher Zunge, ihr Wort fehlte nicht, und sie war vorzüglich in Befehlen." Sogar dem alten Re, ihrem Urgroßvater, war sie überlegen. „Sie war die klügste aller Weiber, klüger als Menschen, Götter und Verklärte. Es gab nichts im Himmel und auf Erden, was sie nicht gewußt hätte." Nur den geheimen Namen des Re wußte sie nicht. Aber auch ihn brachte sie durch List in Erfahrung.

Re war nämlich alt geworden, „sein Mund zitterte, und er warf seinen Speichel auf die Erde. Isis knetete ihn zusammen mit der Erde, die an ihm war. Sie formte es zu einem herrlichen Wurm. Sie ließ ihn nicht frei vor sich herlaufen, sondern legte ihn versteckt auf den Weg, den der große Gott zu spazieren pflegte, wenn sein Herz ihn zu seinen beiden Ländern hinzog". Als sich nun der ehrwürdige Gott erging, stach ihn der Wurm. „Die Stimme Seiner Majestät drang bis zum Himmel. Seine Götter fragten: ‚Was gibt es?' Aber er konnte nicht antworten. Seine Lippen bebten, und all seine Glieder zitterten, und das Gift ergriff seinen Leib, wie der Nil das Land ergreift." Als er sich etwas beruhigt hatte, rief er sein Gefolge: „Kommt, die ihr aus meinem Leibe entstanden seid ... Etwas Krankhaftes hat mich verletzt. Ich fühle es, aber meine Augen sehen es nicht. Ich habe nie ein Leid gekostet gleich diesem. Ich bin der Große, der Sohn eines Großen. Mein Vater und meine Mutter haben mir meinen Namen gesagt. Er ist in meinem Leibe verborgen seit meiner Geburt, damit nicht Zauberkraft gegeben werde einem, der gegen mich zaubern will. Als ich ausging, verletzte mich etwas, das ich nicht weiß. Es ist nicht Feuer und ist nicht Wasser, aber mein Herz ist in Glut, mein Leib zittert, und alle meine Glieder frieren." Mit den anderen Gotteskindern kam auch Isis, „deren Mund voll Lebensatem ist, deren Spruch die Krankheit vertreibt, und deren Rat den Lustlosen belebt." „Was gibt es, was gibt es, göttlicher Vater? Siehe, hat dich ein Wurm verletzt, hat eines deiner Kinder sein Haupt gegen dich erhoben, so werde ich es durch einen trefflichen Zauber fällen." Als Re erzählt hatte, was geschehen war, sprach Isis: „Sage mir deinen Namen, mein göttlicher Vater. Der Mann, dessen Namen genannt wird, bleibt leben." Der greise Gott antwortete: „Ich bin der, der Himmel und Erde gemacht hat, die Berge knetete und schuf, was darauf ist. Ich bin der, der das Wasser machte und die Himmelsflut schuf ... Ich bin der, der das Jahr eröffnet und den Strom schuf. Ich bin Chepre am Morgen und Atum, der am Abend ist." Aber das Gift wich nicht, und Isis sagte: „Dein Name ist nicht bei dem, das du mir gesagt hast. Sage es mir, so geht das Gift heraus, der Mann, dessen Name genannt wird, bleibt leben." Weil das Gift wie Feuer brannte, konnte Re nicht länger widerstehen. Die Majestät des Re sagte: „Ich will mich durch Isis überreden lassen, mein Name soll aus meinem Leib in ihren Leib übergehen." So erfuhr Isis den großen Namen des Re, den sie nun ihrem Sohn Horus mitteilte, und das Gift starb.

So klug und zauberkundig war Isis und schützte Osiris, wie es auch bildlich oft dargestellt wird (siehe nebenstehendes Bild).

Seth versuchte es mit List, und es gelang ihm, Osiris zu töten und seine Leiche in einem verschlossenen Kasten ins Meer zu werfen. Isis aber wußte nicht, wo sich die Leiche ihres Gatten und Bruders befand. Sie suchte ihn, ohne zu ermüden, kummervoll durchzog sie das Land und ruhte nicht aus, ehe sie ihn gefunden hatte. Dann ließ sie sich mit ihrer Schwester Nephthys bei der Leiche nieder und klagte:

„Komm zu deinem Hause, komm zu deinem Hause, o Gott On! Komm zu deinem Hause, der du keinen Feind hast. O schöner Jüngling, komm zu deinem Hause, daß du mich siehst. Ich bin deine Schwester, die du liebst, du sollst nicht von mir weichen. O schöner Knabe, komm zu deinem Hause. Ich sehe dich nicht, und doch bangt mein Herz nach dir, und meine Augen begehren dich. Komm zu der, die dich liebt, die dich liebt, Wennofre, du seliger! Komm zu deiner Schwester, komm zu deinem Weibe, zu deinem Weibe, du, dessen Herz stillesteht. Komm zu deiner Hausfrau. Ich bin deine Schwester von der gleichen Mutter, du sollst nicht ferne von mir sein. Die Götter und die Menschen haben ihr Gesicht zu dir gewandt und beweinen dich zusammen. Ich rufe nach dir und weine, daß man es bis zum Himmel hört. Aber du hörst meine Stimme nicht, und ich bin doch deine Schwester, die du auf Erden liebtest. Du liebtest keine außer mir, mein Bruder, mein Bruder!“ (Erman).

Der höchste der Götter aber hatte Mitleid mit ihr. Re sandte seinen Sohn Anubis vom Himmel, daß er Osiris bestatte. Anubis fügte die Leiche in ihren Knochen wieder zusammen und mumifizierte sie. *„Isis aber ließ Luft entstehen mit ihren Flügeln.“* Da lebte Osiris wieder auf, reckte den Arm, legte sich auf die Seite und erhob das Haupt. Und wenn er auch nicht mehr auf Erden König sein konnte, so war er fortan doch der König aller Toten.

Aber auch auf Erden sollte er noch siegen durch seinen Sohn Horus und auch Isis durch ihn getröstet werden. Als sie sich nämlich in Gestalt eines Falken auf den Leichnam ihres Gatten niedergelassen hatte, wurde sie schwanger. Sie floh vor den Nachstellungen Seths in die Sümpfe des Delta, gebar dort den Horus und „säugte das Kind in der Einsamkeit, man weiß nicht wo“. Dies Bild, wie Isis

den kleinen Horus auf dem Schoß hält, wurde zu einem ägyptischen Lieblingsbild in immer neuen Variationen, das Vorbild jeder Gottesmutter, wohl auch der späteren „Madonna mit dem Kind". Hier zwei Beispiele.

Im Verborgenen wuchs Horus heran, bewacht und betreut von Isis, beschützt auch von Buto, der Schutzgöttin des Delta. Als er mancherlei Gefahren glücklich entgangen und sein Arm stark war, kämpfte er gegen Seth. Ein furchtbarer Kampf, bei dem Seth verstümmelt wurde und Horus sein Auge verlor. Aber Thoth, von Re entsandt, brachte die Streitenden wieder auseinander und heilte sie. Er spie auf das Auge des Horus, und es wurde wieder gesund. Horus aber gab sein Auge seinem Vater Osiris zu essen, durch welches Opfer kindlicher Liebe Osiris neu belebt, beseelt und mächtig wurde.

Als Isis den siegreichen Horus in die Halle des Keb führte, begrüßten ihn die hier versammelten Götter: „Sei willkommen, Osirissohn, Horus! Mutiger Gerechtfertigter, Sohn der Isis und Erbe des Osiris!"

Aber Seth verklagte ihn um das Erbrecht. Da hielten die Götter in der Halle des Keb Gericht ab, sie prüften die Anklage „und wandten dem Unrecht den Rücken zu". Thoth, der Gott der Weisheit, nahm sich seiner besonders an. „Man fand, daß das Wort des Horus wahr sei, man gab ihm die Würde seines Vaters, und er ging hervor gekrönt nach dem Befehl des Keb. Er ergriff die Herrschaft beider Länder, und die Krone blieb auf seinem Haupt." Seth wurde für besiegt erklärt, und Osiris konnte den Fuß auf ihn setzen. Seitdem herrscht Osiris über die Verstorbenen als „Erster derer im Westen"; als „Erster der Lebenden" aber herrscht Horus auf Erden, dessen Thron die Pharaonen als seine Nachfolger einnehmen. Ein Bild von Horus als König auf Seite 225 oben.

Horus hatte vier Söhne. Als Anubis sie suchte, weil er sie zum Schutz der Beerdigung des Osiris brauchte, konnte er sie nicht finden, denn sie befanden sich in einem Gewässer, wo Isis sie in einer Blume wachsen ließ. Da ließ man Sobk

(Suchos), den Herrn des Sumpfes, kommen, sie zu fischen. Als er sie unter seinen Fingern im Wasser zappeln fühlte, zog er sie mit seinem Netz heraus.

Dieser Mythos, der auch das Abendland bis in die neueste Zeit immer wieder beschäftigt hat (Mozart, Freimaurerlogen) findet sich nirgends bei den alten Ägyptern so zusammenhängend wiedergegeben, wie er hier nach Erman erzählt wird, sondern immer nur stückweise in Grabkammern oder Totenbüchern und Zaubersprüchen, nach den besonderen Bedürfnissen, die gerade vorlagen. Auch dies wieder ein bezeichnendes Beispiel für das geringe Interesse der Ägypter an logischer Darstellung selbst in den für sie wichtigsten Begebenheiten ihrer magischen Mythologie. Die erste logisch zusammenhängende Darstellung des Mythos von Osiris und Isis hat nicht ein Ägypter, sondern ein Grieche gegeben: Plutarch; und entsprechend der Wandlung des ägyptischen Kultes zu dem „alexandrinischen" durch Wirksamkeit der Ptolemäer, ist dabei Isis in den Vordergrund und Osiris in den Hintergrund getreten. Im alten Ägypten stand aber durchaus Osiris im Mittelpunkt des Interesses, denn sein Tod und sein Erwachen zu neuem Leben bot die „Entsprechung" für jeden Ägypter, der, als Toter durch Magie zum Osiris gemacht, nun auch wie Osiris auferstand zu neuem Leben. Bot in den ältesten uns bis jetzt zugänglichen Zeiten der Pharao eine solche Entsprechung, so sicher vom Mittleren Reich an fast ausschließlich Osiris und sein Schicksal. Und da die magischen Kräfte der Wandlung im Ritus der Mumifizierung wirksam wurden, sehen wir den Leib Osiris mumifiziert dargestellt:

In der Rechten hält er den Wedel, genau wie ein altägyptischer Fliegenwedel, was zu einem Totengott sehr gut passen will, viel besser als eine „Geißel", wie viele Ägyptologen das Instrument benennen. In der Linken hält er den Herrscherstab, hinter ihm hängt an einem Pfeiler ein Fell, das uns noch beschäftigen wird. Alle Totenmagie kristallisiert sich um die Mumifizierung und die Rechtfertigung des Osiris in der „Halle des Keb", die zur Halle der beiden Wahrheiten wird. Im „Totenbuch" wird jeder Tote als Osiris angeredet. Immer wieder heißt es in ihm in unzähligen Variationen bei der Einbalsamierung: „O Osiris N. N., empfange den Festgeruch (das Öl), der deine Glieder schön macht. Empfange diesen Wohlgeruch, damit du dich mit dem großen Sonnengott vereinigst. Er vereinigt sich mit dir, und stärkt deine Glieder, und du vereinigst dich mit Osiris in der großen Halle" usw. Ist der Tote so in Osiris verwandelt, so helfen ihm und befreien ihn auch Isis und Horus, wie sie es bei dem Osiris des Mythos ebenfalls getan haben. Das hindert die Texte des „Totenbuches" aber durchaus nicht, daneben aus anderen Mythen auch ganz andere Entsprechungen zu verwenden. Sie lassen den Toten etwa die Gestalt einer Lotusblüte annehmen, an der Re mit Wohlgefallen riecht. Oder die Gestalt einer Schlange, wie die Göttin Uto (Buto), oder direkt die Gestalt des Re oder des Horus. Alles neben- und durcheinander, ein ständiger Bilderwechsel, wie wir es nur noch im Schlaf bei Träumen kennen, aber nicht mehr im Wachen. Und je unmagischer und damit theologischer die ägyptischen Priester werden, um so mehr Vorgänge werden zwischen die Zeit der Mumifizierung und der Rechtfertigung in der Halle der beiden Wahrheiten ausgetüftelt und eingeschoben, in der statt Thoth auch Osiris richtet, die bald in der Unterwelt, bald im Himmel lokalisiert wird, den man sich jetzt ebenfalls genauer ausmalt als in alten Zeiten. Sogar der Weg dorthin wird genau abgebildet im sogenannten „Zweiwegebuch". Auch erhält das „Totenbuch" noch einen Anhang in dem „Buch vom Atmen", das die Ägyptologen noch wenig behandelt haben und das nur deshalb hier erwähnt wird, weil die Lehre vom Atmen für die Magie in der indischen Yogaliteratur eine so große Rolle spielt und in den Zeiten neuer Magie sicher ebenfalls eine wichtige Rolle spielen wird. Wissen wir doch z. B. erst seit der Herausgabe von Swedenborgs „Diarium Spirituale", 1843 – 46, welch entscheidende, ihm gar nicht bewußte Bedeutung seine

Atemübungen hatten für seine magischen Phänomene, welche bekanntlich Kant in jüngeren Jahren außerordentlich beschäftigt und ihm viel zu schaffen gemacht haben. Ist doch das Atmen die einzige unbewußte Körperfunktion, die auch ein heutiger Rationalist durch den Verstand bewußt wenigstens vorübergehend beeinflussen, ja trainieren kann.

Der Mythos von Osiris und Isis wurde aber in Ägypten unzweifelhaft deshalb so volkstümlich, weil er an den großen Festen des Osiris für alles Volk fast theatralisch anschaulich gemacht wurde. Auch hier geht es nicht logisch zu, auch hier vermischen sich mit den Osiris-Mythen Stücke aus anderen Mythen; aber das, worauf es ankam, tritt doch auch für uns noch deutlich zutage, wenn auch über die Reihenfolge, in denen sich die einzelnen Akte vollzogen, keine befriedigende Sicherheit besteht. Es handelt sich, um es modern und damit allgemeinverständlich auszudrücken, um ein Mysterienspiel, das erste Mysterienspiel, das wir kennen. Ähnliches finden wir später bei den Griechen in Eleusis und auch im europäischen Mittelalter. Die Literaturhistoriker sehen in diesen Mysterienspielen die Vorläufer des Dramas. In den Osirisspielen wurde das Sterben und die Auferstehung des Gottes dargestellt. Am feierlichsten und prächtigsten wohl in Abydos, wo Osiris, oder wenigstens sein Kopf begraben sein soll. Aber auch an einer großen Anzahl anderer Orte, wo nach der Zerstückelung des Osiris einzelne Teile seines Leibes beigesetzt sein sollen. Es geht da mit Osiris nicht anders als im Mittelalter mit den berühmtesten Heiligen, deren Überreste nicht selten auch von den verschiedensten Kirchen reklamiert wurden.

Voraus ging der Auszug Wep-wawets, des schakalköpfigen Gottes, „um seinen Vater zu schützen". Das war der „Tag des ersten Auszuges". Abends fand der „große Auszug" statt, um die Leiche des Osiris zu suchen, wie einst Isis sie gesucht hat, „das Suchen des Osiris", an dem sich alle Festteilnehmer beteiligten. Der Weg führt natürlich zum Nil. Zwischen diesen beiden Auszügen lag der Tod des Osiris, über dessen Darstellung wir nichts wissen, denn darüber gleiten die ägyptischen Inschriften ebenso scheu hinweg wie später auch noch Herodot, wenn er von diesen Festen erzählt. Den „großen Auszug" schildert Herodot für die Spätzeit recht genau. Männer und Frauen schlagen sich dabei klagend die Brust. Auch die Götter, die zum Osiriskreis gehören und die von Priestern und Priesterinnen mit den Abzeichen der betreffenden Götter dargestellt werden, tun dasselbe. Dieser „große Auszug“ hält mehrere Tage an. Es folgt ihm die „Auffindung des Osiris“. Der tote Osiris wird von einem zahmen Krokodil in seinem Sarg aus dem Nil an Land gebracht. Oder seine Krone wird aus dem Wasser aufgefischt. War der „große Auszug“ eine Darstellung der Trauer und der Beweinung um den verlorenen Gott nach dem Muster der Klage der Isis, so schlägt jetzt die allgemeine Trauer in die große Freude um: „Wir haben ihn gefunden, wir freuen uns mit.“ Es erinnert unwillkürlich an die demonstrative Freude, wie sie namentlich in der orthodoxen Kirche, vor allem in Rußland, zu Ostern ebenso anschaulich gemacht wurde. Dann wird Osiris einbalsamiert, aufgebahrt und vierundzwanzig Stunden von Göttern und Göttinnen, Priestern und Priesterinnen gemäß dem Ritual für die Mumifizierung bewacht, behandelt, beklagt und gepriesen. Das sind die „Stundenwachen“, über die wir aus Inschriften und Bildern in Tempeln von Edfu, Dendera und Philae recht gut Bescheid wissen. Die Leiche des Osiris liegt in einer Kapelle auf der Bahre. Isis und Nephthys treten als Klageweiber auf und stimmen Trauerlieder auf den Verstorbenen an. Jede Stunde ist dem Schutz eines bestimmten Gottes anvertraut, der dann ebenfalls auftritt, wie z. B. Horus, Anubis, Thoth usw. Jeder tut, was er nach dem Mythos zu tun hat. Auch die Priester treten in Aktion, der Cherheb, Sem, Schesmu, Udpu. Sie bringen Öle, Salben, Drogen zur Einbalsamierung, Wasser und Weihrauch zur Reinigung des Toten und der Kapelle. Das Ritual für die erste Stunde lautet nach Roeder ungefähr so:

Die erste Stunde des Tages, das ist die Stunde des Öffnens des … in der Kapelle. Re geht aus dem Grab des Gottes hervor, und der Horus der Götter kommt, um Osiris zu opfern. Der Gott in dieser Stunde als Schutz dieses Gottes (Osiris) ist Amset.

Rede des Cherheb und des Sem: Die zauberische Schlange wird gezeigt. Mein Mund wird mit ihr berührt, mein Mund wird durch sie geweiht, mein Mund wird durch sie geöffnet. (Viermal.)

Rede (ein Spruch an Schu, den Sohn des Atum [Re], der so endet): Dieser dein Sohn ist Osiris. Atum hat ihn mit seinem Bedarf versehen. Du öffnest ihm den Mund und weihest ihm den

Mund, du läßt ihn rein und lebendig sein. Du aber wirst gerechtfertigt, Osiris, Erster des Westens, du wirst gerechtfertigt. Amset (einer der vier Horussöhne) kommt, um dich zu sehen, er wirft dir den Feind auf deiner rechten Seite nieder.

Der Schesmu bringt Myrrhen dar. Rede: Osiris, Erster der Westlichen, nimm dir die Spezereien, die aus Punt kommen, damit dein Fleisch heil und deine Knochen stark seien durch seinen Namen „Myrrhe".

Rede des Klageweibes: Heil dir! Die Sonnenscheibe Hor-achte grüßt dich ... Ich komme und klage vor dir; mein Herz wird nicht müde, dich zu beweinen. ... Mein Erbe kommt, um dich zu begrüßen, nachdem er das Antlitz der Götterschaft erfreut hat. Wahrlich, du lebst, mein Herr, aber dein Herz ist betrübt. Stehe auf, und fürwahr, dein Herz wird sogleich froh sein. Du wirst gerechtfertigt, mein Herr, du sollst gerechtfertigt werden. Wahrlich, deine Feinde liegen am Boden!

Ähnlich geht es durch die 24 Stunden dieser Stundenwachen. Dann wird die Mumie zu ihrem Grab in Peker geleitet, eine Stelle in Abydos, wo ein altes Königsgrab als Grab des Osiris gilt. Oder bei demselben Fest in einer anderen Stadt wird die Mumie vom Tempel zur Toteninsel geleitet. Besaß aber ein Osirisheiligtum keine Toteninsel im Nil, so schuf man ihm einen heiligen See oder einen künstlichen Nil für diese Fahrt, die so prunkvoll wie möglich vor sich ging. Die Götterbarke mit der Mumie des Osiris war umgeben von 34 Papyrusnachen mit Götterbildern, die dem Osiris das Geleit gaben. Da die Fahrt nach Einbruch der Dunkelheit angetreten wurde, wurden die Nachen mit zusammen 365 brennenden Lampions geschmückt. Auch um jedes Haus brannten viele Lampen, das „Fest der brennenden Lampen". Wer dächte dabei nicht an das katholische „Allerseelenfest"? Das Grab des Osiris war von heiligen Bäumen umstanden. Das Betreten dieser Haine war außer für die Priester verboten. Es war ein Ort des Schweigens für den „Herrn des Schweigens". Dieser Beisetzung des Osiris folgten vermutlich am nächsten Tag die sieghaften Kämpfe des Horus gegen Seth, der ja nach dem Tod seines Vaters den Thron Ägyptens bestieg. Nach anderen Texten scheinen diese Kämpfe an anderen Orten vor der Beisetzung dargestellt worden zu sein. Jedenfalls gehörten sie zu dem Festspiel. In ihnen wurden die Feinde des Osiris besiegt. Die Festteilnehmer gingen dabei mit Stöcken und mit Fäusten aufeinander los, je nachdem, ob sie zum Gefolge des Osiris oder des Seth gehörten. Am letzten Festtag wurde wohl auch der Dedpfeiler aufgerichtet und am Ende des Tages vier Herden von Ochsen und Eseln viermal um die Stadt getrieben. Das stellt das folgende Bild dar:

In der obersten Reihe sehen wir den Pharao, wie er und vier Priester mit Hilfe von Seilen den Dedpfeiler aufrichten, während gleichzeitig ein kniender Priester ihm opferte. Hinter dem Pharao die Königin, Offiziere und der Hof. In der Reihe darunter rechts lebhaft gestikulierende Leute, dann solche, die miteinander kämpfen. Das sind die Leute von Pe und Dep, den beiden Stadtteilen von Buto, der alten Königsstadt von Unterägypten, welche die Kämpfe des Horus mit Seth darstellen. In der untersten Reihe sehen wir die Rinder (Tiere des Osiris) und Esel (Tiere des Seth), wie sie um die Stadt getrieben werden.

Der Dedpfeiler ist den Ägyptern die älteste, vertrauteste Personifikation des Sokaris-Osiris, denn Sokaris, der alte Totengott von Memphis, war längst eins geworden mit dem Totenkönig Osiris, der einst der Gott von Dedu in Delta war, das später Busiris hieß. Eine solche Personifikation nennt man bei heutigen Naturvölkern meist einen Fetisch. Dieser Dedpfeiler war ein besonders beliebtes Amulett, über dessen Bedeutung unendlich viel geschrieben worden ist. Nach einem Kapitel des Totenbuches sahen die Ägypter vermutlich in ihm das Rückgrat des Osiris. Man sollte das Amulett vermutlich an den Hals des Verklärten legen. Wenn man dies Totenbuchkapitel von einem vergoldeten Ded kennt, ist man ein vortrefflicher Verklärter in der Unterwelt, der nicht vor den Toren der Unterwelt zurückgestoßen wird. Ded verdeutschen wir mit „Beständigkeit". Ganz offensichtlich veranschaulicht der bisher auf dem Boden liegende Dedpfeiler, der vom Pharao und seinen Priestern aufgerichtet wird, die Auferstehung des Osiris.

Wenn sogar in der heutigen, rationalistischen Zeit noch eine Fronleichnamsprozession auf katholische Zuschauer ihre Wirkung nicht verfehlt, so kann man sich vorstellen, von welch ungeheurer Wirkung so ein Mysterienspiel auf die alten, bildsichtigen Ägypter war, zumal sie der Handlung ja nicht nur zusahen, sondern teils als „Monatspriester", teils als „Volk" direkt aktiv bei ihr mitwirkten. Mit dem Schwinden der magischen Fähigkeiten und dadurch natürlich auch des Vertrauens zu ihnen bot das Miterleben so heiliger Handlung und das Mitagieren bei ihr unzweifelhaft neue Gewißheit für das eigene Schicksal als Entsprechung dessen, was der Ägypter am Osirisfest sehend und handelnd, mitklagend und mitjauchzend erfuhr.

Aber die Ägypter waren ein Bauernvolk, und so mischte sich echt ägyptisch mit diesem Mythos von Osiris und Isis und seinen Festen, wie sie bis jetzt erzählt wurden, ohne irgendwie zu stören noch ein Naturmythos, den der Ägypter jedes Jahr neu erlebte, wie jedes antike Volk, wie jedes „Naturvolk", wie sogar noch heute jede bäuerliche Bevölkerung in Europa, soweit sie der rationalistischen Entwicklung des 19. Jahrhunderts noch nicht völlig erlegen ist. Bei Osiris war das um so leichter, weil der Osiris von Dedu (Busiris) augenscheinlich als alter Bauerngott ein Erdgott war. Wenn die für die Existenz der Ägypter entscheidende Nilüberschwemmung kommt, ist er „das neue Wasser", das alles grünen macht. Wenn alles welkt und stirbt, stirbt er auch. Aber nur scheinbar, denn im nächsten Jahr kommt er ja wieder als „das neue Wasser", das alles grünen, blühen und Frucht bringen läßt.

So fand man im Tempel von Philae die folgende Darstellung:

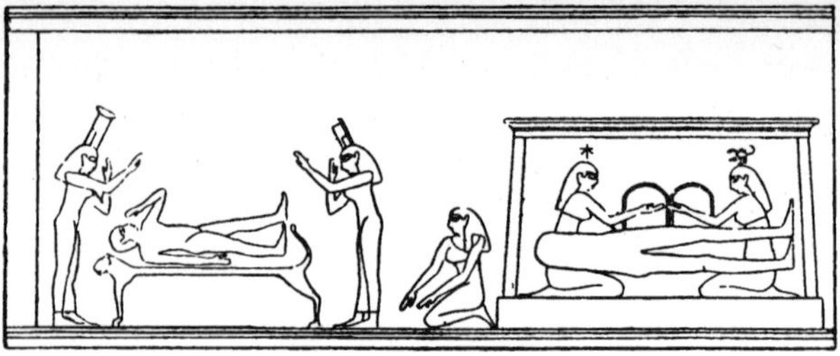

Links liegt Osiris auf der Bahre. Aber er bewegt sich, hebt die Hand zum Gesicht und lächelt, was sich bei dieser verkleinerten Reproduktion nicht erkennen läßt. Isis und Nephthys beleben ihn offenbar, und zwar spielen Armbewegungen dabei eine Rolle, die an magnetische, hypnotische Kuren erinnern. Viele Ägyptologen ärgern sich, wenn man das sagt. Selbst den längst verstorbenen Ennemoser, Professor der Physiologie, läßt man nicht ruhen, weil er auf ägyptischen Bildern häufiger solche Gesten bemerkt zu haben glaubte. Er war ein Anhänger Mesmers und wurde zu Lebzeiten weniger angefeindet, weil die oberste preußische Medizinalbehörde, nämlich Hufeland, ebenfalls zu Mesmer hielt. Heute hingegen kommt man häufig auf diesen Vorwurf gegen den alten Ennemoser zurück, ohne seine Ansicht sachlich widerlegen zu können, weil alles, was man gegen ihn vorbringt, den Kern nicht trifft. Rechts aber sehen wir zwei Göttinnen aus dem linken Bein des Gottes zwei Wasserstrahlen hervorlocken (wenn man lieber will: hervorzaubern), die zwei Nilquellen der Ägypter, „Ströme lebendigen Wassers", wie es beim Evangelisten Johannes heißt.

Konnte man den toten Osiris in seinem Sarg irgendwo nicht aus dem Nil durch ein Krokodil an Land bringen lassen, so genügte es auch, das Nilwasser, das „neue Wasser", in einen Krug zu schöpfen. Plutarch erzählt dazu von einem Osirisfest, bei dem man nachts mit dem heiligen Korb (der cista mystica), in dem sich ein goldenes Gefäß befand, zum Nil ging. Man schöpfte Wasser, goß es in das Gefäß, „und ein Jauchzen der Anwesenden entsteht, Osiris sei gefunden". („Wir haben ihn gefunden, wir freuen uns mit.") Auch der „große Auszug" (Seite 229) wird vielfach variiert. Auf der Suche nach der Leiche des Osiris wird Isis später nicht nur von Anubis begleitet, dem Hundsköpfigen (Anuth heißt „der auf dem Bauche liegende", vgl. dazu den Abschnitt über den Tierkult), sondern auch von wirklichen Spürhunden, die Isis voranlaufen, wie Diodor erzählt. Und noch etwas berichtet Plutarch von dem schon erwähnten Osirisfest. Wenn die Anwesenden nämlich das Wasser in das goldene Gefäß getan und gejauchzt haben, Osiris sei gefunden, „vermischen sie fruchtbare Erde mit diesem Wasser, tun kostbare Gewürze hinzu und formen daraus mondförmige Bildchen". Für Plutarchs Ansicht war Osiris auch Mondgott. Es werden aber wohl „mumienförmige Bildchen" gewesen sein, die er nur mondförmig nannte, weil das seinem Verständnis näherlag. In ägyptischen Gräbern haben sich häufiger zwischen den Beinen der Toten sogenannte „Kornmumien" gefunden, mit Getreidekörnern gefüllte Lehmfiguren von Mumiengestalt, in der die Körner natürlich keimen und grünen können. So konnte Jesus Sirach, der jüdischen Anschauung völlig fremd, aber von Ägypten her den Juden wohlvertraut, schreiben: „Mögen ihre Gebeine sprießen an ihrem Orte."

Hierher gehört auch eine Zeichnung aus dem Osirisgrab in Philae:

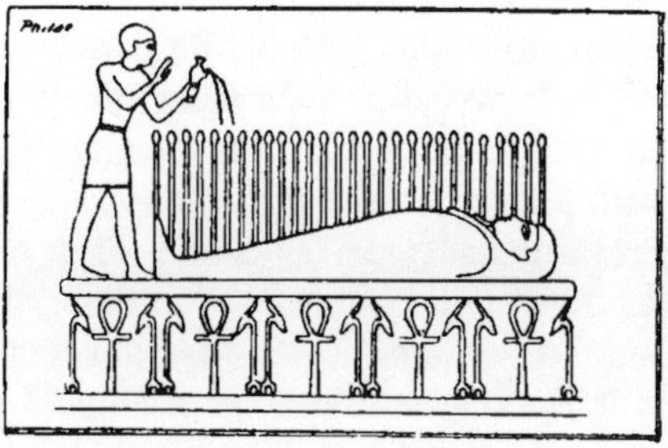

Wir sehen die Mumie des Osiris, aus der 28 Ähren sprießen, derweil der Priester die Wasserspende vollzieht, „die das Leben des Osiris erneuert". Der Naturmythos neben dem Göttermythos und ohne Bedenken beide untereinander gemischt. Nur war bei den alten Völkern das Erlebnis vom Versenken des Korns und seinem Wiederaufleben keine naturgeschichtliche Beobachtung von rein wissenschaftlichem Interesse, sondern für die Seele jedes Jahr ein neues großes Ereignis von tief symbolischer Bedeutung und Wirkung, solange Mythen und Symbole noch nicht von der Dialektik entseelt waren. In einem der frühesten Texte des Totenbuchs aus dem Mittleren Reich lesen wir: „Die Götter leben wie ich, ich lebe wie die Götter, ich lebe als Korngott, ich wachse als Korngott, ich bin Gerste." Beim ägyptischen „Fest des Hackens des Erdbodens", das uralt ist, stimmt der Hirt zur Flöte dies Klagelied an:

„Habt ihr einen Hirten gesehen, wenn er auszieht? Er hat eine Rohrflöte gefunden am Wege und beweint mit seinem Flötenlied den, um dessentwillen der Erdboden gehackt wird von den Menschen und den die Götter neugeboren werden lassen, wenn die Menschen das Erdhacken nicht mehr ausüben (nämlich vor der nächsten Nilüberschwemmung). So beweint denn auch eurerseits den, der im Dunkel weilt ohne Licht, den Osiris."

Plutarch sagt von den Ägyptern: „Wenn sie die Erde mit den Händen behacken und wieder darüber werfen und wenn sie den Samen streuen, ungewiß, ob er sich künftig vollenden und Ernte bringen werde, dann tun sie ähnlich denen, die begraben und trauern." An dasselbe denkt Psalm 126, wo es heißt: „Weinend geht man und streut den Samen, jubelnd kehrt man heim und trägt die Garben." Mit Osiris geschieht, was mit dem Korn geschieht. Man bettet beide in die Erde. Saatzeit ist Trauerzeit (Greßmann). Das ganze Mittelalter hindurch hat des „Roggens Pein", des „Flachses Qual" auch im germanischen Märchen noch eine große Rolle gespielt. Ein Troll will ins Haus. Herein könne er schon kommen, aber er müsse auch des Roggens ganze Qual ausstehn. Was das sei? „Im Herbst wirst du gesät und kommst tief in die Erde, im Frühjahr gehst du auf, im Sommer dörrst du in der Sonne, wirst im Regen durchnäßt, dann geschnitten, getrocknet, in die Scheune gefahren und zum Schluß gedroschen." „Was? Dreschen soll ich mich lassen?" „Ja, dann in die Mühle fahren und mahlen." „Was?" „Ja, gemahlen und gebeutelt mußt du werden." Als das der Troll hörte, zersprang er in Kiesel (Eisler). Christianisiert finden wir das im mittelhochdeutschen „Vaterunser" von Johann von Krolewitz (13. Jahrhundert), wo Christus vom Weltschöpfer „gesät wurde, entsprozen was, in blute stand, wuhs, gemeit wurde, gebunden als man ein Garben tut, gevuret in, gedroschen, mit besemen gekart, gemalen, in ein oven geschossen, drei Tage darin gelassen, dann uzgenommen und als Brot genosen wird". Und wie dem Korn, der Rebe, geht es auch dem Flachs, worüber Andersen ein schönes, echt germanisches Märchen geschrieben hat, in dem es für den Flachs trotz aller Qual und Pein immer höher hinausgeht. Aus „Hans Gerstenkorn" ist in Schottland ein Heros geworden, weil sich Whisky (Lebenswasser) daraus machen läßt:

Man sott ihm auf der Flammen Rost
Das Mark aus dem Gebein;
Ein Müller quetscht – das ist zu arg! –
ihn zwischen Stein und Stein.
Man nahm sein innerst Herzensblut
Und trank es rund umher,
Je mehr man davon trinken tät,
Der Wonne ward je mehr.

Hans Gerstenkorn, das war ein Held,
Von edlem, tapferm Blut;
Denn wenn ihr's nur getrunken habt,
Wächst euch sogleich der Mut …
Drum lebe hoch, Hans Gerstenkorn!
Die Gläser nehmt zur Hand!
Sein edler Same fehle nie
Im alten Schottenland.

Und wie wir Osiris als Getreidemumie kennen, so auch das Martyrium Christi als des „Kornes Pein" dargestellt; und auf der auf Seite 236 abgebildeten Miniatur des 16. Jahrhunderts sehen wir St. Blasius, den Schutzheiligen der Garnspinner und Leineweber, als Märtyrer mit „eisernen Kämmen gehechelt werden" wie der Flachs. Auch an „das geistlich Weinbeer" (Mitte 16. Jahrhundert) aus Wackernagels „Deutscher Kirchenliedersammlung" sei in diesem Zusammenhang erinnert:

Der Weinbeer stund im Garten, vor Angst war ihm so heiß,
Er schwitzt von unserer wegen Wasser und blutigen Schweiß.
Sie legten ihm auf sein Rücken ein Creutz, war lang und breit.
Den Weinbeer wollt man pressen, als uns die Schrift tut sagen.
So that der edle Weinbeer den Preßbaum selber tragen.
Der Wein, der über die Preß herrann, daz war sein thewres Blut,
Daz sei uns armen Sündern an unserm end so gut.

Halten wir den Eindruck von dem allem einen Augenblick fest, so werden wir ein Gefühl davon haben (um etwas anderes handelt es sich nicht), was der Seele des Ägypters diese Osirisfeste bedeuten konnten, an denen jedermann ohne weiteres teilnehmen durfte.

Es gab nun aber auch Osirisfeiern, die der Allgemeinheit nicht zugänglich waren, sondern nur einem engeren Kreis von Priestern und solchen Leuten, welche sie zuzogen, wobei wir nicht vergessen wollen, daß das Laienelement durch die Einführung der „Stundenpriesterschaft" sowieso schon stark an jedem Tempel vertreten war, worüber schon gesprochen wurde. Daß es solche Feiern gab, darüber herrscht unter den Ägyptologen kein Streit, soviel ich sehe. Die Griechen gaben ihnen den Namen „Mysterien". Seitdem spielen die „Mysterien" in allen Kulten eine große Rolle. Nur über das, was in den Mysterien eigentlich vor sich ging, herrscht Streit und endlose Meinungsverschiedenheit, deren Ende überhaupt nicht abzusehen ist, sollten nicht wieder, wie schon so oft, aus der Erde selbst bei neuen Grabungen Funde gemacht werden, die deutlicher reden als aller Streit. Besonders die deutschen Gelehrten verhalten sich allem gegenüber, was von antiken Mysterien, nicht nur von ägyptischen, überliefert ist, sehr spröde. Ihnen erscheint das überlieferte Material, nicht nur das ägyptische, so unsicher, unklar, widersprechend, teilweise auch wohl gar zu phantastisch, so daß sie dem ganzen „dunklen" Gebiet möglichst aus dem Wege gehen. Zum guten Teil sicherlich aus Gewissenhaftigkeit, zuweilen aber doch auch offensichtlich aus innerer Abneigung gegen das, was einem Mann, der Gelehrter, heute also besonders stark auf Ratio eingestellt ist, meist nur intellektuelles Unbehagen erwecken kann, weil er diesem Forschungsgebiet nicht mit den ihm geläufigen Mitteln wirklich beizukommen vermag. Da uns hier aber gerade die Magie beschäftigt und was irgend

mit ihr zusammenhängt, können wir das Gebiet der Mysterien nicht ignorieren. Ich halte mich, was Ägypten anlangt, da lieber an Maspéro und Moret, trotzdem ich namentlich vor letzterem wiederholt von deutschen Ägyptologen gewarnt worden bin, weil er nicht „zuverlässig genug" sei. Aber wenn die deutsche Zuverlässigkeit völlig im Stich läßt, muß man sich notgedrungen an andere halten, die auf die sich hier ergebenden Probleme wenigstens näher eingehen. Der Einfachheit halber stellen wir in den Mittelpunkt die Abbildung auf der folgenden Seite.

Sie stammt von einer Stele, die sich im Louvre befindet und von Herman Kees noch der 11. Dynastie zugerechnet wird. Das wäre die Zeit kurz nach dem Zerfall des Alten Reichs, kurz bevor Amenemhet I. um 2000 v. Chr. wieder ganz Ägypten beherrscht. Von ihm an rechnet man das Mittlere Reich. Das Bild ist einem Totengebet beigegeben, das die Festfeier in Abydos, also das Osirisfest, schildert und wird allgemein als „Osirismysterien" bezeichnet. Einig sind sich alle Ägyptologen meist darin, das Tod, Wiederbelebung und Begrüßung des Wiederbelebten durch die Götter dargestellt wird. Beschreiben wir zunächst das Bild von links oben nach rechts unten: Zwei Männer tragen ein Tier, wohl ein Opfertier. Kees vermutet in dem Tier ein Nilpferd, Moret einen Panther. Doch das ist Nebensache. Es folgt ein Mann mit einem anderen Mann auf der Schulter. Dieser erinnerte Kees an Königsbilder, wie sie sich bei einem anderen Leichenzug finden. Moret sieht in ihm den „Tikenu", doch das später. Auf der Bahre liegt der Tote als Mumie. An der Bahre zwei Klageweiber mit herabhängenden Haaren, dem Zeichen der Trauer. (Isis und Nephthys sind bekanntlich das Vorbild dafür.) Über der Bahre der Schlitten, auf dem man die Mumie zum Grab zieht. Darüber zwei merkwürdige Instrumente, die, entsprechend denen zum „Öffnen des Mundes", zum „Öffnen der Erde" bestimmt sein könnten. Die deutschen Ägyptologen bezeichnen sie als „Deichsel" oder „Dechsel" (ein Bildhauerinstrument von Haus aus), der französische Ausdruck dafür wäre mit „Hohlbeil" zu übersetzen. Es folgt die Darstellung der „Wiederbelebung". Zwei Männer halten eine menschliche Büste, die statt auf zwei Beinen auf zwei Lebenszeichen steht, erklärt Kees. Moret meint, hier werde die Statue des Toten gebildet. Nach beiden stellt es

Osiris-Mysterien

nach dem Vorbild der späteren Osirismythe die „Vereinigung der Glieder“ dar. Bei Osiris geschah das im sogenannten „Goldhaus“, der Werkstätte der Goldarbeiter und Bildhauer. Es folgen zwei groteske Figuren, die an Tänzer erinnern. Auf thebanischen Grabbildern umspringen sie den Tekenu. Das dann dargestellte Ding übergeht Kees, wohl weil er es nicht einwandfrei erklären kann. Moret deutet es als das Fell des inzwischen geopferten Panthers. Erinnern wir uns dabei an das Bild Seite 225. Es folgt ein Schiff, das in der Form an das uns schon bekannte Schiff auf dem Schlitten erinnert, auf dem die Mumie zum Grab gezogen wird. Eine „Götterbarke“. Das Schiff gleitet wohl nach Abydos und wird gesteuert von der Uräusschlange. Sie scheint schützend über einen Kopf zu blicken, der von einem knienden Mann auf einem Schild hochgehalten wird. Moret sieht in ihm eine Wiedergabe des Kopfes des Osiris, der über die Dämonen der Unterwelt Macht hat. Den zweiten knienden Mann und was er hochhält übergeht Kees. Für Moret trägt der Mann auf der Stange das aufgeblähte Fell, unter dem sich der Tekenu oder sein Abbild befindet. Ihm wendet ein kniender Mann, der einen Stengel mit einer Lotusblume hält, das Gesicht zu. Um den Stengel windet sich das leere Fell, das sich vorher um den Tekenu blähte. Was ist aus dem Tekenu geworden? Moret antwortet, es sei der kleinere Mann (der Jüngling) daraus geworden, über den zwei andere Männer die ausgestreckten Arme halten; eine magische Geste, wie sie bei Magnetiseuren und Hypnotiseuren heute noch vorkommt, wie ich dazu bemerken möchte. Für Kees ist der kleinere Mann, der ein Amulett in der Hand hält, die jetzt vollendete Figur, die vorher statt auf Beinen auf zwei Lebenszeichen stand. Für Moret ist diese kleinere Figur der durch das „Wunder des Fells“, wovon noch zu sprechen sein wird, wiederbelebte, neugeborene Tote. Er beruft sich dazu auf Isismysterien, bei denen die Priester nach der „Wiederbelebung des Gottes“ ein Kind erscheinen ließen, das sie als den „wiedergeborenen Osiris“ begrüßten. Auf unserem Bild wird der Wiederbelebte an einem Ufer von einem Zug begrüßt, der ihm die Götterstatuen entgegenträgt, wie wir es von den Götterumzügen an hohen Festtagen kennen. Sie nehmen dann also „ihren Bruder, der auf sie zukommt“, in Empfang. Kees läßt sich auf solche Deutung nicht ein. Am Ende des Zuges jauchzen die falkenköpfigen Seelen von Buto über einer Gruppe, die deutlich dem Ländervereinigungszeichen von Unter- und Oberägypten nachgebildet ist (Kees).

Während also Kees nirgends auch nur andeutungsweise vom Tekenu spricht und dadurch jedes Hinweises auf „Mysterien“ im eigentlichen Sinne enthoben ist, sieht Moret hier überall in verschiedenen Varianten den Tekenu und hält deshalb das Bild für die Darstellung einer osirianischen Geheimfeier.

Bei der Leichenüberführung nach der Totenstadt spielt auf älteren Abbildungen überall das eine Rolle, was der Ägypter Tekenu nennt. Der Tekenu zieht meist unmittelbar dem Sarg voran. In der Regel neben dem Kasten, der die vier Krüge mit den Eingeweiden enthält, von denen schon gesprochen wurde. Der Tekenu sieht so aus:

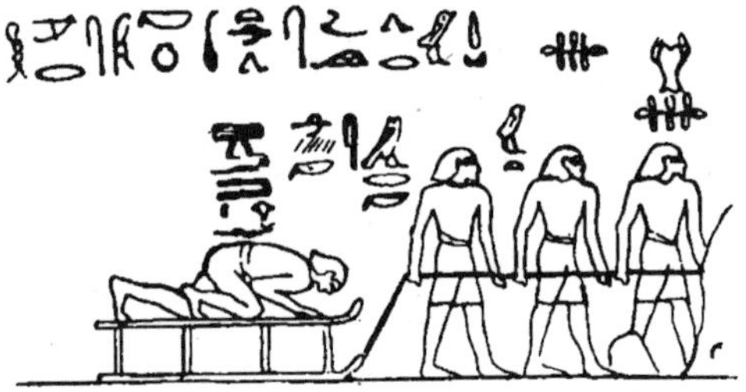

Hier ist er also ein auf einen Schlitten gedrückter Mensch. Oder er sieht so aus:

Hier hockt der betreffende Mensch auf einem Schlitten und ist in ein Tuch eingehüllt, das nur das Gesicht frei läßt. Oder aber der Mensch ist ganz unter dem Tuch verschwunden, und das Tuch ist so gesprenkelt, daß es ein Tierfell darstellen soll. Wie auf dieser Abbildung:

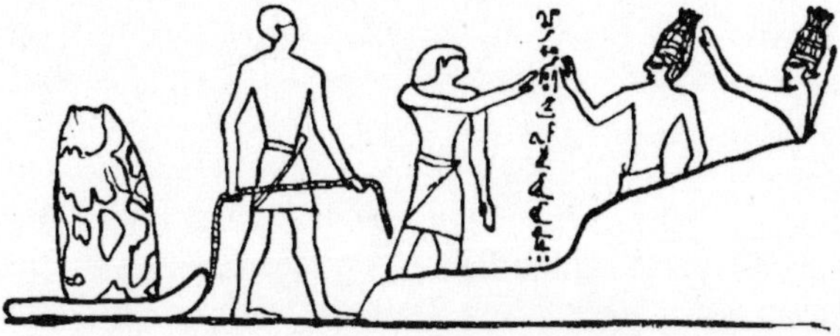

Der Tekenu vereinfacht sich dann immer mehr, um schließlich so dargestellt zu werden:

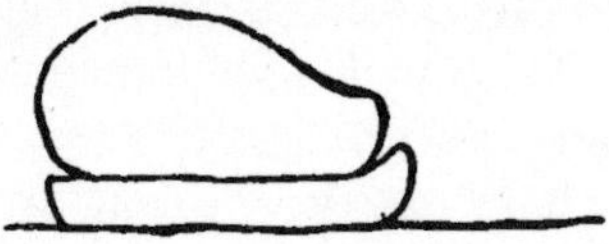

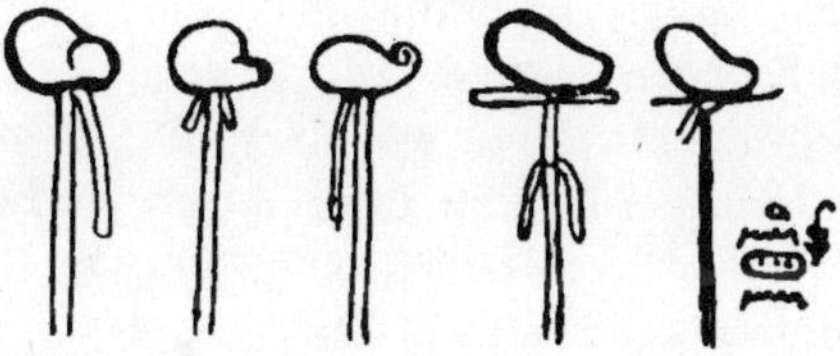

Daß der Tekenu mit den Schlachtopfern am Grab zu tun hat, darüber sind sich alle Ägyptologen einig. Daß in vorchristlichen Zeiten nicht nur Tier-, sondern auch Menschenopfer (Gefangene) am Grab dargebracht wurden, nimmt man allgemein an, zumal man auch bildliche Darstellungen dafür zu besitzen glaubt. Der Tekenu hat nämlich auch einmal wie auf der folgenden Seite abgebildet ausgesehen.

Von Menschenopfern an ägyptischen Gräbern in irgendeiner uns zugänglichen historischen Zeit wissen wir nichts. Daß solche Opfer aber einst überall bei Begräbnissen eine große

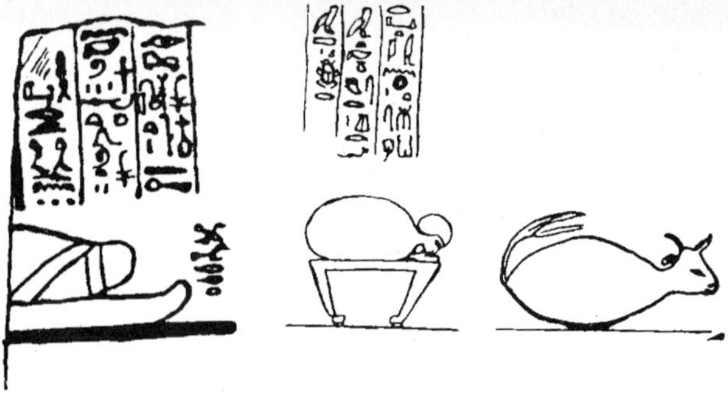

Rolle gespielt haben, ist allgemein bekannt. Es liegt kein Grund vor, die vorgeschichtlichen Ägypter von diesem tief sakralen Brauch auszuschließen. Daß die Erinnerung daran bei einem so bildsichtigen Volk wie dem ägyptischen im Totenkult noch lange seine bildlich-symbolische Rolle spielte, ist sozusagen selbstverständlich. Man opferte den Menschen nicht mehr, aber führte ihn vor dem Sarg wie einen Gefangenen noch mit zum Grab. Als die Tieropfer an die Stelle der Menschenopfer traten, führte man wohl immer noch einen Menschen mit zum Grab und behängte oder verbarg ihn unter einem Tierfell, das nun für das Opfer bezeichnend war. Das Fell wurde auch durch ein Tuch ersetzt. Wenn man es entsprechend bemalte, so galt es immer noch als Tierfell. Daß das Tierfell beim Kult eine große Rolle gespielt hat, wissen wir auch aus Inschriften, in denen es z. B. heißt: „Gehen lassen zu der Stadt des Fells als Tekenu, unter ihm (dem Fell) schlafen im See des Chepre." Denken wir nun wieder an den Tierkult, an den Tierschwanz der alten Pharaonen, an die Tierfelle bei mancherlei rituellen, priesterlichen Funktionen, so vermag ich Maspéros Ansicht von der „Wiedergeburt des Toten unter dem Tierfell" doch nicht so phantastisch zu finden wie manche Ägyptologen. Zumal ein ähnlicher Ritus bei allen Mysterien, sogar noch unter dem römischen Imperium, seine Rolle gespielt hat. Und wenn der spätere Abscheu des Ägypters vor dem Tierfell mit dem Hinweis auf die Sinuhegeschichte begründet wird, in welcher der Pharao den Helden zur Heimkehr nach Ägypten mit den Worten bewegen will: „Nicht wirst du dann in der Fremde sterben, nicht werden dich Asiaten bestatten, und man wird dich nicht in ein Widderfell legen", so hat das nichts mit dem Tekenu zu tun, sondern mit der längst unägyptisch gewordenen alten Nomadensitte, den Toten einfach und primitiv, in ein Fell eingenäht zu begraben, statt ihn, wie in Ägypten, zu mumifizieren. Für jeden echten Ägypter mußte diese alte Nomadensitte direkt seine Unsterblichkeit gefährden, die ja an die Erhaltung des Körpers, und wenn auch nur in Mumienform, gebunden war. Mir scheinen also die französischen Ägyptologen mit dem Bezug auf den Tekenu den richtigeren, den ägyptischeren Weg zu gehen. Daß aber gerade die Mysterien älteste Kultbräuche wieder für sich beleben, beobachten wir überall. Daß man bei ihnen in Ägypten gerade wieder auf den Tekenu verfiel, liegt sehr nahe. Der Tekenu verschwindet aus den Bildern, auf denen dargestellt wird, wie der Sempriester sich in das Grab begibt, sich dort wie ein Tekenu niederlegt, um auf den Anruf des Cherhem wieder aus dem Grab zu treten. (Siehe S. 212.) Eine symbolische Handlung, die es der Allgemeinheit noch sichtbarer werden ließ als der Tekenu, wie der Tote wieder lebendig wird. Die Mysterien können aber sehr wohl auf den Tekenu zurückgegriffen haben. Die Teilhaber begraben sich unter entsprechenden magischen Riten und Formeln unter das Fell respektive unter das durch seine Bemalung als Fell charakterisierte Tuch, unter dem sich die Wiederbelebung vollzog. Bei gar zuviel Mysterien spielt das Tierfell eine ähnliche Rolle, als daß man es für die ägyptischen Mysterien einfach ablehnen könnte.

Werfen wir nun noch einen Blick auf den immer mehr stilisierten Tekenu (siehe Bild S. 241), wie ihn auch der Mann im Schiff offensichtlich auf seiner Stange trägt (Abb. S. 238), so läßt sich sehr wohl verstehen, wie die Form eines solchen Tekenu nicht nur für Moret, sondern schon für die Ägypter der Mysterien zu einem neuen Symbol werden konnte und zu einem Mythos aus der Natur, nicht weniger wirksam als die Kornmumie. Diese letzte Form des Tekenu erinnert in ihren Umrissen an die Form des Embryos im Mutterleib.

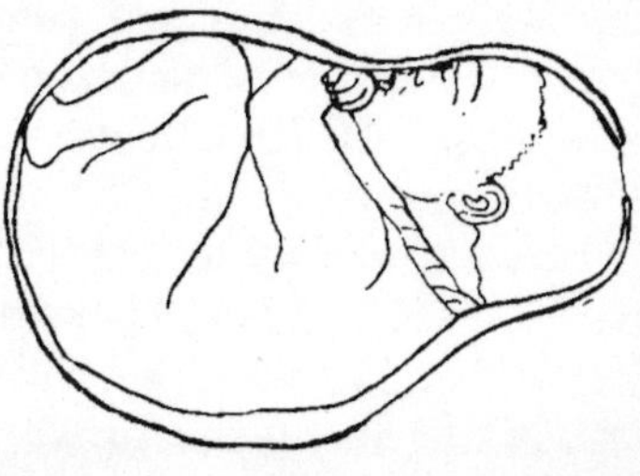

Es ist doch mehr als naheliegend, daß den bildsichtigen Ägyptern die äußere Ähnlichkeit der beiden Formen auch eine „Entsprechung“ des Vorgangs kundtat, zumal wir wissen, wie beim Ägypter schon eine äußere Wortähnlichkeit genügte, um daraus für uns wunderliche, zuweilen aber auch tiefsinnige Sachbeziehungen zwischen Gegenständen herzustellen. Man muß erst sterben, um wiederbelebt, neu geboren werden zu können. Man muß sich erst dem Tod unterwerfen, um das wahre Leben gewinnen zu können. Der Gedanke ist genauso alt wie die antiken Mysterien und tritt in ihnen allen als besonders wichtig hervor. Eine sinnfälligere Form für die „neue Geburt“, das neue Leben, ließ sich für die Ägypter gar nicht finden als die des stilisierten Tekenu. Sowenig es mir einleuchten will, daß die Hockstellung der meisten Toten, auf die wir überall bei Ausgrabungen aus ältesten Zeiten stoßen, schon einen Hinweis auf die Lage des menschlichen Fötus und damit auf eine neue Geburt gäbe, wie nicht wenige Gelehrte annehmen, so einleuchtend erscheint mir dieser Hinweis für den Tekenu. Der tiefste Sinn aller Mysterien besteht ja darin, dem Teilnehmer die Gewißheit des Lebens nach dem Tod zu verschaffen. Aristoteles sagt das Treffendste darüber: „Die Einzuweihenden sollen nicht etwas *lernen,* sondern an sich *erfahren* und in eine *Stimmung* gebracht werden, nachdem sie dafür *empfänglich* geworden sind.“ Magische Riten und Formeln werden bei allen Mysterien angewandt. Auch heute noch. Aber nachdem die Natursichtigkeit längst verschwunden war und auch die Bildsichtigkeit der Menschheit immer mehr abhanden kam, genügte die Magie allein nicht mehr, um den Menschen die erstrebte Gewißheit zu verschaffen. Zu der Magie trat das, was wir Mystik nennen, und trat später häufig an die Stelle der Magie, ja verdrängte sie zeitweise vollständig, während sie in der alten Welt nur zur *Verstärkung* der Magie und ihrer Wirkung diente, soweit wir überhaupt über die Vorgänge bei den verschiedenen Mysterienkulten einigermaßen zuverlässig urteilen können.

Bei den großen öffentlichen Osirisfesten sah in jedem Jahr alles Volk, wie der tote Osiris gesucht, wiedergefunden, neu belebt wurde, und erlebte so den alten Mythos schauend und handelnd mit. Neben den anderen Kulthandlungen, an denen es das Jahr über teilnahm, wird das der großen Masse für ihre

Diesseits- und Jenseitsbedürfnisse für sehr lange Zeit durchaus genügt haben. Großen Massen genügt ähnliches auch heute noch. Solange die Masse der Ägypter an die Kraft der Magie noch „glaubte“, auch wenn sie selbst nichts dergleichen mehr ausübte, bedurfte sie gewiß nichts weiter. War doch der kleine Mann, der sich keine regelrechte Mumifizierung leisten konnte, in seinen Jenseitsbedürfnissen sogar mit einigen Amuletten zufriedengestellt, und wenn er sich nur einen kleinen Platz für eine kleine Puppe mit seinem Namen in einem alten Mumiengrab verschaffen konnte.

Aber die Herrschaft des Großhirns über alle anderen Fähigkeiten ließ auch die magischen immer mehr verkümmern, bis ihr Gebrauch, ja die Kenntnis von ihnen nur noch einem immer kleiner werdenden Kreis von Priestern und ihren Getreuesten erhalten blieb. Das vollzieht sich nicht in Jahrhunderten, sondern in Jahrtausenden, ja Zehntausenden von Jahren, was wir nie vergessen dürfen. Die wenigen Jahrtausende vor Christus, in die wir jetzt dank Hacke und Spaten etwas genauer hineinsehen können als noch vor sechzig Jahren, zeigen ja nur das Endstadium dieses Vorgangs. Sowohl bei Babyloniern und Ägyptern wie erst recht bei den Griechen. Und selbst von diesem Endstadium würden wir heute so gut wie gar nichts verstehen, wenn wir nicht von den Mystikern aus und neuerdings vom Studium der Träume (Freud) und des Somnambulismus, langsam und ein wenig mühselig, aber nach und nach doch immer deutlicher, den Weg zu ihm zurückfänden, was nichts mit „Spiritismus“ zu tun haben muß.

Gerade der Osirismythos, der in Ägypten populärste, der dann in der ganzen alten Welt den Ägyptern den Ruf eines besonders frommen Volkes eingebracht hat, konnte sich auf die Dauer bei tieferen und sensibleren Naturen an mechanisierter Magie nicht mehr genügen lassen. Alle Totenmagie konzentrierte sich, wie wir sahen, um die Mumifizierung und die Rechtfertigung des Osiris in der Halle des Keb, die für jeden Toten zur Halle der beiden Wahrheiten geworden ist. Gerade der durch rituelle Mumifizierung zu einem Osiris gewordene Tote entging dieser Halle nicht, wo sein Herz auf der Waage der Wahrheiten gewogen und beurteilt wurde. Im Totenbuch finden wir immer wieder magische Sprüche zur „Erhaltung des Herzens“. Aber wenn nun dies durch Magie erhaltene

Herz in der Halle der Wahrheit vor den 42 Totenrichtern wirklich gewogen wird? Im Totenbuch finden wir Sprüche für das Herz wie diesen: „Herz von meiner Mutter! Herz meiner Gestalt! Tritt nicht gegen mich auf als Zeuge, widersetze dich mir nicht im Gericht, übe deine Feindschaft nicht gegen mich aus vor dem Wägemeister! Du bist mein Ka, der in meinem Leibe ist. Laß unseren Namen nicht stinken. Sage keine Lüge gegen mich bei dem Gotte." Also auch hier muß eine magische Formel helfen. Aber wenn die Kraft der Magie und damit auch das Vertrauen zu ihr nachläßt, was dann?

Manche Ägyptologen wundern sich darüber, daß trotz aller magischen Riten und Formeln immer wieder die Sorge um den Tod und das Schicksal nach dem Tod zum Ausdruck kommt. Mir scheint, das heißt die natürliche Verfassung des nicht mehr somnambulen oder natursichtigen Menschen verkennen, dem nur so lange von solchen Sorgen nichts anzumerken ist, als er sich überhaupt nicht um Riten und Kulte kümmert, mögen sie nun magischer, mystischer oder christlich-kirchlicher Art sein. Je mehr ein Mensch solchen Dingen zuneigt und ihnen verbunden ist, um so intensiver beschäftigen ihn solche Sorgen. Der Kultlose mag leicht ein stumpfes Gewissen haben, dem magischen wie dem mystischen Menschen ist das auf die Dauer unmöglich, es sei denn, daß er sich endgültig von jedem Ritus und Kult losreißt. Deutlich erweisen das schon alle ägyptischen Hymnen. Jeder Kult ist immer noch besser geeignet, das Gewissen nicht einschlafen zu lassen, sondern wacher und empfindlicher zu machen als ein menschliches Leben ohne ihn. Selbst wer Wissenschaft oder Kunst zu seinem einzigen Kult macht, ist in dem Punkt immer noch feiner und empfindlicher organisiert als ein Mensch, der auch solchem Kult abgeschworen hat und sich nur noch an die sogenannten Realitäten, an das Leben, wie es wirklich ist, hält. Binsenwahrheiten, die man zur Zeit aber wieder aussprechen muß, weil ihre Nichtbeachtung immer wieder das Verständnis trübt für alles, was natürlich und menschlich ist. Die Weisheit eines halben Jahrhunderts kann da nichts gegen die Erfahrung vieler Jahrtausende ausrichten. Höchstens bei solchen, die von der Geschichte dieser Jahrtausende nichts wissen.

Es ist nur natürlich, daß wir trotz aller Magie auch beim ägyptischen Menschen in vielen Inschriften, Gebeten, Hymnen immer wieder solche Sorgen und Nöte treffen. Und je unsicherer man der Magie gegenüber wird und je mechanisierter sie gehandhabt wird (Zauberei), um so mehr stoßen wir sogar in den leider nicht sehr zahlreichen Inschriften kleinerer Leute im Neuen Reich auf diese Unruhe und Sorge. Da steht auf einem Denkstein des Nebrê, Schriftzeichner des Amon in der Totenstadt Thebens aus der Zeit Ramses II. (1292 – 1235 v. Chr.), also eines Steinmetzen sozusagen, zu lesen:

„Du bist Amon, der Herr des Schweigenden, der auf den Ruf des Armen herbeikommt. Ich schreie nach dir in meiner Bedrängnis – und du kommst, damit du mich rettest und dem Schwachen Atem gibst und mich rettest, der ich in Not bin. Du bist Amon-Re, der Herr von Theben, der den in die Duat (Unterwelt) Geworfenen befreit. Wahrlich, du bist der Erretter. Ruft man nach dir, so kommst du von ferne herbei ... Wenn ein Diener geneigt ist, Sünde zu tun, so ist der Herr geneigt, Gnade zu üben. Der Herr von Theben (Amon) verbringt keinen vollen Tag im Zorne, sondern er zürnt nur einen Augenblick und trägt nicht nach. Das Unheil verwandelt sich uns in Gnade, und Amon wendet sich um auf seinem Winde.“ (Roeder).

Der Sohn des Nebrê und seiner Hausfrau Pschâd, der Maler Nacht-Amon, lag nämlich auf den Tod krank, und der „Herr von Theben“ hat ihn wieder gesund gemacht. Zum Dank dafür hat der Vater Nebrê, der Schüler des Schreibers Chaj, dem Gott diesen Denkstein errichtet, dessen Worte zuweilen schon an den Ton der Psalmen erinnern.

Oder der Denkstein des Nefer-abu, eines Aufsehers in der Totenstadt von Theben, also eines Friedhofswärters. Auf ihm wird Nefer-abu im Gebet dargestellt vor der Göttin Merit-seger (die von dem Schweigenmacher geliebte), einer Freundin des Osiris. Sie ist als Schlange mit drei Köpfen, dem einer Frau, eines Geiers und einer Schlange dargestellt und führt auch den Beinamen „die westliche Spitze“. Dort findet sich auch folgendes Gebet des „reuigen“ Nefer-abu:

„Ich war ein unwissender Mann, ein törichter, und wußte nicht, was gut und böse ist. Ich tat Sündhaftes gegen die Bergspitze. Sie züchtigte mich, und ich war in ihrer Hand bei Tag und bei Nacht und saß da (auf dem Ziegel) wie eine Schwangere. Ich schrie nach Luft, aber sie kam nicht zu mir ... Seht, ich sage zu Groß und zu Klein in der Arbeiterschaft: Hütet euch vor der

Westspitze, denn ein Löwe ist in der Spitze … Sie schlägt, wie ein wilder Löwe schlägt, und verfolgt den, der sich gegen sie vergeht. Als ich dann zu meiner Herrin rief, fand ich, daß sie zu mir kam mit süßer Luft, und sie war mir gnädig, als sie mich ihre Hand hatte sehen lassen, und wandte sich mir friedlich zu. Sie ließ mich meine Krankheit vergessen, die an mir gewesen war. Ja, die Westspitze ist gnädig, wenn man sie anruft. Höret alle ihr Ohren auf Erden, hütet euch vor der Westspitze." (Erman).

Andere bauen ihr Haus möglichst dicht beim Tempel, „damit sie das Lobpreisen aus dem Munde der Priester hören", und ein Bürger von Memphis sagt: „O Ptah, ich habe dich in mein Herz geschlossen, und mein Herz ist voll von deiner Liebe, wie ein Feld voll ist von Blumenknospen."

Ähnlichen Stimmungen begegnet man noch häufiger in den höheren Schichten, und schon früh findet man bei den Weisen die Bitte: „Strafe mich nicht wegen meiner vielen Sünden." Oder: „Dem Heiligtum Gottes ist Geschrei ein Abscheu … Bete du mit einem wünschenden Herzen, in welchem alle seine Worte verborgen sind, so tut er deinen Wunsch und hört, was du sagst, und nimmt dein Opfer an."

Am berühmtesten wurde da ein Hymnus an Thoth aus dem Neuen Reich. Thoth war ja der Sachwalter des Osiris gegen Seth. Thoth ist es, der das Ergebnis beim Wiegen des Herzens vor den Totenrichtern aufschreibt. In diesem Hymnus heißt es:

„Komme zu mir, wenn ich vor die Herrn des Rechts (die Gottheiten des Totengerichts) eintrete, dann will ich gerechtfertigt hinausgehn; du große Dumpalme von sechzig Ellen, an der Früchte sind. Kerne sind in den Früchten, und Wasser ist in den Kernen … *Du süßer Brunnen für den Durstenden in der Wüste. Er ist verschlossen für den, der da redet, er ist offen für den, der da schweigt. Kommt der Schweigende, so findet er den Brunnen, aber dem Hitzigen bist du unzugänglich."*

Die kursiven Schlußzeilen könnten geradesogut bei einem christlichen Mystiker des Mittelalters stehen.

Auf solchen Denksteinen, in solchen Hymnen blüht vor unseren Augen aus der Magie etwas auf, das unserer Vorstellung von Religiosität plötzlich näher kommt, erste Spuren des *mystischen* Weltbildes. Entfernt sich schon im Naturmythos der Ägypter ein wenig, wenn auch für den Beteiligten noch nicht sehr merkbar, von der die Göttermythen durchaus beherrschenden Magie, so geschieht dies schon viel merkbarer in den Mysterien, die im ganzen Altertum ein eigenartiges Gemisch von Magie und Mystik darstellen, bei dem die Magie aber immer noch vorherrscht, soweit wir bis jetzt darüber urteilen können. Die geheimen, geheimnisvollen Osirisfeste im kleinen Kreis von Berufspriestern und Stundenpriestern, also Laien, welche die Griechen „Mysterien" nannten, unterschieden sich darin gewiß nicht prinzipiell von allen anderen Mysterien der alten Welt. Die Gewißheit, unsterblich zu sein und den Göttern auch nach dem Tod genehm, wurde nicht mehr nur durch magische Formeln erlangt, sondern durch individuelles Erleben erstrebt. War die Natursichtigkeit längst dahin, und waren alle magischen Kräfte im Schwinden, so wurden andere Kräfte, Seelenkräfte, dafür frei, und die innere Schau, wo die äußere zu der erstrebten Wirkung nicht mehr ausreichte, trat an ihre Stelle.

Neuere Ausgrabungen haben ein „Osireion" aus der 19. Dynastie (1300 v. Chr.) bloßgelegt. Es liegt tief unter dem Erdboden. Man steigt zu ihm durch einen langen Gang wie in ein Grab hinab. Es ist reich mit Darstellungen und Inschriften aus dem Totenbuch geschmückt. In dem „Osireion" wird durch einen kreisförmigen Graben eine Plattform gebildet. Mit dem steigenden Nil, wenn das „neue Wasser" kam, stieg natürlich auch im Graben das Grundwasser, und so wurde die Plattform auf natürlichste Weise zu einer Insel, wie sie bei allen Osirisfeiern eine Rolle spielte. Von solchen „Osireien" hören wir auch sonst. Sie waren die gegebenen Stätten für die eigentlichen „Mysterien"; und ich möchte annehmen, auf sie bezieht es sich, wenn wir lesen vom „Gehenlassen zu der Stadt des Fells als Tekenu, Unter-dem-Fell-Schlafen im See des Chepre". Von diesen ägyptischen „Mysterien" wurde seit Herodot und Plutarch unendlich viel in den Endzeiten der alten Welt gefabelt und zusammengeheimnist. Was wirklich daran war, können wir trotz aller Ausgrabungen bis jetzt nicht kontrollieren. Welche Vorgänge sich aber auch im einzelnen bei den ägyptischen Mysterien abspielen mochten, sicher ist, daß sie, um wieder das Zitat aus Aristoteles anzuwenden, den Einzuweihenden, was die Griechen den Mysten nannten, nicht etwas lernen, sondern etwas erleben (erleiden) lassen wollten, nämlich die Gewißheit der Unsterblichkeit. Darüber kann kein Zweifel bestehen. Was uns der römische Rechtsanwalt Apulejus im letzten Kapitel seiner „Metamorphosen“ (das Buch wird bei uns gewöhnlich „der goldene Esel“ genannt) um 150 n. Chr. über seine Einweihung in die ehemaligen Isismysterien erzählt, wovon noch die Rede sein wird, bestätigt das nur.

Daß die Abbildung auf der Louvrestele „Osirismysterien“ darstellt, darüber herrscht keinerlei Meinungsverschiedenheit. Soviel aber hat jeder Leser nun schon über die ägyptische Art erfahren, die logische Bedenken nicht kannte, daß man neben der Erklärung, wie Kees sie gibt, ruhig die Morets bestehenlassen kann. Es ist echt ägyptisch, wenn wir in der Abbildung neben und zwischen den Darstellungen aus altbekannten Mythen, wie Kees sie erklärt, Darstellungen aus einer neuen Erlebnisweise finden, wie sie sich besonders leicht an den Tekenu knüpfen konnte, unter dessen Fell oder fellartiger Decke sehr wohl der Tod zur „Wiege des Lebens“ werden kann. In dem auf den Tekenu unter dem Dunkel des Fells in sich selbst versunkenen ägyptischen „Eingeweihten“ konnten Seelenkräfte wirksam werden, von denen alle Mystiker zu berichten wissen. Namentlich seit den Experimenten von de Rochas und Durville mit Sensitiven, die sie in somnambulen Tiefschlaf versetzten, wobei ausdrücklich immer wieder betont wird, daß keiner von ihnen, auch die Sensitiven nicht, Anhänger des Spiritismus sind, fängt man seit der Jahrhundertwende allmählich an, auch für diese Kräfte wieder Verständnis zu finden, obwohl sie sich nicht auf reine Gehirnfunktionen zurückführen lassen, also auch nicht auf die immer noch vorherrschende „Psychologie“.

GRIECHENLAND

„Die Einzuweihenden sollen nicht etwas lernen, sondern an sich erfahren (erleiden) und in eine Stimmung gebracht werden, nachdem sie dafür empfänglich geworden sind."

Aristoteles

Das Zeitalter des Homers

Es gelang Emil Forrer 1926, eine hethitische Korrespondenz auf Tontafeln, die der Assyriologe Hugo Winkler aus Kleinasien mitgebracht hatte, nach unendlichen Mühen zu entziffern. Danach schlossen die Hethiterkönige im vierzehnten Jahrhundert vor Christus nicht nur mit den zwei bekannten asiatischen Großmächten von damals, Babylonien und Ägypten, Verträge ab, sondern auch mit dem König von Achijava, das ist Griechenland. Es muß also damals ein großes Reich gewesen sein, das sich in Asien ausbreitete, mit dem die Hethiter wie mit Babylonien und Ägypten als gleichberechtigt Verträge abschlossen. Was schon die Ausgrabungen von Evans auf Kreta und die von Mykene nahelegten, würden Forrers Entzifferungen zum ersten Male schriftlich bestätigen. Dem Zeitalter Homers, bis vor kurzem noch das letzte, bis zu dem wir in die Vergangenheit Griechenlands vordringen konnten, müssen Zeiten eines Großgriechenlands vorausgegangen sein, dessen Verbindung mit Asien dann enger war, als bisher meist angenommen wurde. Damit wird die geistige Leistung, das Weltbild, durch das sich das aristokratisch-ritterliche Zeitalter Homers vom asiatischen Weltbild abhebt, noch größer und interessanter. Das Weltbild der dorischen kleinasiatischen Griechen, wie es in Ilias und Odyssee vorherrscht, wir könnten es auch das Weltbild der damaligen Auslandsgriechen nennen, welche vermutlich die sogenannte dorische Wanderung von dem griechischen Festland abgedrängt hatte, zeigt nämlich zum ersten Male in der Geschichte der alten Welt den Verstand als geistige Vormacht, wobei das Priestertum keine entscheidende Rolle mehr spielt. Der apollinische Mensch tritt an die Stelle des magischen als Vorläufer des rationalistischen.

Nichts charakterisiert diese Wandlung besser als die Auffassung der homerischen Zeit über Unsterblichkeit und Seele. Schon der einzige griechische Name für sie ist bedeutungsvoll: Psyche, das heißt Hauch. Der Mensch stirbt, wenn er den letzten Atem verhaucht hat. Dieser Hauch, der mit dem letzten Atemzug oder durch die tödliche Wunde den Körper verläßt, ist kein Nichts, wie der Rationalist annimmt, sondern ein Luftwesen, immer noch ein Abbild des Menschen, sein Eidolon, aber ein dem Auge unsichtbares, das höchstens noch im Traum bis zu seinem endgültigen Verschwinden im Hades sichtbar werden kann. Als der tote Patroklus dem Achill im Traum erscheint, der Träumende verlangend die Arme nach dem geliebten Freund ausstreckt, die Psyche des Patroklus aber wie dampfender Rauch in die Erde hellschwirrend hinabsank, sagt der wachgewordene Achill bestürzt die Hände zusammenschlagend: „O ihr Götter, so bleibt denn wirklich noch in des Hades Behausung eine Psyche, ein Abbild des Menschen. Doch es fehlt ihm das Zwerchfell.“ Das ist bei Homer häufiger für den Begriff des Wollens und Denkens gesetzt, weshalb es Voß nicht ohne weiteres verständlich verdeutscht: allein ihr (Psyche) fehlt die Besinnung. Und weshalb erscheint die Psyche des Patroklus Achill im Traum? Um ihn zu mahnen, seine Leiche endlich zu bestatten, damit seine Psyche in den Hades eingehen kann, um dessen Eingang sie noch unstet umherschweift, weil andere Seelen sie zurückscheuchen und nicht über den Strom lassen wollen. Wenn die Seele den Acheron erst überschritten hat, kommt sie nie mehr zurück, versichert Patroklus dem Achill. Irgendeine Wirkung der Seele im Reich des Sichtbaren, auf der Erde, gibt es dann nicht mehr. Damit ist eine völlige Scheidung zwischen Diesseits und Jenseits (Hades, Unterwelt) eingetreten. Diese Auffassung ist nicht nur von der ägyptischen grundverschieden, sondern unterscheidet sich auch von der babylonischen dadurch, daß die abgeschiedene Seele, befindet sie sich erst einmal im Hades, keinerlei Beziehung zur Erde mehr hat. Sie kann die Lebenden nicht mehr schrecken, bezaubern, krank machen, quälen oder gar das Reich der Dämonen auf Erden vermehren. Eine ganz offensichliche Wandlung zum Rationalistischen hin. Die Psyche ist zwar nach homerischer Auffassung noch kein Nichts, aber für die Lebenden bedeutet sie nichts mehr, sie ist so gut wie ein Nichts. Am bezeichnensten dafür ist wohl die Stellung der homerischen Gedichte zur Blutrache. Die Verwandten eines Ermordeten hatten die Pflicht zur Blutrache, weshalb der Mörder in der Regel in ein fremdes Land floh. Aber die Verwandten können bei Homer auch durch eine Buße des Mörders an sie auf ihre Pflicht verzichten, und der Mörder bleibt daheim. Die Blutrache wandelt sich zu einem Handel zwischen den Lebenden. Das ist nur möglich, wenn die Seele des Ermordeten, durch ihren Eingang in den Hades wehrlos geworden, nur noch ein machtloser Schatten ist. In Ilias und Odyssee finden wir kaum noch Gespensterfurcht und Totenkult, nachdem der Tote erst *verbrannt* ist. Die Leiche wird ja nicht mehr vergraben, sondern *verbrannt.* Schneller als Feuer kann nichts den Leib, das Urbild, von dem die Seele nur noch ein hauchartiges Abbild ist, vernichten. Ist der Tote mit seinen liebsten Besitztümern verbrannt, hält nichts mehr die Seele am Diesseits, entschwindet sie ihm auf immer. Nicht einmal im Traum erscheint sie dann noch den homerischen Helden. Von hier ist es nicht mehr allzuweit bis zu der Anschauung, bei der von der Unsterblichkeit nur noch der Nachruhm übrigbleibt. Die Kräfte des Denkens und Wollens, kurz des Bewußtseins, gehören nach dieser Anschauung ja dem Leibe zu. Hat die Seele ihn verlassen, fehlt ihr Wollen und Denken. Nur ausnahmsweise kann eine Psyche im Hades durch besondere Göttermacht noch Bewußtsein haben. So Tiresias durch die Gnade der Persephone. So Tityos, Tantalos und Sisyphos, die drei den Göttern besonders verhaßten, zur besonderen Strafe. Die große Masse der Toten im Hades ist bewußtlos. Selbst Patroklus und Hektor können nur prophezeien im Augenblick der Loslösung der Psyche vom Leib, bevor dieser verbrannt und damit die Seele für immer entschwunden ist. Bei der Hadesfahrt des Odysseus, die uns noch beschäftigen wird, nahen alle Seelen zunächst bewußtlos außer der des Elpenor, weil dessen Leib noch nicht verbrannt ist. Als die Seele seiner Mutter Antikleia Odysseus nach dem Genuß des Opferblutes *erkannt* hatte, sprach sie zu ihm:

„Dies ist das Los des Menschen, wenn sie gestorben.
Denn nicht Fleisch und Gebein wird mehr durch Nerven verbunden;
Sondern die große Gewalt der brennenden Flamme verzehret
Alles, sobald der Geist (das Leben) die weißen Gebeine verlassen.
Und die Seele entflieht wie im Traum zu den Schatten der Tiefe."

(Voß).

Damit hat der homerische Mensch die Angst magischer Zeiten vor der Macht des Verstorbenen auf die noch Lebenden verloren. Gewiß eine große Erleichterung für die Lebenden. Das Reich der Dämonen war leerer und weniger gefährlich geworden. Deshalb hatte man es eilig mit dem Verbrennen. Zugleich erwies man ja auch dem Toten damit eine letzte Wohltat, denn so wurde seiner Psyche der Eingang zum Hades (griechisch Aides = das Unsichtbare) um keinen Augenblick unnütz verzögert, sondern möglichst beschleunigt. Dann hatten die Lebenden Ruhe vor den Toten. Auf Erden haben nur noch die Götter, keinerlei Geister mehr, Gewalt. Auch in der Nacht nicht. Die Götter aber wohnen auf heiterer Berghöhe, „und hell läuft drüber der Glanz hin". Gewiß, sie waren launisch, diese Olympier, wie nur je eine Aristokratie, die auf das gemeine Volk herabsah. Hermann Grimm hat das in seinem Buch über die Ilias einmal so ausgedrückt: „Lesen wir von dem ruhigen, sittlich gehaltenen Betragen des Bürgerstandes im 18. Jahrhundert, das in Frankreich, England und Deutschland die gleichen Symptome gewissenhafter Daseinsführung zeigt, und vergleichen wir das Draufloswirtschaften des damaligen Adels, der sich über den Bürgern erhielt und in der Tat fast als eine höherstehende Rasse galt, so haben wir den Unterschied, dessen Homer sich bedient, um seine Götter als eine mächtige Gesellschaft über den Sterblichen darzustellen … Die böse Laune erlaubt alles, die gute verpflichtet zu nichts." Das Verhältnis der Götter zu den Sterblichen entsprach ungefähr dem damals jedermann geläufigen Verhältnis der Herren zu ihren Sklaven. Es war für gewöhnlich weniger schrecklich, als es uns heute erscheint, denn Willkür und Laune fand meist ihre Grenzen an den Interessen, die dem Herrn und seinen Sklaven gemeinsam waren. Unter den Willen der Götter sich beugen, war der Kern homerischer Frömmigkeit. Sie sich mit allen Mitteln günstig stimmen, erleichterte von Fall zu Fall das Verhältnis, denn zum ersten Mal in der Geschichte vermag man den Göttern soweit mit Psychologie beizukommen, als es ihre übermenschliche Macht irgend zuläßt, wobei gegebenenfalls immer noch die Macht des einen gegen den anderen ausgespielt werden kann. Damit konnte sich ein heroisches Geschlecht wie das Homers um so leichter zufriedengeben, als der Verstand die früher so unheimliche, ungreifbare Macht der Dämonen und der Verstorbenen aus seinem Weltbild immer mehr ausstieß und die Götter gleichzeitig immer mehr rational vermenschlicht wurden.

War der Tote verbrannt und seine Überreste in einer Urne oder Kiste beigesetzt, so gab es für ihn zwar noch Pietätsgefühle der nächsten Angehörigen von mehr oder minder langer Dauer, aber keinen Seelenkult mehr. Die Urne wird in einem Hügel geborgen, die Asche des Patroklus, des Achill, des Ajas bleibt in der Fremde. Agamemnon kommt gar nicht auf den Gedanken, daß seines Bruders Menelaus Grab, wenn er vor Troja sterbe, woanders als vor Troja sein könne. Die homerischen Helden denken gar nicht daran, die Urnen mit den Überresten ihrer Großen etwa in die Heimat mitzunehmen. Damit ist jeder dauernde Seelenkult ausgeschlossen, der ja nur in der Heimat, nicht im fremden, feindlichen Land, gepflegt werden kann.

Die Angst vor den Toten, die im Weltbild der Babylonier noch eine so große Rolle spielt, ist bei den Griechen Homers wie alles Irrationale zurückgedrängt, ja teilweise ganz verschwunden, nicht aber die Angst vor dem Tod. Als Odysseus den toten Achill damit zu trösten sucht, ihn solle der Tod nicht reuen, weil er jetzt ja mächtig unter den Toten herrsche, antwortet dieser mit Worten, die bis auf diesen Tag gleich berühmt geblieben sind, weil in ihnen alles gesagt ist, was der ehrliche Rationalist dazu sagen kann:

„Preise mir jetzt nicht tröstend den Tod, ruhmvoller Odysseus.
Lieber möcht ich fürwahr dem unbegüterten Landmann,
Der nur kümmerlich lebt, als Tagelöhner das Feld baun,
Als die ganze Schar vermoderter Toten beherrschen.“ (Voß).

Der Tote, nicht der Tod, hat an Schrecken verloren. (Sokrates ist eine einzige, philosophisch-heroische Ausnahme.) Bei den ritterlichen Männern Homers legt sich eine heldische Schwermut über den Tod als passives, unvermeidbares Verhängnis, das mit möglichster Fassung getragen werden muß. Immerhin vergleicht schon Homer das Menschengeschlecht mit dem Laub der Bäume, das eben noch wuchs und grünte und jetzt schon dürr und welk vom Herbstwind umhergetrieben wird. Ja, aus tiefem Pessimismus nennt er einmal den Menschen das unglücklichste Geschöpf auf Erden. Aber als das homerische Herrenzeitalter zu Ende ging, als nach Homer Hesiod auftritt als jüngerer Dichtgenosse, von dem Herodot sagt, er habe zusammen mit Homer den Griechen ihre Lehre von den Göttern geschaffen, stoßen wir schon auf den Ausspruch, es sei das beste für den Menschen, gar nicht geboren zu werden oder, wenn er geboren sei, baldmöglichst zu sterben. Pindar weiß für die Allgemeinheit keinen besseren Trost, als daß der Widerhall des Ruhmes, den der lebende Sohn erwirbt, im Hades dem Vater bekannt wird. Für Äschylus und Sophokles ist das Grab die einzig sichere Zuflucht vor allem Leid und aller Mühsal des Lebens, der Tod der einzige Freund, der dem Unglücklichen in der Nacht der Verzweiflung die Hand reicht. Bei Euripides aber kann es schon heißen, daß es immer noch besser sei, schlecht zu leben als gut zu sterben. Aristophanes verhöhnt in den „Fröschen" den Hades und nennt den Gang der Seele zu ihm eine „Fahrt nach der Eselsschnur". Und der athenische Sophist und Dramenschreiber Kritias sagt schon wie ein waschechter Marxist von heute, der Glaube an Götter sei nur ein betrügerischer Kniff der herrschenden Klasse, um mit Hilfe der Religion die Masse des Volkes ihrem Willen gefügig zu machen. „Was der Mensch ißt und trinkt, ist der einzige Gewinn seines Lebens."

Im Zeitalter Homers konnte noch ein großer Mensch durch Hilfe der Götter unsterblich und zu ihnen entrückt, ein Heros, werden. Aber es war eine Ausnahme so gut wie das Schicksal des Tiresias einerseits und der Tityos, Tantalos und Sisyphos andererseits. In griechischen Spätzeiten, bei wachsendem Rationalismus, wurde bald jeder Tote ein Heros, so wie bei uns jeder Tote „selig" ist. Damals kam unter Griechen das Sprichwort auf: „Gehe nach Theben und hänge dich auf, damit du ein

Heros wirst.“ Je mehr aber die Rationalisierung und Spott und Hohn gegen andere Weltanschauungen groß wurde, um so mehr wuchs die Angst vor dem Tod und der Aberglaube. Am krassesten im römischen Imperium. Wenn Cicero nicht ohne Stolz sagen kann, daß es zu seiner Zeit in Rom kein noch so beschränktes altes Weib gäbe, das noch an den Hades und seine Schrecken glaube, und Lucian spottet, vor lauter Genuß bliebe kein Raum für den Gedanken an Charon (den Fährmann über den Acheron), so wissen wir durch Plutarch, wie die damalige Gesellschaft sich in Angst vor dem Tod wand. Dabei nahm der Aberglaube zeitweise fürchterliche Formen an. Namentlich wenn einzelne Etrusker zu Einfluß kamen. Man schlachtete Kinder, um Geisterbeschwörungen wirksamer zu gestalten. Man war zuzeiten in Worten sehr human, stürzte sich aber im Amphitheater auf die tödlich verwundeten Gladiatoren, um ihr noch warmes Blut gierig zu trinken, wie Plinius berichtet, weil man Menschenblut übernatürliche Kraft zuschrieb. Kurz, wir beobachten, wie das apollinische Weltbild, immer mehr losgelöst vom magischen, zwar im homerischen Zeitalter, auch noch im Zeitalter der großen Dramatiker (Äschylus, Sophokles) und ihrer großen Künstler sowie im Bereich ihrer ersten großen Philosophen, die Ionier waren, herrliche Blüten des Geistes trieb, aber es war nur eine an Zahl kleine Elite der damaligen Menschheit, nicht ohne Einfluß auf die Gesamtbevölkerung, aber doch nicht von solchem Einfluß, daß sie auch nur die Mehrzahl der Griechen zu sich hätte emporziehen können. Winkelmann und Schiller sahen nur diese Höhen, und wir wissen längst, wie falsch sie um dessentwillen das Griechentum als Ganzes sahen und werteten. Geradeso falsch, wie wenn wir heute nach Schiller und Winkelmann, Kant und Herder, nach den Klassikern des Idealismus das geistige oder gar seelische Niveau der Hauptmasse ihrer Zeitgenossen beurteilen wollten. Sie haben sie beeinflußt, aber gewiß nicht zu ihrer Höhe gehoben. Und daß Goethe sie heute alle weit überragt, was in den Augen der Zeitgenossen durchaus nicht in dem Maße der Fall war, wie wir zuweilen annehmen, hängt sicher gerade damit zusammen, daß er im Grunde recht abseits von ihnen stand und im tiefsten aus anderen Quellen lebte als sie. Er sah die „triste, atheistische Halbmacht der mechanisierten Weltvertölpelung“

kommen. Er sagt: „Alle Epochen, in welchen der Glaube herrscht, sind glänzend, herzerhebend für Mitwelt und Nachwelt. Alle Epochen hingegen, in welchen der Unglaube, in welcher Form es auch sei, einen kümmerlichen Sieg behauptet, und wenn sie auch einen Augenblick mit einem Scheinglanze strahlen sollten, verschwinden vor der Nachwelt, weil sich niemand gern mit der Erkenntnis des Unfruchtbaren abquälen mag." Er versteht unter „Glauben" natürlich nichts Dogmatisches. Ein „dämonischer" Mensch, wie keiner der anderen; mehr an sich, weniger an seine Zeit gebunden. Wie es in griechischer Zeit etwa Platon war. Beide mehr als Edelerzeugnisse des apollinischen, eines fest und sicher umreißbaren Weltbildes.

Dabei wächst die Bewunderung des Weltbildes homerischer Helden nur, wenn wir auch bei ihnen noch deutlich die Spuren des Kampfes mit dem magischen Weltbild finden, das sich trotzdem wieder erhob. Wie wir ja auch den Idealismus unserer kurzen „klassischen" Zeit nicht zum wenigsten deshalb bewundern, weil er deutliche Spuren vom Kampf gegen den Vulgärrationalismus trägt, der im 19. Jahrhundert trotzdem siegreich blieb. Bei Homer zeigen das besonders deutlich die Hadesfahrt des Odysseus und die Feierlichkeiten vor und bei der Verbrennung des Patroklus. Bei der Hadesfahrt geht es um eine regelrechte Totenbeschwörung, die zwar ausgezeichnet zur Totenbeschwörung im Gilgameschepos paßt, von der schon gesprochen wurde, aber durchaus nicht zu dem sonstigen Weltbild homerischer Helden. Das magische Weltbild ist hier noch durchaus lebendig. Es ist, wie heute allgemein zugegeben wird, auch in Griechenland das ältere, aus dem sich das eigentlich homerische erst mühsam emporringt, während man früher gern das eigentlich homerische Weltbild als das älteste ansah, und deshalb diese Hadesfahrt wie erst recht die Schilderung im letzten Gesang der Odyssee, wo Hermes die Seelen der erschlagenen Freier wie einen schwirrend flatternden Zug, ähnlich dem der Fledermäuse, zum Hades führt, als spätere Einschiebsel betrachtete.

Auf Geheiß der Kirke fährt Odysseus zum Hades, um nach all seinen Irrfahrten Tiresias über seine endliche Heimkehr zu befragen. Zu Schiff fährt er über den Ozean zum Volk der Kimmerier, das nie die Sonne sieht, und gelangt zum Hain der Persephone aus Schwarzpappeln und Weiden. Er dringt mit zwei Gefährten bis zum Eingang des Erebos, wo er eine Opfergrube gräbt. Er gießt einen Weihegruß für alle Toten aus, zuerst eine Mischung von Milch und Honig, dann Wein und Wasser, worauf weißes Mehl gestreut wird. Dann schlachtet Odysseus einen Widder und ein schwarzes Mutterschaf, deren Blut in die Grube geleitet wird. Die Leiber der Tiere werden verbrannt. Er setzt sich an die Grube und wehrt die Seelen, die sich aus der Unterwelt herandrängen, mit dem Schwert ab, bis Tiresias getrunken hat, um ihm weissagen zu können. Eisen und Erz verjagt die Gespenster, weshalb man Ringe aus Eisen trug. Tiresias besitzt zwar dank der Gnade Persephones im Unterschied zu den meisten Seelen der Verstorbenen Bewußtsein wie sonst nur ein Lebender, aber um weissagen zu können, muß er Blut trinken. Wie die anderen Seelen Blut trinken müssen, um sprechen zu können, also vorübergehend das Bewußtsein wiederzuerlangen. Es handelt sich um ein regelrechtes Totenopfer zum Zweck einer Totenbeschwörung nach uraltem Ritus magischer Zeiten. Die Witterung von Blut zieht die Seelen an, die dann mit Blut gesättigt werden. Die Sättigung ist ja der ursprüngliche Zweck jedes Totenopfers. Ja, Odysseus gelobt sogar vor der Opferung noch ausdrücklich allen Toten, wenn er erst wieder daheim in Ithaka sei, ihnen eine unfruchtbare Kuh zu opfern, ihnen „Gutes" auf einem Scheiterhaufen zu verbrennen, und dem Tiresias noch besonders das Opfer eines schwarzen Widders. Das alles hat doch nur Sinn, wenn die Seelen noch nicht für ewig im Hades gebannt sind, sondern sogar noch von einem Opfer im fernen Ithaka etwas haben können. Hier durchbricht deutlich die alte magische Anschauung, nach welcher die Seele dahin zurückkehren kann, wohin sie es durch Opfer zieht, die eigentlich homerisch-apollinisch-rationale.

Ähnlich bei der Leiche des Patroklus. Als Hektor erschlagen ist, stimmt Achill mit seinen Myrmidonen die Totenklage an, legt dem Toten die Hände auf die Brust und ruft: „Gruß dir, Patroklus, noch an des Hades Wohnung." Was Achill dem Freund gelobt hat, ist vollbracht. Das Totenmahl wird nach Ablegen der Waffen gerüstet, Stiere, Schafe, Ziegen, Schweine werden geschlachtet, „und rings strömte, mit Bechern zu schöpfen, das Blut um den Leichnam". Am nächsten Morgen zieht das bewaffnete Myrmidonenheer aus, die Leiche Patroklus in seiner Mitte. Es streut sein abgeschnittenes Haupthaar auf den Toten, und Achill gibt es dem toten Freund in die Hand. Da auch er nicht nach Hause zurückkehren wird, soll Patroklus das Haupthaar mitnehmen, das Achills Vater einst dem Flußgott Spercheios gelobt hatte. Das Haaropfer ist an die Stelle des alten Menschenopfers getreten. Der Scheiterhaufen wird errichtet, Schafe und Rinder geschlachtet, mit deren Fett der Tote umhüllt wird. Die geschlachteten Tiere und Krüge mit Honig und Öl werden um die Leiche gelegt. Vier Pferde, zwei Hunde des Patroklus werden geschlachtet. Zuletzt zwölf von Achill zu diesem Zweck lebendig gefangene trojanische Jünglinge. Das alles wird dann mit dem Leichnam verbrannt. Die ganze Nacht gießt Achill dunklen Wein auf die Erde, um die Seele des Patroklus herbeizurufen. Am Morgen wird das Feuer mit Wein gelöscht, die Gebeine des Patroklus in einen goldenen Krug gelegt und im Hügel beigesetzt. Da haben wir das Totenopfer für eine fürstliche Person nach altem, magischem Ritus, durch das die Psyche des Toten gelabt und erquickt und wohl auch besänftigt wird, um fernerhin keinen Schaden anzurichten. Sogar zwölf Feinde werden hier noch als Opfermahl für Patroklus geschlachtet. Das alles setzt voraus, daß die Psyche noch in nächster Nähe sich aufhält, wie Achill sie ja auch in der ganzen Nacht noch wiederholt anruft, während der Leib auf dem Scheiterhaufen brennt. Die Seele ist also nicht schon auf der Wanderung zum fernen Hades begriffen, geschweige denn schon in sein Haus eingegangen. Der ganze Ritus dieses Totenopfers stammt aus magischer Zeit und flammt hier bei Homer zu Ehren eines Fürsten noch einmal auf. Wie die Wettspiele, die sich der Beerdigung dann anschließen und bei Homer immer Leichenspiele waren, also zum Totenkult gehörten, in späteren Zeiten aber bei wachsender „Aufklärung“ vom Totenkult, der bei zunehmender Ratio an Bedeutung immer mehr einbüßte, losgelöst und mit jedem Heroen- und Götterfest verbunden wurden, so verschwanden auch Menschen- und Tieropfer. Heute opfern wir am Grab unserer Toten nur noch Blumen. Die Blumenspenden auf Särgen und Gräbern können sehr wohl als ein letztes, wenn auch nicht mehr bewußtes Totenopfer angesehen werden. Wie auch die späteren Griechen bei ihren Wettspielen und erst recht die Römer bei ihren Zirkusspielen an die ursprüngliche Bedeutung als Leichenspiele kaum noch dachten. Wie innig dieser Zusammenhang aber trotzdem durch Brauch und Sitte blieb, wenn auch nicht mehr rein verstandesmäßig als solcher erkannt, das hat zuerst uns mit tiefstem Verständnis der deshalb viel verspottete und angegriffene große Baseler Gelehrte Bachofen in seiner immer wieder lesenswerten „Gräbersymbolik der Alten“ dargestellt.

Bei Homer sehen wir also den Griechen zum erstenmal nach großen, gewiß lang dauernden Anstrengungen als den mit aller Kraft des Geistes vom magischen Weltbild sich möglichst loslösenden apollinischen Menschen, in aller Pracht seines ersten, lichten Glanzes, dem heller Verstand noch große Kraft bildsichtiger Phantasie beigesellt, die darum noch aus dem Vollen zu schöpfen vermag – ein goldenes Zeitalter der in erster Blüte stehenden Ratio. Die uns immer wieder überwältigende schöpferische Fülle dieses Zeitalters, wie sie sich in Dicht-, Bau- und Bildhauerkunst und in der ältesten griechischen Philosophie auswirkte, nahm einen Teil ihrer Nahrung aber immer noch aus magischem Erdreich. Die mykenischen Ausgrabungen beweisen das. Vor allem gefundene Münzen, auf denen sich noch Dämonen und Götter mit Tierköpfen oder -gliedern dargestellt finden. Homer nennt Athene helläugig, eigentlich eulenäugig, ohne noch daran zu denken, daß der Ausdruck daher kommt, daß Athene einst mit einem Eulenkopf vorgestellt wurde. Und wenn in der Odyssee Athene als Schwalbe dem Mord der Freier zuschaut oder Apollo als Geier den Kampf beobachtet, so weist das noch deutlich auf eine Zeit zurück, wo ähnlich wie bei den Ägyptern Götter in Tiergestalt verehrt und dann wohl auch mit Tierkopf bildlich dargestellt wurden. Man betrachte ferner das auf der folgenden Seite im Durchschnitt und im Grundriß (rechts daneben) wiedergegebene *Grab aus Mykene*, fälschlich als „Schatzhaus des Atreus“ bekannt geworden.

Ein Gang führt in einen runden Raum mit Kuppeldach für die Familienmitglieder, die hier ihre Opfer darbrachten. Aus diesem Raum gelangt man durch die Tür in die eigentliche Grabkammer (siehe Grundriß), wo die Toten *begraben* wurden, also noch nicht verbrannt oder gar die Asche beigesetzt wurde. Auf der Burg von Mykene aber hat sich gar ein Erd-

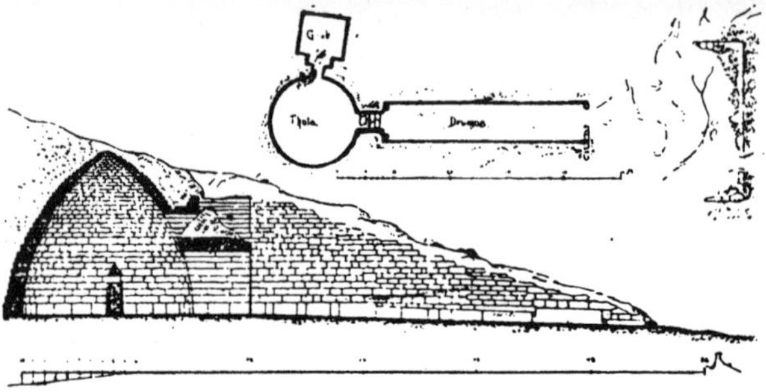

grab gefunden, nach dessen Zuschüttung auf ihm ein Opferaltar errichtet wurde. In der Mitte dieses Altars führt eine Röhre bis zu dem im Grab ruhenden Toten, durch welche Trankopfer oder das Blut der Opfertiere direkt zu ihm gelangen konnten. Wir erkennen hier eine ältere Vorstellung vom Tod und von der Seele. Die homerische hat sich von ihr schon weit entfernt, denn die Mykenekultur ist die ältere. Auch erinnert die Anlage des dargestellten Grabes von Mykene doch nicht wenig an ägyptische Grabanlagen, ohne daß deshalb die eine von der anderen irgendwie abhängig sein müßte. Sie können sehr wohl aus einer verwandten Anschauung über den Toten und das Leben nach dem Tod entstanden sein.

Das magische Weltbild in seinen letzten Auswirkungen bestand aber bei den Griechen nicht nur vor ihrem homerischen Zeitalter, sondern auch neben und nach ihm. Die tausend Jahre nach Homer zeigen uns zwei Weltbilder immer wieder in Rivalität miteinander, bis der wachsende Rationalismus das ältere von beiden so verwässert und entstellt an das römische Weltreich abgab, daß es für die neue Zeit Europas in dieser Form überhaupt nicht mehr zu gebrauchen war. Aus dem apollinischen Menschen wurde der rationalistische in dem uns heute geläufigen Sinn. Aus dem entstellten, verderbten, mechanisierten, magischen Weltbild wurde, gereinigt und geläutert, erst in der christlichen Ära das mystische, das aber nie herrschend wurde wie einst das magische und dann das rationalistische. Wie das Stirnauge längst verschwunden war und von ihm, durch das Gehirn von außen nach innen verdrängt, nur als Rudiment der Zirbeldrüse übrigblieb, so wandelte sich, gleichnisweise geredet, die schon mythisch gewordene Natursichtigkeit zu einer nur noch rudimentären Seelensichtigkeit, die wir Mystik zu nennen gewohnt sind.

Doch hier beschäftigt uns ja nur der Kampf des absterbenden Magischen mit dem erstarkenden Apollinischen und damit nach Homer Delphi und Eleusis, von denen auch Homer oft genug spricht, ohne daß aber diese beiden griechischen Orte und ihre Kulte für seine Helden je die Bedeutung gehabt hätten, welche sie für das griechische Binnenland erlangten.

Delphi und Eleusis

Nehmen wir die Apollohymnen bei Homer zusammen mit den Ausgrabungen in Delphi, die auch zu Schichten führten, die der Mykenekultur angehören, und mit sonstigen älteren Nachrichten, so ergibt sich das Bild, daß hier in den ältesten uns noch zugänglichen griechischen Zeiten ein Orakelort der Erdmutter Gäa war, also einer chthonischen, einer unterirdischen Gottheit. Den Ritus bei dieser ältesten Orakelbefragung über einer Erdspalte in Delphi, das damals Pytho hieß, kennen wir nicht. Gäa wurde verdrängt durch Apollo, die unterirdischen, die dunklen, die magischen Erdgötter durch den hellen, lichten Olymp. Die Legende erzählt, daß Apollo, der von anderen Gegenden nach Pytho kam, mit seinen Pfeilen die Schlange (Python) erlegte, welche das Heiligtum bewachte. Die Griechen gaben den Unterirdischen mit Vorliebe Schlangengestalt. Das deutet auf einen Kampf zwischen den uralten Erdgöttern, die auch in Griechenland immer mit magischen Kräften und Kulten verbunden blieben, und dem Führer der himmlischen, der helleren, lichten, apollinischen Mächte, vor denen das magische Weltbild vorübergehend, aber keineswegs für immer verschwand. So wird Apollo zeitweise Herr über die Magie. Aber dieser Sieg war kein endgültiger. Man könnte sagen, daß der durch Apollo besiegten Gäa ein Gott zu Hilfe kam, ein fremder Gott aus Thrakien, Dionysos. Dieser wurde in Griechenland bald so mächtig und einflußreich, daß in Delphi sozusagen ein Kompromiß zwischen Apollo und Dionysos geschlossen wurde, der bei Homer überhaupt noch nicht oder nicht mehr zum Götterkreis gehört. In Delphi aber gehörte bald die eine Hälfte des Festjahres dem Apoll, die andere dem Dionysos. Auf dem Giebel des delphischen Apollotempels war vorn Apoll, hinten Dionysos dargestellt. Unter dem Schutz Apolls und unter dem Einfluß der delphischen Priesterschaft, die zeitweilig für das religiöse, politische und sittliche Leben Griechenlands nicht weniger wichtig war als die ägyptische Priesterschaft für Ägypten, wuchs der Einfluß des Dionysos, nachdem er sich aus dem Thrakischen ein wenig ins Apollinische verfeinert hatte. Das apollinische Weltbild wurde in der nachhomerischen Zeit nie mehr völlig Herr über das dionysische, einen letzten Ausläufer des magischen, das jetzt freilich längst nicht mehr das naturgegebene, selbstverständliche war, sondern durch besondere Anstrengungen erst wieder geweckt werden mußte. Erst der Kompromiß zwischen Apollo und Dionysos gab Delphi und seinem Orakel das Übergewicht über alle anderen heiligen Stätten Griechenlands.

Bezeichnenderweise geht auch von Delphi und überall mit seiner Unterstützung und Förderung eine Anschauung über die Seele aus, die im Gegensatz zu der homerischen die ältere, magische wieder aufleben läßt und stärkt. Der Seelenkult blüht wieder, den Toten wird wieder „an den richtigen Tagen geopfert nach Brauch und Herkommen"; und unter dem Einfluß Delphis wurden in Athen in Zweifelsfällen, wenn man im einzelnen nicht recht wußte, was „Brauch und Herkommen" verlangte, besondere „Exegeten" (Ausleger) bestellt, die von Delphi instruiert waren.

Am deutlichsten zeigt wohl solche Veränderung in der Auffassung der Seele der bei Homer noch nicht oder nicht mehr gebräuchliche Sühnekult, der aus der „Blutrache" erwachsen ist. Er ist z. B. in Athen nicht mehr eine Privatangelegenheit zwischen dem Mörder und dem nächsten Verwandten des Opfers, wobei die Blutschuld durch eine entsprechende „Buße" abgekauft werden kann, sondern eine Staatsangelegenheit. Jeder Mordprozeß wird von einem Kollegium auf dem Aeropag über der Schlucht verhandelt, in welcher die Erinnyen, die „Ehrwürdigen" hausen. Jede Partei schwor bei den Erinnyen. Ihnen opferte der Freigesprochene, denn die Erinnyen haben ihn freigegeben. Vorbildlich ist da der Prozeß des Orestes bei Äschylus. Die Erinnyen sind chthonische Dämonen, die von denen aus der Erdtiefe heraufbeschworen werden, welchen kein irdischer Rächer lebt. Die Erinnys wacht über dem Gemordeten. Sie verfolgt den Mörder, der ihr als „Opfertier" verfallen ist. Die Erinnys ist eben im Grunde die zürnende Seele des Ermordeten selbst, die sich den Lebenden wieder unheimlich bemerkbar macht; und daß beide Parteien bei der Erinnys schwören, hat seinen guten Sinn darin, daß, wer falsch schwor, damit erst recht und für alle Zeit der Erinnys und ihrer Rache verfallen ist. Der Freigesprochene muß sich aber auch noch einer religiösen Reinigung und einem Sühneopfer unterziehen. Der Mörder hatte statt sich selbst den Unterweltsgöttern ein Opfertier zu schlachten, um den Zorn der Unterirdischen zu sänftigen, da sie über die abgeschiedene Seele und ihre Rechte wachen. Auch den Erinnyen wurde bei dieser Gelegenheit geopfert. Hatte doch selbst Apollo nach Tötung der Schlange (Python) fliehen und sich reinigen müssen, bevor er siegreich in Delphi einzog. Dieser Mythos wurde alle acht Jahre bei den delphischen Spielen dargestellt, was den Vorgang der Reinigung und Sühnung den Griechen immer wieder plastisch vor Augen führte. In Delphi selbst reinigt dann Apollo bei Äschylus den Orest vom Muttermord, und noch Platon bestimmt in seinen „Gesetzen“, daß sein Staat die Satzungen über Reinigung und Sühnung aus Delphi holen soll. Das sind altmagische Gedanken, denen gerade der delphische Apoll durch seine Verbindungen mit Dionysos wieder zu neuem Kult verhalf, und gerade durch ihn trat Homers Auffassung von der Seele wieder in den Hintergrund. Von der Anschauung Homers aus wäre z. B. das Anthesterienfest, das im Frühjahr gefeiert wurde, in seinem Schluß undenkbar. Die letzten Tage des Anthesterienfestes galten nämlich den Seelen der Toten, die in diesen Tagen zu den Lebenden zurückkamen, eine Anschauung, die der unseres Volkes von den „zwölf Nächten“ entspricht. An diesen Tagen blieben die Tempel der Götter geschlossen. Es waren „unreine“ Tage, an denen man nicht den Geschäften nachging. Zum Schutz gegen die umgehenden Geister kaute man beim Morgenausgang Weißdornblätter und bestrich die Türpfosten mit Pech. Den eigenen Toten brachte man Opfer und stellte ihnen Töpfe mit gekochten Erdfrüchten und Sämereien hin. Man warf Honigkuchen in Erdschlünde für die Unterirdischen. Und wenn das Fest zu Ende war, rief man den Seelen zu: „Hinaus, ihr Keren (älteste Bezeichnung für Psyche), die Anthesterien sind zu Ende.“ Das ist fast derselbe Vorgang, über den christliche Missionare von den heidnischen Preußen berichten. Zum Leichenmahl wurden nämlich auch die Seelen der verstorbenen Verwandten geladen. Dann schreibt der christliche Chronist: „Wenn die Mahlzeit verrichtet war, stund der Priester von dem Tische auf, fegte das Haus aus und jagte die Seelen der Verstorbenen nicht anders als die Flöhe heraus mit den Worten: „Ihr habt gegessen und getrunken, o ihr Selgen, geht heraus, geht heraus!“ Kurz, das Anthesterienfest in Athen zeigt deutlich, daß die Seelen wieder dämonische Macht haben, wie in früheren magischen Zeiten. Und später hat man in Griechenland der unterirdischen Hekate, die Homer überhaupt nicht kennt, geopfert und Beschwörungsriten vorgenommen, die von altbabylonischen Bräuchen, die der Labartu galten, nicht wesentlich verschieden sind. Das Reich der Dämonen ist wieder da, als wären Apoll und der ganze Olymp vergessen. Der Dämonenglaube hielt sich zwar nur noch an die chthonischen Götter, aber man machte selbst aus dem olympischen Zeus zuzeiten einen Zeus Chthonios, einen unterirdischen, dämonischen Gott, der dann auch Zeus Trephonios heißt, aus dem Olympier sozusagen wieder einen Magier. Und wie man vor dem homerischen Zeitalter allgemein die Toten begrub und nicht verbrannte, was die Ausgrabungen beweisen, so tritt in den nachhomerischen Zeiten, namentlich in der Spätzeit, die Sitte des Begrabens wieder immer häufiger an die Stelle des Verbrennens. Das geht schon daraus hervor, daß es in Athen eine Art Zunft gab, die nur aus Sargtischlern bestand. In den Zeiten der Totenverbrennung tritt die Beschäftigung mit der Seele und damit auch die Frage nach der Unsterblichkeit zurück. Wenn das Begraben wieder vorherrscht, wird sofort die Frage nach der Unsterblichkeit wieder brennend. Wir können das gerade in Griechenland deutlich verfolgen.

Was Delphi solche Bedeutung gab, ist das Orakel in der Form, wie es seit der Verbindung von Apollo mit Dionysos dort üblich wurde und im Mittelpunkt der Verehrung stand. Anfänglich sprach hier der Gott nur im Frühjahrsmonat Bysios, später allmonatlich durch seine Priesterin, die Pythia, die aus vornehmem delphischem Geschlecht stammen mußte. Die Priesterin hatte sich durch Fasten und Gebet auf ihre Tätigkeit vorzubereiten. Diese bestand zu der Zeit, da Apollo über Delphi Herr wurde, wahrscheinlich darin, daß Apollo durch Losorakel, Loswerfen seine Meinung und seinen Willen kundtat, denn die kultische Bezeichnung des Orakels, die immer dieselbe blieb, hieß „die Pythia hob auf", was nur beim Losorakel Sinn hat. In Verbindung mit Dionysos änderte sich die Tätigkeit der Pythia aber völlig. Hatte sie sich durch Fasten und Gebet auf ihre Tätigkeit vorbereitet, wurde ein Opfer dargebracht. Fiel es günstig aus, so schritt sie in das Heiligtum und trank von der Quelle Kassotis, deren Wasser in den

Tempel geleitet war. Sie kaute Blätter vom apollinischen Lorbeer und setzte sich auf den vergoldeten Dreifuß, der sich über dem uralten Erdspalt erhob, aus dem Dämpfe aufstiegen. Zuweilen in solchen Massen, daß der ganze Tempel von ihnen erfüllt wurde. Nun geriet die Priesterin in einen Zustand, der als Ekstasis (heraustreten) bezeichnet wird, in dem sie entheos („des Gottes voll“) wurde, daher wir von Enthusiasmus reden. In diesem Zustand stieß sie einzelne Worte oder Verse hervor, die neben ihr stehende Priester, deren offizieller Titel „Propheten“ war, sich notierten und dem Befrager des Orakels mitteilten. Auch die Orakelbefrager hatten sich durch Opfer, Waschungen, Fasten und Gebete vorzubereiten. Das Los entschied, in welcher Reihenfolge sie den Tempel betreten durften. Die Pfosten und Altäre waren mit Lorbeer geschmückt, die Luft mit Weihrauch geschwängert, und Musik erklang. In dieser Atmosphäre stand der Befrager und sah im Halbdunkel des Allerheiligsten, von Lorbeer umgeben, die Pythia auf ihrem Dreifuß und neben ihr die „Propheten“. Das genaueste Bild von dem ganzen Vorgang gibt das Drama „Jon“ von Euripides.

Dieser Zustand, auf den fast alle griechischen und römischen Schriftsteller der Antike immer wieder irgendwie zu sprechen kommen, von dem der eine mehr diese, der andere mehr jene Besonderheit hervorhebt, erscheint uns heute durchaus nicht mehr „wunderbar“ im Sinne der Alten, auch nicht mehr als die Frucht eines törichten Aberglaubens oder gar einfach als Betrug, wie noch fast allgemein im 19. Jahrhundert, sondern völlig übereinstimmend mit dem Zustand, der, seit einiger Zeit von Nervenärzten wie auch Physikern genauer untersucht, schon lange als Somnambulismus (Tiefschlaf) bezeichnet wird. Es hat ein ganzes Jahrhundert, eben das 19., gebraucht, um ausgehend vom verlästerten Mesmerismus zu einiger Einsicht in die Hypnose, die, einst nicht weniger verspottet, heute von ungezählten Nervenärzten praktisch angewendet wird, zu gelangen und aus der wissenschaftlichen Einsicht in sie nun auch mit in Tiefschlaf versetzten Sensitiven beiderlei Geschlechts experimentell den Somnambulismus genauer zu erforschen. Besonders belehrend sind da nach meiner Kenntnis die Experimente von Albert de Rochas, Leiter eines französischen Technikums, die er zusammen mit einem

Universitätsphysiker, der aber seinen Namen nicht nennt (offenbar um sein wissenschaftliches Ansehen bei den Hochschulkollegen nicht zu gefährden), ausgeführt hat, und die Experimente von dem französischen Naturwissenschaftler Professor Durville. Da es sich hier nur um antike „Magie" handelt, kann nur auf sie verwiesen, aber nicht näher auf die Experimente eingegangen werden. Den Zustand, den diese exakten Naturwissenschaftler, die ausdrücklich erklären, daß weder sie noch die Sensitiven, mit denen sie experimentierten, etwas mit Spiritismus oder Okkultismus zu tun haben, durch Hypnose erreichten, hat die sensitive Pythia durch Fasten, Gebet, Kauen von Lorbeerblättern unter Einwirkung der Dämpfe aus der Erdschlucht, die allgemein als betäubend oder erregend bezeichnet werden, erreicht. Auch wie sich die Pythia als Somnambule benimmt und wie und was sie spricht, wovon Plutarch, der selbst Oberpriester in Delphi war, und Herodot besonders ausführlich berichten, stimmt durchaus mit dem Verhalten heutiger durch Hypnose in tiefen Somnambulismus versetzter Sensitiver überein.

Nach allem, was bisher in diesem Buch ausgeführt wurde, könnten wir sagen: Was die Pythia in Delphi durch Fasten, Beten, Lorbeerkauen, unter dem Einfluß betäubender Dämpfe erreichte, stellt sich dar als ein durch künstliche Mittel errungener Ersatz für einstige Natursichtigkeit, als ein durch besondere Vorbereitungen, was wir heute gern Training nennen, erkämpfter spärlicher Rest einst gewaltiger magischer Kräfte. Letzte Tastversuche zur Magie, aus denen erste Erfahrungen dessen wurden, was man später Mystik nennt. Wir könnten dann die Experimente von de Rochas und Durville, um nur diese beiden zu nennen, mit in Tiefschlaf versetzten Sensitiven erste neueuropäische, naturwissenschaftliche Tastversuche zur Magie nennen, deren zur Zeit nur noch schwach rudimentäre Kräfte sich wieder zu regen beginnen, wenn der vom Großhirn beherrschte heutige Mensch unter dessen Ausschaltung dem einstigen Natursichtigen mit Hilfe des Tiefschlafs wieder möglichst angenähert wird. Daß dabei eine bestimmte Begabung, Sensibilität, vorausgesetzt wird, die heute nicht jedermann ohne weiteres besitzt, ist ebenso selbstverständlich, wie daß nicht jedermann von Natur zum Künstler oder Philosophen begabt ist.

Die von Pythia in einem somnambulen Zustand ausgestoßenen Worte waren viele Jahrhunderte von entscheidendem Einfluß nicht nur auf einzelne Griechen der verschiedensten Stämme, sondern auf die ganze griechische Geschichte, ja weit über Griechenland hinaus. Die Worte waren nicht selten dunkel, schwer verständlich, ja doppeldeutig. Das sind die vieler Sensitiven im Tiefschlaf ebenfalls. Aber ihr Wert wurde hochgeschätzt, bis Philipp von Mazedonien die „Propheten" bestach, so daß sie ihm nach dem Munde redeten oder die Pythia nichts taugte. Es kamen Zeiten, wo das delphische Orakel schweigt, weil keine Sensitive da war. In anderen Zeiten wird das Vertrauen zu Delphi von Priestern mißbraucht, sein Ansehen sinkt, es kommt aber immer wieder hoch. Noch Cicero kann sich nicht enthalten, es zu befragen. Es gab auch immer wieder Mißtrauische, welche das Orakel auf gefährliche Proben stellten. Die berühmteste ist die des Königs Krösus von Lydien, welche Herodot erzählt. Er sandte, um die damals berühmtesten Orakelstätten auszuprobieren, gleichzeitig Boten zu den Orakeln von Abä, Dodona, nach Ammon und Delphi. Er plante nämlich einen Feldzug gegen die Perser und wollte sich dabei von dem Orakel, das sich am zuverlässigsten erwies, beraten lassen. Seine Boten nach Delphi hatten den Auftrag, am hundertsten Tag nach der Abreise von Sardes das Orakel zu fragen, womit Krösus an diesem Tage beschäftigt sei. An diesem hundertsten Tag tat Krösus nun etwas, was unmöglich zu erraten war. Er ließ nämlich eine Schildkröte und ein Lamm in Stücke schneiden und die Stücke zusammen in einem ehernen Kessel kochen, auf den er einen ehernen Deckel gelegt hatte. Als die Boten nun an dem festgesetzten Tag in den Tempel traten, sagte die Pythia noch bevor sie gefragt hatten einen Spruch, den sie aufschrieben und eiligst mit ihm nach Sardes zurückkehrten. Der Spruch hieß:

„Siehe, ich zähle den Sand, die Entfernungen weiß ich des Meeres,
Höre die Stimmen sogar, und den Schweigenden selber vernehm' ich.
Jetzo dringt ein Geruch in die Sinne mir, wie wenn soeben
Mit Lammfleisch gemengt in Erz Schildkröte gekocht
Erz ist untergesetzt, Erz oben darüber gedecket."

Ein Wunder! staunten die Alten. Ein Märchen! spotten die Rationalisten. Für den mit somnambulen Experimenten Vertrauten erklärt sich das Wunder, das Märchen durchaus natürlich. Delphi hatte das Glück, zur Zeit gerade eine Sensitive als Pythia zu haben, die hellsichtig war, was auch heute noch manche, aber nicht jede Sensitive im Tiefschlaf ist.

Daß das delphische Orakel nicht einfach auf Schwindel beruhte, ein Pfaffentrug war, bezeugen eigentlich alle großen Männer des Altertums, soweit sie überhaupt davon sprechen. Von Homer über Platon bis Ovid. So auch Aristoteles, Sokrates, Xenophon, Strabo, der Geograph, Plutarch, Pausanias, Lucian, Tacitus, Sueton, Livius, Plinius, der Naturforscher, Vergil, Juvenal, die man alle nicht gut zum abergläubischen Volk zählen kann, da sie doch wohl mehr zur geistigen Elite der alten Welt gehören.

Am klarsten und eindeutigsten spricht aber doch die Ausgrabung des heiligen Bezirks von *Delphi*, die 1893 begann und 1902 vollendet war. Betrachten wir den zwischen wildromantischen Bergen und Schluchten gelegenen Bezirk einen Augenblick nach dem auf dem folgenden Bild Seite 272 abgebildeten Grundriß.

Eine Mauer mit Öffnungen grenzt ihn von den profanen Ansiedlungen ab. Von der Quelle Kastalia führte die Hauptstraße zum Haupteingang in der Südostecke. Vor ihr sammelten sich auf einem großen, mit Platten belegten Platz die Orakel heischenden und alle Teilnehmer an den delphischen Festen. Die heilige Straße (die Ägypter nennen es „Gottesweg", die Chinesen „Geisterstraße"), ebenfalls mit Platten belegt, vielfach alte Tafeln und Inschriften, führt zuerst an der Südmauer entlang. Zunächst dem Eingang, im Norden flankiert von einem Stier, den die Kerkyräer gestiftet hatten, von dem ein Teil der Aufschrift noch erhalten ist, im Süden von einer Nachbildung des Trojanischen Pferdes, von den Argeiern gestiftet, standen am südöstlichen Ende die Bronzestatuen des Marathondenkmals, das die Athener vom Zehnten der Beute aus dieser Schlacht Apollo weihten. Pausanias, ein Baedeker des Altertums, hat sie beschrieben: in der Mitte Miltiades, der siegreiche Feldherr der Athener, rechts und links Athene und Apollo und die Heroen der zehn attischen Stämme. Von den Bronzestatuen war nichts mehr zu finden. Vielleicht hat sie Nero fortge-

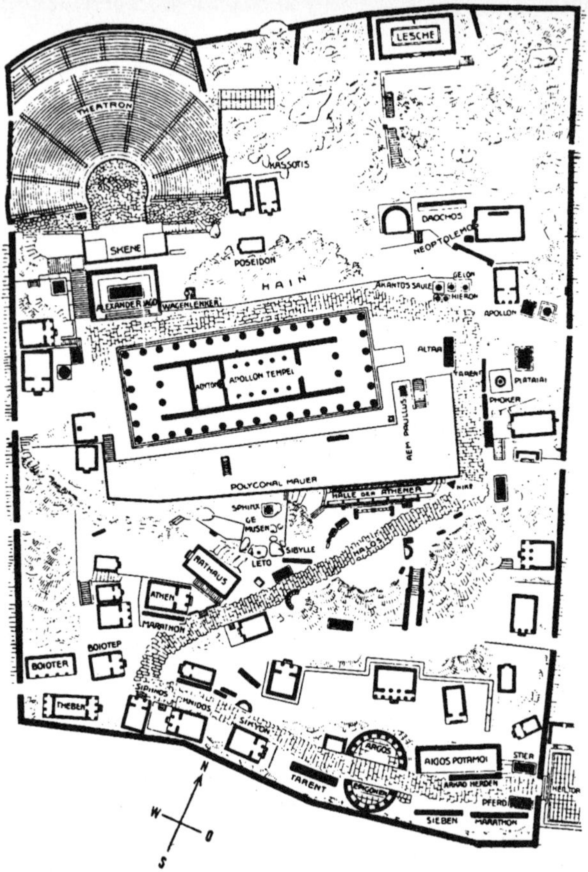

schleppt, von dem berichtet wird, daß er aus Delphi über 500 Kostbarkeiten nach Rom gebracht habe. Neben dem Marathondenkmal als Weihegeschenk der Argeier die Statuen der „Sieben gegen Theben". Gerade gegenüber dem Marathondenkmal wie zum Hohn auf die Athener das Siegesdenkmal der Spartaner für den Sieg bei Aigospotamoi (405 v. Chr.) im Peloponnesischen Krieg über die Athener. Von ihm konnten noch mancherlei Reste gefunden werden. Vor ihm, es fast verdeckend, wieder ein Siegesdenkmal, das arkadische gegen die Spartaner – und so fort. Der Besucher des Orakels konnte auf der Straße zu ihm die ganze ruhmreiche und auch klägliche

Geschichte Griechenlands und seiner Bruderkriege ablesen. Auch von den sogenannten Schatzhäusern seiner Städte und Stämme wurde die Straße flankiert, Bauten zum Schutz der vielen kostbaren Weihegeschenke, wie sie sich in Olympia, Delos und Delphi häuften. Das Schatzhaus der Knidier hat sich besonders gut erhalten, das helle Entzücken jedes Freundes griechischer Kunst. Wo die Straße nach Nordosten abbog, steht das Schatzhaus der Athener, eine der ersten und glücklichsten Ausgrabungen. In der Nähe des „Rathauses" und der Statue der Leto, der Mutter Apolls, die uralte „Drachenschlucht", östlich von ihr ein Fels, von der die Sibylle Herophile ihr Orakel sang. Dahinter das Heiligtum der Erdmutter Gäa und der Musen. Da fand man auch als Weihegabe der Naxier eine altertümliche Sphinx. Sie stand auf einer etwa 10 m hohen ionischen Säule, deren Trümmer ebenfalls gefunden wurden. Die Säulenbasis zeigt ein Ehrendekret für die Bewohner der Insel Naxos, das ihnen das Recht gewährt, das delphische Orakel vor anderen, außer der Reihe befragen zu dürfen. Die Sphinx selbst wird in das 6. Jahrhundert datiert. Uns interessiert besonders, daß der griechische Künstler für das Menschlich-Tierisch-Organische dieses Wesens, das zuerst von Babyloniern und Ägyptern geschaut und dargestellt wurde, gar kein Organ mehr besitzt. Die Griechen haben sich jederzeit sehr für die Sphinx interessiert, aber dieser Künstler kann schon bildhauerisch nichts Rechtes mehr damit anfangen. Ein Mädchenkopf mit einem Löwenleib und Vogelflügeln? Flugs legt er einen breiten Federkragen rings um die Brust, die seinen Mangel an Bildsichtigkeit für ein Wesen, das für ihn nur noch ein Fabelwesen ist, verdeckt.

Dann biegt die Straße bei der Nike und der Halle der Athener direkt nach Norden um und führt steil aufwärts zum Altar vor den Apollotempel. Von diesem, der wiederholt vernichtet wurde, sind fast nur die Fundamente erhalten. Immer wieder sammelte man in aller Herren Länder, sogar in Ägypten, für den Wiederaufbau. Wie bei uns ja auch immer wieder für die Erhaltung und Erneuerung mittelalterlicher Dome gesammelt wird. Der Tempel bestand aus einer östlichen und einer westlichen Vorhalle. In jener las man nach Pausanias die weltberühmten Sprüche: „Erkenne dich selbst" und „Halte Maß". Auf die östliche Vorhalle folgte der eigentliche Tempel, die Cella, hinter ihr das Allerheiligste (Adyton), die Orakelstätte mit dem Dreifuß über der Erdspalte. Nach der siegreichen Schlacht bei Platää (479 v. Chr.) hatten die Griechen aus der reichen Beute im persischen Lager Delphi einen goldenen Dreifuß gestiftet. Im zweiten heiligen Krieg (355 – 346 v. Chr.) wurden die goldenen Teile gestohlen. Was noch übrigblieb, verschleppte Kaiser Konstantin nach Byzanz und stellte es im Hippodrom auf, wo es dann statt der Weissagungen der Pythia das Geschrei der Parteikämpfe der „Grünen" und „Blauen" anhören mußte. Heute stehen die Reste des Schlangengewindes, auf dem der Dreifuß stand, in einer ausgemauerten Grube auf dem „Roßplatz" in der Nähe der Hagia Sofia in Istanbul. Man hat das Ganze nach Pausanias, den Überresten in Byzanz und dem in Delphi gefundenen Postament im Bilde rekonstruiert, so daß die Schlangensäulen mit dem Dreifuß darüber etwa so ausgesehen haben könnten:

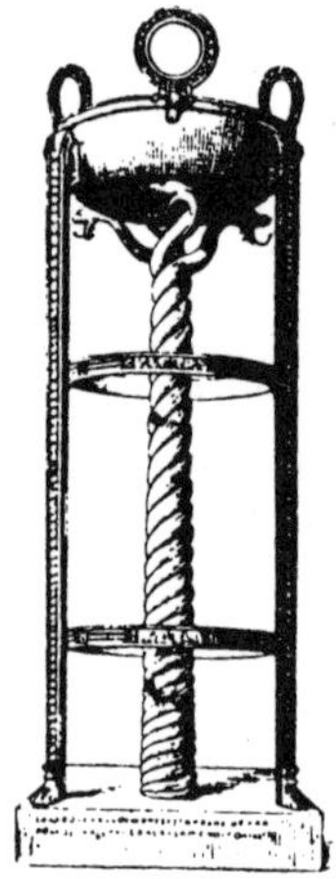

Die Straße führt dann um den Apollotempel, der den einzigen von Natur aus ebenen Raum in dem ganzen Gelände einnimmt, zum Theater, wo z. B. die Orestie des Äschylus als ein Teil des Festkultes aufgeführt wurde. An diesem Teil der Straße wurde die berühmte Statue des Wagenlenkers gefunden. An den Tempel des Poseidon, ebenfalls ein chthonischer Gott aus Gäas Herrscherzeit, der im Apollotempel selbst noch einen Altar besaß, weil er „auch Anteil am Orakel hatte", schließt sich der Lorbeerhain Apollos an.

Diese Andeutungen müssen genügen, um dem Leser wenigstens eine ungefähre Vorstellung von dem „heiligen Bezirk" zu geben, der eine Fläche von 20.000 qm umfaßt. Überblickt er jetzt noch einmal den Grundriß mit all den Denkmälern, Schatzhäusern, Hallen und der gewaltigen Anhäufung von Weihegaben und Edelmetall, die das delphische Orakel in langen Jahrhunderten um sich erstehen ließ, was in all seiner Pracht an die stolzesten Tempelbezirke Ägyptens erinnert, so wird er erkennen, daß sich das unmöglich auf einen durch Jahrhunderte geglückten, bewußten oder unbewußten Betrug zurückführen läßt. Wir haben hier vielmehr eine Stelle, an der durch die Vereinigung des Apollo mit Dionysos ein Zusammenwirken von Verstandeskräften, letzten Resten alter Magie und daraus neugewonnenen Möglichkeiten, den Vorläufern späterer Mystik, eine das ganze griechische Leben stark beeinflussende geistig-seelische Bewegung besonders starken und sichtbaren Ausdruck fand. Bis Erdmutter Gäa, als die Götter Griechenlands, die sie einst verdrängt hatten, tot waren, den ganzen Bezirk und was Witterung und Räuber noch von ihm übriggelassen hatten, in zwei gewaltigen Erdbeben wieder zu sich in die Tiefe zog. Dort hielt sie es in schützenden Armen, bis die Archäologen es vor 25 Jahren wieder ausgruben.

Derselbe geistig-seelische Strom, der Delphi speiste, tritt auch in Eleusis, wenn auch ein wenig anders gemischt, zutage. Der „Demeterhymnus" gibt den Mythos, der hier zugrunde liegt. In Eleusis war die in die Unterwelt entraffte Tochter der Demeter, Persephone, wieder an das Licht des Tages gekommen und ihrer Mutter zurückgegeben. Da stiftete Demeter, als die Eleusinier ihr den Tempel vor der Stadt, über der Quelle Kallihoros, erbauten, den heiligen Dienst, in dem man sie fortan verehren sollte. Demeter selbst lehrte die Fürsten des Landes die „Begehung des Kultus und gab ihnen die hehren Orgien an, welche anderen mitzuteilen die Scheu vor der Gottheit verbietet". Demeter, die Göttin der Fruchtbarkeit, ist hier auch eine chthonische Gottheit, wie es einst Gäa in Delphi war. Ihr Heiligtum steht über einer Quelle wie Delphis Heiligtum über einem Erdspalt. Der Kult war ursprünglich beschränkt auf die vier eleusinischen Fürsten und ihre Nachkommen und insofern ein geheimer, das heißt zunächst nur der Kult eines geschlossenen Verbandes. Dann heißt es in dem Demeterhymnus weiter: „Selig der Mensch, der diese heiligen Handlungen *geschaut* hat; wer aber uneingeweiht ist, unteilhaftig der heiligen Begehungen, der wird nicht gleiches Los haben nach seinem Tod im dumpfigen Dunkel der Hades. Aber schon im Leben ist hochbeglückt, wen die beiden Göttinnen lieben, sie schicken ihm Plutos, den Reichtumspender, ins Haus als lieben Herdgenossen. Dagegen wer Kore (das Mädchen, die Persephone), die Herrin der Unterwelt, nicht ehrt durch Opfer und Gaben, der wird allezeit Buße zu leisten haben." (Rohde). Seitdem nun Eleusis mit Athen vereinigt war, wofür meist das 7. Jahrhundert v. Chr. angesetzt wird, erhebt sich der eleusinische Kult zum attischen Staatskult. Seitdem Athen im Mittelpunkt griechischen Lebens steht, zu einem Festkult für ganz Griechenland, und zu Demeter und Persephone tritt noch Jakchos, Sohn des chthonischen Zeus und der Persephone, also ein unterirdischer Gott, der seinen ursprünglichen Sitz in Athen hat und bald immer mehr mit Dionysos verschmilzt. Das Bild des jugendlichen Gottes wurde vor Beginn der Eleusinischen Festtage aus seinem Tempel in Athen im Festzug nach Eleusis gebracht. Die „heiligen Handlungen", die *geschaut* wurden, stellten den Mythos von Demeter und Persephone dar und sind dann wohl noch um den des Jakchos vermehrt worden. Jeder Grieche, sogar die Hetären, die von dem athenischen Demeterfest an den Thesmophorien ausgeschlossen waren, selbst Kinder und Sklaven, durften an dem Eleusinischen Fest teilnehmen. Ausgeschlossen waren nur Mörder und des Mordes Angeklagte, denn sie waren kultisch unrein. Kultische Reinigungen gingen dem Fest voraus, an denen jeder mit der oben genannten Ausnahme teilnehmen konnte. Wer das nicht tat, wurde zu dem Fest, das in der *Nacht* vor sich ging, nicht zugelassen. Jeder gereinigte Festgenosse war als Teilnehmer an den „kleinen Mysterien" ein Myste (Schweigender) und zugleich ein Hosios, ein Reiner. Im nächsten Jahr konnte er aus einem Mysten bei den „großen Mysterien" ein Epopte (Schauender) werden, was offenbar ein höherer Grad als Myste war.

Die Gelehrten hätten sich vermutlich über die Eleusinischen Mysterien nicht so sehr den Kopf zerbrochen, wenn man nicht immer wieder bei den bekanntesten Männern Griechenlands und Roms auf Äußerungen über die Wirkung dieser Mysterien und ihre Bedeutung gestoßen wäre, ohne daß sie selbst erklärt wurden, was ja verboten war. Dazu einige Beispiele. In einem Fragment des Sophokles heißt es: „Wie höchst beglückt gelangen die ins Schattenreich, die eingeweiht sind. Sie leben dort allein, den anderen ist nur Not und Ungemach bestimmt." „Glücklich wer, nachdem er jenes *gesehen* hat, unter die hohle Erde geht; er weiß des Lebens Vollendung und des Lebens gottgegebenen Anfang", singt Pindar. Zweck der Mysterien sei, die Seele dort wieder hinaufzuziehen, woher sie herabgefallen, heißt es bei Platon im „Phädrus". Plutarch nennt den Schlaf die „kleinen Mysterien" des Todes. Philostrat erzählt im Leben des Apollonius von Tyana, daß der Hierophant von Eleusis ihn von den Mysterien zurückwies, weil er ein Mensch sei, der die göttlichen Dinge *profaniere.* Die Profanation der Mysterien wurde mit Einziehung der Güter und Tod bestraft. Ja, schon der bloße Verdacht, etwas von ihren Geheimnissen verraten zu haben, war höchst gefährlich. Aristoteles berichtet, daß Äschylus, als er in Verdacht kam, etwas von den Mysterien auf die Bühne gebracht zu haben, sich vor der Wut des Volkes zum Altar des Dionysos flüchten mußte. Er wurde vor Gericht gestellt und nur freigesprochen, weil er nachweisen konnte, daß er überhaupt nicht „eingeweiht" war. Noch Cicero sagt, daß die Athener nichts Besseres für die menschliche Gesellschaft hervorgebracht hätten als die Eleusinischen Mysterien. Und wenn wir sagen: „Ich fühle mich wie im Himmel", so sagt der Grieche: „Ich fühle mich wie im Zustand des Epopten, des die Geheimnisse Schauenden." Nicht einmal Nero wagt es, in Athen an den Eleusinischen Mysterien teilzunehmen, weil Verbrecher ausgeschlossen waren, wie Sueton berichtet. Während Marc Aurel sich gerade deshalb einweihen ließ, um dadurch jeden Verdacht zu beseitigen, als habe er am Tod des aufrührerischen Statthalters Ovidius Cassius in Syrien irgendwelchen Anteil. Selbst Horaz will aus Angst vor der göttlichen Rache mit niemandem unter einem Dach weilen oder in demselben Kahn sitzen, der von der „geheimen Feier der Ceres (Demeter) etwas verraten" und sie dadurch entweiht hat.

Was ging nun eigentlich in Eleusis vor, daß es solche Wirkungen haben konnte, ohne daß einer von den vieltausend Mysten sein Geheimnis verraten hätte? Bestimmt wissen wir nur, daß der Mythos von Demeter und Persephone (der Raub der Persephone, das klagende Umherirren der Demeter, die Wiedervereinigung der Göttinnen) *anschaulich* gemacht wurde. Erinnern wir uns dabei an die früher geschilderten Osirisfeste in Ägypten und wie sie gefeiert wurden. Ein solches Anschaulichmachen steht im Mittelpunkt aller antiken Mysterien. Das muß auch für Eleusis gelten, zumal wir wissen, daß die Mysterien im Jahre 415 v. Chr. im Hause des Pulytion dadurch *profaniert* werden, daß sie *agiert* (getanzt) wurden. Lysias erklärt das in seiner Rede gegen Andokides, den Freund des Alkibiades, als das größte Staatsverbrechen. Ferner wurde bei dem Fest „Heiliges gezeigt“: Götterbilder und Geräte, über die sich die Gelehrten heute noch den Kopf zerbrechen. Auch wurden die Mysten augenscheinlich durch dunkle Gänge geführt, bis schließlich die Bilder der Göttinnen in hellem Licht erstrahlten. Was dabei der Myste schaute, was wahrscheinlich nur der Epopte, wissen wir nicht. Wir wissen nicht einmal, wie das Innere des Tempels für den Epopten aussah, denn auch dessen Beschreibung war verboten. Wir kennen die Wirkung sehr genau, die das alles hervorbrachte, denn von ihr spricht man öffentlich in ganz Griechenland wie später in Rom. Und zwar nicht irgendwelche gleichgültigen, kleinen, abergläubischen Leute, sondern gerade die größten, wertvollsten Männer des Altertums, wie wir gesehen haben. Ohne Zweifel und ohne jede Einschränkung. Danach brachte die Weihe zu Eleusis jedem, der sie empfing, die *Gewißheit* eines besseren Loses nach dem Tod als es den Nichtgeweihten zustand. Es handelte sich nicht um die Gewißheit der Unsterblichkeit an sich, daß die des Leibes ledige Seele lebe, denn diese stand auch dem homerischen Zeitalter fest und wurde im Altertum nur hie und da von einem rationalistischen Philosophen in Zweifel gezogen, sondern um die Gewißheit eines beglückenden Daseins nach dem Tod, *wie* die Seele nach dem Tod lebe, und – Wohlergehen auf Erden, wozu Wohlhabenheit Voraussetzung war. Jedenfalls wurde in den Mysterien nichts gelehrt, nicht an den Intellekt apelliert, sondern etwas dargestellt, anschaulich gemacht. Es war ein Appell des Altertums an die Bildsichtigkeit, das Schauungsvermögen der Griechen und Römer. Um mit Aristoteles zu reden, die Einzuweihenden wurden durch Darstellung des Mythos von Demeter und Persephone und dadurch, daß „Heiliges gezeigt“ wurde, empfänglich gemacht und in eine *Stimmung* gebracht, in der sie etwas erfuhren, erlebten, erlitten, was ihnen die Gewißheit eines glücklichen Daseins nach dem Tod brachte. Diese Gewißheit muß außerhalb einer verstandesmäßigen Erkenntnis gelegen sein, denn vom Verstand aus ist sie bei Mysten nie angefochten worden, sondern nur von Uneingeweihten wie etwa dem Zyniker Diogenes. Es handelt sich, um wieder einmal mit Ludwig Klages zu reden, um eine Schauung, ein Erlebnis, ein Erleidnis der Seele, nicht des Geistes (Verstandes). „Wie die Begriffssprache der Übermittlung des Urteils dient, so die Symbolsprache der Wiedererweckung des Schauens." (Klages). Schafft die Begriffssprache, die einzige, die alle heutigen Menschen noch kennen und gebrauchen, den Zustand des erkennenden Bewußtseins, so die Symbolsprache den Zustand des schauenden Bewußtseins. Diese Sprache redeten die Eleusinischen Mysterien. Der Gelehrte, soweit er nur ein Mann des Denkens ist, wird sie gar nicht verstehen können. Jeder Mensch hingegen, der außer reinen Denkerlebnissen und Erfahrungen noch andere kennt, wie jeder Künstler, jeder Religiöse, jeder Philosoph, der solchen Namen verdient, für den es außer Physik also auch noch Metaphysik gibt, weiß unmittelbar, worum es sich handelt. Und wer gar nichts mehr davon weiß, kann mittelbar aus seinen Traumerlebnissen noch eine schwache Vorstellung vom schauenden Bewußtsein und der „Wirklichkeit der Bilder" gewinnen wie auch von der Wirkung dieses Zustandes auf Seele, Leib und Geist eines Menschen. Es nutzt dem Wesen solcher Mysterien gegenüber also keinerlei „Kopf"zerbrechen darüber, wie der Mythos wohl im einzelnen dargestellt wurde oder die Symbole, etwa die Götterbilder oder die berühmte „Cysta mystica", religionsgeschichtlich zu *erklären* seien, sondern wir Heutigen können ihre Wirkung vielleicht nur noch schließen aus der Wirkung jetzt noch gültiger Symbole kultischer Art, etwa der christlichen Sakramente, der Passionsgeschichte, einer Fronleichnamsprozession, oder der Wirkung der Heiligenbilder, eines Kalvarienbergs auf gläubige Katholiken. Wir verstehen nun auch ohne weiteres, weshalb die alte Welt von den Wirkungen der Eleusinischen Mysterien soviel zu sagen weiß, denn für sie lassen sich unschwer Worte aus der Sprache des erkennenden Bewußtseins finden, für die Vorgänge, welche diese Wirkung erzeugten, aber nicht. Das Gebot ihrer Geheimhaltung war im Grunde nur durch Agierung der Vorgänge zu übertreten, nicht durch Sprachmitteilung. Betrachten wir nun eine „Cysta mystica", einen „heiligen Korb", wie den nebenan abgebildeten.

Wenn diese Abbildung auch nicht aus dem rein griechischen, sondern aus einem schon griechisch-ägyptisch gemischten, alexandrinischen Weltbild stammt, so hat ein solcher „heiliger Korb" doch auch in den rein griechischen Mysterien eine bedeutsame Rolle gespielt. Hier wird er von den verhüllten Händen zweier Priester gehalten. Der Wissenschaftler erklärt dazu, daß sich nach Plutarch in ihm das Gefäß für das heilige Nilwasser befand. Nach Denderatexten enthielt er ein Osirisbild, eine Getreidemumie oder eine Osirisreliquie. Mehrfach erhaltene Darstellungen aus späterer Zeit zeigen, wie sich um den Deckel des Korbes eine Schlange windet. Auf einem Grabstein des Thermenmuseums in Rom kriechen Schlangen aus dem geöffneten Deckel. Wir wissen, daß die Schlange bei den Griechen das „Symbol" der Unterirdischen war, weshalb gerade Äskulap, von Haus aus ein thessalischer chthonischer Gott, mit der Schlange dargestellt wird. Wir wissen auch noch von ganz anderen „Symbolen" in der „Cysta mystica", und es ließe sich noch sehr viel darüber sagen. In unserem Zusammenhang aber hat es wenig Zweck, denn die Mythen, die solche Symbole schufen, sprechen nicht mehr zu uns, und damit sind auch ihre Symbole für uns stumm. Wir können uns bei dem „heiligen Korb" als Fachgelehrte noch gar manches „denken", aber nichts mehr empfinden oder gar „schauen". Um etwas von der Wirkung jener Mythen und ihrer Symbole nachempfinden zu können, müssen wir von heute noch lebendigen Mythen und ihren Symbolen ausgehen. Wer als reiner Rationalist auch zu ihnen keinerlei Beziehung mehr hat, kann mit ihnen überhaupt nichts mehr anfangen. Ehrlicherweise sollte ein solcher Mann nur nicht behaupten, weil er symbolblind ist, müßten es alle Zeitgenossen ebenfalls sein, und könne es sich auch in der alten Welt dabei nur um einen Irrtum, einen Aberglauben oder gar um einen Betrug gehandelt haben. Der echte Rationalist kann von Mythen, Symbolen und ihren Wirkungen gar nicht anders reden wie der Blinde von der Farbe. Aber auch unter den heutigen Rationalisten werden sich noch viele der Ein-drücke (ganz plastisch verstanden) erinnern, die auch bei ihnen in jenen Jahren, da der Verstand noch nicht Alleinherrscher war, etwa bei Evangelischen das erste „Abendmahl" oder bei Katholiken die erste Kommunion schuf. Aber da war man noch ein Kind! Nun, das hatte, um Mythen, Symbole und ihre Wirkung zu erfahren, doch auch Vorzüge, wie man sieht.

Demeter, die chthonische, war zugleich von alters her auch die Fruchtbarkeitsgöttin. Genau wie bei Osiris konnte auch hier der Vorgang des Säens und Erntens in die Symbole des Mythos bei den Mysterien in Eleusis einbezogen werden, worauf mancherlei hindeutet. Das versteht der echte Rationalist schon gar nicht. Da der Vorgang für ihn naturwissenschaftlich „erklärt" ist, löst er keinerlei andere als rein wissenschaftliche Reize mehr aus. Er sieht in ihm ja nur noch einen Beleg mehr für sein Gesetz von Ursache und Wirkung, also eine reine kausale, abstrakte, von der „wirklichen" Wirklichkeit abgezogene Angelegenheit, einen Begriff. Weil ihm Säen und Ernten durch den Verstand ein einfach sagbares Wahrnehmungsding geworden sind, ein verdinglichter Begriff, wie Klages sagen würde, hat er keinerlei Zugang mehr zu dem Eindrucksbild, das derselbe Vorgang dem schauenden Bewußtseinszustand im Unterschied zum erkennenden gewährt. Jeder Naturfreund, der sich im Frühjahr, Sommer, Herbst und Winter zwischen Feldern und Wiesen ergeht, empfindet heute noch sehr wohl diesen Unterschied, wenn er ihn vielleicht auch nicht erklärt oder nicht mehr erklären kann. In Wirklichkeit stößt er dabei in sich auf einen letzten Rest von Magie, den der Verstand immer noch nicht zerstört hat. Daran muß er anknüpfen, nicht an das, was er in der Naturgeschichte *gelernt* hat, sondern was er in der Natur immer neu *erlebt,* wenn er wenigstens bis zu dem Rand jenes Erlebnisses kommen will, das auch bei Saat und Ernte, Sommer und Winter, Frost und Hitze als Wirklichkeit („Wirklichkeit der Bilder") durch seine Symbolsprache, nicht in der Begriffsprache, webt und wirkt. Zwischen dem Samenkorn und dem Menschenleib, die in die Erde gelegt werden, gibt es für den Rationalisten keine Beziehung, weil zwischen beiden Vorgängen keine Kausalität herrscht. Für den magischen, mystischen, intuitiven, vorlogischen Menschen leuchtet hier aber sofort eine „Entsprechung" auf, die ihm mehr bedeutet als Kausalität.

Herangezogen zu dieser Betrachtung über die Eleusinischen Mysterien sei nur noch die Reliefdarstellung von einer antiken Aschenurne, wie sie auf der folgenden Abbildung wiedergegeben wird. Von rechts nach links zeigt diese Darstel-

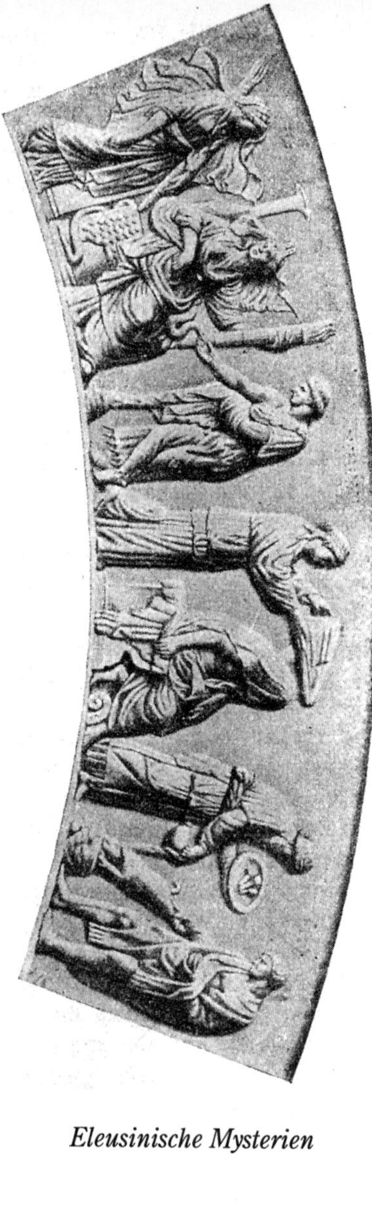

Eleusinische Mysterien

lung folgendes: Ein zu Weihender steht mit nackten Füßen, das Fell eines für ihn geschlachteten Opfertieres um die Glieder geschlagen, vor einem Priester, der mit der Rechten aus einem Krug Wasser über den Kopf eines Opferferkels ausgießt, das der zu Weihende mit der Rechten an den Hinterbeinen hält. In der linken Hand hält der Priester einen Korb mit Opferkuchen. Diese Darstellung bezieht sich offenbar auf die kultische Reinigung, die jeder Teilnahme an den Mysterien vorauszugehen hatte. Dann sehen wir die Weihe selbst. Zuerst sitzt der zu Weihende, mit dem lang herabhängenden Opferfell das Haupt völlig verhüllt, auf einem Stuhl. Über ihn hält eine Priesterin ein Ding, das die Gelehrten als Getreideschwinge bezeichnen. Sie erklären, die Priesterin bestreue ihn aus der Getreideschwinge mit Körnern, die – eine Sühnezeremonie – den Göttern als Opfer dargebracht werden, um sie gnädig zu stimmen. Das stelle den eigentlichen Akt der Weihe dar. Damit sei der zu Weihende ein Myste geworden. Diesen Mysten sehen wir dann links vor Demeter stehen. Nicht mehr mit dem Opferfell, sondern mit einem Gewand bekleidet. Demeter hat eine Schlange auf dem Schoß, nach welcher der Myste die rechte Hand liebkosend ausstreckt. Hinter Demeter steht ihre Tochter Persephone. Beide halten brennende Fakkeln in die Höhe, so daß der Myste nun die beiden Göttinnen selbst schaut. Vergleichen wir nun zu dieser Darstellung die Abbildung mit den Osirismysterien (S. 238) und erinnern uns daran, was dazu über den Tekenu gesagt wurde (S. 240 ff.), so können wir hier bei dem Fell, das der zu Weihende um sich geschlagen hat, und bei der Verhüllung des Kopfes noch an anderes, ein wenig Bedeutsameres und Symbolhafteres denken, ohne damit irgendwelche äußere Beziehung zwischen Osirismysterien und Eleusinischen Mysterien konstruieren zu wollen. Wenn auch so bedeutende klassische Philologen wie Geheimrat Norden und Geheimrat Reitzenstein infolge ihrer Studien dahin gekommen sind, ältere und engere weltanschaulich-kultische Beziehungen zwischen Griechenland und Ägypten anzunehmen, als es bisher philologischer Brauch war, und wenn auch die Entzifferung hethitischer Verträge durch Emil Forrer ebenfalls dafür zu sprechen scheint, so kann der Grund für allerlei äußerliche Ähnlichkeiten doch geradesogut eine Ähnlichkeit der seelischen und weltanschaulichen Lage sein. Die Macht der Magie, die einst durch den jung aufblühenden Verstand zu einer Gefahr geworden war, welche zu einer Menschheitskatastrophe hätte führen können, ist längst vorüber. Aber unter dem mühsam geglätteten Boden des kaum erst errungenen apollinischen Weltbildes grollt und bebt es. Delphi, Eleusis, Dodana und andere heilige Stätten helfen der bedrängten Seele, schaffen ihr wieder ein Recht neben dem Verstand. Es genügt nicht; und mit Schrecken sehen die apollinischen Menschen, wie der wilde Dionysos in ihre mühsam in Gleichgewicht und Harmonie gebrachte Welt einbricht. Es dauert lange, bis sie ihn mit Hilfe Apollos in Delphi einigermaßen gebändigt und in Eleusis Demeter und Persephone, unterstützt von Jakchos aus Athen, die apollinische Welt vor der Wildheit des Thrakers geschützt haben. Von Zeit zu Zeit aber brach die innerste Natur des Wildlings immer wieder auch bei dem gräzisierten Dionysos durch. Ihn vollständig zu apollinisieren, ist nie ganz gelungen.

Dionysos – Orpheus

Schon Homer weiß von dem „rasenden" Dionysos und seinen Wärterinnen, die der Thraker Lykurgos überfiel. Auch die Mänade, das im Dionysoskult „rasende" Weib, ist ihm bekannt. Aber zu den Göttern des Olymp gehört er bei ihm nicht. Von den Griechen selbst hören wir, daß dieser wilde Gott aus Thrakien stammt, wo er Sabazios hieß. Die Gelehrten nehmen an, daß sein Kult infolge der alles aufrührenden dorischen Wanderung nach Böotien, dem alten Bauernland, und von da nach dem Peloponnes vordrang. Seine Feste wurden zur *Nachtzeit* in den Bergen gefeiert. Bei Fackelschein, unter dem Getöse von ehernen Becken und Pauken, unter dem aufreizenden Spiel phrygischer Flöten. Die Dienerinnen des Gottes, von Männern ist bezeichnenderweise zunächst nicht die Rede, drehen sich zu der aufreizenden Musik im Wirbel (wir denken an die Tänze der „rasenden Derwische" in Konstantinopel) und rasen dann unter gellenden Schreien durch die Berge. Sie trugen langwallende Gewänder, Rehfelle über ihnen, zuweilen Hörner auf dem Kopf. In den Händen halten sie Schlangen, schwingen Dolche oder Thyrsosstäbe, die unter Efeu ihre Lanzenspitzen verbergen. So geraten sie in den „heiligen Wahnsinn" (Manie), weshalb sie Mänaden oder auch, nach dem zweiten griechischen Namen für Dionysos, Bakchos, Bakchen heißen. Den „heiligen Wahnsinn" fördern noch berauschende Getränke, auch Hanfsamen (Haschisch) und andere Rauschgifte werden verwendet. In diesem Zustand stürzen sie sich auf die zum Opfer erkorenen Tiere, zerreißen sie mit den Zähnen und verschlingen das blutige Fleisch. Sie sind empfindungslos geworden, die blutigen Wunden, die sie sich schlagen, schmerzen nicht.

Fragt man nun, zu welchem Zweck das alles geschah, so lautet die Antwort: um eins zu werden mit dem Gott, nachdem sich durch solchen Erregungskult die Seele von allen sie einengenden Fesseln befreit hat. Die Gelehrten denken bei diesen Fesseln immer nur an den Leib. Erst Klages hat erkannt, daß es sich dabei weniger um den Leib als um den Geist (den Verstand) handelt. Der reine Wissenschaftler kann nicht gut zu solcher Einsicht kommen, denn er weiß ja nur davon, daß der Geist (Verstand, Intellekt) frei macht, aber empfindet und erfährt naturgemäß nichts von den Fesseln und Hemmungen, die gerade der Verstand auferlegt; und wenn es sich statt um denkendes Bewußtsein um schauendes handelt, nicht zum Vorteil dieses.

Das wachsende Großhirn hat den Natursomnambulismus, die Natursichtigkeit längst erdrückt und den Rest von Bildsichtigkeit beim „Normalmenschen" auf das äußerste beschränkt und eingeengt. Aus diesen Fesseln befreit sich der Dionysosjünger durch die vorher geschilderten Mittel. Durch sie erreicht er die Ekstasis, das Heraustreten aus den Fesseln des *Verstandes* und wird nun entheos (Enthusiast), „des Gottes voll" oder noch richtiger eins mit Dionysos. Was die Mänade als Ekstatikerin, der griechische Dionysosjünger im Zustand der Ekstase sagt, kommt nicht aus dem eigenen Geist (Verstand), sondern spricht der Gott selbst durch den Körperapparat des betreffenden, dessen er sich bedient wie etwa Beethoven eines Klaviers. Deshalb wird der dionysische Ekstatiker auch nicht ein Diener des Sabazios genannt, sondern selbst als Sabazios bezeichnet, mit Dionysos identifiziert. Einst wurde Dionysos als Stier dargestellt, daher die Hörner auf dem Kopf der Mänaden. Und wenn sie rohes Fleisch der Opfertiere verschlingen, in denen Dionysos gegenwärtig ist, so ist das wortwörtlich (in der Symbolsprache natürlich) als Einverleiben des Gottes zu verstehen. So wird in vielen Mysterien, namentlich bei den Gnostikern, das Gottessen direkt zu einer „heiligen Hochzeit", denn diese Nahrungsaufnahme befriedigt ja nicht einen gewöhnlichen Hunger, sondern ist eine Vermählung. Erst die neueste Physiologie ist dahintergekommen, daß diese Symbolsprache eine Wahrheit ausdrückte, denn die weißen Blutkörperchen treiben die Nukleine, das Kernprodukt aller Zellen, das die Verdauung frei macht, sozusagen zur Brautschau durch den ganzen Körper, auf daß sie sich mit den dazu bereiten Zellen vereinen und neue Zellen zeugen. So führt jede Nahrungsaufnahme zu einer Zellenhochzeit.

Dieser Zustand der Ekstasis galt im Altertum nie als krankhaft, wie wir es meist auffassen. Galen z. B., der große Arzt, bezeichnet die Ekstase als eine vorübergehende Manie und das, was wir Wahnsinn nennen, als eine dauernde Ekstasis. Die durch die Ekstasis von den Banden des Geistes frei gewordene Seele vereinigt sich unmittelbar mit der Gottheit. Der Ekstatiker hat daher, wie die Alten ganz richtig sahen, kein Ichbewußtsein mehr. Durch ihn redet der Gott. Die Seele als „kosmischer" Punkt hat wieder freien, nicht durch den Geist behinderten Zugang zum Kosmos. Deshalb schaut der Ekstatiker die Zukunft und verkündet sie. Von hier stammt die Begeisterungsmantik der Bakchiden und Sibyllen (wir kennen sie schon von der Pythia), die nicht wie die Wahrsagekunst bei Homer gelernt werden kann wie sonst ein Beruf, sondern die Befähigung zur Ekstase voraussetzt. Die Bakchiden und Sibyllen waren bald auch nicht mehr an einen bestimmten Tempel gebunden, sondern durchzogen als echte Nachfahren des Dionysos das ganze Land. Daß es unter ihnen nicht an Betrügern fehlte, und daß deren unter ihnen immer mehr wurden, je größer die Nachfrage und je seltener die natürliche Anlage zur Ekstasis, ist ebenso selbstverständlich wie die Betrügereien von heutigen Medien, wobei immer noch zu berücksichtigen bleibt, daß ein Betrug bei gestörtem oder gar für eine Weile vernichtetem Ichbewußtsein nicht einem Betrug bei vollem Selbstbewußtsein ohne weiteres gleichzusetzen ist, wie es Fanatiker unter den Rationalisten immer wieder tun.

Wie Apollo den Dionysos in Delphi zu zähmen suchte und inwieweit das auch in Eleusis gelang, haben wir schon gesehen. Einen anderen Versuch lernen wir in den „Bakchen" des Euripides kennen. Der bakchische Wahnsinn mit seinem Rasen und seiner „Besessenheit" muß zeitweise zu einer wahren Epidemie geworden sein. Wir denken dabei etwa an die „Tanzwut" und die „Geißlerfahrten" im Mittelalter. Die Menschen sahen in diesem Zustand seltsame Gestalten und hörten Flötenspiel, wovon andere Leute nichts sahen und hörten. Wir nennen das Halluzinieren. Erinnern wir uns für einen Augenblick an den früher erwähnten Chemieprofessor und seine magischen Experimente mit sich selbst. Nun sagt Euripides in den „Bakchen": „Der Dionysosjünger weiht, durch die Berge bakchisch rasend, seine Seele in die Scharen des Gottes ein und mit heiligen *Reinigungen*." Schon Hesiod erzählt, wie die Töchter des Königs von Tiryns in dionysischem Wahnsinn durch die peloponnesischen Gebirge schweiften, dann aber durch den pylischen Seher Melampus geheilt und *gereinigt* wurden. Melampus aber ist ausgesprochener Anhänger des Apoll. Wie dieser müht er sich um Zähmung des wilden Dionysos, und zwar dadurch, daß er „die Erregung durch Jauchzen und begeisternde Tänze" zunächst noch *steigerte*, um den *Erschöpften* dann mit besonders beruhigenden, kathartischen Mitteln beizukommen. Unter ihnen wird die schwarze Nieswurz besonders genannt, die unter dem griechischen Volk deshalb einfach Melampodion hieß. Man sieht aus dem allem, welche außerordentliche Mühe sich die Apolloanhänger gaben, den „heiligen Wahnsinn" zu ihnen erträglichen Formen herabzumildern. Das hat nur Sinn, wenn er sie eben auch in Griechenland immer wieder durchbrach, um dann in rauhen Tönen und wilden Worten hervorzustoßen, was der „Besessene" (z. B. die Sibylle) unter dem Zwang göttlicher Übermacht zu sagen hat. Das uns allen bekannte Bild solcher Inspirationsmantik, für das die Griechen zuerst die Bezeichnung Charisma (Gnadengabe) anwandten, ist die Kassandra. Nicht eigentlich die des Homer, sondern die des Äschylus in seinem „Agamemnon". Die Seele ist da kein Hauch, der mit dem Tod in den Hades führt, sondern ein Dämon, der in dem Begnadeten, im Ekstatiker, mit Macht sich regt.

Heute kann jeder Mediziner den Weg, den der Dionysiker instinktiv ging, um die Fessel des Geistes vorübergehend loszuwerden und so wieder Seelenfähigkeiten zu ihrem Recht zu verhelfen, die er schmerzlich entbehrte, wissenschaftlich durch die Funktionsschichten der Hirnrinde bis zu den tiefsten Hirnlagern zuverlässig verfolgen; das Mittel dafür ist die Narkose. Professor Schleich, der als Chirurg Tausende von Narkosen vorgenommen hat, vermehrte die Beobachtungen, die er dabei machte, noch durch zahlreiche Experimente mit seiner eigenen Person und ist dabei zu einem Resultat gekommen, das er auch graphisch darstellt (Seite 288).

Dazu schreibt er: Die ersten Schichten, die gehemmt werden, sind die, welche die Begriffe von Raum und Zeit angehen. Dann kommt die Kausalität (Ursache und Wirkung) daran. Diese sogenannten Apriori-Begriffe sind also nicht *zutiefst* in die Geistessubstanz eingewurzelt, sondern, wie die Narkose beweist, sehr *junge* Sprossen des Gehirnbaumes. Auch in Einsteins Theorie bereitet sich eine geheime Attacke gegen den bisherigen Raum- und Zeitbegriff kantischer Prägung vor. Raum, Zeit, Kausalität erlöschen bei jedem narkotisierten Menschen *zuerst.* Dann die Phantasie, die Logik, Wahrnehmung,

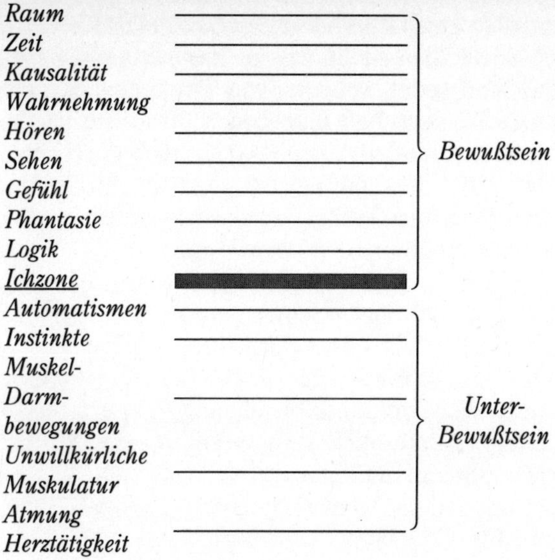

Hören, Sehen, Tastgefühl. Wenn durch den Reiz der Narkose die Phantasie die größten Sprünge gemacht hat, wenn die logischen Beziehungen aufgehört haben, das allgemeine Wahrnehmungsgefühl erloschen ist, geht die Verminderung des Bewußtseins schichtweise in die Tiefe ... Etwa an zehnter Stelle verschwindet das Ich in das Meer der Vergessenheit ... Unter der Ichzone tritt das Schmerzgefühl in einen Lähmungszustand, dann die Reflexe und Instinkte. In noch größerer Tiefe werden die unbewußten Bewegungen abgestellt. Nach diesen die Atmung. Als letztes das Herz ... Die Ichzone („Hüter der Schwelle") gibt die Grenze zwischen Bewußtsein und Unterbewußtsein. („Das Ich ist manchmal nicht da, während die Seele immer da ist.") Beide äußern sich im Gehirn. Nur mit dem Unterschied, daß, was unter der Ichzone liegt (siehe Schleichs Darstellung) nicht mehr durch die Neuroglia- (Faserumhüllung der Ganglien) Aktion wechselnd gehemmt wird. Hier ist alles definitiv festgelegte Strombahn, in der Ganglienfunktionen und Muskelaktionen unabänderlich in derselben Stromrichtung gehen, während über der Ichzone die Tätigkeit der Blutgefäße vom Sympathikusnervengeflecht kommandiert wird, das die Neuroglia aus- und einschalten kann.

Hierzu sei noch bemerkt, daß Schleich alle physiologischen Vorgänge dem Laien durch Vergleiche aus der Elektrizität anschaulich zu machen sucht, daß er überhaupt nicht mehr von Kraft und Stoff redet, sondern von Rhythmus, Schwingung, Wirbel. Die Wissenschaft eignet sich diese Ausdrucksweise immer mehr an, seitdem man hauptsächlich durch die Strahlenforschung dahinterkommt, daß sogar noch das Atom ein höchst kompliziertes Gebilde ist, das aus einem positiv geladenen Kern besteht, um den negativ geladene Elektronen kreisen. Also auch beim Atom Rhythmus, Schwingung, Wirbel, Welle. Auch in jedem Kern einer Zelle befindet sich etwas, was Schleich rhythmische Konzentration, Strudelung von hochorganisiertem Eiweiß nennt. Sie ist gebunden an Schleifen und Stäbchen, die unter dem Mikroskop aussehen wie rechts abgebildet.

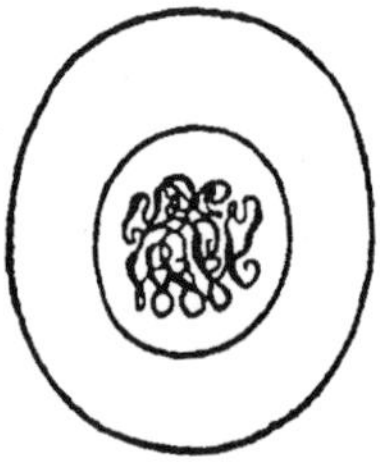

Diese Schleifchen und Stäbchen sind bei jedem Individuum ganz individuell gelagert. Bei der Befruchtung ergibt die Schleife des Vaters und die der Mutter eine Konfiguration, die so „konstant ist, daß man den Satz prägen kann, daß jedes Lebewesen eine Verhältniszahl von Rhythmen der Mutter und des Vaters erhält.“ (Schleich). Das sogenannte Mendelsche Gesetz. So setzt sich also vom Sonnengeflecht, der „Marconiplatte des Weltalls“ (dem ersten Organ der Seele), die individuelle rhythmische Bewegung mit Hilfe der Schleifen und Stäbchen durch den ganzen Organismus fort. Damit verstehen wir auch rein physiologisch die außerordentliche Bedeutung jeder Musik auch für die Ekstasis.

Es gibt in der Tat zur sachgemäßen Veranschaulichung physiologischer Vorgänge zur Zeit kein zutreffenderes Vergleichsobjekt als die Elektrizität. Schleichs Experimente mit der Narkose werden durch die Hypnose bestätigt. Sie reicht bis zur Ichzone. Die bis zu ihr reichenden Gehirnzonen sind „abgeblendet“, sodaß die Ichzone nun bloßgelegt ist, „wie ein Muskel unter dem Messerschnitt“. Der Wille des Hypnotiseurs (also auch die vom Verstand nicht mehr behinderte Seele) spielt auf dem bloßgelegten Ich wie auf einem Instrument. Im Somnambulismus wird dann auch noch die Ichzone abgeblendet. Dieser Zustand ist Menschen mit „lockerem, tief affizierbarem Gefäßsystem“, also „Sensitiven“, unschwer erreichbar. „Dann liegen die Automatismen und Instinkte, die Muskelzentren und Gleichgewichtssteuerungen bloß. In diesem Zustand kann ein Mensch schon durch das Aufleuchten eines Mondstrahles bis zu dämonischen Taten hingerissen werden.“ (Schleich).

Von hier aus werden wir den Zustand des Ekstatikers, wie er im Dionysoskult geschildert wird, verstehen. Wie auch vieles, was uns in der babylonischen und ägyptischen Überlieferung bisher noch unverständlich war. Und wenn Schleich einmal sagt, der Mensch werde durch die Hypnose gleichsam in eine stammesgeschichtliche geistige Rückbildung versetzt, so hat er ganz recht damit. Nur dürfen wir in dem Ausdruck keine Minderwertigkeitsbezeichnung sehen, wozu der Verstand, wie jeder Tyrann, neigt. Es soll damit nur der Zustand vor der Vorherrschaft des Gehirns bezeichnet werden, denn die Vorderhirnhypertrophie des modernen Menschen hat uns von der Harmonie mit dem All entfernt, sagt Schleich, der Dacqués Theorie nicht mehr kennengelernt hat. Der Ekstatiker will durch Verdrängung dieser Gehirnvorherrschaft die Harmonie mit dem All wiedergewinnen. Darauf laufen all diese Anstrengungen hinaus. Das Gehirn ist entwicklungsgeschichtlich ja auch nur ein physiologisch verfeinertes Spätprodukt des Nervus sympathicus als Apparat für den Verstand. Das Frühere, Primäre ist der Sympathikus. Dieser ist die letzte Faser des Sonnengeflechtes unter dem Zwerchfell, der Apparat für den kosmischen Rhythmus. Deshalb nennt Schleich ihn die „Marconiplatte des Weltalls“. Wie das Gehirn der Hauptapparat des aus dem Sympathikus erwachsenen Verstandes ist, so das Sonnengeflecht der Hauptapparat für die Seele, die auch für Schleich keine Gehirnfunktion ist, sondern etwas Metaphysisches, das aber natürlich schon aus rein physiologischen Gründen über den Sympathikus auch auf das Gehirn wirken kann. Nur soweit Gehirn und Sympathikus in Harmonie sind, ist der Mensch harmonisch (glücklich). Weil eine schwere Harmoniestörung durch den Verstand erfolgt ist, sucht die Mänade mit Gewalt die Störung zu beseitigen.

Der apollinisch verfeinerte Dionysosjünger in Griechenland findet dafür unblutigere und doch wirksame Mittel. All diese

Dionysosfeier

Mittel stammen aber noch aus den Zeiten des magischen Weltbildes. Nur dieses war ja den Apollinern aus ihrer Vergangenheit bekannt. Je mehr aber das Dionysische wieder verdrängt wurde, je stärker also das rationalistische Weltbild in die Erscheinung trat, um so „verständiger" wurde auch Dionysos. Bis sich seine Anhänger in den offiziell zugelassenen Kulten, grob ausgedrückt, immer häufiger am Weinrausch und seinen mäßigen Ekstasen genügen ließen (Bakchos, der Gott des Weins). Der Dionysosmythos wurde jetzt rein als Schauspiel aufgeführt. Man wurde dabei nicht mehr Myste, sondern war einfach Zuschauer.

Sehen wir uns eine Dionysosfeier an, wie sie eine links wiedergegebene griechische Vasenmalerei darstellt, so geht es da nicht mehr besonders wild zu, sondern nur noch recht fröhlich. Die zwei Figuren rechts und die ganz links benehmen sich zwar scheinbar noch ein wenig ungebärdig, denn sie haben Mänaden darzustellen, die man sich noch gewohnheitsmäßig so vorstellt. Die links schwingt zwei Fackeln, die äußerste rechte eine Fackel und einen Thyrsosstab. Ihre Nachbarin schlägt die Pauke. Aber die Nachbarin der Linken schöpft doch recht friedlich mit einer Kelle Wein in einen Becher. Übermäßig „ekstatisch", oder gar um das Gruseln zu lernen, sieht das Ganze gewiß nicht aus. Wenn ein erst kürzlich veröffentlichter Erlaß des Königs Ptolemäos Philometor (181 – 146 v. Chr.) bestimmt, daß für die Umgebung von Alexandrien bei privaten Dionysosfeiern erst die Statuten, Gebete und Formeln bei einem Vertrauensmann des Staates einzureichen sind, und wenn der römische Senat ebenso, ja noch strenger vorging, so spricht das dafür, daß es sich bei diesen „Mysterien" wohl weniger um Ekstase als um Exzesse in Baccho et Venere gehandelt hat, weshalb wir heute noch von den Bacchanalien reden. Noch deutlicher aber spricht vielleicht eine Ausgrabung des deutschen archäologischen Instituts aus der römischen Zeit in der Nähe des Areopag in Athen, ein Bau, der einem privaten dionysischen Kultverein als Versammlungsraum diente, ein sogenanntes „Bakcheion". In ihm fand sich eine Inschrift, die auch die Statuten dieses Vereins enthält, aus denen leider aus Raumrücksichten nur weniges mitgeteilt werden kann. Sehr ausführlich wird vor allem über das Eintrittsgeld gehandelt, das 50 Denare, eventuell nur 25 betragen soll. Wenn das Geld bezahlt ist, erhält die betreffende Person vom Priester eine Mitgliedskarte mit Quittung. Wer zu bestimmten Festen nicht extra bezahlt, wird zu ihnen nicht zugelassen. Wenn jemand Streit anfängt, kostet es 25 Drachmen, gibt es eine Prügelei, muß jeder bis zu 25 Denaren in Silber zahlen, auch der Ordnungsbeamte, der die sich Prügelnden nicht aus dem Tempel hinausgeworfen hat. Hat einer eine Erbschaft gemacht, ein Ehrenamt oder einen sicheren Posten erhalten, soll er den Vereinsbrüdern einen Trunk spenden. Auch bei Hochzeit, Geburt, Bürgerwerden, wenn einer Schiedsrichter, Kampfrichter, Friedensrichter, Senator oder was sonst immer wird, kostet es ihn einen allgemeinen Umtrunk. Auch einen „Kassierertrunk" gibt es. Wenn aber ein Vereinsmitglied stirbt, erhält er einen Kranz für fünf Denare. Wer mit zur Beerdigung geht, bekommt nachher einen Becher Wein. Wer nicht beim Begräbnis war, ist vom Wein ausgeschlossen. Man sagt doch wohl nicht zuviel, wenn man behauptet, daß diese Statuten die Signatur eines feuchtfröhlichen Stammtisches an der Stirn tragen. Solche „Bakcheien", bei Angelsachsen heute Klubs genannt, ohne andere Magie als die eines guten Tropfens und eventuell auch eines guten Bratens, wovon in jenen Statuten unter dem Paragraphen „Portionenfest" die Rede ist, gibt es sogar unter fanatischen Rationalisten heute noch reichlich, und sie gefährden keinerlei „Geist".

*

Auf den mythischen thrakischen Sänger Orpheus führen die Orphiker ihre „Mysterien" zurück, in deren Mittelpunkt wieder Dionysos, der thrakische Gott steht. Diese Mysterien knüpfen deutlich direkt an die thrakischen Mänadenfeiern an, entwickeln aus ihnen aber eine Theogonie, die uns in vielfachen, oft sehr lückenhaften, oft sehr ausgedehnten „Rhapsodien" erhalten ist. Moderner ausgedrückt: Sie entwickeln eine Theosophie, welche die griechische Philosophie (Platon) vielfach beeinflußt hat und ihrerseits wieder um eine Philosophie ringt (Pythagoras, Neuplatoniker). In der Orphik sehen wir Mythos und Philosophie in direktem Kampf miteinander, in dem die Philosophie schließlich siegt. Das magische Weltbild wird nirgends so deutlich wie hier von einem Weltbild überwunden, das wir jetzt nicht mehr apollinisch nennen können, sondern schon rationalistisch nennen müssen. Alles Göttliche wird möglichst zu Begriffen abgezogen. Es verliert an Leben und gewinnt an Denk- und damit an Spekulationswert. Aus der zunächst rein kultisch gedachten „Reinigung“, die magischer Natur war, erwächst eine sittliche Forderung, die rationaler Natur ist. Die Ethik im heutigen Sinn wird so stark sichtbar wie nie in magischen Zeiten und bei von ihnen noch wesentlich beeinflußten Völkern. Ein Ersatz für einen gewaltigen Verlust, auf den der Verstand pocht und um seinetwillen sich vieles zugute hält. In allen hohen Zeiten des Rationalismus war Ethik sein höchster Stolz. In Verfallszeiten kämpft er verzweifelt um sie, ohne sie allein von sich aus wieder stabilisieren zu können. Wir erleben das deutlich genug in der Gegenwart.

Der Mythos der Orphik, der natürlich in den Mysterien ebenfalls anschaulich gemacht, agiert wird, aus deren Kern sich dann alle orphische Philosophie und Theologie entwikkeln, lautet ungefähr so: Dionysos, dem Sohn des Zeus und der Persephone, als Unterweltsgott auch Zagreus genannt, vertraut Zeus schon in jungen Jahren die Herrschaft über die Welt an. Da überfallen ihn, von Hera angetrieben, die Titanen, die Uranos einst in den Tartarus gestürzt hat, aber Zeus wieder frei gab. Dionysos Zagreus nimmt vielerlei Gestalten an, um ihnen zu entrinnen (wie Proteus). Aber als Stier packen ihn die Titanen, reißen ihn in Stücke und verschlingen sie. Athene rettet das Herz des Getöteten, bringt es zu Zeus, der es verschlingt. Daraus entsteht der „neue Dionysos“, der Sohn von Zeus und Semele, in dem Zagreus wieder auflebt. Die Titanen verbrennt Zeus zur Strafe mit dem Blitz zu Asche. Aus ihr bildet er die Menschen. Da nun die Titanen Dionysos-Zagreus verschlungen haben, so hat der Mensch als Gebilde aus ihrer Asche dionysische und titanische Elemente in sich. Seine Aufgabe ist es, sich von den titanischen Elementen zu befreien. Titanisch ist der Leib, dionysisch die Seele. Es gilt also, die Seele von den Banden des Leibes, in den sie wie in einem Kerker eingeschlossen ist, frei zu machen. Die Möglichkeiten dazu bieten die orphischen Mysterien.

In die uralten, überall verbreiteten Mythen (denken wir an Gilgamesch, von dem es hieß, er sei zwei Drittel Gott und ein Drittel Mensch, oder an den ägyptischen Mythos, wonach der

Mensch aus den Tränen von Amon-Re entstand) ist hier etwas verstandesmäßig Lehrhaftes hineingeraten. Wir könnten auch sagen, aus dem Mythos ist eine Legende geworden, ein Gemisch von Überlieferung aus noch symbolstarken Zeiten und ganz neuen, lehr- und zweckhaft bestimmten, rationalen Elementen. Das wird noch deutlicher, wenn wir die orphische Lehre weiterverfolgen, zu der ganz plötzlich der Glaube an die Seelenwanderung tritt, der wir in griechischen Bezirken bis dahin nirgends begegnet sind. Später, als Ägypten für das Land der wahrhaft Frommen galt, behauptete man, diese Lehre aus Ägypten empfangen zu haben. Die Ägypter haben sie aber, wie wir wissen, nie gehabt. Sie kann also nur aus einem rein intellektuellen Mißverständnis entstanden sein, indem man die ägyptische Anschauung, daß der verklärte Tote sich kraft magischer Formeln in jeglicher Gestalt wieder auf Erden ergehen konnte, völlig verkannte.

Ist der Mensch gestorben, geleitet Hermes seine Seele zur Unterwelt, wo Gericht gehalten wird. Furchtbare Qualen treffen den Frevler gegen die Orphik im tiefsten Tartarus. Der Nichtorphiker liegt im Schlammpfuhl. Aber auch seine Seele steigt wieder einmal an die Oberwelt in einem neuen Leib. In ihm wird dem Menschen vergolten nach dem früheren Leben. Was er damals getan, muß er jetzt erleiden. So geht es ewig weiter, denn jede Verkörperung bedeutet ja neue Befleckung. Nur wer Orphiker ist, kann dem Kreislauf der neuen Geburten schließlich entrinnen, „aus dem Kreise scheiden und aufatmen vom Elend“, dann eingehen zur Insel der Seligen. Ja, der Orphiker vermag sogar unter Umständen Verwandten und Vorfahren, die noch nicht Orphiker waren, zur „Reinigung und Lösung“ zu verhelfen. Wer nicht nur Nartexschwinger, sondern wahrer Bakchos geworden ist, hat „sanfteres Los“ als alle anderen. In der Orphik werden die kultischen Reinigungsvorschriften immer komplizierter, aus einem vorübergehenden Fasten, das alle Kulte kennen, wird das dauernde Verbot des Genusses von Fleisch, wodurch eine Neigung zur Askese erwächst. Aus Reinigungsvorschriften werden Reinheitsvorschriften, die auch sittliche Ansprüche stellen, und gerade in Athen gewann die Orphik großen Anhang. Wir sehen es besonders deutlich bei Pindar, der wohl selbst Orphiker war. Zu den „heiligen Orgien“, wie Orpheus sie aufgrund der Dionysosmysterien verordnet hat, muß noch ein „orphisches Leben" kommen, das der Askese zuneigt.

Fragen wir aber, woher die Orphiker die Überzeugung gewonnen haben, daß im Menschen ein Gott lebe, der erst frei wird, wenn er die Fesseln des Leibes zu sprengen vermag, so kann die Antwort nur in dem Erlebnis der Ekstasis und der in ihr erfahrenen „Schauung" (Epoptie) gefunden werden, wie sie schon verschiedentlich in diesem Buch besprochen wurde. Seit der apollinische Mensch in Erscheinung getreten ist, gibt es für den Griechen und bald für alle Völker der ausgehenden Antike keine andere Gewißheit mehr für das Leben nach dem Tod und eine postmortale Seligkeit. Alle Angriffe einer rationalen Philosophie gegen solche Gewißheit haben nur bei Nichtorphikern nachweisbaren Erfolg. Wo sie einen Orphiker ins Zweifeln bringen, spricht das nur für die von ihm persönlich nicht erlebte Ekstasis. Das zeigt deutlich noch alle spätere „hermetische" Literatur, die so nach Hermes, der die Seele zum Hades geleitet, genannt wird, und jedes gnostische System, das sich um nichts so dringend kümmert, als um das Erlebnis der Ekstasis. Es zu fördern, wurde immer wieder zu Hilfsmitteln aus der Vergangenheit gegriffen. „Die an den bakchischen Handlungen Beteiligten steigern sich in Ekstase, bis sie das Erwartete *sehen*", berichtet noch Philo in seiner Schrift vom „beschaulichen Leben". Von den Goldblättchen, in orphischen Gräbern gefunden, klingt es noch heute: „O Glücklicher und Seligster, du wirst ein Gott sein statt eines mitleiderregenden Menschen." – „Ich rühme mich, euer seliges Geschlecht zu sein" und dergleichen mehr.

Je näher die alte Welt der christlichen Weltzeit kommt, die für sie erst einige Jahrhunderte nach Christi Geburt sichtbar wird, während wir später Geborenen uns daran gewöhnt haben, sie schon mit jenem Geburtsdatum zu beginnen (auch eine Abstraktion des Verstandes aus einer damit nicht übereinstimmenden Wirklichkeit), um so deutlicher wird es, daß aus der Orphik immer mehr eine *Buchreligion* wird, die erste auf europäischem Boden. Der „Mysterien" mit ihren aus der Magie hergeholten Mitteln zur Ekstase bedarf es nicht mehr. Die Lektüre der „Heiligen Schriften" muß zur Erzielung des erstrebten Zustandes genügen. An die Stelle der Handlung tritt das Wort. Die Vorherrschaft des Verstandes ist da. Damit ist aber die Ekstasis und die mit ihr durch die erlangte Epoptie (Schauung) verbundene Gewißheit des Einswerdens mit dem Gott und einer postmortalen Seligkeit ohne Selbstbetrug oder Massensuggestion eigentlich nur noch dem „Sensitiven" möglich und nicht mehr dem „Normalmenschen". Die „Sensitiven" waren aber in den Endzeiten der alten Welt sicher viel zahlreicher als in der Jetztzeit.

Der beste Beweis dafür ist der sogenannte *Tempelschlaf* und seine Wirkung, welche die hervorragensten Männer des Altertums nicht bestritten. Mit Ausnahme der Epikureer und des Aristophanes, der auch ihn im „Plutus" verspottet. Von ihm berichten wie von etwas Selbstverständlichem Homer, Herodot, Sokrates, Platon, Aristoteles, der freilich meint, es sei schicklicher für die Götter, wenn sie sich den Menschen im *Wachen* offenbaren würden, Plinius, Strabo, Cicero, Tacitus, Virgil, Tibull. Aber auch Hippokrates, der Vater der „modernen Medizin". Marc Aurel, der „Philosoph auf dem Thron", erzählt in seinen heute noch berühmten „Selbstgesprächen", daß er mit Erfolg den Tempelschlaf zu Cajeta vornahm. Auch Trajan unterzog sich ihm. Schon Jesaias macht den Tempelschlaf den Heiden zum Vorwurf. Diodor, der Ägypten bereiste, berichtet von ihm. Und aus der Kampfschrift des christlichen Origines gegen den heidnischen Celsus geht hervor, daß der Tempelschlaf noch um die Mitte des 3. Jahrhunderts nach Christus sehr gebräuchlich war. Er war ein Hauptheilmittel der Priestermedizin in Ägypten, Griechenland und Italien. Während Assyrologen, Ägyptologen und klassische Philologen dazu neigen, wie über alle antike Medizin, so insbesondere auch über den „Tempelschlaf" geringschätzig zu urteilen, urteilt man in der Geschichte der Medizin, soweit sie medizinische Fachleute schreiben, und unter modernen Ärzten, namentlich Nervenärzten, längst nicht mehr so geringschätzig.

Der Kranke begab sich in den Tempel, der in Griechenland und Rom meist dem Äskulap geweiht war, und deren es außerordentlich viele gab. Perikles ließ der Athene eine Statue zum Dank dafür errichten, daß sie ihm im Traum die Pflanze Parthenium geraten, womit er dann einen erkrankten Baumeister der Propyläen heilte. Im Tempel versetzte der Priester den Kranken in Tiefschlaf. Vermutlich durch dieselben Mittel, wie es auch heute geschieht. Nur wurde in den Tempeln vielleicht mehr Brimborium darum gemacht als heute. In diesem Schlaf fand der Kranke das Heilmittel, das ihn kurierte. Zum Dank dafür weihte er dann eventuell auch eine Nachbildung des wieder gesund gewordenen Gliedes, wie es heute noch nicht nur in Lourdes zu geschehen pflegt. Aber auch der Priester konnte sich für den Kranken in Schlaf versetzen und für ihn dann das Heilmittel erkennen. Daß dabei um so mehr betrogen wurde, je seltener eine solche Spezialbegabung war, ist selbstverständlich. Aber ein Mißbrauch schließt nirgends in der Welt das Vorhandensein eines einmal wirksam gewesenen richtigen Brauches aus. Daß das Altertum voll von solchen Heilungen ist, die für rund ein Jahrtausend immer wieder bezeugt werden, spricht für den Brauch und seine Wirkung, denn pure Lügen haben nicht so lange Beine. Die Zahl der „Sensitiven" oder, noch gebräuchlicher ausgedrückt, die Zahl der medial veranlagten Personen war eben viel größer als heute, was schon rein physiologisch für die Anfangszeit des rationalistischen Weltbildes einleuchtend ist. Einleuchtender, als wenn sich diese Begabung gerade in Glanzzeiten dieses Weltbildes besonders häufig fände. Kein Wunder, daß sich die alte Welt überhaupt viel mehr mit den Träumen und ihrer Deutung befaßte. Besonders berühmt wurde da das Werk des Artemidoros von Daldis, von dem Schopenhauer in seiner boshaften Art schreibt, daß man daraus „wirklich eine Symbolik der Träume kennenlernen kann, zumal aus den zwei letzten Büchern, wo Artemidoros an Hunderten von Beispielen uns die Art und Weise, die Methode und den Humor faßlich macht, deren unsere *träumende Allwissenheit* sich bedient, um womöglich unserer *wachenden Unwissenheit* einiges beizubringen". Übrigens gibt es im heutigen Berlin einen bekannten Arzt für innere Krankheiten, der sich bei besonders schwierigen Diagnosen der Hilfe einer „Sensitiven", keines Berufsmediums, mit großem Erfolg bedient, die im Tiefschlaf eine große Begabung für das Erkennen von Krankheiten zeigt, ohne sich je beruflich mit Medizin beschäftigt zu haben.

Diese große Zahl von Sensitiven im ausgehenden Altertum sichert der Orphik auch als Buchreligion noch für längere Zeit den Erfolg in engeren, dafür besonders empfänglichen Kreisen. Aber sie wird für weitere Kreise immer mehr eine reine Lehre, der man verstandesmäßig zustimmte, um sich ihrer

Verheißungen zu versichern, die doch nur für den überzeugend sein konnten, der noch selbst die Epoptie erlebt hatte. Ähnlich wie heute die „Karfreitagsschriften“ zur Kirchenlehre stehen. Die Schar der echten Orphiker wurde immer kleiner. Sogar unter den Priestern der Orphik. Der Verstand hatte es also immer leichter, die Orphik als Lehre zu zersetzen und zu diskreditieren. Wie leicht ihm das gemacht wurde, dafür zwei Beispiele. Vinzentius, ein leitender Priester des „Sabazios und anderer Götter“, also auch Orphiker (Sabazios), hatte sich für sich und seine Frau Vibia in Rom eine Grabkammer herrichten lassen. Schon seine Grabschrift auf dieser Grabkammer ist für einen Orphiker recht merkwürdig, weil gar nicht mehr orphisch, sondern durchaus epikureisch. Sie ist einfach die um ein ethisches Anhängsel vermehrte Variation eines im ausgehenden Altertum viel gebrauchten Spruchs. Sie heißt: „Iß (kaue), trink, spiele (treibe Kurzweil) und komme zu mir. Solange du lebst, handle gut. Dies wirst du mit dir nehmen.“ Das griechische Original ist die sogenannte Grabschrift des Sardanapal (Assurbanipal), des Verhaßten, dem die Spätgriechen andichteten, was ihre eigene Lebensmaxime geworden war: „Iß, trink und fröhne dem Liebesgenuß. Alles übrige ist nicht einmal der Verachtung wert.“ Eine rationalistische Lebensmaxime, der Vinzentius einen moralischen Zusatz gibt, die zum Vordersatz gar nicht paßt, was dieser „Priester der Sabazios und anderer Götter“ aber schon gar nicht mehr merkt. Eine Lebensmaxime, die fast wörtlich immer wieder auftaucht, wenn der Geist (Verstand) es besonders weit gebracht zu haben glaubt. So in der Renaissance. So im 19. Jahrhundert.

In diesem Grab wurde nun zuerst Vibia, die Frau dieses „Orphikers“ beigesetzt. Der Witwer ließ das Grab mit Wandmalereien versehen, die uns heute noch anschaulich machen, wie dieser Priester des Sabazios sich seiner und seiner Vibia Jenseits vorstellte. Diese Malereien seien auf den zwei folgenden Seiten wiedergegeben. Zuerst sehen wir, wie Vibia vom Totengott nach dem Vorbild der Persephone zur Unterwelt entführt wird. Jede Gestorbene gilt jetzt als geraubte Todesbraut. Aus dem heiligen Mythos ist eine alltägliche Metapher geworden. Im Bild darunter wird Vibia von Alkestis, dem Vorbild spätantiker treuer Gattinnenliebe, begleitet, durch Hermes, den Seelenführer, vor „Vater“ Pluton und seine Gemahlin gebracht,

Grabmal der Vibia

Grabmal der Vibia

um ihr Urteil zu empfangen. Links stehen die drei Schicksalsgöttinnen. Aber allzu gefährlich kann es für die Frau eines Priesters des Sabazios um dies „Jüngste Gericht" nicht bestellt sein, denn wenn wir nun die Abbildung links betrachten, so sehen wir, wie sie vom „guten Boten" zu den „Gerechtfertigten" geführt wird, die bei Fisch und Gänsebraten tafeln. Unter ihnen wird eine schon als Vibia bezeichnet. Zwei andere „Selige" spielen im Gras Würfel. Nehmen wir dazu noch das dritte Bild von S. 301. Da finden wir Vinzentius selbst mit sechs Priesterkollegen seines Kults beim lecker bereiteten Mahle, dem zu Fisch und Gänsebraten noch ein Hase beigegeben ist. Von irgendwelchen magisch-seelischen Kräften sehe ich hier gar nichts mehr. Nicht einmal eine Kulthandlung findet sich auch nur andeutungsweise auf den Bildern. Die ganze Darstellung konnte mit Recht den Spott denkender Menschen wachrufen. Die Ethik erweist sich seit Platon als tiefer denn die gar zu bequemen Vorstellungen einer entseelten Orphik. Die Ethik der großen griechischen Philosophie erwies die Minderwertigkeit entarteter Mysterien und entthronte mit dem Recht des Wertvolleren das minderwertig Gewordene.

Auch Orpheus, der Held des Mythos, der „Schlürfer", der große Ekstatiker, der Mensch und Tier singend in seinen und des Dionysos Bann zog, hat sich entsprechend verändert, und das ist das zweite anschauliche Beispiel für die Zersetzung der Orphik. Diesen veränderten Orpheus zeigt ein Wandgemälde, das sich im ausgegrabenen Pompei gefunden hat (Seite 304). Hier hat Orpheus wirklich gar nichts Dämonisches mehr. Auch die Tiere, sogar der Löwe, sehen noch friedfertiger drein als in einem zoologischen Garten von heute. Nur der Panther rechts knurrt noch ein wenig. Von der Verbindung des Orpheus mit Apollo ist nur noch ein zart besaiteter Anakreontiker übriggeblieben. Sehr gut kann man sich vorstellen, daß dieser Orpheus wie andere Anakreontiker ein sentimentales Epigramm als Grabschrift für eine tote Heuschrecke, ein vor der Zeit gestorbenes Rebhuhn oder einen an Altersschwäche eingegangenen treuen Hund dichtet. Oder daß er gar die Leier zu der rührend sentimentalen, aber auch satirisch-parodistischen Geschichte von der heroischen Mücke schlägt, die sich einem schlafenden Hirten auf die Stirn gesetzt hat und ihn sticht, um ihn vor der nahenden Schlange rechtzeitig zu war-

Orpheus

nen. Der Hirt aber, noch schlaftrunken, zerdrückt sie, statt ihr zu danken, und tötet dann die Schlange. Nächste Nacht im Schlaf erscheint ihm die Seele der Mücke, beklagt sich über ihren unbeachteten Tod und berichtet ihm in 174 Versen, was sie in der Hölle und im Elysium alles gesehen hat. Vom heiser bellenden Himmelhund, von der jammervollen Tisiphone mit ihrer Frisur aus Schlangen, von Tantalus und anderem. Dann aber öffnet sich ihr bereitwillig für die edelmütige Tat, für die sie den Tod erlitt, Elysium, und Persephone schickt ihr eigens zur feierlichen Begrüßung Alkestis, Penelope und Eurydike entgegen. Nach einer Schilderung, die an die Totenbeschwörung des Odysseus bei Homer erinnert, schließt die Mücke: „Ich muß zu Minos, dem Richter, dem ich die Ursache meines Sterbens und Lebens unter den Schlägen der wütigen Erinnyen mitteilen muß, ohne daß du, der Anlaß zu meinem Tode, mir helfend beistehst. Du lebst vergnügt oben, ich muß von der Erde, und niemals kehre ich wieder." Der Hirt aber errichtet gerührt der Mücke zum Dank und Andenken an der Stelle, wo sie ihr Leben hat lassen müssen, ein Grabmahl, mit Blumen und Inschrift geschmückt, welche ihre edle Tat dem Wanderer und der Nachwelt vermeldet. (Maaß). Eine solche Persiflage, die doch nicht ohne Sentimentalität ist, kurz eine „Offenbachiade", würde recht gut zu diesem Orpheus und seiner gezierten Haltung passen. Der rationalistisch eingestellte Mensch wird Zyniker, Parodist, Satiriker oder sentimental. Ja, beides kann so durcheinandergehen, daß nur ein unbeteiligter Dritter die ganze Sentimentalität und die damit verbundene unfreiwillige Komik empfindet. Man braucht gar nicht die alten Anakreontiker zu lesen, man brauchte nur einmal einen Spaziergang über den heutigen Hundefriedhof in Berlin zu machen, um Bescheid zu wissen. Man wird sich auch gar nicht mehr wundern, daß in der Spätantike Aberglaube und Zauberei eine Macht und eine Ausdehnung erlangten, an die das sogenannte „finstere Mittelalter" bei weitem nicht heranreicht, und daß dergleichen Zeiten stets auch sentimentale Liebesgeschichten und wilde Abenteuerromane besonders hoch schätzen, wie es schon in der ausgehenden Antike der Fall war.

Griechisch-ägyptische Zauberei

Um den Leser nicht unnütz zu verwirren und so das Verständnis für die hier behandelten Probleme nicht überflüssig zu erschweren, wurde der Ausdruck „Zauberei" bisher möglichst vermieden und auch da von Magie geredet, wo es zweifelhaft war, ob nicht nur Zauberei vorlag. Dazu berechtigt auch ein rein fachlicher Grund. Bei dem bis heute vorliegenden Material ist es oft unmöglich, einwandfrei festzustellen, ob es sich in einem bestimmten Fall noch um Magie oder nur um Zauberei handelt oder um ein Gemisch von beiden, was häufiger der Fall sein dürfte. Der Rationalist muß dazu neigen, überall nur Zauberei oder Taschenspielerei zu sehen, wo von Riten und Handlungen in Worten oder Bildern die Rede ist, die seiner Vorderhirnhypertrophie nicht zugänglich sind. Die meisten Assyrologen, Ägyptologen und klassische Philologen reden, wenn sie auf solche Bilder und Worte stoßen, von Zauberei. Sie haben keine Zeit, sich außer mit ihrer Wissenschaft auch noch mit neuester Physiologie, mit Psychoanalyse, Parapsychologie, Experimenten mit Somnambulen, neuer Traum-, Symbol- und Sagenforschung oder gar der naturwissenschaftlich begründeten Hypothese eines Paläontologen von Fach, wie es Dacqué ist, zu befassen; kurz mit all den Fragen einer am Horizont neu heraufziehenden Weltanschauung. Um ihr Fach auch nur einigermaßen zu beherrschen, müssen sie an Weltanschauung einfach übernehmen, was ihre Väter ihnen überliefert haben. Das ist heute noch allgemein der Rationalismus. Im Grunde ist es natürlich durchaus unwissenschaftich, mit einem Vorurteil, und das ist in diesem Fall jede rein rationalistische Anschauung, an Fragen heranzutreten, die so überhaupt nicht zu fassen sind. Aber die Wissenschaft ist damit entschuldigt, daß dies Vorurteil ihr unbewußt bleibt, weil sie ein anderes Weltbild als das ihr seit zwei Generationen geläufige noch nicht wieder besitzt. Wir waren bisher nach Kräften ebenfalls einseitig, aber bewußt, um den Leser dahin zu bringen, daß er erst einmal das magische Weltbild in möglichst verschiedenen Äußerungen kennenlernt, wobei ja wiederholt betont wurde, daß alles, was uns in Wort und Bild durch Ausgrabungen der letzten Jahrzehnte darüber zugänglich geworden ist, es nicht in seinen Glanzzeiten zeigt, die viel weiter zurückliegen, sondern nur in seinen letzten, nicht mehr reinen und vollwertigen Äußerungen. Hat der Leser so erst einmal eine ungefähre Vorstellung bekommen von dem, was Magie einmal gewesen ist, wird er auch ihr wunderlichstes Nebenprodukt, die Zauberei, besser verstehen.

Von Zauberei ist auch bei griechischen und römischen Schriftstellern oft die Rede. Schon bei Homer lernen wir in der Odyssee den Verwandlungszauber der Kirke kennen, die des Odysseus Gefährten in Schweine verwandelt, die Zauberschlingen, in denen Hephästos Aphrodite und Ares fängt, den Zauberschleier der Leukothea, den Zaubergürtel der Aphrodite usw. Der Rationalist sagt, das sind eben poetische Bilder, wie alle Dichter sie lieben. Aber wie kommen antike Dichter und nach ihnen immer auch wieder spätere Dichter gerade zu solchen Bildern? Der Rationalist, der auch den magischen Urgrund aller Kunst rationalisiert hat, antwortet, der Dichter habe das eben „erfunden". Die Künstler, die es doch besser wissen müssen, reden nie von solchem „Erfinden", sondern von Formen, Gestalten. Formen, gestalten kann man aber nur etwas Vorhandenes. Homer hätte nie die Gefährten des Odysseus von Kirke, die unsterblich, göttlich ist, in Schweine verwandeln lassen, wenn er nicht an schon „Vorhandenes" hätte anknüpfen können, eben an den Verwandlungszauber. Er mag ihn apollinisch umdeuten, aber „erfunden" hätte er ihn nicht. „Erfinden" kann vielleicht ein Unterhaltungsschriftsteller von heute, dem für seine und seiner Leser Bedürfnis eine gewisse Sprachgewandheit und Intelligenz, wie sie heute schon jedem begabten Sekundaner zur Verfügung steht, genügt, aber kein

Dichter. Dieser mag Vorhandenes umformen, umdeuten, ausdeuten, aber er „erfindet" nicht, wie die Rationalisten sich einbilden. Wenn Herr Schulze nach Italien reist, sieht er Vorhandenes, wie auch Goethe Vorhandenes sah. Aber dieser erlebt es anders und gestaltet das Vorhandene danach. Dann sagt Herr Schulze, der Goethes Spuren auf seiner Italienreise folgt, Goethe habe das alles „erfunden". Homer sah Verwandlungszauber, aber er erlebt ihn anders als der Zauberer und gestaltet ihn demgemäß um. Hier interessiert uns aber jetzt nicht, wie Homer das Gesehene erlebte und formte, sondern wie der Zauberer es sah und nutzte.

Wären wir dafür nur auf die Aussagen der uns schon lange bekannten Dichter, Schriftsteller und einiger Philosophen, besonders Neuplatoniker, angewiesen, so könnten wir meist nur eine unklare Vorstellung darüber gewinnen, worin das Zaubern eigentlich besteht. Auch hier sind uns die Ausgrabungen wesentlich zu Hilfe gekommen. Namentlich in thebanischen Gräbern fand man eine große Menge „Zauberpapyri", teils koptisch, teils griechisch geschrieben, auch beides durcheinander und mit zahlreichen Worten aus anderen Sprachen, auch aus dem Hebräischen, durchsetzt. Diese Gräber stammen meist aus dem 3. und 4. Jahrhundert nach Christi Geburt, aber es bestehen keine Meinungsverschiedenheiten darüber, daß ihre Zauberpapyri nur eine schon viele Jahrhundert alte Zaubertechnik wieder ans Licht gebracht haben, wie sie seit Alexander des Großen Zeiten Griechenland im Verein mit chaldäischen (babylonischen), ägyptischen, dann persischen und jüdischen Überlieferungen zu einer merkwürdigen Einheit verschmolzen hat, die für die hellenistisch-alexandrinische Welt, dann für das römische Imperium und von hier aus bis tief ins Mittelalter hinein maßgebend war. Es gehörte eine außerordentliche Selbstüberwindung der Wissenschaftler dazu, sich mit diesem auf den ersten Blick abstrusen, konfusen, abseitigen Material auch nur philologisch ernsthaft zu befassen. Zuerst überwanden sich einige englische Gelehrte in ihren Fachzeitschriften dazu, dann der Wiener Professor Wessely, dann der deutsche, leider so jung verstorbene Albrecht Dietrich. Es dauerte aber immer noch rund dreißig Jahre, bis Theodor Hopfner an der deutschen Universität in Prag mit Unterstützung der tschechoslowakischen Regierung dazu kam, eine systematische und zusammenhängende Darstellung aufgrund der philologisch erschlossenen Texte solcher Zauberpapyri (es fehlt noch heute eine ganze Anzahl) und des dazugehörigen Materials aus antiken Schriftstellern zu geben. Dabei mußten die beiden Bände in Handschrift vervielfältigt werden, denn die Veröffentlichung ging in den Inflationsjahren vor sich, wo der Drucksatz mit den vielen Belegen in hieroglyphischer, demotischer, koptischer, hebräischer, griechischer, lateinischer Schrift wohl noch teurer geworden wäre. Auch wurden die Zeilen wohl so dicht aufeinandergepreßt, um Raum zu sparen, und namentlich der 2. Band ist 1924 noch auf schlechtestem Inflationspapier vervielfältigt. Auch für den Leser bedeutet diese Lektüre also eine Tortur und verlangt einige Selbstüberwindung. Aber sie ist für unsere Aufgabe nun einmal unerläßlich.

Die neuplatonischen Schriftsteller teilten das weite Gebiet in drei Teile: Theurgie, Magie und Goëtie. Was sie über Theurgie sagen, beschäftigt uns hier nicht mehr, denn es handelt sich dabei in der Hauptsache um philosophisch bedingte Spekulationen aufgrund der Mysterienerlebnisse, mit denen wir uns schon unter etwas anderen Gesichtspunkten ausführlich befaßt haben. Auch was die Alten Magie nannten, fällt zum Teil noch unter denselben Gesichtspunkt. Das Wort übernahmen sie von den Persern, deren Priester sich Magier nannten. Auch Sokrates, Platon, seine Akademie, Pythagoras, Demokrit, die Peripatetiker und Stoiker nahmen die Magie ernst. Nur die Epikureer und Zyniker verwarfen auch schon jegliche Theurgie als Schwindel, die ersten bekannten Rationalisten von Format. Zur Zauberei gehört hingegen alles, was damals Goëtie hieß und von allen philosophischen Köpfen und den ihnen folgenden Gebildeten schroff abgelehnt wurde. Ihre letzten, wildesten Ausläufer, die gern beim Zirkus und Theater ihren Standort hatten, wo sich das Volk ja mit Vorliebe aufhielt, schildert besonders drastisch Juvenal in seinen Satiren. Nach ihm wenden sich die Leute, vor allem die Frauen und Mädchen, zunächst an den Priester. Gehen sie unbefriedigt von ihm fort,

„so verläßt ihr Heu und den Handkorb flugs eine zitternde Jüdin und bettelt ins heimliche Ohr ihr, nennt eine Kennerin sich der Gesetze von Solyma, hohe Priesterin des Baums und verläßli-

che Botin des obersten Himmels … Auch um die kleinste Münze verkaufen die Juden dir Träume von jeglicher Sorte … Größerer Glaube jedoch wird stets Astrologen gespendet. Was ein Chaldäer gesagt, das ist, als wär' es von Haemons Quelle gebracht, denn verstummt sind jetzt die Orakel von Delphi, und schwer liegt auf dem Menschengeschlecht Unkenntnis der Zukunft … Vor der *hüte dich wohl, auch nur auf dem Weg zu begegnen, die den Kalender, beschmutzt vom Gebrauch und gelb wie Bernstein, hält in der Hand … Wenn zum ersten Meilstein fahren sie möchte, befragt sie zur Wahl der geschickten Stunde die Bücher, und fühlt sich beim Reiben ein Brennen im Augenwinkel, studiert sie die Nativität, dann fordert sie Salb' erst … Ist sie von mittlerem Stand, so durchläuft sie den Zirkus an allen Enden und ziehet das Los und bietet die Hand und die Stirn hin einem Gaukler. Reichere lassen von phrygischen, indischen Auguren Auskunft geben … Der Plebejer Geschick entscheidet der Donner und die Rennbahn. Auch die, welche den Hals schmucklos und die Schulter entblößt hat (die Arme), holt bei den hölzernen Säulen und bei den Delphinen sich Auskunft, ob sie den Trödler zum Mann soll nehmen, verlassend den Schankwirt."* (Herzberg).

Könnte Juvenal nicht heute dieselbe Satire schreiben? Auch Bauchredner, Hypnotiseure und Taschenspieler trieben derlei „Zauberkünste" schon damals. Weil sich unter ihnen in der Spätzeit sehr viele Griechen befanden, nannten die gebildeten Kreise in Rom all das Gelichter „Graeculi", Schwindler, wie heute noch der Franzose den Bauernfänger und Falschspieler „grec" nennt.

Wie hat es zu solchem Unfug und den „Glauben" an solchen Humbug, der Tausende bequem nährte, kommen können? Doch nur deshalb, weil die einst hochgehaltenen Mysterien völlig entwertet und entseelt waren, und weil andererseits die Popularphilosophie den Verstand der großen Menge seit dem Aufkommen der Sophistik zwar außerordentlich geschärft und behende gemacht hatte, ohne damit aber alle außerkörperlichen Bedürfnisse befriedigen zu können. Diese Bedürfnisse wurden durch die aus dem Dämonenglauben erwachsende Angst immer wieder aufgerührt und angestachelt. Der Dämonenglaube beherrschte in der alexandrinischen Zeit Griechen und Römer wie nur je die alten Babylonier und Ägypter, und er peinigte auch die Ägypter der alexandrinischen Zeit nicht weniger als Griechen und Römer. Die magischen Formeln und Riten hatten auch in Ägypten längst ihren Gehalt verloren, weil keine magische Begabung mehr da war, an der sie sich hätten entzünden können. Die Alleinherrschaft des Verstandes war in Sicht. Wir sehen das am deutlichsten an den neuplatonischen Systemen. Nur waren diese Philosophen aus dem Erlebnis der Ekstase, das bei ihnen eine Rolle spielt, immer noch ein wenig vertraut mit magischen Phänomenen und deshalb ohne Dämonenfurcht. Die große Menge aber, schon intellektuell genug, um nichts mehr von magischen Kulten und Formeln haben zu können, nicht mehr symbolkundig, immer mehr nur noch begriffskundig, fiel um so mehr der Zauberei anheim, je mehr es dieser gelang, sich nur noch an den Verstand zu wenden, d. h. magische Phänomene zu *mechanisieren,* was mir das hervorstechendste Merkmal jeder Goëtie, auch heute noch, zu sein scheint. Magische Phänomene aber mechanisieren wollen, heißt unter allen Umständen sie fälschen. Ganz einerlei, ob das unbewußt geschieht, vielleicht in der besten Absicht, oder bewußt zu Betrugszwecken, um sich dadurch wichtig zu machen oder einfach um Geld zu verdienen. Je schärfer der Verstand wird, um so schwieriger wird es im Einzelfall, einen Betrug aufzudecken, denn der Verstand wächst ja auch beim Betrüger und damit seine Geschicklichkeit und ist kein Privileg ausschließlich anständiger Leute, wie heute noch einige Parapsychologen zu glauben scheinen, die sogar auf recht plumpe Mittel betrügerischer Personen hereinfallen, welche Medium mimen. Man kann aus der Medialität sowenig wie aus der Gottseligkeit ein Gewerbe machen, weshalb Professor Fischer, der den Lehrstuhl für Psychiatrie an der Universität Prag innehat, nur beizustimmen ist, wenn er es ablehnt, sich noch mit medial begabten Personen zu beschäftigen, wenn sie Berufsmedien werden. Auch dürften sich die Parapsychologen nach mancherlei Mißerfolgen doch einmal fragen, ob ihrer experimentellen Methode, die immer noch von der Voraussetzung ausgeht, als beruhe seelische Tätigkeit ausschließlich auf Gehirnfunktion, nicht ein tragikomisches Mißverständnis zugrunde liegt, das ebenso naiv ist, wie wenn man die Elektrizität eine Blitzableiterfunktion nennen wollte, weil sie sich auch darin kundtut, und dann ausschließlich am Blitzableiter das Wesen der Elektrizität und ihrer Phänomene experimentell zu klären suchte.

Die Versuche des wachsenden Verstandes, magische Wirkungen durch Mechanisierung kultischer Bräuche zu erzeugen, können wir in den griechisch-ägyptischen Zauberpapyri deutlich beobachten. Auch ihnen brauchen von Haus aus durchaus nicht Betrugsabsichten zugrundegelegen haben, sondern man sagte sich, im stolzen Besitz logischer Erfolge, weshalb sollte der Verstand, der zu so vielem gut ist, was sich immer klarer erweist, nicht auch hierzu gut sein? Knüpfen wir an das Bild zu Anfang dieses Kapitels an, die Vignette zum 17. Kapitel des Totenbuchs, wozu wir uns den ägyptischen Osirismythos in Erinnerung rufen müssen. Re schneidet hier in der Gestalt eines großen gelben Katers dem bösen Seth in der Gestalt der Apophisschlange am Fuß einer Sykomore mit einem Messer den Kopf ab. Schon dies Bild besitzt keinerlei Symbolkraft mehr als Darstellung eines Mythos, sondern ist, wie wir heute sagen würden, nur noch eine Allegorie, die keinen magischen, sondern einen lehrhaften (didaktischen) Untergrund hat. Im 112. Kapitel des Totenbuchs, das aus dem Mittleren Reich stammen soll, lesen wir:

„Re sagt zu Horus: Laß mich sehen, was heute in deinem Auge ist, und er sah es sich an. Dann sagte Re zu Horus, blick auf jenes schwarze Schwein. Er blickte hin, und sein Auge erlitt einen Stich und wurde sehr schlimm. Da sagte Horus zu Re: Siehe, mein Auge ist wie bei jenem Schlage, den Seth gegen mein Auge geführt hat. Dann wurde er ohnmächtig, und Re sagte zu den Göttern: Legt ihn auf sein Bett, damit er wieder gesund wird. Seth hat sich in ein schwarzes Schwein verwandelt *und hat diesen Stich eingebrannt, der am Auge des Horus ist.“*

In diesen Sätzen sehen wir, wie ein Ägypter mit den ihm noch geläufigen Worten aus dem Mythos ein Erlebnis ausdrückt, das nicht mehr magischer Natur ist, sondern mit einer verstandesmäßigen, wenn auch bildkräftigen Naturbeobachtung verknüpft ist, nämlich mit Beobachtungen bei Mond- und Sonnenfinsternis. Das belegt wieder Plutarch, wenn er in seinem Buch „über Isis“ schreibt:

„Einige machen den Mythos (vom Kampf des Osiris und der Isis mit Seth) zu einer Andeutung der Finsternisse: Denn der Mond wird zur Zeit des Vollseins verfinstert, wenn die Sonne ihm gerade gegenübersteht und er in den Erdschatten ebenso einsinkt wie einst Osiris in den Sarg. Beim Neumond wieder versteckt

und verbirgt er die Sonne, aber er vernichtet sie nicht wie Isis den Typhon (Seth) ... Einige nennen den Typhon den Erdschatten, in den der Mond bei seiner Verfinsterung einsinkt ... Die verderbliche Kraft des Typhon (Seth) steigt und türmt sich bis zum Mond empor, mit der sie oft das Glänzende trübt und schwärzt. Nach der Sage soll nämlich Typhon das Auge des Horus (die Vollmondscheibe) bald verletzt, bald aber sogar ausgerissen und verschluckt, dann aber dem Helios (Re) wieder zurückgegeben haben. Hier deutet die Verletzung auf die monatliche Abnahme des Monds hin, die Verstümmelung aber auf die Verfinsterungen, die von der Sonne geheilt werden, indem sie den aus dem Erdschatten entkommenen Mond sogleich wieder bestrahlt."

Wenn Re im Totenbuch sagt, Seth habe sich in ein schwarzes Schwein verwandelt, so muß dazu noch gesagt werden, daß um deswillen das Schwein dem Seth heilig war wie auch die Schlange und der Esel. Diese Tiere sind daher auch dem Seth sympathisch, sie sind seine Sympathietiere, die in der Zauberei dann eine große Rolle spielen, um Seth den Wünschen des Zauberers geneigt zu stimmen. Wenn der fromme Ibis und der gottesfürchtige Pavian über die Abnahme des Mondes trauern, fühlt sich das Schwein am wohlsten, denn da begattet es sich am liebsten. Es liebt Morast, Kot, Gestank und frißt sogar Leichen. Wer Saumilch trinkt, bekommt Aussatz und Krätze. Nur dem Feind der Götter und Menschen kann solch ein Tier lieb sein. – Erste Naturbeobachtungen, mit alten Mythen in einen kuriosen Zusammenhang gebracht, ein noch stammelnder Verstand, der stumm gewordene Mythen wieder zum Sprechen bringen will.

Die Katze, einst das Tier der Bubastis (Bastet), wird im spätägyptischen Zauber ein besonderes Sympathietier des Mondes, was wieder „naturwissenschaftlich" erläutert wird. Sie sei vielfarbig und bei Nacht tätig und fruchtbar. Sie wirft zuerst ein Junges, dann zwei, dann drei und immer um eines mehr bis zu sieben, so daß sie im Ganzen 28 Junge wirft, soviel wie der Mondmonat Tage hat. Auch erweitern sich die Pupillen der Katze beim Vollmond, beim abnehmenden Mond werden sie schmäler. Zur Zeit der Tag- und Nachtgleiche harnt sie zwölfmal, jede Stunde einmal. Auch schadet ihr der Biß giftiger Schlangen nichts. Sie besiegt sie, wie einst Re und Horus ihre Feinde in Schlangengestalt besiegt haben. In einem Zauberpapyrus heißt es daher, was wir jetzt besser verstehen:

„Ein Zauber, gerichtet an den Sonnenschatten. Sprich, nachdem du dich rein gehalten hast, gegen die Sonne schreitend, bekränzt mit dem Schwanz einer Katze *(bring auch ein Rauchopfer dar): „Erbäth (es folgen andere geheime Götternamen und Anhäufung von Vokalen, was in der Zauberei eine große Rolle spielt, worauf wir aber hier aus Raummangel nicht weiter eingehen können). Nachdem du das gesprochen hast, wirst du einen Schatten (Flecken) in der Sonne sehen, und nachdem du die Augen geschlossen und dann wieder aufgeschaut hast, wirst du den Schatten vor dir stehen sehen, und jetzt befrage ihn, worüber du willst. (Es folgt ein Zauberwort, durch welches der Gerufene aus der Sonne zur Antwort gezwungen wird.) Das Schutzmittel (Amulett) ist der Schwanz, und die Zauberzeichen mit dem Kreis, auf dem du stehen mußt, nachdem du ihn mit Kreide gezeichnet hast, sind folgende (es werden eine Reihe von Zeichen angegeben).*

Das heißt eben, magische Phänomene, von denen man ja noch aus älteren Zeiten wußte, auf mechanischem Wege, durch eine besondere *Technik,* wie es schon damals hieß, erzeugen wollen. Möglich, daß ein sensitiver Mensch auch bei solcher Technik etwas erlebte, was über die Alltagserfahrungen seines Verstandes hinausging. Es ist sogar wahrscheinlich, denn sonst hätte solche Zaubertechnik nicht durch viele Jahrhunderte solchen Zulauf gehabt. Aber als bloße Technik entfernte sich die Zauberei immer mehr von dem wahren Zweck jeder Kultmagie. Sie suchte Götter und Dämonen in ihren Dienst zu zwingen, um Vorteile zu haben und andere zu schädigen, wie es schon im alten Babylon die Hexen machten. Deshalb wird Seth-Typhon bevorzugt. In einem anderen Zauberpapyrus sagt der Zauberer, der die Schnurrbarthaare einer Katze bei sich tragen muß, wie ausdrücklich vorgeschrieben wird, bei seiner Anrufung Seths: „Ich bin es, der mit dir die ganze bewohnte Welt aufwühlt und den großen Osiris aufspürte, den ich dir gefesselt übergab. Ich bin es, der mit dir die Götter bekämpfte, bis du Herr wurdest dieses Reiches." Ein anderer griechisch geschriebener Zauberpapyrus, der aber, um sich mehr Gewicht zu geben, so tut, als handele es sich um einen Brief des Nephotes an den Pharao Psammetich, sagt:

„Ich übersende dir diese Zauberanweisung, die ganz mühelos eine heilige Macht verleiht. Wenn du sie erprobst, wirst du staunen über das Wunderbare dieser Anweisung, denn in der Schüssel wirst du, an jedem beliebigen Ort hineinschauend, den Gott und den Weltbeherrscher im Wasser mit deinen eigenen Augen sehen und von dem Gott in beliebigen Versen einen Spruch und alles erhalten, was du ihm aufträgst ... Zuerst setze dich mit der Sonne auf folgende Weise in Verbindung: Zur Zeit eines beliebigen Sonnenaufgangs am dritten Tage des Monats steig' auf ein sehr hohes Haus und breite auf den Boden reines Linnen. Nimm den Zauber mit einem „Mystagogen" vor und lege dich, mit dunklem Efeu bekränzt, in der fünften Stunde, wenn die Sonne kulminiert, nach oben blickend und nackt auf das Linnen, und laß dir die Augen mit einem schwarzen Riemen verhüllen. Nachdem du dich wie einen Toten ausstaffiert hast, beginne, gegen die Sonne gewandt, folgende Formel, mit geschlossenen Augen: Typhon, du Starker, der oberen Zeptermacht Zepterführer und Gebieter, Gott der Götter, Herrscher, Speerschwinger, der du den Donner sendest, Leuchtender, der du nächtlicherweise blitzest, heiß und kalt daherschnaubst, Felsen schleuderst, Mauererschütterer, Wogenaufbrausender, der du die Tiefe erregst, ich flehe: Ich bin es, der mit dir die ganze bewohnte Welt aufwühlt und den großen Osiris aufgespürt hat, den ich dir gefesselt übergab, ich bin es, der mit dir die Götter bekämpfte, ich bin es, der des Himmels beide Wölbungen verschloß und den unsichtbaren Drachen einschläferte, der des Meeres Strömungen zum Stehen brachte und der Flüsse Naß, bis du Herr warst dieser Zeptermacht. Ich, dein Helfer, bin von den Göttern besiegt, bin kopfüber niedergeworfen worden wegen gemeinsamen Grolls. Richte deinen Freund auf, ich flehe, ich bitte dich, und laß mich nicht zu Boden geworfen, Herrscher über die Götter! Verleihe mir Macht, ich flehe, verleih mir diese Gnade, daß, wenn ich einem der Götter selbst befehle, auf meine Zauberhymnen hin zu kommen, er sogleich komme und sichtbar werde. Jao!...Jao!...Jao!... – Nachdem du das dreimal rezitiert hast, wird dir folgendes ein Zeichen der Verbindung mit Seth-Typhon sein. – Du aber, durch den Besitz einer magischen Seele gewappnet, gerate nicht in Bestürzung. Es wird nämlich ein Seefalke herabfliegen und dich mit den Flügeln in die Weichen schlagen, damit anzeigend, daß du aufstehen sollst. Erhebe dich also und umhülle dich mit weißen Binden und opfere

auf einem irdenen Räuchergefäß nichtgeschnittenen Weihrauch in Tropfenform, wobei du folgendes rezitierst: Vorgestellt ward ich dir durch die heilige Gestalt, Macht habe ich erlangt durch deinen heiligen Namen, teilhaftig bin ich geworden des Ausflusses der Güter, Herr, Gott der Götter, Gebieter, Dämon Aththouin, Thouthoui, Tavanti-Chaoh-aptatoh! (geheime Namen). Nachdem du das getan hast, steig herab, Herr geworden über eine gottgleiche Natur und über die durch diese Vorstellung erwirkte Fähigkeit, mit eigenen Augen aus der Schüssel Weissagungen zu erhalten und auch Totengeister zu beschwören.“

Was hier unternommen wird, ist ausgesprochen das, was man im Mittelalter „schwarze Magie“ nannte. Wie bei der alten Kultmagie werden Hymnen gesungen, aber sie gelten dem bösen Seth-Typhon. Nicht Re oder Osiris oder Horus. Es ist eine Travestie auf einen Kultvorgang, wie es nach Geheimrat Grünwedel der etruskische „Gottesdienst“ war, wie es die „Satansmesse“ ebenfalls ist. Selbst der äußere Apparat erinnert stark an den noch im vorigen Jahrhundert gebräuchlichen Apparat, wie ein Vergleich mit dem zeigt, was Eliphas Levi, ehemals französisch-katholischer Priester, darüber zu erzählen weiß.

Ähnliche Beispiele ließen sich aus den Zauberpapyri zu Dutzenden mit immer neuen Varianten anführen. Hopfners zwei Bände wirken wie ein in die sterbende Antike übersetzter „Hexenhammer“, das nicht weniger umfangreiche Werk über Hexenzauber aus dem Mittelalter. Verzweifelte Versuche, da es im Guten nicht mehr geht, wenigstens im Bösen wieder Herr zu werden über magische Kräfte. Wir können uns heute aber auch, nachdem in Pergamon in Kleinasien einige Zaubergeräte gefunden wurden, vorstellen, wie sie zur „mechanischen“ Divination, wie es schon die Alten nannten, gebraucht wurden. Die Gelehrten datieren die Funde auf das 3. Jahrhundert nach Christus. Man fand das auf Seite 317 oben abgebildete gleichschenkelige Dreieck, ein Dreifuß aus Bronze.

Dargestellt wird Hekate. Da sie gern mit drei Leibern abgebildet wird, finden wir sie hier in drei Gestalten mit Dolch, Geißel, Schlange, Fackel und Schlüssel als Zeichen ihrer Macht über die Pforten der Unterwelt. Über die eingravierten Zauberworte und Vokalkombinationen ist man sich noch nicht ganz einig. In der Mitte des gleichschenkeligen Dreiecks eine Öffnung, durch die ein Stab gesteckt wird, der eine Zauber-

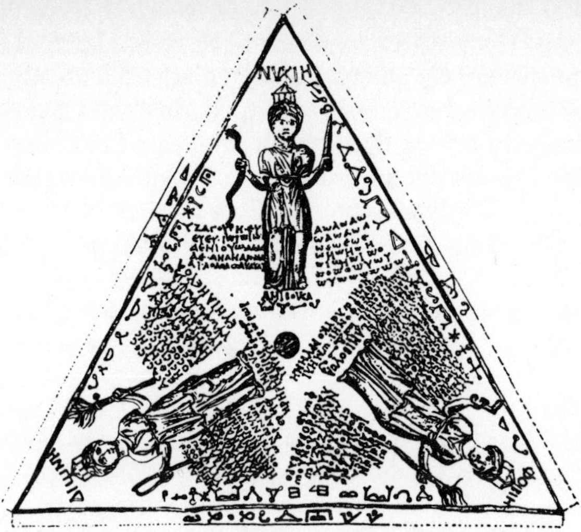

scheibe trägt. Auch eine solche, ebenfalls aus Bronze, wurde gefunden und sah so aus:

Die einzelnen Felder zeigen Vokalkombinationen und Zauberzeichen. Über alle ist man sich noch nicht klar. Einige haben deutlich den Charakter stilisierter griechischer Buchstaben und ägyptischer Hieroglyphen. Ferner fand man dabei noch einen Bronzenagel, der nach Ammians Bericht so hoch in die Wand geschlagen wurde, daß an ihn an einem Faden ein Ring gehängt werden konnte, der über der Scheibe schwebte. Aufgestellt sah der ganze Zauberapparat etwa so aus:

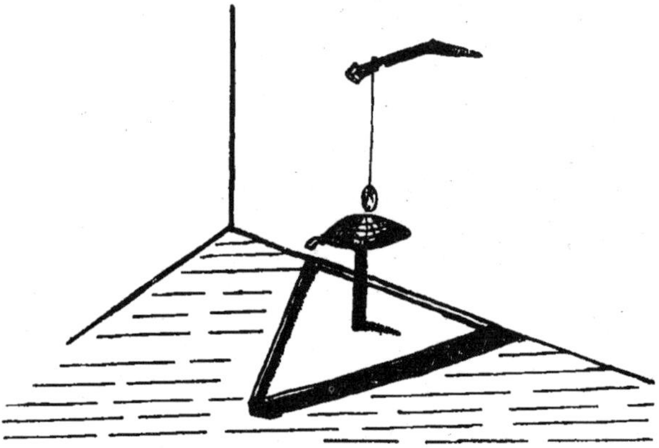

Konnte die Scheibe gedreht werden (wie ein Roulette), so galten die Zeichen, über denen der Ring stand, wenn die Scheibe wieder zur Ruhe kam, als Antwort oder als erster Buchstabe der Antwort auf die Frage. Ging z. B. einer zum Zauberer mit der Frage, ob die Reise, die er vorhabe, ihm Glück bringen werde, und der Ring zeigte auf den Fisch in der Zauberscheibe, so hieß die Antwort ohne weiteres: Nein. Mußte die Antwort erst zusammenbuchstabiert werden, war das Verfahren recht umständlich. Aber die Menschen haben in solchen Dingen ja eine Lammsgeduld. Selbst heute noch, wie die Mode des Tischrückens gezeigt hat. War die Scheibe unbeweglich, so wurde eben der Ring in Bewegung gesetzt. Angerufen aber wurde beim Orakel längst nicht mehr Apollo, Dionysos oder Orpheus, sondern Hekate, die unterirdische, fürchterliche Göttin allen Zaubers. Deshalb ist sie auf dem Dreifuß abgebildet, als Sympathiefigur.

Wir sehen, wie von dem Augenblick an, wo der Verstand mit

magischen Überlieferungen zu spielen beginnt, weil der Mensch kein Organ für ihre Symbolsprache mehr hat, jedem Aberglauben Tür und Tor offensteht bis zu den groteskesten Absurditäten. Genau wie auch wieder in unserer „aufgeklärten“ Gegenwart.

Kein Wunder, daß Betrüger von Format und Verstand in solchen Zeiten trotz aller Fortschritte der Intelligenz den fabelhaftesten Einfluß gewinnen konnten. Und mit wachsendem Erfolg bei den kleinen Leuten blieb auch der Erfolg in den höchsten Kreisen nicht aus, wie das immer so geht, denn der Verstand und damit auch seine Verirrungen kennen keine Standesgrenzen. Deshalb sei zum Abschluß dieses Kapitels wenigstens kurz die lehrreiche Lebensgeschichte des Alexander von Abonuteichos erzählt, den ich den Cagliostro der alten Welt nennen möchte, womit nicht bestritten werden soll, daß alle beide vermutlich weit über den Durchschnitt gescheit und sicherlich auch sensitiv veranlagt waren. Nur muß man nicht glauben, daß sensitive Menschen schon deshalb Schwächlinge sind, weil der Wald- und Wiesendoktor sie „krankhaft“ nennt. Im Gegenteil gehört ein recht widerstandsfähiger Körper dazu, um die Attacken, denen sie ausgesetzt werden, gesund zu überstehen. Lucian hat jenem Alexander eine Monographie geschrieben, an die ich mich halte. Zugleich aber ist sie eine Streitschrift wider den „Lügenpropheten“ und jenem Celsus gewidmet, der den „Christiani“ und den Magiern spinnefeind war. Auch dürfen wir nicht vergessen, daß Lucian ein glänzender Satiriker war, der sich vorgenommen hatte, mit dieser Schrift einen Augiasstall zu reinigen oder wenigstens „einige Körbe von der gesamten Menge des Unrats aus ihm herauszuschaffen, den dreitausend Ochsen in vielen Jahren liefern konnten“. Auch war Lucian wie Celsus Epikureer, die Alexander ständig verhöhnte. Ferner wollte Lucian seinen Widersacher wiederholt „entlarven“, wofür Alexander ihn wiederholt umbringen lassen wollte, wie Lucian behauptet. Das „Entlarven“ gelang nur deshalb nicht, wie Lucian sagt, weil der Statthalter, als es soweit war, ihn händeringend bat, davon abzustehen, um einen Riesenskandal zu vermeiden. Die beiden liebten sich also keineswegs. Da aber Alexander leider keine Monographie über Lucian hinterlassen hat, können wir uns nur an diesen halten.

Alexander wurde in Abonuteichos, einem Dorf am Schwarzen Meer in der Nähe des bekannteren Sinope, geboren. Auch Lucian berichtet, daß er ein auffallend schöner Mann und geistig ungewöhnlich begabt war. Als junger Mensch war er der Liebhaber eines angeblichen Arztes, der sich aber mehr auf Zauberei verlegte, um durch Beschwörungen „Feinde zu bannen, Schätze zu heben, Erbschaften zu vermitteln und Verliebten zu ihrem Ziel zu verhelfen". Als dieser „Arzt" starb, verband sich sein gewandter und gelehriger Schüler mit einem anderen Gauner, mit einem Schreiber aus Byzanz. Auf ihren Gaukelzügen lernten sie eine Mazedonierin kennen, mit der sie in ihre Heimat Pella zogen, wo es besonders große und schöne Schlangen gab, die sich aber leicht zähmen ließen und sehr gutartig waren. Mit einer solchen, besonders stattlichen Schlange ausgerüstet wanderten die beiden zunächst nach Chalzedon, Byzanz (Konstantinopel) gegenüber, und praktizierten heimlich in den dortigen uralten Apollotempel ein paar Erztafeln mit der Inschrift, Asklepios werde demnächst mit seinem Vater Apollo an das Schwarze Meer gehen und in Abonuteichos seinen Sitz nehmen. Die Tafeln wurden natürlich absichtsgemäß gefunden, und die Leute von Abonuteichos begannen umgehend einen Asklepiostempel zu bauen. Der byzantinische Schreiber wollte nun sofort in Chalzedon mit den Zauberpraktiken anfangen, aber Alexander war klüger und wählte Abonuteichos, weil die Paphlagonier in seiner Heimat und Umgegend besonders abergläubisch und dumm seien. Er zog also nach seiner Heimat, während der Byzantiner den Boden durch seine Weissagungen von dem Wiedererscheinen (Epiphanie) des Asklepios in Abonuteichos weiter bearbeitete, aber bald an einem Schlangenbiß starb. Derweil hatte Alexander in einem Teich bei dem Fundament des neuen Tempels in Abonuteichos nachts ein ausgeblasenes Gänseei versteckt, in das er eine eben geborene kleine Schlange praktizierte. Am Morgen predigte er auf dem Markt, geriet in Verzückung mit Schaum vor dem Mund (er kaute zu dem Zweck eine Wurzel des Seifenkrauts, sagt Lucian) und verkündete, Gott Asklepios werde heute leibhaftig erscheinen. Er rannte zu dem Teich, stieg ins Wasser, sang Hymnen auf den Gott, und schöpfte mit einer Schale das Gänseei, „in dem er seinen Gott eingesperrt und den Deckel mit Wachs und Bleiweiß geschickt verklebt hatte“. Er zerbrach das Ei, die kleine Schlange ringelte sich um seinen Finger, und er rief: Hier habe ich den Asklepios. „Da fiel das Volk auf die Knie und betete an.“ Der schlaue Alexander lief mit seinem Gott nach Haus und hielt sich dort versteckt, bis sich das Wunder hinreichend in der ganzen Gegend herumgesprochen hatte und alles nach Abonuteichos strömte.

Nun schlug Alexander auf dem Markt eine Bude auf, in der es natürlich nicht gerade hell war. In ihr setzte er sich auf einen Polsterstuhl, die große Schlange aus Pella auf dem Schoß. So wunderbar groß war das Schlänglein aus dem Gänseei in wenigen Tagen geworden! Ein neues Wunder. Ihren wirklichen Kopf klemmte er zwischen die Achsel. Statt dessen hatte er einen großen bemalten, menschenähnlichen Kopf aus Leinwand angebracht, der das Maul mit Hilfe von feinen Pferdehaaren öffnen und schließen und auch eine gespaltene Schlangenzunge zeigen konnte. Die Leute drängten natürlich in die dämmerige Bude, die nach rückwärts vorsorglicherweise einen Ausgang hatte, wohin die Vordersten von den Nachrükkenden gestoßen wurden, so daß jeder zunächst einmal nur im Vorbeidrängen die Schlange berühren konnte, eine wirkliche Schlange, wie jeder ohne weiteres festzustellen vermochte. Glykon (der Süße) hatte Alexander diesen wiedererschienenen Äskulap genannt, „Enkel des Zeus, ein Licht für die Menschheit“. Und nun „orakelte“ Glykon. Jeder solle auf einen wohlversiegelten Zettel eine Frage schreiben, und die Antwort werde sich ohne Verletzung des Siegels bei der Frage finden. (Wie man das Kunststück macht, dafür gibt Lucian selbst drei verschiedene Methoden an.) Die Frage kostete etwa eine Mark. Das war teuer, denn woanders konnte man schon für zwanzig Pfennig ein Orakel bekommen. Dafür fehlte aber dieser herrliche Glykon dabei. Die Antworten wurden natürlich von Alexander möglichst zweideutig und dunkel gehalten, bald warnend, bald aufmunternd; und wenn einer nach Glück für die Zukunft fragte, hieß es: „Es wird schon kommen, wenn ich will und Alexander, mein Prophet, Fürbitte einlegt.“ Auch Heilmittel gab es zu kaufen, Alexander war ja bei einem „Arzt“ in die Lehre gegangen. Da manche zehn und mehr Fragen stellten, taxierte Lucian das Einkommen des Alexander auf jährlich 50.-70.000 Mark. Damit ließ sich schon etwas anfangen. Es wurden Aufbewahrer, Protokollführer, Versiegler und Ausleger (Exegeten) angestellt. Und damit die anderen Orakelstätten nicht eifersüchtig werden, schickte sein Orakel die Leute auch dorthin. Eine richtige Orakelfabrik, die sich fast zu einem Orakeltrust mit prozentualer Beteiligung auswuchs.

Aber er machte nicht nur manche altdelphischen Bräuche nach, sondern stiftete auch nach bewährten Mustern seine eigenen *Mysterien*. Sie dauerten drei Tage, und statt der „Unreinen" wurden vorher alle Epikureer und Christianer aus dem Tempel getrieben. Ein Heroldsruf lud die Gutgesinnten zur Weihe. Am ersten Tag wurde die Niederkunft der Leto, die Geburt des Apoll, seine Hochzeit und die Geburt des Asklepios dargestellt. Am zweiten Tag die wunderbare Epiphanie des Glykon. Dann kam der „Fackeltag". Alexander hatte ein Bein in an der Hüfte vergoldetem Leder stecken, das beim Tanz zufällig immer wieder aufblitzte; und nun stritten sich die Gelehrten von damals, ob wirklich die Seele des Pythagoras, der eine goldene Hüfte hatte, in Alexander stecke oder nur eine dem Pythagoras verwandte Seele. Bei wie manchem Gelehrtenstreit geht es auch heute noch um mehr oder minder vergoldetes Leder! Noch wichtiger aber war an diesem Tag die Darstellung der Hochzeit Alexanders mit der Göttin Luna, welche eine Geliebte, etwa Rutillia, die schöne Frau eines kaiserlichen Steuerinspektors (oder andere schöne Frauen, deren Männer sich das augenscheinlich noch zur Ehre rechneten) darstellte, und die Geburt der Tochter aus dieser himmlischen Hochzeit.

Natürlich gab es gebildete Leute, namentlich Epikureer, wie ja auch Lucian selbst, die den „Lügenpropheten" immer wieder zu entlarven suchten. Aber er war doch noch gerissener als sie, und es fehlte wohl auch an Mut. Wenn sich Lucian einmal zum Schutz zwei Soldaten vom Statthalter mitgeben ließ, so wagte er schließlich doch nicht, vor der Überzahl der Anhänger, und da Alexander ihm so schmeichlerisch entgegenkam, offen vorzugehen. So schlug alles zu Gunsten Alexanders aus, und er wurde immer dreister. Um Einfluß und Geschäft noch zu steigern, gab er bald auch Nachtorakel, Zettel, die er mit unter sein Kopfkissen nahm, weil ihm der Gott im Traum besonders eindringlich weissagte; und vor allem dann die sogenannten autophonen (selbstredenden) Orakel. Dem

Leinenkopf seiner gutmütigen Schlange aus Pella wurde nämlich ein längeres Rohr aus ineinandergesteckten Kranichgurgeln eingesetzt, an dessen Ende dann ein Getreuer die von Alexander angegebene Antwort mit feierlich dumpfer, götterähnlicher Stimme hineinsprach. Diese Orakel aber waren sehr teuer und wurden nur reichen und vornehmen Leuten zuteil, die längst aus allen Teilen des römischen Imperiums zu ihm strömten, der bei seinen Geldmitteln überall seine Aufpasser, Kundschafter und Reklamemacher hatte. Schrieb nun ein reicher Jüngling, ehrgeiziger Politiker oder dergleichen eine Frage auf, die Alexander gegen ihn ausnutzen konnte, so antwortete Gott Glykon (der Süße) überhaupt nicht, sondern Alexander steckte die Frage hübsch zu sich und hatte damit den Frager selbst in der Tasche.

Als Mann von Verstand, List und Frechheit hatte er natürlich auch noch besonderes Glück. Einen außerordentlichen Glücksfall für ihn bedeutete offenbar das Interesse des reichen, vornehmen und außerordentlich abergläubischen Römers Rutillianus, der auch bei Hofe aus und ein ging, der immer wieder Boten mit Fragen nach Abonuteichos schickte, die Alexander so verschmitzt zu beantworten wußte, daß Rutillianus immer hoffnungsloser in den Bann des Gauklers geriet. Als seine Frau gestorben war, ließ er bei Alexander anfragen, wen er nun heiraten solle. Flugs erhielt er das Orakel: „Freie die Tochter der Luna, von Alexander gezeuget." Er ließ sich das junge, uneheliche Balg Alexanders auch sofort nach Rom kommen und heiratete es mit großem Pomp. „Nachdem er sich die Gunst der Schwiegermutter (Luna) mit Hekatomben von Opfern verschafft hatte und glaubte, jetzt gleichfalls der Himmlischen Einer geworden zu sein", schreibt der Spötter Lucian dazu. Jedenfalls erreichte Alexander durch diesen trefflichen Schwiegersohn und seinen Einfluß beim Kaiser, daß sein Heimatnest am Schwarzen Meer den stolzen Namen Junopolis (Stadt der Juno) erhielt, daß römische Feldherren ihn bei ihren Feldzügen um Rat fragten, denen er nach spätdelphischem Vorbild möglichst zweideutige Orakel gab, daß er sogar Marc Aurel ein Orakel zukommen ließ, beim Krieg gegen Morkomannen und Quaden zwei lebendige Löwen nebst vielen wohlriechenden Kräutern in die Donau zu werfen, was auch geschah. Die Löwen schwammen an das andere

Ufer, die wackeren Germanen hielten sie für unbekannte Wölfe, schlugen sie mit Knüppeln tot, und die Schlacht gewannen des Kaisers Heerführer auch nicht. Aber das schadete nichts, denn das Orakel war so geschickt abgefaßt, daß es seinen Meister auf keinen Fall blamierte. Als eine riesige Seuche das ganze Römerreich durchzog, war fast über jeder Haustür, wie Lucian behauptet, als Schutzzauber der Orakelspruch Alexanders zu lesen: „Phöbus (Apollo), das Haupt ungeschoren, verjagt die Wolke der Seuche.“ Sogar Münzen, ihm und seinem Glykon zu Ehren, wurden geschlagen, von denen drei noch auf unsere Tage gekommen sind. Auf der einen Seite das Bild der einträglichen Schlange aus Pella, auf der anderen das Bild des Kaisers, das eine Mal des Kaisers Verus, Marc Aurels Mitregenten, auf den beiden anderen Kaiser Antoninus Pius.

So konnte Alexander seine glänzende Orakelfabrik ohne ernstliche Störung bis zu seinem Tod als Mann von siebzig Jahren mit immer wachsendem Erfolg erweitern; und sieht man genauer zu, so scheint es Lucian schließlich und endlich doch noch am meisten geärgert zu haben, daß Alexander bis zum Ende sogar seine Glatze mit dem spärlichen Rest eigener Haare und durch fremde Haare geschickt verbergen konnte, was Lucian bei der seinen augenscheinlich nicht fertig brachte.

Daß dieser „Zauberer“ dem Ansehen aller alten Orakelstätten und Mysterien den Rest gab, braucht nicht weiter auseinandergesetzt zu werden.

Isis und Mithras

Zur Zeit des römischen Imperiums ist es nur noch zwei spätantiken Kulten gelungen, größeren Einfluß auf die Menschen zu gewinnen; und zwar gerade deshalb, weil im Mittelpunkt beider die Ekstasis stand, wenn sie sich auch nicht mehr wie in älteren Zeiten rein an der Symbolkraft uralter Mythen entzündete, sondern auch die der Zeit angemessene Begriffssprache und mancherlei Praktiken aus der von der Zauberei her gebräuchlichen „Technik" mitbenutzte. Es handelt sich um die aus Ägypten als letztes Kultgeschenk an die alte Welt sich ausbreitenden Isismysterien, in deren Mittelpunkt die mütterliche Isis steht, neben der Osiris für die Öffentlichkeit ganz in den Hintergrund tritt. Die spätägyptische Religion trägt einen im wesentlichen ekstatischen Charakter, sagt Reitzenstein, ihr bester Kenner unter den klassischen Philologen. Und zweitens um den aus Persien immer mehr nach Westen vordringenden Mithrakult. In dem ersten halben Jahrtausend nach Christi Geburt gab es im römischen Reich Zeiten, wo es zweifelhaft sein konnte, ob diese Kulte nicht vielleicht sogar den Kult der Christianer besiegen oder wenigstens neben dem Christentum noch für damals unabsehbare Zeit weiterbestehen würden. Erst als die Herren von Byzanz und Rom aus dem altchristlichen Kult eine Staatskirche machten, war es aus mit Isis und Mithras. Der letzte Isistempel auf der Nilinsel Philae wurde erst 560 n. Chr. auf Befehl Kaiser Justinians geschlossen.

Die wichtigste Quelle für die Isismysterien im Römerreich ist das letzte Kapitel des Romans des römischen Rechsanwalts Apulejus, der aus Madaura, heute Mdaurusch in Algier, stammt. Er selbst nannte seinen Roman „Metamorphosen", bei uns ist er bekannter als „Der goldene Esel". Sein Held Lucius wird in ihm durch eine falsch benutzte Zaubersalbe in einen Esel verwandelt, hat als solcher die mannigfachsten Abenteuer zu bestehen und seine liebe Not, bis er durch Isis Hilfe wieder zum Menschen wird. Zum Dank dafür weiht sich Lucius nach einigem Widerstreben dem Dienst der Isis, nimmt seine Wohnung innerhalb der Tempelmauern, hat teil an ihrem öffentlichen Kult und begehrt auch „in die Geheimnisse der heiligen Nacht eingeweiht zu werden". In diesem Romankapitel setzt sich dann endgültig der Autor selbst an die Stelle seines Helden Lucius, und es besteht nirgends ein Zweifel, daß dieses Kapitel darstellt, was Apulejus als Jünger der Isis und ihr Myste erlebt hat, deren süße Zärtlichkeiten einer Mutter er preist, die sie den Unglücklichen in ihren Schicksalsschlägen bezeigt. Das klingt schon fast an Madonnenverehrung an, und es ist jedenfalls beachtenswert, daß diese in der christlichen Kirche um dieselbe Zeit ihren ersten Aufschwung nimmt, als der Isisdienst wieder verschwindet und damit offenbar eine Lücke gelassen hat, die nun Maria auszufüllen beginnt. War doch Isis im Lauf der Zeit sogar die Beschützerin der Keuschheit geworden und schließlich, wie es auf einer Inschrift in Capua heißt: „Die eine, die alles ist." Als Apulejus nach der ersten Weihe den Tempel der Isis verlassen muß, wirft er sich vor ihrem Standbild nieder, küßt die Füße und spricht unter Tränen, von häufigem Schluchzen unterbrochen:

„Du heilige, du ewige Erhalterin des Menschengeschlechts, immer freigiebig, um die Sterblichen zu erquicken ... Kein Tag, keine einzige Ruhestunde, ja selbst kein winziger Augenblick geht leer an deinen Wohltaten vorbei, ohne daß du zu Wasser und zu Lande die Menschen beschützest, die Stürme des Lebens vertreibst, die rettende Hand darreichst, mit der du selbst die unentwirrbar verschlungenen Fäden des Schicksals lösest, des Geschickes Toben mäßigst und der Sterne verderblichen Lauf hemmst! Dich ehren die Himmlischen, dir dienen die Götter der Unterwelt, du drehst die Erde im Kreise herum, entzündest das Licht der Sonne, beherrschst die Welt, trittst auf den Tartarus. Dir antworten die Gestirne, wechseln die Jahreszeiten, jauchzen die Götter, dienen die Elemente. Auf deinen Wink atmen die Lüfte, nähren die Wolken, keimen die Samen, sprießen die Keime. Vor deiner Hoheit schauern die Vögel, die den Himmel durchfliegen, die wilden Tiere, die im Gebirge umherirren, die Schlangen, die versteckt am Boden liegen, die Ungetüme, die auf dem Meere sich wiegen. Doch ich bin zu schwach an Geist, dein Lob zu singen, zu arm an Gut, dir würdige Opfer zu bringen. Fülle der Worte gebricht mir zu sagen, was ich von deiner Hoheit empfinde, und dazu würden auch nicht tausend Münder, nicht tausend Zungen, nicht ein ewiger Fluß unermüdlicher Rede genügen. So will ich denn nur das, was ein zwar Frommer, doch

sonst Armer vermag, zu vollführen suchen: Ewig werde ich dein göttliches Antlitz und deine allerheiligste Macht im Innern meines Herzens bewahren und ewig vor Augen halten."

Ein weiter Weg von der altägyptischen Isis, der „großen Magierin", die Re von einer Schlange beißen läßt, damit er ihr im Schmerz seinen geheimen Namen verrät, bis zu diesem Hymnus des römischen Rechtsanwaltes Apulejus, der einer Marienlitanei schon recht ähnlich sieht. Aus Ekstasis quillt eine schon fast mystische Inbrunst, die hier vernehmbar rauscht.

Wir wissen, daß dieser Rechtsanwalt sich von jeher stark für alles, was mit Zauberei zusammenhängt, interessiert hat. Auch legte er auf Träume großen Wert. Hätte ihn ein heutiger Nervenarzt untersucht, würde er ihn sicher als Sensitiven bezeichnet haben, und die Parapsychologen hätten am Ende auch mit ihm als medial veranlagtem Menschen zu experimentieren begehrt. Im Tempel der Isis widerstrebt Apulejus zunächst dem Tempelschlaf, weil er sich vor Befehlen der Göttin im Traum fürchtet, deren Dienst ihm zu schwer ist. Aber in einer bestimmten inneren Verfassung, nämlich im Verlangen nach den „Mysterien", gibt ihm Isis doch im Traum die entscheidenden Befehle. Es ist bezeichnend, daß der Oberpriester der Isis nur den zu Mysterien zuläßt, der solche Träume gehabt hat. Überhaupt werden längst nicht mehr Männer und Frauen in Scharen angenommen, sondern nur noch einzelne, und auch der einzelne erst dann, wenn er im Traum den Befehl der Göttin dazu erhalten hat. Heute würden wir sagen, daß der Priester daran die sensitive Veranlagung erkennt und nur noch einen so Veranlagten zu den Weihen zuläßt. Die Mysterien sind exklusiv geworden und haben mit einem Staatskult wie etwa einst in Eleusis nichts mehr zu tun. Auch vollzieht sich die Weihe offenbar in verschiedenen Graden. Zwar unterschieden sich schon in Eleusis die Epopten (Schauenden) von den Mysten (Schweigenden), aber wir wissen nur mit einiger Bestimmtheit, daß zwischen den beiden ein äußerlicher Zeitunterschied bestand, so daß nach einem Jahr, wie es scheint, ohne weiteres aus dem Mysten ein Epopte werden konnte. Bei Apulejus ist ein Gradunterschied. Nicht nur, daß zu einer zweiten und dritten Weihe jedesmal ein besonderer Traumbefehl der Isis nötig ist, dem der Priester nicht vorgreift, sondern bei dem dritten Grad gesellt sich zu dem Mysterium der Isis noch das des Osiris, offenbar der „höchste" Weihegrad, zu dem es wieder einer besonderen „Berufung" bedurfte.

Hier haben wir wieder den Tempelschlaf, von dem schon gesprochen wurde, wovon Hippokrates einmal meinte, die Medizin der Träume sei die beste. Diesmal nicht, um ein körperliches Leiden zu heilen, sondern ein seelisches. Ein Zeitgenosse des Apulejus hat einen Traum beim Tempelschlaf genau beschrieben, Aristeides, der durch ihn von einem Nervenleiden frei zu werden suchte. Er erzählt, daß ihm Asklepios in seinem Tempel in Smyrna im Traum das Genesungsmittel zeigte, und sagte dann, woher er wußte, daß Asklepios es war:

„Mir schien, als ob ich ihn berührte und fühlte, daß er selbst da war, als ob ich zwischen Schlaf und Wachen schwebte und ausschauen wollte und mich ängstigte, daß er zuvor verschwinden möchte, daß ich die Ohren spitzte und hörte, teils wie im Traum, *teils wie im* Wachen, *mein Haar sträubte sich, ich weinte mit Freude ... Welcher Mensch wäre imstande, dies mit Worten darzutun? Wenn jemand aber zu den* Eingeweihten gehört, so weiß er davon und versteht es."

So kann Plutarch den Schlaf die kleinen Mysterien des Todes nennen und das Sterben selbst mit den großen Mysterien vergleichen. „Im Sterben widerfährt der Seele dasselbe wie denen, welche in die großen Weihen eingeführt werden, weshalb auch das Wort dem Worte und die Tatsache des Sterbens (teleustan) und des Eingeweihtwerdens (teleistai) entspricht. (Wir sprechen in ähnlichem Sinn heute von „vollenden".) Die Einzuweihenden erwarten dasselbe wie die Sterbenden. Zuerst Irrungen und ermüdende Umläufe und inmitten der Finsternis gewisse verdächtige und nicht zum Ziele führende Gänge und sodann vor dem Vollzug der Weihe selbst alles Schreckliche, Schaudern und Zittern und Schweiß und Entsetzen. Darauf aber strahlt ein wunderbares Licht entgegen, und reine Orte und Wiesen nehmen sie auf mit Stimmen und Reigentänzen und der Majestät gottgeweihter Gesänge und hehrer Erscheinungen."

Wir sehen hier zum erstenmal, und zwar bei spätantiken Schriftstellern, Schlaf, Traum, Tod und Mysterien in eine „Entsprechung" gebracht, weil ihnen allen nach Ansicht dieser Autoren etwas gemeinsam ist, was Proklus „aus sich selber tretend sich ganz den Göttern hingeben" nennt, kurz eine Ekstasis. Uns fällt dazu noch Paulus ein, der an die Korinther schreibt: „Ich weiß von einem Menschen in Christo, daß vor vierzehn Jahren (ob es im Körper war, weiß ich nicht, ob es außer dem Körper war, weiß ich nicht, Gott weiß es) ein solcher bis zum dritten Himmel entrückt wurde. Und ich weiß von einem solchen Menschen, daß er (ob im Körper oder außer dem Körper, weiß ich nicht, Gott weiß es) bis zum Paradies entrückt wurde und unaussprechliche Worte hörte, welche es einem Menschen nicht vergönnt ist zu sagen." Und der Kirchenvater Tertullian schreibt: „Es befindet sich eine Schwester bei uns, der die Gnadengaben der Offenbarungen zuteil geworden sind, welche sie in der Kirche während des Gottesdienstes am Sonntag durch die Ekstase im Geiste empfängt. Sie unterhält sich mit den Engeln, ja mit dem Herrn selbst, und sieht und hört Geheimnisse (Sakramente) und durchschaut die Herzen mancher Personen und gibt denen, welche es verlangen, Heilmittel an."

Aus dem Vergleich, den Plutarch zwischen Sterben und Einweihung bis in alle Einzelheiten zieht, und dem, was wir aus den Schriften christlicher Apologeten dieser Jahrhunderte über die Mysterienfeiern erfahren, können wir uns jetzt eine etwas klarere Vorstellung von ihrem Verlauf machen, als es bisher der Fall war. Theosophische Schriftsteller schließen von hier aus gern zurück auf die ältesten, etwa die altägyptischen Mysterienfeiern, was hier nicht geschieht. Einmal liegt dafür zuwenig eindeutiges Material aus Altägypten vor, und zweitens konnte der Verlauf bei den ältesten Mysterien ja schon deshalb ein ganz anderer und weniger verwickelt sein, weil als Rest magischer Fähigkeiten die Bildsichtigkeit ja noch größer und die Symbolsprache damit noch verständlicher war als in späteren Zeiten, in denen noch eine bestimmte Technik wirksam werden mußte, um, wenn auch nicht mehr bei allen, so doch noch bei einem engeren Kreis sensitiv veranlagter Menschen das begehrte Ziel zu erreichen. Der Vorgang wurde komplizierter, als er früher war. Wie immer gehen als Vorbereitung Fasten, Opfer und verschiedene Reinigungszeremonien voraus. Wie immer wurde der Mythos tanzend agiert als eine Art Pantomime, wie immer wurde „Heiliges" (Symbole) gezeigt, aber das Sterben des Gottes, das Suchen der Isis, das Auferstehen des Osiris, der Raub der Persephone aus der

Ober- in die Unterwelt, die Klagen der Demeter, das Wiederfinden der Geraubten wurde dadurch noch anschaulicher gemacht, daß der zu Weihende durch finstere Gänge, wie durch den Tod, getrieben wurde, in ihnen schreckenerregenden Proben ausgesetzt war (Wasser, Feuer) und erst nach Überwinden von alledem wieder neues Leben und Licht auftauchen sah. Zu Tanz, Musik, Räucherwerk (Rauschgiften) treten noch andere Aufregungsmittel, zu denen auch „Legomena" (Gesagtes) und „Aporreta" (Geheimnisvolles) gehört, also Formeln geheimer Götternamen, die in der Spätzeit um so geheimnisvoller klangen, je unverständlicher sie waren, also möglichst aus Fremdsprachen genommen wurden, wofür in Griechenland und Rom auch hebräische Namen besonders beliebt waren. „Ich habe gefastet, ich habe den Kykeon (einen Mischtrank, das erste, was Demeter nach ihrem Umherirren wieder genoß) getrunken, ich habe es (die heiligen Symbole) aus der Kiste (Cista mystica) genommen, und nachdem ich gearbeitet hatte, habe ich es in den Korb gelegt und aus dem Korb in die Kiste", lautet eine Bekenntnisformel des Eingeweihten, des Mysten, die wir nun einigermaßen verstehen können.

Man ließ es sich also recht sauer werden. Das Motiv tritt in der Literatur der Zeit ganz deutlich zutage. Die Unsterblichkeit der Seele war durch die Popularphilosophie, dies Danaergeschenk jedes Rationalismus, für weite Kreise ernstlich in Frage gestellt. Nicht jeder war imstande, sich dabei zu beruhigen und damit abzufinden. Da die Eingeweihten von solchen Zweifeln nicht geplagt wurden, suchte man desselben Erlebnisses teilhaftig zu werden. Da aber die heimischen Mysterien dazu vielen nicht mehr genügten, weil sie zu sehr rationalisiert waren, lief man den ausländischen Mysterien nach, wie es heute ja wieder geschieht, wo alles Heil bald von Buddha, bald vom Tischrücken oder was sonst immer erwartet wird. In dem Roman von Klemens von Rom wird das ganz deutlich gesagt. Der Held will Aufschluß über das Schicksal der Seele nach dem Tod. Er sagt:

„Ich will nach Ägypten reisen, will mit den Hierophanten (Mysterienpriestern) und Propheten der Heiligtümer mich befreunden, will einen Magier suchen und, wenn ich ihn gefunden, ihn mit vielem Geld überreden, *eine Seele heraufzubeschwören, was*

man Nekromantie nennt, unter dem Vorgeben, daß ich sie nach einer bestimmten Sache fragen will. Durch die Frage will ich erfahren, ob die Seele unsterblich sei. Die Antwort der Seele aber, daß sie unsterblich sei, werde ich nicht aus Reden *oder* Hören *entnehmen, sondern allein durch das* Sehen, *auf daß ich, mit meinen eigenen Augen sie sehend, einen ausreichenden und genügenden Beweis nur aus ihrem Erscheinen erhalte, daß sie besteht. Was ich aber mit den Augen gesehen habe, werden auch undeutliche Worte, die zu meinen Ohren dringen, nicht mehr umstürzen können."*

Da aber die Isismysterien aus dem frommen, geheimnisvollen Ägypten kamen, war die Teilnahme an ihnen besonders begehrt. Lange Zeit durften sie im Interesse der Staatskulte nur außerhalb der römischen Stadtmauern begangen werden. Dann drangen sie auch in die Mauern Roms ein, und spätere Kaiser waren ihre treuen Anhänger. Selbst christliche Apologeten, sogar Tertullian und Augustin, welche die Mysterien bekämpften, lobten doch die Enthaltsamkeit ihrer Priester, Isis als Beschützerin der Keuschheit, und daß in den „geheimen Zeremonien Lehren zur Inachtnahme der Tugend gegeben werden". Nur einmal kam es zu einem Skandal, von dem aber nur der jüdische Schriftsteller Flavius Josephus berichtet, der in diesem Punkt für unzuverlässig gilt. Auf Veranlassung des Kaisers Tiberius wurden infolgedessen im Jahre 19 n. Chr. die Isispriester verfolgt. Sonst erfreuten sie sich hohen Ansehens.

Als Apulejus endlich im Tempelschlaf dem Befehl der Isis, sich weihen zu lassen, nachkam, schildert er den Vorgang seiner Weihe folgendermaßen:

„Der freundliche Alte (der Priester) legte seine Rechte auf mich, führte mich sofort zu den Flügeltüren des geräumigen Tempels, verrichtete nach feierlichem Brauch das Amt der Eröffnung und holt nach Darbringung des Morgenopfers aus dem verborgenen Teil des Heiligtums einige in unverständlichen Buchstaben geschriebene Bücher, welche, teils in allerlei Tierfiguren, kurzgefaßte Sätze (Hieroglyphen) in einer Formelsprache ahnen ließen, teils durch verknotete und radförmig gewundene und wie die Verästelungen der Weinranken ineinander gedrängte Schriftzüge vor profaner Neugier geschützt waren. Daraus gibt er mir an, was zum Zweck der Weihe vorzubereiten war. Sofort sorge

ich mit Eifer und noch viel freigiebiger dafür, daß dies durch mich selbst und meine Gefährten gekauft wird. Als die Zeit es gebot, wie der Priester sagte, führte er mich in Begleitung der heiligen Schar (der schon Geweihten) zum nächsten Bade. Nachdem er mich zu den gebräuchlichen Waschungen übergeben hatte, flehte er die Götter um Einwilligung an, wusch mich ab mit reiner Übersprengung und führte mich wieder zum Tempel zurück, als bereits zwei Drittel des Tages vergangen waren. Er stellte mich unmittelbar vor der Göttin Füße, trug mir insgeheim einiges auf, was ich nicht mitteilen darf, und befiehlt mir laut vor allen Zeugen, die folgenden zehn Tage *nacheinander die Eßlust einzuschränken, kein Tierfleisch zu essen und ohne Weingenuß zu bleiben.*

Nachdem ich dies in ehrfürchtiger Enthaltsamkeit nach Brauch erfüllt, war auch schon der Tag da, an dem ich auf göttlichen Befehl zu erscheinen hatte, und in schräger Bahn zog die Sonne den Abend herbei (es wurde also Nacht). Siehe, da stürmen von allen Seiten die Scharen der Geweihten heran, nach altem Brauch mit Geschenken mich ehrend, dann, nach der Entfernung aller Ungeweihten, faßt mich, den mit einem groben Leinengewand bedeckten, der Priester bei der Hand und führt mich zum Innersten des Heiligtums.

Vielleicht möchtest du, geneigter Leser, mit gespannter Erwartung fragen, was ferner gesagt, was getan sei. Ich würde es sagen, wenn es erlaubt wäre, es zu sagen, und du würdest es vernehmen, wenn es vergönnt wäre, es zu hören. Aber in gleichem Maße würden Ohren und Zunge, diese gottloser Schwatzhaftigkeit, jene vermessener Neugier sich schuldig machen. Dennoch will ich, da du vielleicht von religiösem Verlangen getrieben wirst, dich nicht mit langgespannter Erwartung quälen. So höre denn, aber glaube, was wahr ist:

‚Ich ging bis zur Grenze des Todes; ich betrat Proserpinas *(Persephones)* Schwelle, und nachdem ich durch alle Elemente *(Wasser, Feuer)* gefahren, kehrte ich wieder zurück. Um Mitternacht sah ich die Sonne mit hellweißen Lichtstrahlen, vor die unteren und oberen Götter trat ich hin, von Angesicht zu Angesicht, und betete sie aus nächster Nähe an.'" (De Jong).

Nach allem bisher Gesagten kann der Leser den durch den Druck besonders hervorgehobenen Aussagen des Apulejus über sein Erlebnis jetzt hoffentlich einigermaßen folgen, für dessen Erzielung ein zehntägiges vorbereitendes, lindes Fasten kultische Vorbedingung war. Aus der antiken Mysteriensprache in die Begriffssprache eines modernen Nervenarztes verdeutscht, würde es heißen: „Patient, durch zehntägiges Fasten geschwächt, geriet in einen Zustand höchster Nervenüberreizung und hatte als solcher Visionen und Halluzinationen, deren Bilder er aus dem ihm geläufigen Vorrat an religiösen Vorstellungen entnahm." Forscher wie de Rochas und Durville würden dazu erklären, daß ihre Experimente sie gelehrt haben, daß Sensitive, in Tiefschlaf versetzt, Ähnliches erleben. Weltreisende für Völkerkunde würden dazu von ähnlichen Praktiken mit ähnlichen Resultaten bei allen möglichen „Naturvölkern" sowie in Indien und China erzählen. Einiges besonders Interessante aus den Erlebnissen solcher Reisender hat de Jong in seinem ausgezeichneten Werk über das antike Mysterienwesen zusammengestellt. Uns interessiert hier in erster Linie, daß in diesem Fall der Zustand der Ekstase augenscheinlich nicht nur durch äußere Mittel und eine entsprechende äußere Technik wie etwa bei Mänaden und ihren von da aus mehr oder weniger apollonisierten Hilfsmitteln erreicht wurde; sondern im Verlauf der langen Nacht, welche die Einweihung des Apulejus nach seinen eigenen Aussagen beanspruchte, entstand aus dem Zustand äußerer Erregtheit ein solcher innerer Versunkenheit, welche durch die den äußeren Erregungszuständen folgende Erschöpfung erleichtert wurde. Die Alten kennen sie und beschreiben sie häufiger als kataleptisch, mit Visionen und Halluzinationen verbunden. Erinnern wir uns an Melampus. Zauberpapyri sprechen deutlich von Einschläferung durch Verbalsuggestion, und in den „Wespen" des Aristophanes weiß sogar der Sklave Xanthias vom korybantischen Schlaf (Tiefschlaf) zu sprechen, als sein Kamerad Josias nicht gleich wach werden will.

Im Abendland mußte einmal eine Ekstasis ohne äußere Hilfsmittel und technisches Training die Sehnsucht vieler werden, je mehr die Menschheit sich vergeistigte und entseelte. Die großen Treiber solcher Ekstasis waren Platon und das Christentum. Der Myste dieser jüngsten Art wurde nicht nur stumm allen gegenüber, die nicht geweiht waren, sondern vor allem sich selbst gegenüber, einer, der in sich selbst versank. Da haben wir den Mystiker, wie wir ihm in den letzten zweitausend Jahren häufiger in der Geschichte begegnen. Auch er gerät „außer sich“ wie der in Eleusis Geweihte und wird der Fesseln des durch das Gehirn an den Leib gebundenen Geistes (Verstandes) ledig. Aber nicht mehr durch phrygische Flöten, Tanzpantomimen, Rauschgifte, narkotische Salben und dergleichen, sondern durch Meditation, Versenkung in sich selbst. Das Ziel ist dasselbe wie bei alten antiken Mysterien, nur daß es mit anderen Mitteln erreicht wird, das Ziel ist ein *magisches* oder, um zur Abwechslung einmal mit Hegel zu reden: das „schauende Wissen“, die Befreiung der Seele, „des Alles durchdringenden, nicht bloß in einem besonderen Individuum Existierenden“.

Hielten sich an die Isismysterien die feiner organisierten Naturen (die für unsere Begriffe aber noch recht grob organisiert sein konnten, denn z. B. Apulejus schreibt Isis nicht nur seine kosmischen Gewißheiten, sondern auch seinen wachsenden Reichtum zu), insbesondere auch die Frauen, so waren die Mithrasmysterien zunächst für grobnervigere Menschen, die doch nicht auf alles Höhere verzichten wollten, was in der alten Welt nur wenig Leute über sich brachten. So wurde Mithras bald der Gott der römischen Legionen, die seinen Kult und seine Kultbauten überallhin brachten, wohin sie selbst kamen, bis tief hinein nach Germanien und bis zu den Küsten Englands.

Der Mithrasmythos kommt aus Persien, hat, als Persien Herr über Assyrien wurde, babylonische und beim weiteren Vordringen über Alexandrien nach Westen in griechisch-hellenistische Zivilisationsgebiete auch Elemente von hier angenommen. In dieser Form, wie er dann auch für das römische Imperium maßgebend wurde, lautete der Mythos ungefähr so: Das erste lebende Wesen, das Jupiter-Oromazdes (persisch Ohrmazd) schuf, war das Urrind (Stier). Ihm begegnete Mithra (Sonnenheros) auf der Weide, griff es bei den Hörnern und schwang sich hinauf. Es galoppierte davon, aber bald erlahmte seine Kraft. Da griff Mithra es bei den Hinterbeinen und zog es rückwärts in einen Stall. Es gelang ihm aber, wieder auszubrechen. Das sah die Sonne und schickte den Raben mit dem Befehl an Mithra, das Urrind zu töten. Er verfolgte mit seinem Hund die Spur, entdeckte das Rind in einer Höhle, und indem er es mit einer Hand an der Schnauze greift, stößt er ihm mit der anderen das Jagdmesser in die Seite. Aus der Wunde des Rindes entsprossen alle Kräuter und Pflanzen und aus seinem Blut der Wein, kurz alles fruchtbare Leben. So ist Mithra als Töter des Urrindes (Mithra der Stiertöter) der Schöpfer alles Guten. Inzwischen ist das erste Menschenpaar fertig geworden, das Mithra zu bewachen hat. Unter seinem Schutz können ihm die Mächte der Finsternis nichts anhaben. Aber schließlich gelingt Ahriman (dem Bösen) doch die große Flut, vor der sich nur ein einziger Mensch in ein Boot rettete. Nachdem noch ein Feuerbrand die Erde verwüstet, sind die Leiden zu Ende, die Menschen mehren sich, und Mithras Mission auf Erden ist erfüllt. Noch ein Abschiedsmahl hält er mit den Göttern, dann steigen sie alle in den Himmel hinauf. Von hier steigen die Seelen auf die Erde nieder und beleben die Körper der Menschen. Wenn die Seele nach bestimmter Zeit den Körper wieder verläßt, streiten sich die Mächte der Finsternis und des Lichtes um ihren Besitz. Ein Urteilsspruch entscheidet. Ist die Seele des Paradieses unwürdig, wird sie zu tausend Qualen in die Hölle geschleppt. Ist das Urteil ihr günstig, wandert sie durch die sieben Sphären (Planeten) des Himmels. Vor jeder Tür steht ein Hund des Ormazd als Wächter, den nur die Eingeweihten durch geheime Formeln zu bändigen vermögen. Bei jedem Planeten entkleidet sich die Seele einer Leidenschaft, dem Mond hinterläßt sie ihre Ernährungskraft, dem Merkur ihre Habsucht, der Venus die Erotik, dem Mars den kriegerischen Mut, dem Jupiter den Ehrgeiz, dem Saturn die Trägheit, um schließlich ganz begierdelos in der achten Sphäre mit den Göttern zu leben. Und wie Mithra bei dem Urteil über die Seele den Vorsitz führt, so geleitet er sie auch durch alle Sphären des Himmels.

Der Mythos zeigt deutlich mancherlei babylonisch-astrologische Anklänge und ist auch schon mit philosophischen Spekulationen verschiedenster Art und bewußt mit Moral durchsetzt, ständiger Kampf gegen das Böse. Die Kulthandlungen vollzogen sich in Felsenhöhlen in Wäldern oder in besonders errichteten Grottenbauten bei Lampenbeleuchtung. Namentlich in Deutschland (Heddernheim, Friedberg, Mainz, Neuwied, Saalburg, Bonn, Köln usw.) sind so viele Überreste solcher Bauten gefunden worden, daß sich der Blick in einen solchen leicht rekonstruieren läßt:

Das, worauf das Auge sofort fällt, ist auch in Wahrheit die Hauptsache, nämlich die Hinterwand mit dem Kultbild. Eines der schönsten unter den erhaltenen Kultbildern wurde bei den Ausgrabungen des „Mithräums“ (Mithraheiligtum) in Heddernheim bei Frankfurt am Main gefunden, wie es auf Seite 337 abgebildet ist. Im Mittelpunkt sehen wir Mithra, wie er dem von seinem Hund angefallenen Stier (im Avesta: Urrind) das Jagdmesser in die Seite stößt. Wie meist steht auch hier rechts und links von ihm je ein Kind, das eine mit erhobener, das andere mit zur Erde gesenkter Fackel (auf- und untergehende Sonne, Leben und Tod), die sogenannten Dadophoren. Die zwölf Felder darüber zeigen die Bilder des Tierkreises. Das Feld darüber gibt Szenen aus dem Mythos vom Urrind. Die oberste Leiste zeigt links Helios (neben ihm Mithra), wie er zu Berg fahren will. Rechts fährt der Wagen wieder zu Tal. Die Medaillons in den vier Ecken stellen die vier Winde dar. Die anderen Seitenreliefs scheinen mir noch nicht so recht gedeutet zu sein. Wenn das für gewöhnlich verhängte Kultbild enthüllt wurde, war das ein besonders feierlicher Augenblick, der durch Läuten von Glöckchen angekündigt wurde, wie sie sich in Heddernheim ebenfalls fanden. Auf dem Altar davor brannte das ewige Feuer, das von den Priestern unterhalten wurde, die auch morgens, mittags und abends ein Gebet an die Sonne zu richten hatten und Opfer für die Götter der Ober- und Unterwelt brachten. Selbstverständlich gab es auch Gesang und Musik. Besondere Festtage waren der 16. jedes Monats, das Hauptfest am 25. Dezember (Wiederkehr der Sonne). Überblicken wir jetzt noch einmal die Reliefs dieses Kultbilds, nachdem sie soweit als möglich erklärt worden sind,

Kultbild des Mithra

so wird man erkennen, daß sie keine Symbolsprache mehr reden, sondern eine Begriffssprache. Sie sind Allegorien, ja Illustrationen geworden, Verstandesprodukte, die nach einem bestimmten Schema hergestellt wurden. Die Römer, unter denen der Mithrakult seinen größten Aufschwung nahm, waren ja auch die wenigst bildsichtigen unter den alten Völkern. Ihre Sprache war logisch, für Begriffe wie gemacht, aber ungeeignet für jede Symbolsprache. Man braucht da nur Vergil mit Homer zu vergleichen.

Der Mithrakult unterschied sich denn auch sehr wesentlich von allen anderen antiken Mysterien, griechischen wie ägyptischen. Hier wird die Ekstasis in ein System gebracht, und die Einweihung hat sieben Grade, entsprechend den sieben Planeten. Zu einer Mithrafeier ist nicht jedermann zugelassen wie etwa im alten Ägypten zur Osirisfeier oder in Griechenland zu den Eleusinien. Auch genügt nicht der Wille des einzelnen wie bei der Orphik oder ein Traumbefehl wie bei den Isismysterien. Es müssen unter priesterlicher Leitung eine Anzahl von Prüfungen vorausgegangen sein, bevor einer auch nur den niedersten Grad der Mithraweihen erhält, und jeder höhere Grad setzt weitere Prüfungen voraus. Über die Einzelheiten wissen wir leider nicht viel, aber sie müssen strapaziös gewesen sein, denn Frauen wurden überhaupt nicht zugelassen. Wir kennen jedoch die Namen der verschiedenen Grade der Einweihung. Vom niedrigsten bis zum höchsten hießen sie: Rabe, Verborgener, Soldat, Löwe, Perser, Sonnenläufer und Vater. Die Geweihten trugen auch bei ihren Feiern Gewänder und Abzeichen, welche diesen Graden entsprachen. Ein Christ des vierten Jahrhunderts spottete: „Die einen schlagen mit den Flügeln wie Vögel und ahmen die Stimme des Raben nach, die anderen brüllen wie Löwen. Da sieht man, wie die, welche sich weise nennen, schimpflich zum Narren gehalten werden.“ Die folgende Abbildung rechts zeigt ein Relief, wo solches dargestellt wird. Da sitzen zwei Väter beim Mahl, wie einst Mithra ein Abschiedsmahl hielt, bevor er mit den Göttern die Erde verließ. Vor dem Tisch ein Dreifuß, auf dessen Platte vier Brote liegen. Jedes Brot ist mit einem Kreuz gezeichnet. Links steht einer mit einer phrygischen Mütze, also ein „Perser“, und hebt den beiden ein Trinkhorn zu. Hinter ihm ein „Rabe“. Zur Seite des Dreifuß lagert links ein „Löwe“,

Mahl der Mithramisten

und rechts ruht ein Stier (Urrind). Die Zeichen des Tierkreises spielen eine große Rolle. Wir befinden uns in einer stark intellektuellen Atmosphäre, die bald die Gebildeten bis zum Kaiser hinauf sehr ansprach. Auch ausgesprochen philosophische Köpfe. Nur war die Philosophie damals keine Philosophie im Sinne Kants, sondern galt in erster Linie der Erforschung aller geheimen kosmischen Kräfte, so daß wir sie richtiger Theosophie nennen würden. Selbst Artistoteles ist ja erst durch die Arbeit der Araber, die ihn dem Mittelalter nahebrachte, ein Philosoph in unserem Sinn geworden.

Der Mithrakult bedient sich zum Erreichen der Ekstasis schon ausgesprochen *psychologischer* Mittel, deren es bis dahin gar nicht bedurfte. Albrecht Dietrich glaubte aus den schon erwähnten Zauberpapyri eine Mithraliturgie zusammenstellen zu können, welche das deutlich zeigt. Inwieweit Dietrichs Arbeit aus rein philologischen Gründen anfechtbar ist, berührt uns hier nicht, wo uns nur die Sache selbst interessiert. Die Liturgie gibt einem Neuling genaue Vorschriften, damit er „den Himmel beschreite und alles erschaue", also seiner Unsterblichkeit durch kosmische Schauung in der Ekstasis gewiß werde. Die Seele wird in der Ekstasis durch die Sphäre der sieben Planeten geführt. Im Mithräum in Ostia bei Rom sind sie auf dem Boden durch sieben aufeinanderfolgende Halbkreise dargestellt. Plastisch gedacht gehört zu jedem ein geöffnetes Tor, hinter dem der Repräsentant des betreffenden Planeten sichtbar wird, aus dem die zweimal sieben Vertreter der Fixsternsphäre heraustreten. Dann erst erscheint Mithra. Das scheint im Kultraum zuweilen auch durch sieben Tore in sieben verschiedenen Metallen dargestellt worden zu sein, wovon sich Abbildungen oder Nachbildungen bis jetzt leider nicht gefunden haben. Was der Mithrapriester *lehrte,* hat die Seele des Mithragläubigen also in der Ekstasis an Hand der Liturgie zu *schauen,* zu erleben. So bringt die Ekstasis die Gnosis, Wissen, Erkennen, das durch Schauen erworben, für den Verstand nicht angreifbar ist, das auch noch in der alten christlichen Kirche eine Hauptrolle spielte. Da es sich um eine uns durchaus fremdartige Lehre handelt, sei das zum Verständnis unbedingt Nötige in Klammern in nüchternster Begriffssprache beigesetzt.

Der Neuling (Neophyte) stieg also aus der Vorhalle des

Mithräums in die tiefer liegende Grotte (Krypta) hinab. Er sah nun an der Rückwand des durch Lampen erleuchteten Heiligtums (vergleiche die Abbildung Seite 336) hinter dem Altar mit dem ewig brennenden Feuer das Bild der stiertötenden Mithra (Bild Seite 337). Priester in seltsamen Gewändern empfingen ihn. Andere Götterbilder tauchten auf und verschwanden wieder in Dämmerung. Auf den Steinbänken zu beiden Seiten sammelten sich im Halbdunkel die Geweihten, knieten, beteten. Lichteffekte blitzten auf, der Neuling bekam einen Rauschtrank, und nun vollzog sich die Ekstasis nach Anleitung der Liturgie (des Rituals). Sie beginnt mit einem langen, eindringlichen Gebet aus dem Vorstellungs- und Sprachschatz dieses Kultes, der den Neuling unzweifelhaft in eine starke seelische Erregung und Spannung versetzt. Dann heißt es:

„Hole von den Strahlen Atem, dreimal einziehend, so stark du kannst (Atemgymnastik), und du wirst dich sehen aufgehoben und hinüberschreitend zur Höhe, so daß du glaubst, mitten in der Luftregion zu sein (die Luftregion ist die nächste über der Erde). Keines wirst du hören, weder Mensch noch Tier, aber auch sehen wirst du nichts von den Sterblichen auf Erden in dieser Stunde, sondern lauter Unsterbliches wirst du schauen, denn du wirst an diesem Tag zu dieser Stunde schauen die göttliche Ordnung, die tagbeherrschenden Götter (Planeten) hinaufgehen zum Himmel und die anderen hinabgehen. Der Weg der sichtbaren Götter wird durch die Sonne erscheinen, den Gott, meinen Vater. (Man sieht, wie der Weg der Planeten durch die Sonne geht.) Ähnlich wird auch sichtbar sein die sogenannte Röhre, der Ursprung des diensttuenden Windes. (Nach Anaximandros haben Sonne und Mond Öffnungen, durch welche das Feuer wie durch einen Schlauch strömt. Hier tun das die Winde.) Du wirst es von der Sonnenscheibe wie eine herabhängende Röhre sehen, und zwar gen Westen unendlich als Ostwind … Sehen wirst du, wie die Götter (Planeten) dich ins Auge fassen und gegen dich anrücken. Lege sogleich den Zeigefinger auf den Mund und sprich: Schweigen! Schweigen! Schweigen! (Beschwörungsformel.) Darauf pfeife lang, dann schnalze und sprich. (Es folgt eine Reihe von Vokalen als magische Formel, ein letzter Rest davon noch in unserem Alleluja, Osianna, Sela. Heute verstehen nur noch unsere Jäger durch Pfeifen oder Schnalzen Tiere zu

locken oder zu verscheuchen. Damals verstand jeder, daß damit Sympathietiere der Götter und dadurch sie selbst gelockt und böse Dämonen verscheucht werden sollten.) Nun wirst du sehen, wie die Götter (Planeten) gnädig auf dich schauen und nicht mehr gegen dich heranrücken, sondern an die Stelle ihrer Tätigkeit gehen. Wenn du nun die obere Welt (den Luftraum) rein siehst und einsam und keinen der Götter oder Engel herankommen, erwarte zu hören gewaltiges Krachen, so daß du erschüttert wirst. Sprich du aber wiederum: Schweigen! Schweigen! (Gebet: Ich bin ein Stern, der mit euch seine Wandelbahn geht und aufleuchtet aus der Tiefe.) Wenn du das gesagt hast, wird sich sofort die Sonnenscheibe entfalten … Pfeife zweimal und schnalze zweimal, und sogleich wirst du von der Sonnenscheibe Sterne herankommen sehen, fünfzackig, sehr viele und erfüllend die ganze Luft. Sprich du wiederum: Schweigen! Schweigen! (das vertreibt den Sternenschwarm) und wenn sich die Sonnenscheibe geöffnet hat, wirst du einen unermeßlichen Kreis sehen und feurige Tore, die abgeschlossen sind.“

Die Seele hat bei ihrer Himmelfahrt jetzt den Luftkreis hinter sich und einen unermeßlichen Lichtkreis mit noch verschlossenen Toren vor sich. Nun schreibt die Liturgie ein neues Gebet vor, das dreimal zu wiederholen ist: Sage sogleich das folgende Gebet, *deine Augen schließend:*

„Erhöre mich, höre mich, den N. N., den Sohn des N. N., Herr, der du verschlossen hast mit dem Geisthauch die feurigen Schlösser des Himmels, Zweileibiger (es folgen 3mal sieben Namen für ihn, die im Original weniger einen rationalen Sinn als durch Wort- und Silbenstellung eine suggestive Wirkung, Verbalsuggestion, hervorrufen wollen, was sich in deutscher Sprache nicht wiederholen läßt), Feuerwaltender, Feuerschöpfer, Feuerzeugender, Feuermutiger, Geistleuchtender, Feuerfreudiger, Schönleuchtender, Lichtherrscher, Feuerleibiger, Lichtspender, Feuersäender, Feuertosender, Lichtlebendiger, Feuerwirbelnder, Lichterreger, Blitzstoßender, Lichtruhm, Lichtmehrer, Feuerlichthalter, Gestirnbezwinger, öffne mir, weil ich anrufe um der niederdrückenden und bitteren und unerbittlichen Not willen die Namen, die noch nie eingingen in sterbliche Natur (die geheimen Götternamen), die noch nie in deutlicher Sprache ausgesprochen wurden von einer menschlichen Zunge oder menschlichem Laut oder menschlicher Stimme, die ewig lebendigen und

hochgeehrten Namen ..." (wieder eine ganze Reihe von reinen Vokalwörtern).

Nun soll der Myste „den Geisteshauch in sich ziehen", und der Pförtner der noch verschlossenen Tore zeigt sich. Es ist Helios, jugendlich schön, in weißem Gewand mit scharlachrotem Überwurf, einen feurigen Kranz auf dem Haupt. Er öffnet der Seele die Tore, durch die ihr weiterer Aufstieg geht. Es folgen neue Gebete mit der Weisung: „Erhebe ein langes Gebrüll (‚Löwe'), pressend deinen Leib, damit du miterregst die fünf Sinne, so lange, bis du absetzen mußt." Die psychische Steigerung wird durch körperliche Technik noch erhöht. So geht der Aufstieg bis zu Mithra selbst. Nachdem die Seele auch ihn geschaut hat, schließt das Ritual mit diesem Gebet:

„Herr über mich, den N. N., bleibe bei mir in meiner Seele, *verlaß mich nicht ... Herr, sei gegrüßt, Herrscher des Wassers; sei gegrüßt, Begründer der Erde, sei gegrüßt,* Gewalthaber des Geistes. Herr, wiedergeboren, verscheide ich, indem ich erhöht werde, und da ich erhöht bin, sterbe ich. *Durch die Geburt, die das Leben zeugt, geboren, werde ich in den Tod erlöst und gehe den Weg, wie du ihn gestiftet hast, wie du ihn zum Gesetz gemacht hast und geschaffen hast das Mysterium."*

Dies Schlußgebet zeigt den Mithramysten an mehreren Stellen durchaus in mystischen Regionen. Was er erlebt, ist im wesentlichen dasselbe, was spätere christliche Ekstatiker (Visionäre) als unio mystica (Einswerden mit Gott) bezeichnen. Auch sie preisen es als höchstes Erlebnis. Aber auch sie stets in Bildern und Gleichnissen, die natürlich dem christlichen Mythos entnommen sind. In der Begriffssprache läßt es sich auch bei ihnen nicht ausdrücken. Wie schon jeder Traum visuell, nicht intellektuell ist, weshalb es auch nie erfolgreich sein kann, Traumanalyse zu betreiben, als gehe es um Verstandesanalyse, so ist natürlich erst recht jede Ekstasis visuell, die Muttersprache der Seele. Selbst Meister Ekkehard, Dominikaner und großer Lateiner, konnte seinen mystisch-ekstatischen Erlebnissen nicht in lateinischer Sprache, der Sprache der Logik und der Juristen, einen ihn befriedigenden Ausdruck geben. Er mußte sich zu dem Zweck seiner deutschen Muttersprache bedienen. Versuchte er es aber doch einmal mit Lateinisch, so ist alle Mystik verflogen und nur noch Scholastik übrig. Die Sprache der Seele ist eben grundsätzlich von der des Verstandes verschieden; und die erstere wäre für jeden heutigen Menschen unverständlich, wenn der Sympathikus nicht auch heute noch seine Ausläufer in das Gehirn triebe, um es wieder einmal physiologisch auszudrücken. Ist doch das Gehirn letzten Endes nur eine Ausstülpung des Sympathikus, die sich nur vorübergehend bei Vorderhirnhypertrophie von ihm emanzipieren kann, ohne den Menschen in seiner ihm von der Natur gesetzten Entelechie zu zerstören.

Es sind genug Anzeichen dafür vorhanden, daß die Vorderhirnhypertrophie ihren Höhepunkt überschritten hat. Noch vor fünfzig Jahren wäre es unmöglich gewesen, zum Verständnis für das Wesen der Magie und ihre Symbolsprache naturwissenschaftliche Forschungen über Träume, Hypnose, Suggestion, Somnambulismus, Physiologie, Parapsychologie oder gar die Paläontologie eines Dacqué in so reichlichen Ausmaßen heranzuziehen, wie es hier geschehen konnte. Man vergleiche dazu nur das dürftige naturwissenschaftliche Material, welches Schopenhauer bei seinem „Versuch über das Geistersehen und was damit zusammenhängt“ und in seinem Kapitel über Magie zur Verfügung stand.

Wenn nun auf den ersten Seiten dieses Buches die drei Weltbilder, das magische, das mystische und das rationalistische, nach Möglichkeit begrifflich auseinandergehalten und jedes fein säuberlich für sich pärariert wurden wie drei tote Muskeln im anatomischen Lehrsaal, so geschah das, wie jetzt deutlich sein dürfte, ebenfalls nur aus Lehr- und Lerngründen. Um von den Weltbildern zunächst einen Begriff zu geben, wie man sagt, womit man im Zeitalter des Verstandes nun einmal anfangen muß. Zu diesen „Begriffen“, die an sich tot sind, gesellte sich dann ein möglichst umfassendes Anschauungsmaterial aus Zeiten, in denen Magie noch lebendig war, mag sie auch schon in den letzten Zügen gelegen haben, um daraus eine *Vorstellung* von dem zu gewinnen, was Magie ist oder wenigstens einmal war. Auch wurde versucht, dies Anschauungsmaterial aus Babylon, Ägypten und Griechenland noch weiter durch Beobachtungen und Wahrnehmungen aus neuester Zeit zu beleben. Jetzt kann man wohl sagen, ohne mißverstanden zu werden, daß die so säuberlich auseinanderpräparierten drei Weltbilder in der Natur nie so völlig getrennt wirksam gewesen sind, sondern seit dem Diluvium miteinander gelebt haben. Die rudimentär werdenden Organe des einen Weltbildes sind ja nicht tot, wenn die des anderen sie auch eine Weile zurückdrängen, und wenn es sich dabei um hunderttausend Jahre und mehr handelt. So trat das Magische zurück vor dem Mystischen und beides dann vor dem Rationalistischen. Das Vorderhirn hat heute noch seine hohe Zeit. An die Stelle der Namen und Formeln magischer, der Bilder und Gleichnisse mystischer Zeiten immer ausschließlicher Begriffe zu setzen, daran arbeitet der Verstand seit mehreren tausend Jahren. Reine Verstandeswissenschaft kann aber gar nicht das Wesen erforschen, sondern nur den Mechanismus, dessen es sich bedient. Heute sind wir soweit, besondere Befriedigung darüber zu empfinden, wenn wir für einen Begriff ein lateinisches Wort gefunden haben. Wie es einst den griechischen Zauberer und seine Kundschaft außerordentlich befriedigte, wenn er für einen Namen oder eine Formel ein babylonisches oder gar ein hebräisches Wort gefunden hatte. Heute eine Doktorarbeit gewisser philosophischer Schulen zu verstehen, ist kaum weniger schwierig, als den Sinn griechisch-ägyptischer Zauberpapyri zu enträtseln. Ist ein Weltbild erst so weit gekommen, geht es mit seiner Sonderaufgabe im Haushalt der Natur zu Ende. Auch das ist eine „Entsprechung".

Aber der Mensch ist im Unterschied zu anderen Säugetieren nicht nur Geschöpf (natura naturata), sondern immer noch natura naturans, Schöpfer. Nicht, weil er mit Verstand begabt ist, wie die Rationalisten meinen, denn als solcher ist er nur ein mehr oder minder belangreicher Mechaniker und Techniker, sondern weil ihm vor anderen Lebewesen ein plastisches Vermögen, eine spezifisch seelische Fähigkeit, eigen ist; und zwar deshalb, weil die Seele ihrer metaphysischen Natur nach dem All, dem Kosmos, den Göttern, den Dämonen, Gott, oder wie man es sonst nennen will, zuhört. Ein Mediziner wie Professor Schleich, ein wirklicher Wohltäter der Menschheit, denn ihm verdankt sie als Beweis für die Richtigkeit seiner physiologischen Theorie die „Lokalanästhesie" (die schmerzlose Operation), belegt die schöpferische, plastische Fähigkeit der Seele bezeichnenderweise durch die Hysterie, weil diese, wie er sich drastisch ausdrückt, „Gewebe aus Ideen produzieren kann". In diesem Buch wurden noch andere Belege dafür gegeben.

Als beseeltes Wesen wird der Mensch, wenn das Bedürfnis dazu wieder stark genug ist, worauf manches hindeutet, magische Fähigkeiten, die lange brachgelegen haben, wieder lebendig werden lassen, denn die physiologischen Voraussetzungen dafür sind ja nicht verschwunden. Dabei kann gerade der hochentwickelte Verstand von heute förderlich sein, wie hie und da schon ein Naturwissenschaftler zeigt, der seinen geistigen Haushalt nicht mehr allein mit dem Rationalismus zu bestreiten vermag. So gelangt Professor Dacqué in seinem neuen, bedeutungsvollen Werk über „Natur und Seele" zu dem Ausspruch: „Es wird das Zeitalter einer magischen Naturbetrachtung kommen. Unsere Forschungsepoche treibt notwendig entweder zu einem Priestertum der schwarzen oder zu einem der weißen Magie." Der hochentwickelte Verstand von heute kann geradesogut einer Menschheit mit wiedererwachten, neu geübten magischen Fähigkeiten zum letzten Verderben werden, wie es einst der eben erwachte Verstand bei schwindender Natursichtigkeit zu werden drohte. Deshalb konnte der bedeutende englische Gelehrte Sir Richard Gregory schon 1924 schreiben: „Wir stehen auf der Schwelle von Entwicklungen, durch die Mächte entfesselt und Kräfte erlangt werden, weit über unser jetziges Vorstellungsvermögen hinaus. Falls man jedoch diese Gaben mißbraucht, wird die Menschheit von diesem Planeten verschwinden."

Auf solche Entscheidung hat die Natur den Menschen letzten Endes angelegt, das ist seine Entelechie. Wir wissen ja, daß sie kein Kleinbürger ist, der Katastrophen unter allen Umständen aus dem Wege geht. Die Masse Mensch wird sich eines Tages wieder der Führung ihrer Weisen und Erleuchteten anvertrauen müssen, wie sie es vor Jahrtausenden schon einmal getan hat, oder zugrunde gehen. Geschichtlich angesehen, ist dazu bei uns nur ein neu beseeltes, johanneisches Christentum fähig statt des zu stark begeisteten paulinischen, das heute wie so vieles einst Lebendige nicht ohne Schuld der dogmatisierten Kirchen ein dürres Abstraktum, bestenfalls ein kunstvolles Präparat, um besser zu schlafen, ein Opiat geworden ist. Nur so könnte die klägliche Losung, die schon Schopenhauer erbittert hat: „Entweder Katechismus oder Materialismus", wieder verschwinden. In der Symbolsprache ergäbe das dann den „neuen Himmel und die neue Erde", was in der

Begriffssprache das vierte Weltbild der Vernunft genannt wurde. Wir wissen jetzt, daß Vernunft weder dasselbe ist wie Verstand, noch dasselbe wie Seele, sondern die Harmonie zwischen Verstand und Seele, zwischen Großhirn und Sonnengeflecht, die beiden wichtigsten Apparate, durch die Verstand und Seele den Menschen bewegen und beleben, logisch denken und vorlogisch schauen. So sind wir wieder bei dem Ausgangspunkt unserer Darstellung angelangt, womit ihr Kreis geschlossen ist.

INHALTSVERZEICHNIS

Die Originalausgabe dieses Buches erschien 1927

1. Auflage 1998
Fourier Verlag GmbH, Wiesbaden
Lizenzausgabe mit Genehmigung des MECO Verlages

Neusatz und Layout: Bernhard Heun, Riedstadt
Druck und Bindung: Mladinska Knjiga, Slowenien

ISBN: 3-925037-99-3